黑龙江省高等教育应用型人才培养系列教材

经济应用数学

主　　编　柴艳有
副主编　杨旭光　孙冬琦

HEUP 哈尔滨工程大学出版社

内 容 简 介

本书是为参加财经类与管理类专业高等教育自学考试的广大学生学习经济应用数学课程的需要而编写的教材。本书用通俗易懂的语言介绍了微积分和线性代数的知识,选编了一定数量的典型例题和习题。主要内容包括函数与极限、一元函数微分学、一元函数积分学、多元函数微分学和线性代数。为提高读者运用数学知识处理实际经济问题的能力,本书还加入了数学理论在经济学应用方面的内容。

本书可作为财经类与管理类专业参加自学考试学生的主要参考书。此外,也可以用作相关专业在校学生学习经济应用数学课程的参考资料。

图书在版编目(CIP)数据

经济应用数学/柴艳有主编. —哈尔滨:哈尔滨
工程大学出版社,2015.1(2020.12 重印)
ISBN 978 - 7 - 5661 - 0957 - 6

Ⅰ.①经… Ⅱ.①柴… Ⅲ.①经济数学 – 高等学校 –
教材 Ⅳ.①F224.0

中国版本图书馆 CIP 数据核字(2015)第 013582 号

出版发行	哈尔滨工程大学出版社
社 址	哈尔滨市南岗区南通大街 145 号
邮政编码	150001
发行电话	0451 – 82519328
传 真	0451 – 82519699
经 销	新华书店
印 刷	哈尔滨圣铂印刷有限公司
开 本	787 mm × 1 092 mm 1/16
印 张	14
字 数	366 千字
版 次	2015 年 1 月第 1 版
印 次	2020 年 12 月第 8 次印刷
定 价	38.00 元

http://www.hrbeupress.com
E-mail:heupress@ hrbeu.edu.cn

前　　言

　　经济应用数学是财经类与管理类专业学生的一门必修的重要基础课,是经济与数学相互交叉的学科领域。经济应用数学在经济中有着广泛的应用,它是为培养我国社会主义经济建设所需要的应用型人才服务的。该课程不仅为后继课程提供必备的数学基础,而且是培养财经类与管理类专业学生数学素养和理性思维能力的最重要途径。

　　本书是为参加经济类与管理类高等教育自学考试的广大学生学习经济应用数学课程的需要而编写的教材。考虑到本书主要面向的读者,在教材的编写过程中,我们力求淡化理论,突出数学概念的直观性,强化知识的应用性,注重培养学生用数学概念、数学思想和方法解决实际问题的能力。本书的主要内容包括函数与极限、一元函数微分学、一元函数积分学、多元函数微分学和线性代数。为提高读者运用数学知识处理实际经济问题的能力,本书还加入了数学理论在经济学应用方面的内容。本书的习题分为 A,B 两类,其中 A 类习题的题型为填空题和选择题,主要是为理解和掌握本章基本概念之用,B 类习题的题型为计算、应用和证明,主要是为掌握本章基本计算和基本方法之用。

　　在本书的编写过程中,得到了哈尔滨工程大学理学院公共数学教学中心和哈尔滨工程大学出版社多位同事的支持与帮助,在此表示衷心的感谢。

　　本书第 1,2 章由柴艳有编写,第 3,4 章由杨旭光编写,第 5 章由孙冬琦编写。限于作者水平有限,缺点和错误之处在所难免,欢迎广大读者批评指正。

编　者

2014 年 10 月

目　　录

第1章　函数与极限

　　函数是客观世界中变量与变量之间相互依赖关系的一种数学抽象,是微积分的主要研究对象. 极限概念是研究微积分的理论基础,极限方法则是微积分的基本分析方法. 本章将首先介绍函数与极限的一般概念,然后着重介绍求极限的方法,最后给出了函数连续性的定义及闭区间上连续函数的性质.

1.1　函数的概念与性质

1.1.1　变量与实数集

　　通常我们把在一定研究范围内取值不断变化的量称为变量,如运动物体运动的路程、某上市公司的股票价格、某地区的气温等. 任何一个变量变化都会有一个明确的范围,称为变量的变域或数域. 如不加特殊说明,本书中所涉及的变量的变域仅限于实数域. 实数域又叫实数集,可以用一般的集合表示法来表示,对于特定的集合也可以采用特定的方法来表示,例如:

　　全体非负整数即自然数的集合记作 $\mathbf{N}$,即
$$\mathbf{N} = \{0,1,2,\cdots,n,\cdots\}$$

　　全体正整数的集合为
$$\mathbf{N}^+ = \{1,2,\cdots,n,\cdots\}$$

　　全体整数的集合记作 $\mathbf{Z}$,即
$$\mathbf{Z} = \{\cdots,-n,\cdots,-2,-1,0,1,2,\cdots,n,\cdots\}$$

　　全体有理数的集合记作 $\mathbf{Q}$,即
$$\mathbf{Q} = \left\{\frac{p}{q} \in \mathbf{Z}, q \in \mathbf{N}^+ \text{且} p \text{与} q \text{互质}\right\}$$

　　全体实数的集合记作 $\mathbf{R}$,记 $\mathbf{R}^*$ 为排除数 0 的实数集,$\mathbf{R}^+$ 为全体正实数集.

　　对于很多问题,人们主要采用的是实数的区间表示法. 设 a 和 b 都是实数,且 $a < b$. 实数集
$$\{x \mid a < x < b\}$$
称为开区间,记作 (a,b),即
$$(a,b) = \{x \mid a < x < b\}$$
a 和 b 称为开区间 (a,b) 的端点,这里 $a \notin (a,b)$,$b \notin (a,b)$.

　　实数集
$$\{x \mid a \leqslant x \leqslant b\}$$
称为闭区间,记作 $[a,b]$,即
$$[a,b] = \{x \mid a \leqslant x \leqslant b\}$$
a 和 b 也称为闭区间 $[a,b]$ 的端点,这里 $a \in [a,b]$,$b \in [a,b]$.

类似地可说明:

$$[a,b) = \{x \mid a \leqslant x < b\}$$
$$(a,b] = \{x \mid a < x \leqslant b\}$$

$[a,b)$ 和 $(a,b]$ 都称为半开区间.

以上这些区间都称为有限区间. $b-a$ 称为这些区间的长度. 此外还有无限区间. 引进记号 $+\infty$(读作正无穷大)及 $-\infty$(读作负无穷大),则可类似地表示无限区间,例如

$$[a,+\infty) = \{x \mid x \geqslant a\}$$
$$(-\infty,b) = \{x \mid x < b\}$$

实数集 **R** 也可记作 $(-\infty,+\infty)$,它也是无限区间.

1.1.2 函数的定义

在研究某一问题时,往往会同时出现两个或者两个以上的变量,而这些变量又往往是相互联系和相互依赖的.

例 1 (圆面积公式)圆的面积 S 与半径 r 的函数关系为

$$S = \pi r^2$$

圆的半径不同,圆的面积也就不同,而 π 在圆的面积计算中总是不变的. 所以我们说,在这个给定的问题中,π 是常量,圆的半径 r 和圆的面积 S 都是变量,它们之间的相互关系是由上述公式确定的.

例 2 设某种商品的价格为 2 元/件,销售量为 q 件,销售收入为 R 元,则 $R = 2q$. 销售量变化时,销售收入也随之变化,且销售量确定后,销售收入也随之确定.

上述两个问题分别来自几何和经济问题,但是其共同本质是参与给定问题的变量之间存在相互依赖的关系. 当其中一个变量取定了一个数值时,按照某种确定的对应关系,就可以求得另一个变量的相应值. 函数这一概念正是这样抽象出来的.

定义 1 设 x 和 y 是两个变量,D 是一个给定的数集,如果对于每个数 $x \in D$,变量 y 按照一定法则总有(唯一)确定的数值和它对应,则称变量 y 是变量 x 的函数,记作 $y = f(x)$,数集 D 称为这个函数的定义域,x 称为自变量,y 称为因变量. 相应地,y 的取值范围构成的集合 $W = \{y \mid y = f(x), x \in D\}$ 称为函数的值域.

按照上述函数的定义,需要注意的是:

(1)记号 f 和 $f(x)$ 的含义是有区别的. 前者表示自变量 x 和因变量 y 之间的对应法则,而后者表示与自变量 x 对应的函数值. 但为了叙述方便,习惯上常用记号"$f(x), x \in D$"或"$y = f(x), x \in D$"来表示定义在 D 上的函数,这时应理解为由它所确定的函数 f.

(2)函数 $y = f(x)$ 中表示对应关系的符号"f"也可用其他字母,如"F""φ"等表示,这时函数就应记作 $y = F(x)$,$y = \varphi(x)$ 等. 有时还可直接用因变量的记号来表示函数,即把函数记作 $y = y(x)$.

(3)两个函数相等当且仅当两个函数的定义域相同,对应法则也相同.

(4)函数的定义域通常按以下两种情形来确定:一种是对有实际背景的函数,根据实际背景中自变量的实际意义确定,在例 2 中,商品的销售量 q 不可能是负数,所以定义域是由大于零的数组成的集合;另一种是对抽象地用算式表达的函数,通常约定其定义域是使得算式有意义的一切实数组成的集合.

(5)在函数的定义中,对每个 $x \in D$,对应的函数值 y 总是唯一的,因此可以称为单值函数.

如果给定一个对应法则,按这个法则,对每个 $x \in D$ 总有确定的 y 值与之对应,但这个 y 不是唯一的,那么这个对应法则并不符合函数的定义,通常称这种法则确定了一个多值函数.

函数 $y = f(x)$ 可以用各种不同方式表达,例如 $y = x^2$, $y = \sin x$ 等. 这种函数表达方式的特点是:等式左端是因变量的符号,而右端是含有自变量的式子,用这种方式表达的函数叫作显函数. 有些函数的表达方式却不是这样,例如方程 $x + y^3 - 1 = 0$,当 x 在 $(-\infty, +\infty)$ 内取值时,y 有唯一确定的值与之对应,故此方程表示一个函数. 这种函数表达方式的特点是:用方程 $F(x,y) = 0$ 表示 x 与 y 的对应关系,即在一定条件下,当 x 取某区间内的任意值时,相应地总有满足这方程的唯一的 y 值存在,用这种方式表达的函数叫作隐函数. 值得注意的是,有些隐函数是可以化成显函数的,例如从方程 $x + y^3 - 1 = 0$ 解出 $y = \sqrt[3]{1-x}$,就把隐函数化成了显函数. 但有些隐函数想化成显函数是困难的,例如方程 $y = \dfrac{1}{2}\sin(x+y)$ 在区间 $\left(-\dfrac{\pi-1}{2}, \dfrac{\pi-1}{2}\right)$ 上定义了一个以 x 为自变量,y 为因变量的隐函数,但由此方程解出 y 是困难的.

例3 求函数 $f(x) = \dfrac{\sqrt{4-x^2}}{\lg x}$ 的定义域.

解 解如下不等式组

$$\begin{cases} 4 - x^2 \geq 0 \\ x > 0, \text{且 } \lg x \neq 0 \end{cases}$$

可得函数的定义域为 $(0,1) \cup (1,2]$.

1.1.3　函数的性质

1. 单调性

设 $y = f(x)$ 的定义域为 D,区间 $I \subset D$,如果对于区间 I 上任意两点 x_1 及 x_2,当 $x_1 < x_2$ 时,恒有 $f(x_1) \leq f(x_2)$ $(f(x_1) < f(x_2))$,则称函数 $f(x)$ 在区间 I 上是单调增加的(严格单调增加的),如图 1-1 所示;如果对于区间 I 上任意两点 x_1 及 x_2,当 $x_1 < x_2$ 时,恒有 $f(x_1) \geq f(x_2)$ $(f(x_1) > f(x_2))$,则称函数 $f(x)$ 在区间 I 上是单调减少的(严格单调减少的),如图 1-2 所示. 单调增加或单调减少的函数统称为单调函数.

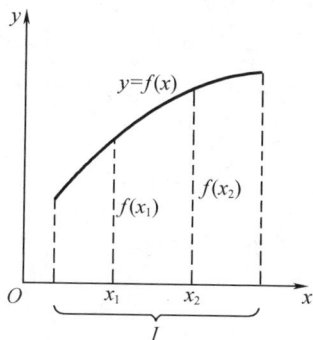

图 1-1

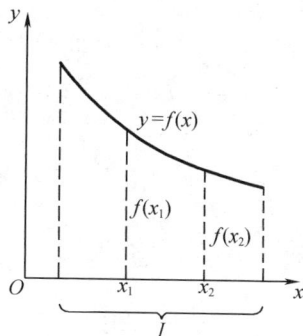

图 1-2

例如,函数 $y = x^2$ 在区间 $[0, +\infty)$ 上是单调增加的,在区间 $(-\infty, 0)$ 上是单调减少的,而在区间 $(-\infty, +\infty)$ 内函数 $y = x^2$ 不是单调的,如图 1-3 所示.

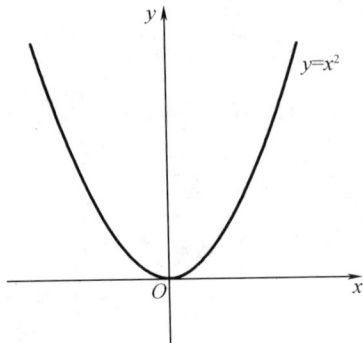

图 1-3

2. 有界性

设函数 $f(x)$ 的定义域为 D, $X \subset D$. 如果当 $x \in X$ 时,存在正数 M,使得

$$|f(x)| \leq M$$

对任意 $x \in X$ 都成立,则称函数 $f(x)$ 在 X 上有界. 如果这样的 M 不存在,就称函数 $f(x)$ 在 X 上无界,即如果对任意正数 M,总存在 $x_1 \in X$,使 $|f(x_1)| > M$,那么函数 $f(x)$ 在 X 上无界.

例如,函数 $y = \sin x$ 在 $(-\infty, +\infty)$ 上 1 是它的一个上界,-1 是它的一个下界(当然,大于 1 的任何数也是它的上界,小于 -1 的任何数也是它的下界). 又因为

$$|\sin x| \leq 1$$

对任意实数 x 都成立,故函数 $y = \sin x$ 在 $(-\infty, +\infty)$ 内是有界的. 这里 $M = 1$(当然也可取大于 1 的任何数作为 M 而使 $|\sin x| \leq M$ 对任一实数 x 都成立).

3. 奇偶性

设函数 $f(x)$ 的定义域 D 关于原点对称. 如果对于任意 $x \in D$,

$$f(-x) = f(x)$$

恒成立,则称 $f(x)$ 是偶函数;如果对于任意 $x \in D$,

$$f(-x) = -f(x)$$

恒成立,则称 $f(x)$ 是奇函数.

例如,$f(x) = 2 - \cos x$ 是偶函数,因为 $f(-x) = 2 - \cos(-x) = 2 - \cos x = f(x)$,如图 1-4 所示;$f(x) = x^3$ 是奇函数,因为 $f(-x) = -x^3 = -f(x)$,如图 1-5 所示. 由函数奇偶性的定义可知,偶函数的图形关于 y 轴对称,奇函数的图形关于原点对称.

值得注意的是,有些函数既非奇函数,又非偶函数,例如 $f(x) = \sin x + \cos x$.

4. 周期性

设函数 $f(x)$ 的定义域为 D,如果存在一个正数 l,使得对任一 $x \in D$ 有 $(x \pm l) \in D$,且

$$f(x + l) = f(x)$$

恒成立,则称 $f(x)$ 为周期函数,l 称为 $f(x)$ 的周期,通常我们说周期函数的周期是指最小正周期.

例如,$y = \sin x$ 是以 2π 为周期的周期函数.

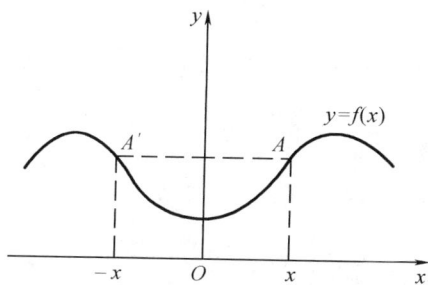

图 1 - 4

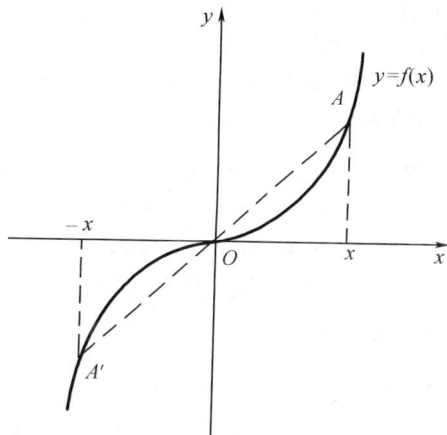

图 1 - 5

1.1.4　反函数

设函数 $y = f(x)$ 的值域是 W,如果对 W 中的每一个 y 值,都可以从关系式 $f(x) = y$ 确定唯一的一个 x 值,则得到一个定义在 W 上的以 y 为自变量,x 为因变量的新函数 $x = f^{-1}(y)$,它称为函数 $y = f(x)$ 的反函数.

例如,函数 $y = x^3$,$x \in \mathbf{R}$ 的反函数为 $x = y^{\frac{1}{3}}$,$y \in \mathbf{R}$.

由于习惯上自变量用 x 表示,因变量用 y 表示,函数 $y = f(x)$,$x \in D$ 的反函数通常记成 $y = f^{-1}(x)$,$x \in W$.

相对于反函数 $y = f^{-1}(x)$ 来说,原来的函数 $y = f(x)$ 称为直接函数.把直接函数 $y = f(x)$ 和它的反函数 $y = f^{-1}(x)$ 的图形画在同一坐标平面上,这两个图形关于直线 $y = x$ 对称(图 1 - 6).这是因为如果 $p(a,b)$ 是 $y = f(x)$ 图形上的点,则有 $b = f(a)$.按反函数的定义,有 $a = f^{-1}(b)$,故 $Q(b,a)$ 是 $y = f^{-1}(x)$ 图形上的点;反之,若 $Q(b,a)$ 是 $y = f^{-1}(x)$ 图形上的点,则 $P(a,b)$ 是 $y = f(x)$ 图形上的点. 而 $P(a,b)$ 与 $Q(b,a)$ 关于直线 $y = x$ 对称.

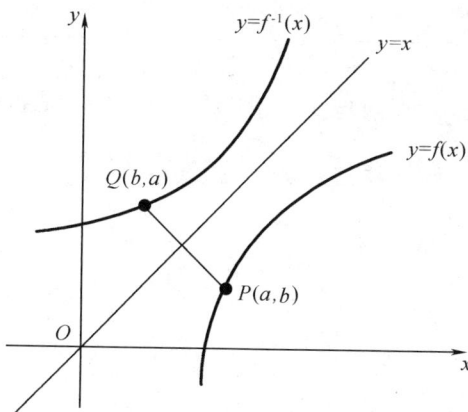

图 1 - 6

1.1.5 复合函数与初等函数

1. 基本初等函数

以下几种函数称为基本初等函数.

幂函数: $y = x^a$(a 为常数).

指数函数: $y = a^x$(a 为常数, 且 $a > 0, a \neq 1$). 特别地, 以常数 $e = 2.718\,281\,8\cdots$ 为底的指数函数 $y = e^x$ 是常用的指数函数.

对数函数: $y = \log_a x$(a 为常数, 且 $a > 0, a \neq 1$). 当 $a = e$ 时, 记作 $y = \ln x$.

三角函数: $y = \sin x$(正弦函数); $y = \cos x$(余弦函数); $y = \tan x$(正切函数);

$y = \cot x$(余切函数); $y = \sec x = \dfrac{1}{\cos x}$(正割函数); $y = \csc x = \dfrac{1}{\sin x}$(余割函数).

三角函数的反函数称为反三角函数, 由于三角函数 $y = \sin x$, $y = \cos x$, $y = \tan x$, $y = \cot x$ 不是单调的, 为了得到它们的反函数, 对这些函数限定在某个单调区间内讨论. 一般地, 取反三角函数的"主值". 常用的反三角函数有:

反正弦函数 $y = \arcsin x$, 定义域为 $[-1, 1]$, 值域为 $\left[-\dfrac{\pi}{2}, \dfrac{\pi}{2}\right]$.

反余弦函数 $y = \arccos x$, 定义域为 $[-1, 1]$, 值域为 $[0, \pi]$.

反正切函数 $y = \arctan x$, 定义域为 $(-\infty, +\infty)$, 值域为 $\left(-\dfrac{\pi}{2}, \dfrac{\pi}{2}\right)$.

反余切函数 $y = \text{arccot}\, x$, 定义域为 $(-\infty, +\infty)$, 值域为 $(0, \pi)$.

反三角函数的图形如图 1-7 所示.

以上这五类函数统称为基本初等函数.

2. 复合函数

设函数 $y = f(u)$ 的定义域为 D_f, 函数 $u = g(x)$ 的定义域为 D_g, 其值域 $R_g \subset D_f$, 则由下式确定的函数

$$y = f[g(x)], x \in D_g$$

称为由函数 $u = g(x)$ 和 $y = f(u)$ 复合而成的复合函数, 它的定义域为 D_g, 称 u 为中间变量.

例如, 函数 $y = \arctan(x^2)$ 可看作是由 $y = \arctan u$ 及 $u = x^2$ 复合而成的, 这个函数的定义域为 $(-\infty, +\infty)$, 它也是 $u = x^2$ 的定义域.

又例如, $y = \arcsin u$ 及 $u = x^2 + 2$ 是不能复合成一个复合函数的. 因为对于 $u = x^2 + 2$ 的定义域 $(-\infty, +\infty)$ 内任何 x 值所对应的 u 值(都不小于 2), 都不能使 $y = \arcsin u$ 有意义.

复合函数也可以由两个以上的函数经过复合构成. 例如, 设 $y = \sqrt{u}$, $u = \text{arccot}\, v$, $v = \dfrac{x}{2}$, 则得复合函数 $y = \sqrt{\text{arccot}\, \dfrac{x}{2}}$, 这里 u 及 v 都是中间变量.

3. 初等函数

由常数和基本初等函数经过有限次四则运算和有限次的函数复合步骤所构成的可用一个式子表示的函数, 称为初等函数. 例如 $y = \sqrt{1 - x^2}$, $y = \ln\sin^2 x + 2x\tan\sqrt{x}$ 等都是初等函数. 不是初等函数的函数就称为非初等函数.

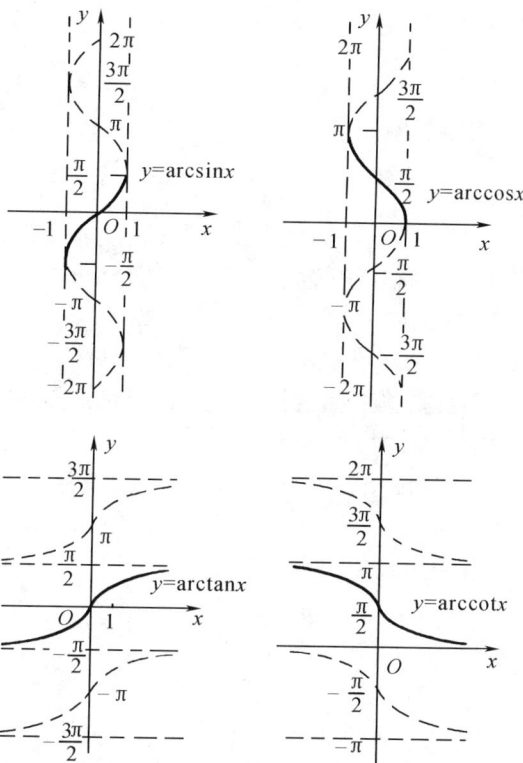

图 1-7

下面举几个非初等函数的例子.

例4 符号函数

$$y = \text{sgn}x = \begin{cases} 1, & x > 0 \\ 0, & x = 0 \\ -1, & x < 0 \end{cases}$$

它的定义域是 $(-\infty, +\infty)$,值域是 $\{-1, 0, 1\}$(图 1-8).

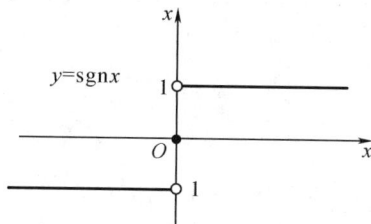

图 1-8

例5 函数

$$y(x) = \begin{cases} \sin x, & x \leqslant 0 \\ x, & x > 0 \end{cases}$$

它的定义域是 $(-\infty, +\infty)$,值域是 $[-1, +\infty)$.

以上两个例子有一个共同的特征,即在不同的定义域上有不同的对应法则,我们称具有这样特征的函数为分段函数.分段函数的定义域是各段函数定义域的并集,值域也是各段函数值域的并集.

1.1.6 经济学中常用的函数

1. 需求函数、价格函数

在经济学中,购买者(消费者)对某种商品的需求这一概念的定义是:购买者既有购买商品的愿望,又有购买的能力,也就是说,只有购买者同时具备了购买商品的欲望和支付能力两个条件,才称得上需求.影响需求的因素有很多,如人口、收入、财产、价格、其他相关商品的价格以及消费者的偏好等.在所考虑的时间范围内,如果把除该商品价格以外的上述因素都看作是不变的因素,则可把该商品价格 p 视为自变量,需求量 Q 视为因变量,即需求量 Q 可视为该商品价格 p 的函数,称为需求函数,记作:$Q = Q(p)$.

一般地,商品价格高,需求量就小;商品价格低,需求量就大,因此需求函数为价格 p 的减函数.

同样,也可把价格 p 表示成需求量 Q 的函数:

$$p = p(Q)$$

它是需求函数的反函数,也称为价格函数.

2. 供给函数

"供给"指在一定条件下,生产者愿意出售并且可以出售的商品量.如果略去影响供给者的诸多因素,只讨论供给与价格的关系,则可把该商品价格 p 视为自变量,把供给量 S 视为因变量,即供给量 S 可视为该商品价格 p 的函数,称为供给函数,记作:$S = S(p)$.

一般地,商品价格低,生产者不愿意生产,供给少;商品价格高,供给多.因此供给函数为价格 p 的单调递增函数,如图 1 - 9 所示.

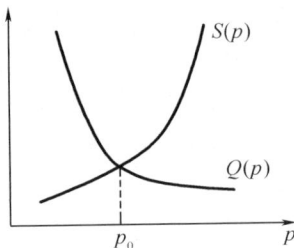

图 1 - 9

使一种商品的市场需求量与供给量相等的价格称为均衡价格,图 1 - 9 中 p_0 为均衡价格.当市场价格高于均衡价格 p_0 时,供给量增加,需求量相应地减少,市场上会出现"供过于求"的现象,会引起商品滞销,进而导致价格下跌;反之,市场价格低于平衡价格时,供给量减少,需求量增加,市场上会出现"供不应求"的现象,会引起商品短缺,进而导致价格上涨.

3. 总成本函数

产品的成本是衡量一个企业管理水平高低的重要指标,根据会计学中的成本核算知识,产品的总成本是指生产一定数量的产品所需要的成本总数,它由固定成本与变动成本构成. 固定成本不受产量多少的影响,它是与产量无关的常数,而变动成本是随着产量的变化而变化的.

一般总成本函数 C 表示如下:

$$C = C(x) = C_1 + C_2(x)$$

其中,x 为产量;C_1 为固定成本;$C_2(x)$ 为可变成本.

4. 平均成本函数

平均成本是指平均每个单位产品的成本,它也是产量 x 的函数,一般平均成本函数 $\overline{C}$ 表示如下:

$$\overline{C} = \overline{C}(x) = \frac{C(x)}{x}$$

5. 总收益函数

总收益是指厂商出售商品的总收入,它与商品的价格 p 和销售量 x 有关,一般总收益函数 R 可表示为

$$R = R(x) = px$$

注意:

(1)由于商品在销售过程中,价格一般都是波动的,因此上式中的价格 p 一般指平均价格;

(2)总收益应是关于销售量的函数;

(3)在实际中,产量、销量、需求量一般是不相等的.

但是,在数学里,为研究问题方便,我们假设:

$$产量 = 销量 = 需求量$$

6. 利润函数

在总收益中减去总成本,得到的就是利润 L,利润函数 L 可表示为

$$L = L(x) = R(x) - C(x)$$

注意:利润 $L(x)$ 也是关于产量 x 的函数.

例6 设某工厂的总成本中,固定成本为 20 000 元,单位产品的变动成本为 3 000 元,单价为 5 000 元,求产量 x 对总成本 C、平均成本 $\overline{C}$、收益 R 及利润 L 的影响.

解 由定义可知:

总成本函数:$C = 20\ 000 + 3\ 000x$;

平均成本函数:$\overline{C} = \dfrac{20\ 000 + 3\ 000x}{x} = 3\ 000 + \dfrac{20\ 000}{x}$;

总收入函数:$R = 5\ 000x$;

总利润函数:$L = R - C = 2\ 000x - 20\ 000$.

使 $L = 0$,即 $R = C$ 的产量 x 的取值 x_0 叫损益分歧点. 当 $x > x_0$ 时,$L > 0$,这时赢利;当 $x < x_0$ 时,$L < 0$,这时亏损.

1.2 数列的极限

1.2.1 数列

如果按照某一对应法则,对每个 $n \in \mathbf{N}^+$,对应着一个确定的实数 x_n,这些实数 x_n 按下

标 n 从小到大排列得到的一个序列:

$$x_1, x_2, x_3, \cdots, x_n, \cdots$$

就称为数列,记作 $\{x_n\}$.

数列中的每一个数叫作数列的项,第 n 项 x_n 叫作数列的一般项. 根据函数的定义,数列 $\{x_n\}$ 可看作自变量为正整数 n 的函数,即 $x_n = f(n)$, $n \in \mathbf{N}^+$.

$$1, \frac{1}{2}, \frac{1}{3}, \cdots, \frac{1}{n}, \cdots \tag{1-1}$$

$$\frac{1}{2}, \frac{2}{3}, \frac{3}{4}, \cdots, \frac{n}{n+1}, \cdots \tag{1-2}$$

$$3, 3^2, 3^3, \cdots, 3^n, \cdots \tag{1-3}$$

$$1, -\frac{1}{2}, \frac{1}{3}, -\frac{1}{4}, \cdots, (-1)^{n-1}\frac{1}{n}, \cdots \tag{1-4}$$

为了直观起见,我们把这四个数列的前几项分别在数轴上表示出来,如图 $1-10$ 所示.

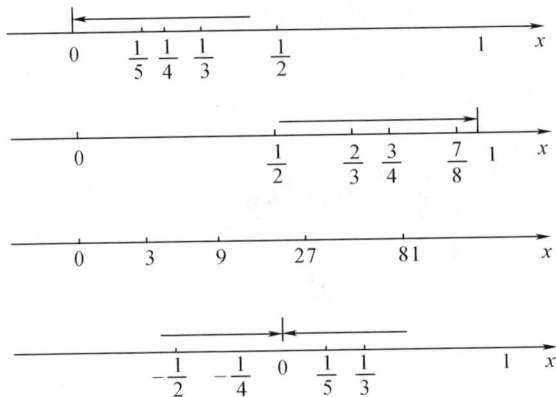

图 1-10

如果

$$x_1 \leqslant x_2 \leqslant x_3 \leqslant \cdots \leqslant x_n \leqslant \cdots$$

则称数列 $\{x_n\}$ 是单调增加的.

如果

$$x_1 \geqslant x_2 \geqslant x_3 \geqslant \cdots \geqslant x_n \geqslant \cdots$$

则称数列 $\{x_n\}$ 是单调减少的.

显然数列 $(1-1)$ 是单调减少的,数列 $(1-2)$ 和 $(1-3)$ 是单调增加的.

单调增加或单调减少的数列都称为单调数列,数轴上对应于单调数列的项 x_n 向一个方向移动;如果数列是单调增大的,就向右方移动;如果数列是单调减少的,就向左方移动.

对于数列 $\{x_n\}$,若存在着正数 M,使得对一切 x_n 都满足不等式:

$$|x_n| \leqslant M$$

则称数列 $\{x_n\}$ 有界;如果这样的正数 M 不存在,称数列 $\{x_n\}$ 无界. 例如,数列 $(1-1)$、$(1-2)$ 和 $(1-4)$ 都是有界的,而数列 $(1-3)$ 是无界的. 数轴上对应于有界数列的点 x_n 都落在区间 $[-M, M]$ 之内.

1.2.2 数列极限的定义

对于数列 $\{x_n\}$，我们要关心的问题是：当 n 无限增大时，对应的 x_n 是否能无限接近于某个确定的数值？如果能的话，这个数值是多少？

分析前面 4 个数列 x_n 随 n 的变化情况，我们容易看到，当 n 无限增大（记为 $n \to \infty$）时，数列 $(1-1)$、$(1-2)$ 和 $(1-4)$ 分别无限接近于确定的常数 $0,1$ 和 0. 而数列 $(1-3)$ 中的项越来越大，不接近任何确定的常数. 由此，我们可以抽象出数列极限的概念.

定义 1　设 $\{x_n\}$ 为一数列，a 为一个常数，如果当 n 无限增大时，数列 $\{x_n\}$ 无限地趋近于 a，则称当 $n \to \infty$ 时数列 $\{x_n\}$ 以 a 为极限，或者称数列 $\{x_n\}$ 收敛于 a. 记作

$$\lim_{n \to \infty} x_n = a$$

或

$$x_n \to a \, (n \to \infty)$$

如果不存在这样的常数 a，称数列 $\{x_n\}$ 极限不存在，或称数列 $\{x_n\}$ 是发散的.

例如，数列 $\left\{\dfrac{1}{n^2+1}\right\}$ 当 n 趋于无穷时是收敛的；数列 $\{(-1)^{n+1}\}$ 和 $\{\ln n\}$，当 n 趋于无穷时是发散的.

1.2.3 收敛数列的性质

定理 1　（唯一性）若数列 $\{x_n\}$ 收敛，则其极限唯一.

定理 2　（有界性）若数列 $\{x_n\}$ 收敛，则数列 $\{x_n\}$ 必有界.

根据上述定理，如果数列 $\{x_n\}$ 无界，则数列 $\{x_n\}$ 必发散. 但数列 $\{x_n\}$ 有界，却不能断定数列 $\{x_n\}$ 一定收敛.

例如，数列 $\{(-1)^n\}$ 有界，但它是发散的.

在数列 $\{x_n\}$ 中任意抽取无限多项并保持这些项在原数列 $\{x_n\}$ 中的先后次序，这样得到的一个数列 $\{x_{n_k}\}$ 称为原数列 $\{x_n\}$ 的子数列（或子列）.

定理 3　如果数列 $\{x_n\}$ 收敛于 a，则它的任一子数列也收敛，且极限也是 a.

由定理 3 可知，如果数列 $\{x_n\}$ 有两个子列收敛于不同的极限，则数列 $\{x_n\}$ 是发散的. 例如，数列

$$1, -1, 1, \cdots, (-1)^{n+1}, \cdots$$

的子列 $\{x_{2k-1}\}$ 收敛于 1，而子列 $\{x_{2k}\}$ 收敛于 -1，因此这个数列是发散的. 同时这个例子也说明：一个发散的数列也可能有收敛的子数列.

1.2.4 重要极限 $\lim\limits_{n \to \infty}\left(1 + \dfrac{1}{n}\right)^n = e$

我们先来考虑经济学中的复利问题. 复利是指将本金与到期利息相加，并入一起作为下次本金，重新计算利息.

假设按 3 年放出 5% 利息的贷款 100 元，按年计算复利. 那么对于每一元钱，第 1 年末得到 $(1+0.05)$，第 2 年末得到 $(1+0.05) \times (1+0.05)$，第三年末总共得到 $(1+0.05) \times (1+0.05) \times (1+0.05)$，3 年后应该还 115.76 元.

再极端一些，假设你的朋友借给你 100 元钱，年利率还是 5%，天天复利，3 年还清，那么

应该还多少钱呢?

如果年复利率不变,月利率就是年利率/12,日利率就是年利率/365.25,本利和为

$$s = 100 \times \left(1 + \frac{5\%}{365.25}\right)^{365.25 \times 3} = 116.18$$

假如在理论上,可以让复利的计息间隔缩短到 1 小时、1 分钟、1 秒钟,甚至是每个瞬间(理论上的),那会怎么样?

如果我们投资 1 元滋生利息,年利率为 r,为期为 t 年,我们可以得到一个对任意计息间隔适用的一般公式:

$$s = \left[\left(1 + \frac{r}{n}\right)^n\right]^t = \left[\left(1 + \frac{1}{x}\right)^x\right]^{rt}, \quad x = \frac{n}{r}$$

其中,$1/n$ 是计息间隔.

我们的问题是当 n 无限增大时,s 会是无限的吗? 若 $r = 1$,要回答这个问题,就必须考虑 $\left(1 + \frac{1}{n}\right)^n$ 的极限问题. 用下面的定理可以解决这个问题.

定理 4 设 $\{x_n\}$ 为一数列,且满足:

(1) $x_n \leqslant (\geqslant) x_{n+1} (n = 1, 2, \cdots)$,(单调);

(2) $|x_n| \leqslant M \quad (n = 1, 2, \cdots)$,(有界).

则 $\{x_n\}$ 必收敛.

这从几何上来看是很明显的,在数轴上,对应于单调数列的点 x_n 只可能是沿数轴向一个方向排列,要么移向无穷远处(此时数列无界),要么无限接近于某一固定的点. 由于现已假定数列是有界的,因此结果只能是后者.

讨论数列 $x_n = \left(1 + \frac{1}{n}\right)^n$ 当 $n \to \infty$ 时的极限,根据二项式展开定理可知:

$$
\begin{aligned}
x_n &= \left(1 + \frac{1}{n}\right)^n \\
&= 1 + \frac{n}{1!}\frac{1}{n} + \frac{n(n-1)}{2!}\left(\frac{1}{n}\right)^2 + \frac{n(n-1)(n-2)}{3!}\frac{1}{n^3} + \cdots + \frac{n(n-1)\cdots(n-n+1)}{n!}\frac{1}{n^n} \\
&= 1 + 1 + \frac{1}{2!}\left(1 - \frac{1}{n}\right) + \frac{1}{3!}\left(1 - \frac{1}{n}\right)\left(1 - \frac{2}{n}\right) + \cdots + \frac{1}{n!}\left(1 - \frac{1}{n}\right)\left(1 - \frac{2}{n}\right)\cdots\left(1 - \frac{n-1}{n}\right)
\end{aligned}
$$

类似地,有

$$
\begin{aligned}
x_{n+1} &= \left(1 + \frac{1}{n+1}\right)^{n+1} \\
&= 1 + 1 + \frac{1}{2!}\left(1 - \frac{1}{n+1}\right) + \frac{1}{3!}\left(1 - \frac{1}{n+1}\right)\left(1 - \frac{2}{n+1}\right) + \cdots + \frac{1}{n!}\left(1 - \frac{1}{n+1}\right)\left(1 - \frac{2}{n+1}\right)\cdots \\
&\quad \left(1 - \frac{n-1}{n+1}\right) + \frac{1}{(n+1)!}\left(1 - \frac{1}{n+1}\right)\left(1 - \frac{2}{n+1}\right)\cdots\left(1 - \frac{n}{n+1}\right)
\end{aligned}
$$

比较 x_n 与 x_{n+1} 的展开式,可以看出,除前两项外,x_n 的每一项都小于 x_{n+1} 的对应项,并且 x_{n+1} 还多了最后一项,其值大于 0,所以数列 $\{x_n\}$ 是单调增加的.

又由于

$$
\begin{aligned}
x_n &= 1 + 1 + \frac{1}{2!}\left(1 - \frac{1}{n}\right) + \frac{1}{3!}\left(1 - \frac{1}{n}\right)\left(1 - \frac{2}{n}\right) + \cdots + \frac{1}{n!}\left(1 - \frac{1}{n}\right)\left(1 - \frac{2}{n}\right)\cdots\left(1 - \frac{n-1}{n}\right) \\
&< 1 + 1 + \frac{1}{2!} + \frac{1}{3!} + \cdots\frac{1}{n!}
\end{aligned}
$$

$$< 1 + 1 + \frac{1}{2} + \frac{1}{2^2} + \cdots + \frac{1}{2^{n-1}} = 3 - \frac{1}{2^{n-1}} < 3$$

所以数列 $\{x_n\}$ 是有界的. 根据定理 4 知数列 $\{x_n\}$ 极限存在,通常用字母 e 表示,即

$$\lim_{n \to \infty} \left(1 + \frac{1}{n} \right)^n = e$$

这个 e 是无理数,$e = 2.718\ 281\ 828\ 459\ 045 \cdots$.

这是一个重要的极限,在经济分析和科学技术的许多方面都起着十分重要的作用. 在计算中,采用数 e 作为指数函数和对数函数的底,特别方便. 以 e 为底的对数称为自然对数,用符号 $\ln x$ 表示 x 的自然对数.

现在我们可以回答前面的问题了,复利并不会随着计息间隔的无限缩小而膨胀到无穷,而是会在某一点稳定下来,这个神奇的极限就是 e. e 是数学史上第一次用极限来定义的一个数.

1.2.5 数列极限存在的夹逼准则

定理 5 设 $\{x_n\}\{y_n\}\{z_n\}$ 为三个数列 $(n = 1,2,3,\cdots)$,如果满足下列条件:

(1) $y_n \leqslant x_n \leqslant z_n (n = 1,2,3,\cdots)$;

(2) $\lim_{n \to \infty} y_n = \lim_{n \to \infty} z_n = a$.

则数列 $\{x_n\}$ 的极限存在,且 $\lim_{n \to \infty} x_n = a$.

定理 5 通常用来讨论通项为 n 项和或乘积的数列的极限.

例 1 求极限 $\lim_{n \to \infty} \left(\frac{1}{\sqrt{n^2 + 1}} + \frac{1}{\sqrt{n^2 + 2}} + \cdots + \frac{1}{\sqrt{n^2 + n}} \right)$.

解 令 $x_n = \frac{1}{\sqrt{n^2 + 1}} + \frac{1}{\sqrt{n^2 + 2}} + \cdots + \frac{1}{\sqrt{n^2 + n}}$

则

$$\frac{n}{\sqrt{n^2 + n}} \leqslant x \leqslant \frac{n}{\sqrt{n^2 + 1}}$$

而

$$\lim_{n \to \infty} \frac{n}{\sqrt{n^2 + n}} = 1, \lim_{n \to \infty} \frac{n}{\sqrt{n^2 + 1}} = 1$$

由夹逼准则知

$$\lim_{n \to \infty} \left(\frac{1}{\sqrt{n^2 + 1}} + \frac{1}{\sqrt{n^2 + 2}} + \cdots + \frac{1}{\sqrt{n^2 + n}} \right) = 1$$

1.3 函数的极限

上一节讨论了以自然数集为定义域的函数(即数列)的极限理论,本节将讨论以实数集为定义域的函数极限理论. 对于函数 $f(x)$ 的极限问题,有两种情形需要讨论:第一,自变量 x 的绝对值 $|x|$ 无限增大(记作 $x \to \infty$)时对应的函数值的变化情况;第二,自变量 x 以任意的方式趋向 x_0(记作 $x \to x_0$)时对应的函数值的变化情况,下面分别讨论这两种情形下函数 $f(x)$ 的极限.

1.3.1　$x \to \infty$ 时函数 $f(x)$ 的极限

例 1 考察 $x \to \infty$ 时,下列函数的变化趋势.

$(1) y = \dfrac{1}{x}$；$(2) y = \arctan x$.

解　(1)如图 1-11 所示,容易看到, x 无论是沿着 x 轴正向还是沿着负方向趋于无穷大时,函数曲线 $y = \dfrac{1}{x}$ 都无限地接近于 x 轴,即 $x \to \infty$ 时,有 $\dfrac{1}{x} \to 0$,从而称 0 为 $x \to \infty$ 时函数 $y = \dfrac{1}{x}$ 的极限.

(2)如图 1-12 所示,容易看到,当 x 沿着 x 轴负方向趋于无穷大时,函数曲线 $y = \arctan x$ 无限接近直线 $y = -\dfrac{\pi}{2}$,即 $x \to -\infty$ 时, $\arctan x \to -\dfrac{\pi}{2}$,从而称 $-\dfrac{\pi}{2}$ 为函数 $y = \arctan x$ 在 $x \to -\infty$ 时的极限.

当 x 沿着 x 轴正方向趋于无穷大时,函数曲线 $y = \arctan x$ 无限接近直线 $y = \dfrac{\pi}{2}$,即 $x \to +\infty$ 时, $\arctan x \to \dfrac{\pi}{2}$,从而称 $\dfrac{\pi}{2}$ 为函数 $y = \arctan x$ 在 $x \to +\infty$ 时的极限.

综上讨论,当 x 沿着 x 轴正、负两个方向趋向于无穷大时,函数 $y = \arctan x$ 没有确定的趋向值,故称 $y = \arctan x$ 在 $x \to \infty$ 时不存在极限.

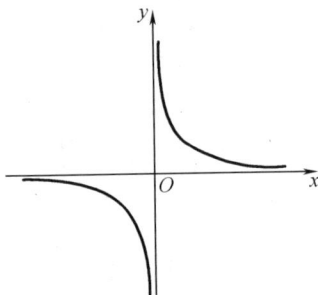

图 1-11

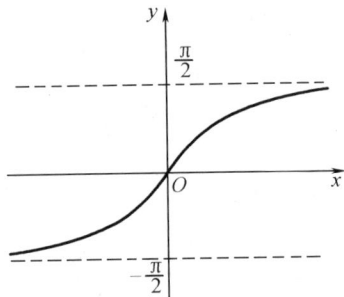

图 1-12

定义 1　设函数 $f(x)$ 当 $|x|$ 大于某一正数时有定义, A 为一个常数,如果当 $|x|$ 无限增大时,函数 $f(x)$ 无限接近于常数 A,则称常数 A 为函数 $f(x)$ 当 $x \to \infty$ 时的极限,记作

$$\lim_{x \to \infty} f(x) \text{ 或 } f(x)(\to A(x \to \infty)).$$

如果 $x > 0$ 且 $|x|$ 无限增大(记作 $x \to +\infty$),只要把定义 1 中的 $|x|$ 无限增大改为 $x > 0$ 且 $|x|$ 无限增大,就可得 $\lim\limits_{x \to +\infty} f(x) = A$ 的定义.

如果 $x < 0$ 且 $|x|$ 无限增大(记作 $x \to -\infty$),只要把定义 1 中的 $|x|$ 无限增大改为 $x < 0$ 且 $|x|$ 无限增大,就可得 $\lim\limits_{x \to -\infty} f(x) = A$ 的定义.

根据自变量 $x \to \infty$, $x \to +\infty$ 及 $x \to -\infty$ 时函数极限的定义,容易证明:

$$\lim_{x \to \infty} f(x) = A \Leftrightarrow \lim_{x \to +\infty} f(x) = \lim_{x \to -\infty} f(x) = A$$

按照上述函数极限的定义,需要说明的是:

（1）一个函数有没有极限，除了与函数本身有关外，还与自变量的变化趋势有关.

在例1（2）中，函数 $y = \arctan x$ 当 $x \to -\infty$ 时极限为 $-\dfrac{\pi}{2}$，当 $x \to +\infty$ 时极限为 $\dfrac{\pi}{2}$，而当 $x \to \infty$ 时极限则不存在.

（2）若 $\lim\limits_{x \to -\infty} f(x) = A$，$\lim\limits_{x \to +\infty} f(x) = A$ 和 $\lim\limits_{x \to \infty} f(x) = A$ 有一个成立，则 $y = A$ 为函数 $y = f(x)$ 的水平渐近线.

（3）若 $f(x) = C$（C 为确定常数），则 $\lim\limits_{x \to \infty} f(x) = \lim\limits_{x \to \infty} C = C$.

（4）可以证明，当 x 取实数时，$\lim\limits_{x \to \infty} \left(1 + \dfrac{1}{x}\right)^x = \mathrm{e}$.

例2 求 $\lim\limits_{x \to 0}(1 + 2x)^{\frac{1}{x}}$.

解 原式 $= \lim\limits_{x \to 0}(1 + 2x)^{\frac{1}{2x} \cdot 2} = \left[\lim\limits_{x \to 0}(1 + 2x)^{\frac{1}{2x}}\right]^2 = \mathrm{e}^2$

1.3.2 $x \to x_0$ 时函数 $f(x)$ 的极限

例3 考察 $x \to 2$（即 x 无限地接近2）时，下列函数的变化趋势.

（1）$f(x) = \dfrac{x^2 - 2^2}{x - 2}$；（2）$f(x) = \dfrac{x - 2}{\sqrt{x - 2}}$；（3）$f(x) = \dfrac{2 - x}{\sqrt{2 - x}}$.

解 （1）尽管函数 $f(x) = \dfrac{x^2 - 2^2}{x - 2}$ 在 $x = 2$ 时没有定义，但当自变量 x（无论从右边还是从左边）无限制地趋向于 2 时，x 对应的函数值 $f(x)$ 无限地趋于 4，如图 1-13 所示.

（2）尽管函数 $f(x) = \dfrac{x - 2}{\sqrt{x - 2}}$ 在 $x = 2$ 时没有定义，但当自变量 x 从右边无限制地趋向于 2 时，x 对应的函数值 $f(x)$ 无限地趋于 0，如图 1-14 所示.

（3）尽管函数 $f(x) = \dfrac{2 - x}{\sqrt{2 - x}}$ 在 $x = 2$ 时没有定义，但当

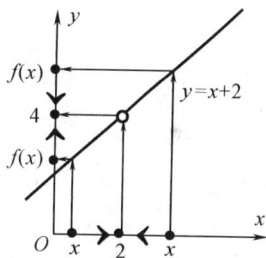

图 1-13

自变量 x 从左边无限制地趋向于 2 时，x 对应的函数值 $f(x)$ 无限地趋于 0，如图 1-15 所示.

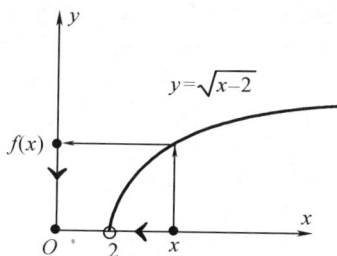

图 1-14

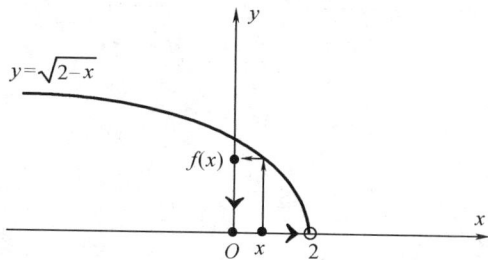

图 1-15

定义2 设函数 $f(x)$ 在 x_0 附近有定义（但在 x_0 处可以没有定义），A 是一个常数. 如果在 x 无限趋近于 x_0（无论是从左边还是右边）的过程中，对应的函数 $f(x)$ 无限接近于确定的

数值 A，则称常数 A 为函数 $f(x)$ 当 $x \to x_0$ 时的极限，记作

$$\lim_{x \to x_0} f(x) = A \text{ 或 } f(x) \to A (\text{当 } x \to x_0)$$

上述 $x \to x_0$ 时函数 $f(x)$ 的极限概念中，x 既从 x_0 的左侧又从 x_0 的右侧趋于 x_0. 但有时只能或只需考虑 x 仅从 x_0 的左侧趋于 x_0（记作 $x \to x_0^-$）的情形，或 x 仅从 x_0 的右侧趋于 x_0（记作 $x \to x_0^+$）的情形.

在 $x \to x_0^-$ 的情形，x 在 x_0 的左侧，$x < x_0$. 在 $\lim\limits_{x \to x_0} f(x) = A$ 的定义中，x 无限趋近于 x_0 限制为 x 从 x_0 左侧无限趋近于 x_0，则称 A 为函数 $f(x)$ 当 $x \to x_0$ 时的左极限，记作

$$\lim_{x \to x_0^-} f(x) = A \text{ 或 } f(x_0^-) = A$$

类似地，在 $\lim\limits_{x \to x_0} f(x) = A$ 的定义中，把 x 无限趋近于 x_0 限制为 x 从 x_0 右侧无限趋近于 x_0，则称 A 为函数 $f(x)$ 当 $x \to x_0$ 时的右极限，记作

$$\lim_{x \to x_0^+} f(x) = A \text{ 或 } f(x_0^+) = A$$

根据 $x \to x_0$ 时函数 $f(x)$ 极限的定义以及左极限和右极限的定义，容易证明：函数 $f(x)$ 当 $x \to x_0$ 时极限存在的充分必要条件是左极限及右极限各自存在并且相等，即

$$\lim_{x \to x_0} f(x) = A \Leftrightarrow \lim_{x \to x_0^+} f(x) = \lim_{x \to x_0^-} f(x) = A$$

因此，即使 $f(x_0^-)$ 和 $f(x_0^+)$ 都存在，若不相等，则 $\lim\limits_{x \to x_0} f(x)$ 不存在.

例 4 函数

$$f(x) = \begin{cases} x-1, & x < 0 \\ 0, & x = 0 \\ x+1, & x > 0 \end{cases}$$

证明：当 $x \to 0$ 时，$f(x)$ 的极限不存在.

证明 当 $x \to 0$ 时，$f(x)$ 的左极限 $\lim\limits_{x \to 0^-} f(x) = \lim\limits_{x \to 0^-}(x-1) = -1$，而右极限 $\lim\limits_{x \to 0^+} f(x) = \lim\limits_{x \to 0^+}(x+1) = 1$，虽然左极限和右极限存在但不相等，所以 $\lim\limits_{x \to 0} f(x)$ 不存在，如图 1-16 所示.

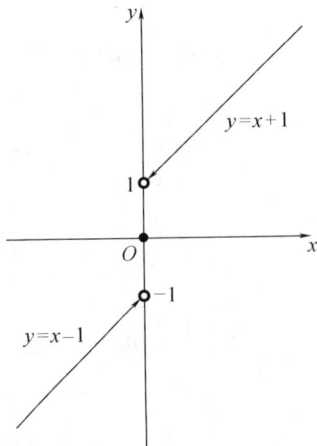

图 1-16

例5 求函数 $f(x)=\dfrac{1-2^{\frac{1}{x}}}{1+2^{\frac{1}{x}}}$，当 $x\to 0$ 时的左、右极限，并说明 $x\to 0$ 时极限是否存在.

解 $\lim\limits_{x\to 0^-}f(x)=\lim\limits_{x\to 0^-}\dfrac{1-2^{\frac{1}{x}}}{1+2^{\frac{1}{x}}}=1$

$\lim\limits_{x\to 0^+}f(x)=\lim\limits_{x\to 0^+}\dfrac{1-2^{\frac{1}{x}}}{1+2^{\frac{1}{x}}}=\lim\limits_{x\to 0^+}\dfrac{2^{-\frac{1}{x}}-1}{2^{-\frac{1}{x}}+1}=-1$

所以 $\lim\limits_{x\to 0}f(x)$ 不存在.

按照上述函数极限的定义，需要说明的是：

（1）一个函数有没有极限，极限值是多少，除了与函数本身有关外，还与自变量的变化趋势有关.

在例4中，函数 $f(x)=\dfrac{1-2^{\frac{1}{x}}}{1+2^{\frac{1}{x}}}$，当 $x\to 0^-$ 时极限为1；当 $x\to 0^+$ 时极限为 -1；而当 $x\to 0$ 时极限不存在.

（2）若 $f(x)=C$（C 为确定常数），则 $\lim\limits_{x\to x_0}f(x)=\lim\limits_{x\to x_0^+}f(x)=\lim\limits_{x\to x_0^-}f(x)=C$.

（3）当 $x\to x_0$ 时，函数 $f(x)=x$ 的极限是 x_0，即 $\lim\limits_{x\to x_0}x=x_0$.

定理1 设 $f(x),g(x),h(x)$ 为三个函数，如果在 $x=x_0$ 附近满足下列条件：

（1）$g(x)\leqslant f(x)\leqslant h(x)$；

（2）$\lim\limits_{x\to x_0}g(x)=\lim\limits_{x\to x_0}h(x)=A$.

那么 $\lim\limits_{x\to x_0}f(x)=A$.

这个定理直观上是明显的，函数 $g(x)$ 与 $h(x)$ 在 $x\to x_0$ 时都趋于 A，夹在其中的函数 $f(x)$ 也只能趋于 A. 因此通常称这个定理为极限存在的"夹逼准则". 对于函数极限的其他情况，显然也有类似的定理成立，这里不再赘述.

下面利用定理1给出重要极限：

$$\lim_{x\to 0}\frac{\sin x}{x}=1$$

首先注意到，函数 $f(x)=\dfrac{\sin x}{x}$ 对一切 $x\neq 0$ 都有定义. 在图1-17所示的单位圆中，设圆心角 $\angle AOB=x\left(0<x<\dfrac{\pi}{2}\right)$，点 A 处的切线与 OB 的延长线相交于 D，又 $BC\perp OA$，则

$$\sin x=BC,\ x=\overset{\frown}{AB},\ \tan x=AD$$

因为 $\triangle AOB$ 的面积 $<$ 扇形 AOB 的面积 $<\triangle AOD$ 的面积，

所以 $\qquad\qquad\qquad\qquad \dfrac{1}{2}\sin x<\dfrac{1}{2}x<\dfrac{1}{2}\tan x$

即 $\qquad\qquad\qquad\qquad\qquad \sin x<x<\tan x$

不等号各边都除以 $\sin x$，就有

$$1<\frac{x}{\sin x}<\frac{1}{\cos x}$$

或 $\qquad\qquad\qquad\qquad\qquad \cos x<\dfrac{\sin x}{x}<1$

因为当 x 用 $-x$ 代替时，$\cos x$ 与 $\dfrac{\sin x}{x}$ 都不变，所以上面的不等式对于开区间 $\left(-\dfrac{\pi}{2},0\right)$ 内

的一切 x 也是成立的.

由于 $\lim\limits_{x\to 0}\cos x = 1$，故由定理 1 知：

$$\lim\limits_{x\to 0}\frac{\sin x}{x} = 1$$

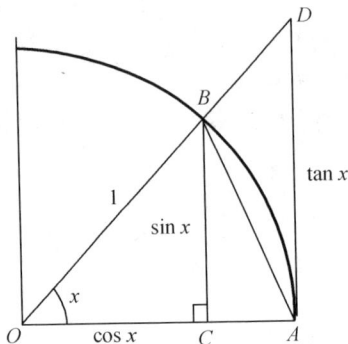

图 1-17

例 6 求 $\lim\limits_{x\to 0}\dfrac{\tan x}{x} = 1$.

解 $\lim\limits_{x\to 0}\dfrac{\tan x}{x} = \lim\limits_{x\to 0}\dfrac{\sin x}{x}\cdot\dfrac{1}{\cos x} = 1$

1.4 无穷大与无穷小

1.4.1 无穷大的定义

考虑函数 $f(x) = \dfrac{1}{x-2}$ 当 $x\to 2$ 时的变化趋势. 如图 1-18 所示，无论 x 从 2 的右端还是

左端越来越接近 2 时，函数值的绝对值 $\left|\dfrac{1}{x-2}\right|$ 都越来越大，其图形也越来越靠近直线 $x=2$，

此时我们称函数 $f(x) = \dfrac{1}{x-2}$ 为当 $x\to 2$ 时的无穷大量.

一般地，如果当 $x\to x_0$ 时，对应的函数值的绝对值 $\left|f(x)\right|$ 无限增大，则称函数 $f(x)$ 为当

$x\to x_0$ 时的无穷大量，简称无穷大.

关于无穷大的几点说明：

(1) 当 $x\to x_0$ 时的无穷大的函数 $f(x)$，按函数极限的定义，极限是不存在的. 但为了便

于描述函数的这一趋向，我们也说"函数的极限是无穷大"，记作 $\lim\limits_{x\to x_0}f(x) = \infty$.

(2) 完全类似地可以给出 $x\to x_0^{+}$，$x\to x_0^{-}$，$x\to\infty$，$x\to+\infty$，$x\to-\infty$ 这 5 种情况下无穷大

的定义.

(3) 若 $\lim\limits_{x\to x_0}f(x) = \infty$，$\lim\limits_{x\to x_0^{+}}f(x) = \infty$ 和 $\lim\limits_{x\to x_0^{-}}f(x) = \infty$ 有一个成立，则 $x=x_0$ 为函数 $y=f(x)$

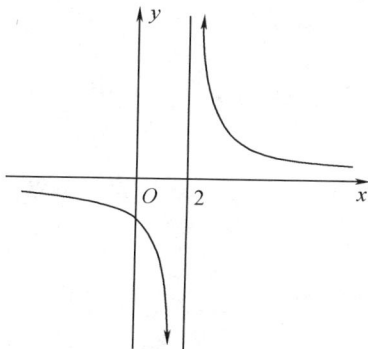

图1-18

的铅直渐近线,例如 $x=2$ 为函数 $f(x)=\dfrac{1}{x-2}$ 的铅直渐近线.

（4）如果对于 x 值所对应的函数值是正的（或是负的）,则记作 $\lim\limits_{\substack{x\to x_0 \\ (x\to\infty)}} f(x)=+\infty$（或 $\lim\limits_{\substack{x\to x_0 \\ (x\to\infty)}} f(x)=-\infty$）.

（5）必须注意,无穷大（∞）不是数,不可与很大的数混为一谈.

1.4.2 无穷小的定义

如果函数 $y=f(x)$ 当 $x\to x_0$（或 $x\to\infty$）时以零为极限,则称函数 $f(x)$ 是 $x\to x_0$（$x\to\infty$）时的无穷小.

关于无穷小定义的几点说明：

（1）不能把无穷小与很小的数混为一谈. 因为无穷小是在 $x\to x_0$（或 $x\to\infty$）的过程中,绝对值可以是任意小的函数. 但零是可以作为无穷小的唯一的常数.

（2）说函数 $f(x)$ 为无穷小时一定要讲明是自变量 x 何种变化过程时的无穷小.

例如,因为 $\lim\limits_{x\to\infty}\dfrac{1}{x}=0$,所以函数 $\dfrac{1}{x}$ 为当 $x\to\infty$ 时的无穷小. 而 $\lim\limits_{x\to1}\dfrac{1}{x}=1$,所以函数 $\dfrac{1}{x}$ 不是当 $x\to1$ 时的无穷小.

定理1 在自变量的同一变化过程 $x\to x_0$（或 $x\to\infty$）中,函数 $f(x)$ 以常数 A 为极限的充分必要条件是函数 $f(x)=A+\alpha$,其中 α 是 $x\to x_0$（或 $x\to\infty$）中的无穷小.

定理2 有限个无穷小的和（代数和）仍为无穷小.

定理3 有界函数与无穷小的乘积仍为无穷小.

推论1 常数与无穷小的乘积仍为无穷小.

推论2 有限个无穷小的乘积仍为无穷小.

例1 求 $\lim\limits_{x\to0^+}\left(e^{-\frac{1}{x^2}}\cos x+\sqrt{x\sin x}\right)$.

解 当 $x\to0^+$ 时,$e^{-\frac{1}{x^2}}$,$\sqrt{x}$,$\sqrt{\sin x}$ 均为无穷小,且 $\cos x$ 为有界函数,所以得

$$\lim\limits_{x\to0^+}\left(e^{-\frac{1}{x^2}}\cos x+\sqrt{x\sin x}\right)=0$$

定理4 在自变量的同一变化过程中,如果 $f(x)$ 为无穷大,则 $\dfrac{1}{f(x)}$ 为无穷小;反之,如果

$f(x)$ 为无穷小,且 $f(x)\neq0$,则 $\dfrac{1}{f(x)}$ 为无穷大.

例如,当 $x\to\infty$ 时,x^2 是无穷大,则 $\dfrac{1}{x^2}$ 是无穷小;$x\to2$ 时,$x-2$ 为无穷小,则 $\dfrac{1}{x-2}$ 为无穷大.

由无穷小的性质可知,两个无穷小的和、差及乘积仍然为无穷小. 但是,关于两个无穷小的商,却会出现不同的情况. 例如,当 $x\to0$ 时,$3x,x^2,\sin x$ 都是无穷小,而

$$\lim_{x\to0}\frac{x^2}{3x}=0,\quad \lim_{x\to0}\frac{3x}{x^2}=\infty,\quad \lim_{x\to0}\frac{\sin x}{x}=1$$

两个无穷小之比的极限的各种不同情况,反映了不同的无穷小趋于零的"快慢"程度. 因此,我们应该就无穷小之比的极限存在或为无穷大时,来说明两个无穷小之间的比较. 这在理论分析和计算中都是很重要的.

定义1 设 α,β 为在同一个自变量的变化过程中的无穷小,且 $\alpha\neq0$,$\lim\dfrac{\beta}{\alpha}$ 也是在这个变化过程中的极限. 那么

(1) 如果 $\lim\dfrac{\beta}{\alpha}=0$,就说 β 是比 α 高阶的无穷小,记作 $\beta=o(\alpha)$;

(2) 如果 $\lim\dfrac{\beta}{\alpha}=\infty$,就说 β 与比 α 低阶的无穷小;

(3) 如果 $\lim\dfrac{\beta}{\alpha}=c\neq0$,就说 β 与 α 是同阶无穷小;

特别地 $\lim\dfrac{\beta}{\alpha}=1$,就说 β 与 α 为等价无穷小,记作 $\beta\sim\alpha$;

(4) 如果 $\lim\dfrac{\beta}{\alpha^k}=c\neq0(k>0)$,就说 β 是关于 α 的 k 阶无穷小.

例2 当 $x\to0$ 时,$3x^2$ 与 x 皆为无穷小,而 $\lim\limits_{x\to0}\dfrac{3x^2}{x}=0$,则 $3x^2=o(x)$.

例3 $\lim\limits_{n\to\infty}\dfrac{\frac{1}{n}}{\frac{1}{n^2}}=\infty$,$\dfrac{1}{n}$ 是比 $\dfrac{1}{n^2}$ 低阶的无穷小.

例4 $\lim\limits_{x\to3}\dfrac{x^2-9}{x-3}=6$,所以,当 $x\to3$ 时,x^2-9 与 $x-3$ 是同阶无穷小.

例5 $\lim\limits_{x\to0}\dfrac{\sin x}{x}=1$,所以 $\sin x\sim x$.

例6 证明:当 $x\to1$ 时,$\sin\sin(x-1)\sim\ln x$.

证明 令 $x-1=t$,于是

$$原式=\lim_{t\to0}\frac{\sin\sin t}{\ln(1+t)}=\lim_{t\to0}\frac{\sin\sin t}{\sin t}\cdot\frac{\sin t}{t}\cdot\frac{t}{\ln(1+t)}$$

$$=\lim_{t\to0}\frac{t}{\ln(1+t)}=\lim_{t\to0}\frac{1}{\ln(1+t)^{\frac{1}{t}}}=1$$

所以,当 $x\to1$ 时,$\sin\sin(x-1)\sim\ln x$.

定理 5　设 $\alpha \sim \alpha'$, $\beta \sim \beta'$, 且 $\lim \dfrac{\beta'}{\alpha'}$ 存在,则

$$\lim \frac{\beta}{\alpha} = \lim \frac{\beta'}{\alpha'}$$

证明　$\lim \dfrac{\alpha}{\beta} = \lim \dfrac{\alpha}{\beta} \cdot \dfrac{\alpha'}{\beta'} \cdot \dfrac{\beta'}{\alpha'} = \lim \dfrac{\alpha}{\alpha'} \lim \dfrac{\alpha'}{\beta} \lim \dfrac{\beta'}{\beta} = \lim \dfrac{\alpha'}{\beta'}$

定理 5 表明,求两个无穷小之比的极限时,分子及分母都可用等价无穷小来代替. 因此,如果用来代替的无穷小选得适当的话,可以使计算简化. 常用的无穷小代换包括以下几个:

$$\sin x \sim \arcsin x \sim \tan x \sim \arctan x \sim \ln(1+x) \sim e^x - 1 \sim x$$

$$1 - \cos x \sim \frac{1}{2}x^2$$

$$(1+x)^\mu - 1 \sim \mu x$$

例 7　求 $\lim\limits_{x \to 0} \dfrac{\tan 2x}{\sin 5x}$.

解　由于 $x \to 0$ 时 $\tan 2x \sim 2x$, $\sin 5x \sim 5x$,故原式 $= \lim\limits_{x \to 0} \dfrac{2x}{5x} = \dfrac{2}{5}$

例 8　求 $\lim\limits_{x \to 0} \dfrac{\sin x}{x^3 + 3x}$.

解　原式 $= \lim\limits_{x \to 0} \dfrac{x}{x(x^2+3)} = \dfrac{1}{3}$

例 9　求 $\lim\limits_{x \to 0} \dfrac{\tan x - \sin x}{\sin^3 x}$.

解　由于 $x \to 0$ 时 $1 - \cos x \sim \dfrac{1}{2}x^2$,故原式 $= \lim\limits_{x \to 0} \dfrac{\tan x(1-\cos x)}{x^3} = \lim\limits_{x \to 0} \dfrac{x \cdot \frac{1}{2}x^2}{x^3} = \dfrac{1}{2}$

1.5　极限的运算法则

我们已经熟知了关于极限的定义,这一节我们讨论有关极限的求法,主要是建立极限的四则运算法则和复合函数的极限运算法则.

不论是数列的极限,还是函数的极限,不论是 $x \to x_0$ 的极限,还是 $x \to \infty$ 时的极限,在下面讨论中,我们都以"lim"表明. 当然,在同一问题中,记号"lim"应表明同一种类型的极限.

定理 1　如果 $\lim f(x) = A$, $\lim g(x) = B$,则

(1) $\lim [f(x) \pm g(x)] = \lim f(x) \pm \lim g(x) = A \pm B$;

(2) $\lim [f(x) \cdot g(x)] = \lim f(x) \cdot \lim g(x) = AB$;

(3) 若又有 $B \neq 0$,则 $\lim \dfrac{f(x)}{g(x)} = \dfrac{A}{B} = \dfrac{\lim f(x)}{\lim g(x)}$.

证明　因为 $\lim f(x) = A$, $\lim g(x) = B$,由第 1.4 节定理 1 有

$$f(x) = A + \alpha, g(x) = B + \beta$$

其中,α 及 β 为无穷小. 于是

(1) $f(x) \pm g(x) = (A+\alpha) \pm (B+\beta) = (A \pm B) + (\alpha \pm \beta)$

而 $\alpha \pm \beta$ 是无穷小，由第 1.4 节定理 2 有

$$\lim[f(x) \pm g(x)] = A \pm B = \lim f(x) \pm \lim g(x)$$

(2)(3)略.

定理 1 中的(1)(2)可推广到有限个函数的情形. 即如果 $\lim f_1(x), \lim f_2(x), \cdots,$ $\lim f_k(x)$ 都存在，则

$$\lim[f_1(x) \pm f_2(x) \pm \cdots \pm f_k(x)] = \lim f_1(x) \pm \lim f_2(x) \pm \cdots \pm \lim f_k(x)$$

$$\lim[f_1(x)f_2(x)\cdots f_k(x)] = \lim f_1(x)\lim f_2(x)\cdots \lim f_k(x)$$

定理 1 中的(2)，有如下推论：

推论 1 若 $\lim f(x)$ 存在，而 C 为常数，则

$$\lim[Cf(x)] = C\lim f(x)$$

推论 2 若 $\lim f(x)$ 存在，而 n 为正整数，则

$$\lim[f(x)]^n = [\lim f(x)]^n$$

定理 2 设 $\varphi(x)$ 与 $\phi(x)$ 为两个函数，且 $\varphi(x) \leqslant \phi(x)$. 若

$$\lim \varphi(x) = A, \quad \lim \phi(x) = B$$

则

$$A \leqslant B$$

证明 令 $f(x) = \varphi(x) - \phi(x)$，则 $f(x) \leqslant 0$，有

$$\lim f(x) = \lim[\varphi(x) - \phi(x)] = \lim \varphi(x) - \lim \phi(x) = A - B$$

由 $f(x) \leqslant 0$，故 $\lim f(x) = A - B \leqslant 0$，即 $A \leqslant B$.

例 1 设多项式 $P(x) = a_0 x^n + a_1 x^{n-1} + \cdots + a_{n-1}x + a_n$，求 $\lim\limits_{x \to x_0} P(x)$.

解

$$\lim_{x \to x_0} P(x) = \lim_{x \to x_0}(a_0 x^n) + \lim_{x \to x_0}(a_1 x^{n-1}) + \cdots + \lim_{x \to x_0}(a_{n-1}x) + \lim_{x \to x_0} a_n$$

$$= a_0 \lim_{x \to x_0}(x^n) + a_1 \lim_{x \to x_0}(x^{n-1}) + \cdots + a_{n-1}\lim_{x \to x_0} x + \lim_{x \to x_0} a_n$$

$$= a_0 \left(\lim_{x \to x_0} x\right)^n + a_1 \left(\lim_{x \to x_0} x\right)^{n-1} + \cdots + a_n = a_0 x_0^n + a_1 x_0^{n-1} + \cdots + a_n = P(x_0)$$

例 2 求 $\lim\limits_{x \to 2} \dfrac{x^3 - 1}{x^2 - 5x + 3}$.

解

$$\lim_{x \to 2} \frac{x^3 - 1}{x^2 - 5x + 3} = \frac{\lim\limits_{x \to 2}(x^3 - 1)}{\lim\limits_{x \to 2}(x^2 - 5x + 3)} = \frac{\lim\limits_{x \to 2} x^3 - \lim\limits_{x \to 2} 1}{\lim\limits_{x \to 2} x^2 - 5\lim\limits_{x \to 2} x + \lim\limits_{x \to 2} 3}$$

$$= \frac{\left(\lim\limits_{x \to 2} x\right)^3 - 1}{\left(\lim\limits_{x \to 2} x\right)^2 - 5 \cdot 2 + 3} = \frac{2^3 - 1}{2^2 - 10 + 3} = -\frac{7}{3}$$

例 3 求 $\lim\limits_{x \to 2} \dfrac{x - 2}{x^2 - 4}$.

解

$$\lim_{x \to 2} \frac{x - 2}{x^2 - 4} = \lim_{x \to 2} \frac{x - 2}{(x + 2)(x - 2)} = \lim_{x \to 2} \frac{1}{x + 2} = \frac{1}{4}$$

注 当 x 趋于 2 时 $x \neq 2$，故分子分母可约去 $x - 2$.

例 4 求 $\lim\limits_{x \to 1} \dfrac{2x - 3}{x^2 - 5x + 4}$

解 由于 $\lim\limits_{x \to 1} \dfrac{x^2 - 5x + 4}{2x - 3} = 0$

所以 $\lim\limits_{x \to 1} \dfrac{2x - 3}{x^2 - 5x + 4} = \infty$

由例 2、例 3 及例 4 可得计算有理分式函数极限的一般规律如下：

设有理分式函数 $F(x) = \dfrac{P(x)}{Q(x)}$，其中 $P(x)$，$Q(x)$ 都是多项式，于是：

当 $Q(x_0) \neq 0$ 时，$\lim\limits_{x \to x_0} \dfrac{P(x)}{Q(x)} = \dfrac{P(x_0)}{Q(x_0)}$；

当 $Q(x_0) = 0$ 且 $P(x_0) \neq 0$ 时，$\lim\limits_{x \to x_0} \dfrac{P(x)}{Q(x)} = \infty$；

当 $Q(x_0) = P(x_0) = 0$ 时，先将分子分母的公因式 $(x - x_0)$ 约去.

例 5 求 $\lim\limits_{x \to 0} \dfrac{x}{\sqrt{x+4}-2}$.

解 分母有理化，原式 $= \lim\limits_{x \to 0} \dfrac{x(\sqrt{x+4}+2)}{x+4-4} = \sqrt{4} + 2 = 4$

例 6 求 $\lim\limits_{x \to \infty} \dfrac{3x^2 + x - 7}{2x^2 - x + 4}$.

解 $\lim\limits_{x \to \infty} \dfrac{3x^2 + x - 7}{2x^2 - x + 4} = \lim\limits_{x \to \infty} \dfrac{3 + \dfrac{1}{x} - \dfrac{7}{x^2}}{2 - \dfrac{1}{x} + \dfrac{4}{x^2}} = \dfrac{3}{2}$

根据例 6，我们给出一类更一般情形的极限：即当 $a_0 \neq 0$，$b_0 \neq 0$，m 和 n 为非负整数时，有

$$\lim_{x \to \infty} \frac{a_0 x^m + a_1 x^{m-1} + \cdots + a_m}{b_0 x^n + b_1 x^{n-1} + \cdots + b_n} = \begin{cases} \dfrac{a_0}{b_0}, & n = m \\ 0, & n > m \\ \infty, & n < m \end{cases}$$

例 7 求 $\lim\limits_{x \to \infty} \dfrac{\sin x}{x}$.

分析 当 $x \to \infty$ 时，分子分母的极限都不存在，故不能运用商的极限的运算法则. 如果把 $\dfrac{\sin x}{x}$ 看成 $\sin x$ 与 $\dfrac{1}{x}$ 的乘积，可利用第 1.4 节的定理 3 计算.

解 由于 $\dfrac{1}{x}$ 为当 $x \to \infty$ 时的无穷小，而 $\sin x$ 是有界函数，则根据第 1.4 节的定理 3，有

$$\lim_{x \to \infty} \frac{\sin x}{x} = 0$$

定理 3 （复合函数的极限运算法则）设函数 $u = \varphi(x)$ 当 $x \to x_0$ 时的极限存在且等于 a，即 $\lim\limits_{x \to x_0} \varphi(x) = a$，但在点 x_0 附近 $\varphi(x) \neq a$，又 $\lim\limits_{u \to a} f(u) = A$，则复合函数 $f[\varphi(x)]$ 当 $x \to x_0$ 时的极限也存在，且

$$\lim_{x \to x_0} f[\varphi(x)] = \lim_{u \to a} f(u) = A$$

关于定理 3 的说明：

（1）把定理中的 $\lim\limits_{x \to x_0} \varphi(x) = a$ 换成 $\lim\limits_{x \to x_0} \varphi(x) = \infty$ 或 $\lim\limits_{x \to \infty} \varphi(x) = \infty$，而把 $\lim\limits_{u \to a} f(u) = A$ 换成 $\lim\limits_{u \to \infty} f(u) = A$，可得类似的定理.

（2）如果函数 $\varphi(x)$ 和 $f(u)$ 满足该定理的条件，那么作代换 $u = \varphi(x)$ 可把求 $\lim\limits_{x \to x_0} f[\varphi(x)]$

化为求 $\lim\limits_{u \to a} f(u)$，这里 $\lim\limits_{x \to x_0} \varphi(x) = a$.

例 8　求 $\lim\limits_{x \to 0} 2^{\sin x}$.

解　函数 $y = 2^{\sin x}$ 由 $y = 2^u$ 及 $u = \sin x$ 复合而成，且 $\lim\limits_{x \to 0} \sin x = 0$，$\lim\limits_{u \to 0} 2^u = 1$，又在 0 附近，$\sin x \neq 0$，故由定理 3 可得

$$\lim\limits_{x \to 0} 2^{\sin x} = \lim\limits_{u \to 0} 2^u = 1$$

1.6　函数的连续性

前面我们学习了极限的内容. 在这节中，我们将学习和研究一个与极限概念密切联系的基本概念——函数的连续性. 在微分学所研究的各种各样的函数中，连续函数是其中一类重要的函数.

1.6.1　连续函数

什么是连续？在日常生活中，所谓连续，就是不间断. 例如，每天的气温随时间的变化而连续的变化，公共汽车、火车等交通运输工具的票价则是随着每站的不同而有着不同的变化. 在数学上，连续与间断正是客观事物变化过程中渐变与突变的一种描述. 为此，我们首先来分析一下，反映渐变的连续点与反映突变的间断点的最本质的数量特征.

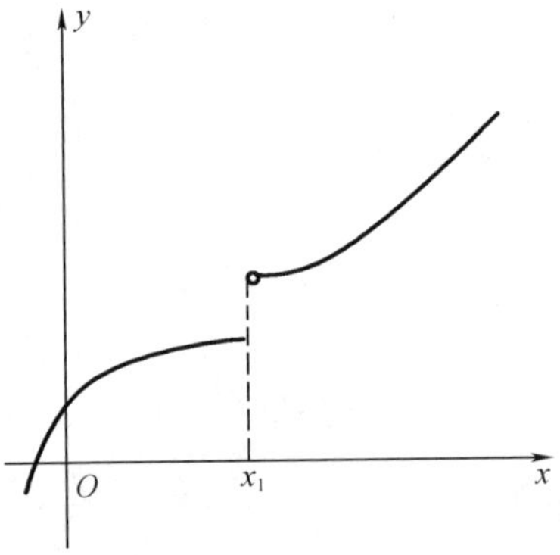

图 1 – 19

假设函数 $f(x)$ 的图形如图 1 – 19 所示. 从图中我们可以清楚地看到函数 $f(x)$ 是由两段连续不断的曲线描出的，亦即在点 x_1 处函数值 $f(x_1)$ 有一个跳跃变化. 而在其他各处，函数值 $f(x)$ 都是连续不断变化. 所谓"函数值 $f(x)$ 连续不断变化"在数学上，可以具体描绘如下：

设变量 u 从它的一个初值 u_1 变到终值 u_2，终值与初值之差 $u_2 - u_1$ 称为变量 u 的增量，记为 $\Delta u = u_2 - u_1$. 显然当 $\Delta u > 0$ 时，变量从 u_1 变到 u_2 是增大的；反之则是减少的.

现在假定函数 $f(x)$ 在点 x_0 的某一邻域内有定义，当自变量 x 在这个邻域内从初值 x_0 变到终值 $x_0 + \Delta x$ 时，也就是说，当 x 在点 x_0 处有一个增量时，函数 $y = f(x)$ 对应的增量为

$$\Delta y = f(x_0 + \Delta x) - f(x_0)$$

假如我们保持 x_0 不变，让 Δx 变动，显然对应的函数的增量 Δy 也会随着变动. 如果当

自变量 Δx 趋于 0 时,函数的增量 Δy 也趋于 0,即体现了函数 $y = f(x)$ 在点 x_0 处是连续变化的,如图 1-20 所示.

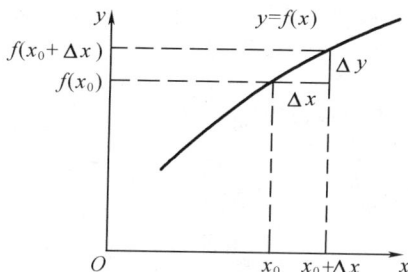

图 1-20

接下来,给出函数在一点连续的定义.

定义 1 设函数 $y = f(x)$ 在点 x_0 的某一邻域内是有定义. 如果

$$\lim_{\Delta x \to 0} \Delta y = \lim_{\Delta x \to 0} \left[f(x_0 + \Delta x) - f(x_0) \right] = 0 \tag{1-1}$$

则称函数 $y = f(x)$ 在点 x_0 处是连续的.

设 $x = x_0 + \Delta x$,则当 $\Delta x \to 0$ 就是 $x \to x_0$. 又由于

$$\Delta y = f(x_0 + \Delta x) - f(x_0) = f(x) - f(x_0)$$

即

$$f(x) = f(x_0) + \Delta y$$

可见 $\Delta y \to 0$ 就是 $f(x) \to f(x_0)$,因此式 $(1-1)$ 与 $\lim\limits_{x \to x_0} f(x) = f(x_0)$ 相当. 所以,函数 $y = f(x)$ 在点 x_0 处连续的定义又可叙述如下:

定义 2 设函数 $f(x)$ 在点 x_0 的某一邻域内有定义. 如果

$$\lim_{x \to x_0} f(x) = f(x_0)$$

那么就称函数 $y = f(x)$ 在点 x_0 处是连续的.

下面给出左、右连续的定义及区间上连续函数的定义.

如果 $\lim\limits_{x \to x_0^-} f(x) = f(x_0)$,则称函数 $f(x)$ 在 x_0 左连续.

如果 $\lim\limits_{x \to x_0^+} f(x) = f(x_0)$,则称函数 $f(x)$ 在 x_0 右连续.

在区间 I 上每一点都连续的函数,称为在区间 I 上的连续函数,也称为函数在区间 I 上连续. 如果区间包括端点,则函数在左端点连续是指右连续,在右端点连续是指左连续.

例 1 证明函数 $y = \sin x$ 在 $(-\infty, +\infty)$ 是连续的.

证明 设 x 是区间 $(-\infty, +\infty)$ 内任意取定的一点,当 x 有增量 Δx 时,对应的函数的增量为

$$\Delta y = \sin(x + \Delta x) - \sin x = 2\sin\frac{\Delta x}{2}\cos\left(x + \frac{\Delta x}{2}\right)$$

再利用不等式 $|\sin x| < |x|$ 可得

$$0 \leqslant |\Delta y| = |\sin(x + \Delta x) - \sin x| \leqslant |\Delta x|$$

由夹逼准则知当 $\Delta x \to 0$ 时,$|\Delta y| \to 0$,由 x 的任意性,这就证明了函数 $y = \sin x$ 在 $(-\infty, +\infty)$ 是连续的.

例2 有理分式 $\dfrac{P(x)}{Q(x)}$，若 $Q(x_0) \neq 0$，则 $\lim\limits_{x \to x_0} \dfrac{P(x)}{Q(x)} = \dfrac{P(x_0)}{Q(x_0)}$，故有理分式在其定义域内连续.

1.6.2　间断点

定义3　设函数 $f(x)$ 在点 x_0 附近有定义，如果函数有下列三种情形之一：

(1) 在 $x = x_0$ 处没有定义；

(2) 在 $x = x_0$ 处有定义，但 $\lim\limits_{x \to x_0} f(x)$ 不存在；

(3) 在 $x = x_0$ 处有定义，且 $\lim\limits_{x \to x_0} f(x)$ 存在，但 $\lim\limits_{x \to x_0} f(x) \neq f(x_0)$，

则称函数 $f(x)$ 在点 x_0 不连续或间断，称这样的 x_0 点为函数 $f(x)$ 的不连续点或间断点.

下面，我们通过例题来介绍几种间断点的常见类型.

例3　设 $y = \dfrac{x^2-1}{x-1}$（图 1 − 21）. 显然它在 $x = 1$ 处函数无定义. 但 $\lim\limits_{x \to 1} \dfrac{x^2-1}{x-1} = 2$. 说明虽然函数在 $x = 1$ 处没有定义，但只要补充定义：在 $x = 1$ 时，令 $y = 2$，那么所给函数在 $x = 1$ 点就连续. 我们称这种间断点为可去间断点.

例4　设函数 $y = \begin{cases} x-1, & -1 \leqslant x < 0 \\ \sqrt{1-x^2}, & 0 \leqslant x \leqslant 1 \end{cases}$，首先此函数的定义域为 $[-1,1]$（图 1 − 22），在 $x = 0$ 点函数值 $f(0) = 1$，考察 $x = 0$ 点函数的左、右极限有 $\lim\limits_{x \to 0^-} f(x) = -1$，$\lim\limits_{x \to 0^+} f(x) = 1$，由于 $\lim\limits_{x \to 0^-} f(x) \neq \lim\limits_{x \to 0^+} f(x)$，故 $x = 0$ 点为此函数的间断点，称此间断点为跳跃间断点.

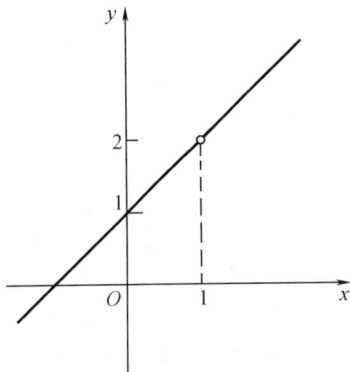

图 1 − 21

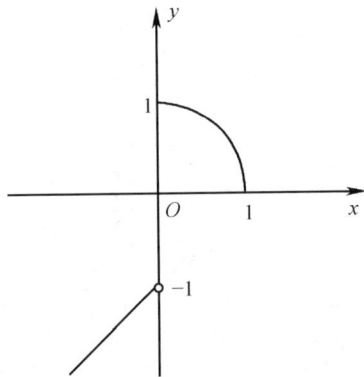

图 1 − 22

例5　设 $y = \begin{cases} x, & x \neq 2 \\ 1, & x = 2 \end{cases}$，此函数在 $x = 2$ 处有 $\lim\limits_{x \to 2^-} f(x) = \lim\limits_{x \to 2^+} f(x) = 2$，但函数值 $f(2) = 1$，与极限值不相等. 所以 $x = 2$ 为函数的间断点（图 1 − 23）.

以上三例概括的类型可以描述为：如果 x_0 是函数的间断点，且左极限及右极限都存在，我们称这类间断点为第一类间断点. 不是第一类间断点的其他间断点称为第二类间断点.

例6 设函数 $y = \dfrac{1}{x^2}$，在 $x = 0$ 处没有定义，且 $\lim\limits_{x \to 0} \dfrac{1}{x^2} = \infty$，所以点 $x = 0$ 为无穷型间断点（图 1 - 24）．

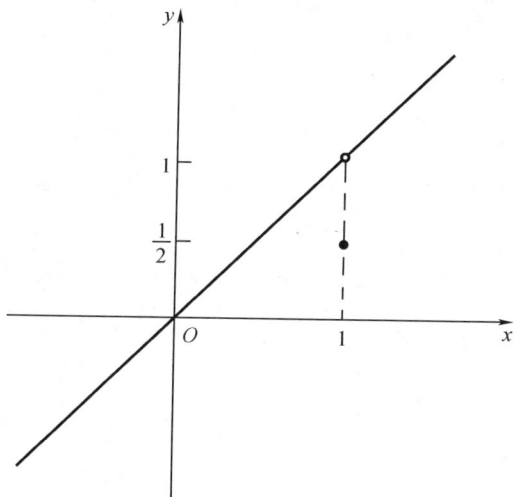

图 1 - 23

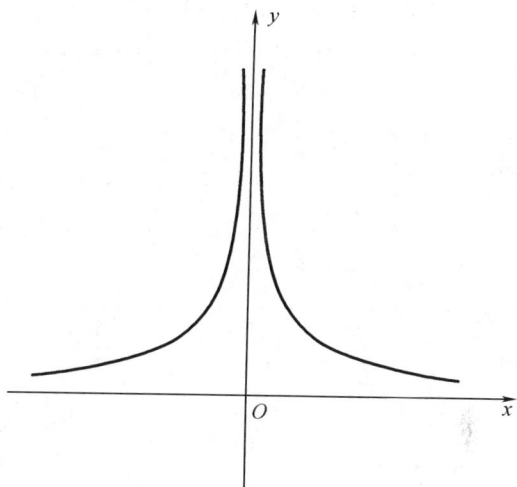

图 1 - 24

例7 函数 $y = \sin\dfrac{1}{x}$ 在 $x = 0$ 点没有定义，且 $\lim\limits_{x \to 0} \sin\dfrac{1}{x}$ 不存在，永远在 $+1$ 和 -1 之间摆动，所以 $x = 0$ 点为此函数的间断点，又称为振荡型间断点（图 1 - 25）．

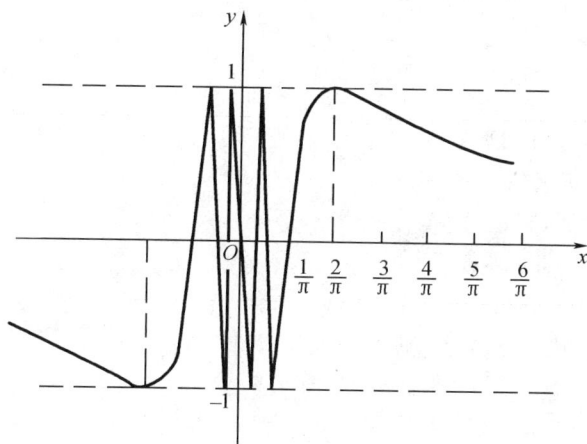

图 1 - 25

显然，无穷型间断点与振荡型间断点都是第二类间断点．

1.6.3 闭区间上连续函数的性质

设函数 $f(x)$ 在闭区间 $[a,b]$ 上有定义，如果 $f(x)$ 在开区间 (a,b) 内连续，在左端点 $x = a$ 右连续，在右端点 $x = b$ 左连续，则称函数 $f(x)$ 在闭区间 $[a,b]$ 上连续．下面以定理的形式给出闭区间上的连续函数的一些重要性质．

定理 1 （最大值和最小值定理）在闭区间上的连续函数一定有最大值和最小值.

从其几何意义（图 1-26）来说，如果函数 $f(x)$ 在闭区间 $[a,b]$ 上连续，则至少有一点 $\xi_1 \in [a,b]$，使函数值 $f(\xi_1)$ 为最大，即 $f(\xi_1) \geqslant f(x)(a \leqslant x \leqslant b)$. 又至少有一点 $\xi_2 \in [a,b]$，使函数值 $f(\xi_2)$ 为最小，即 $f(\xi_2) \leqslant f(x), a \leqslant x \leqslant b$. 称 $f(\xi_1)$ 为 $f(x)$ 在闭区间 $[a,b]$ 上的最大值；称 $f(\xi_2)$ 为 $f(x)$ 在闭区间 $[a,b]$ 上的最小值. ξ_1 与 ξ_2 分别称为 $f(x)$ 的最大值点和最小值点.

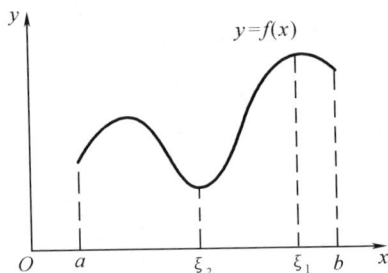

图 1-26

在应用本定理时，应该注意以下几点：

（1）若不是闭区间而是开区间，定理的结论可能就会不正确. 比如 $y = x^3$ 在开区间 (a, b) 内既取不到最大值，也取不到最小值.

（2）若闭区间内不连续（即有间断点），定理的结论也可能不正确.

例如，函数

$$y = \begin{cases} x+1, & -1 \leqslant x < 0 \\ 0, & x = 0 \\ x-1, & 0 < x \leqslant 1 \end{cases}$$

在闭区间 $[-1,1]$ 上有间断点 $x = 0$，此函数在闭区间 $[-1,1]$ 上显然无法取到最大值和最小值. 如图 1-27 所示.

（3）定理中的最大值点和最小值点可能不是唯一的.

定理 2 （有界性定理）在闭区间上连续的函数必在该区间上有界.

此定理的证明可利用定理 1 方便地得到，请读者自证.

如果在点 $x = x_0$ 有 $f(x_0) = 0$，则称 x_0 为函数 $f(x)$ 的零点.

定理 3 （零点定理）设函数 $f(x)$ 在闭区间 $[a,b]$ 上连续，且 $f(a) \cdot f(b) < 0$（即 $f(a)$ 与 $f(b)$ 异号），则在开区间 (a,b) 内至少有一点 $\xi(a < \xi < b)$ 使得 $f(\xi) = 0$，即函数 $f(x)$ 至少有一个零点.

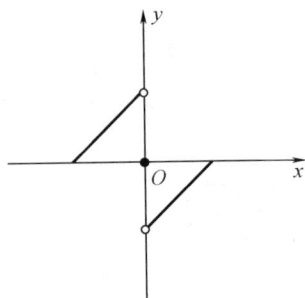

图 1-27

证明 略.

此定理的几何意义十分明显（图 1-28）. 如果连续曲线 $y = f(x)$ 的两个端点位于 x 轴的不同侧，则这段曲线与 x 轴至少会有一个交点.

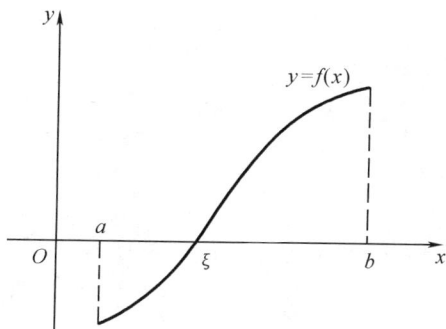

图 1 − 28

定理 4 （介值定理）设函数 $f(x)$ 在闭区间 $[a,b]$ 上连续,且在这区间的端点取不同的函数值 $f(a)=A$, $f(b)=B$,那么,对于 A 与 B 之间的任意一个数 C ,在开区间 (a,b) 内至少有一点 ξ 使得 $f(\xi)=C(a<\xi<b)$.

证明 设 $\varphi(x)=f(x)-C$,则 $\varphi(x)$ 在闭区间 $[a,b]$ 上连续,且 $\varphi(a)=A-C$ 与 $\varphi(b)=B-C$ 异号. 根据零点定理,开区间 (a,b) 内至少有一点 ξ ,使 $\varphi(\xi)=0(a<\xi<b)$. 又由于 $\varphi(\xi)=f(\xi)-C$,于是得到 $f(\xi)=C$.

此定理的几何意义是:连续曲线 $f(x)$ 与水平直线 $y=C$ 至少相交于一点.

应用介值定理又可方便地推出下面结论.

推论 在闭区间上的连续函数必取得介于最大值 M 与最小值 m 之间的任何值.

例 8 证明方程 $x^3-4x^2+1=0$ 在 $(0,1)$ 内至少有一个根.

证明 令 $f(x)=x^3-4x^2+1$,显然 $f(x)$ 在闭区间 $[0,1]$ 上连续,且 $f(0)=1>0$, $f(1)=-2<0$,由零点定理知必有 $\xi\in(0,1)$ 使 $f(\xi)=0$,即 $\xi^3-4\xi^2+1=0(0<\xi<1)$. 上等式说明了 $x^3-4x^2+1=0$ 在区间 $(0,1)$ 内至少有一个根为 ξ.

例 9 若 $f(x)$ 在 $[a,b]$ 上连续, $a<x_1<x_2<\cdots<x_n<b$,证明在 $[x_1,x_n]$ 上必有 ξ ,使 $f(\xi)=\dfrac{f(x_1)+f(x_2)+\cdots+f(x_n)}{n}$.

证明 因为 $f(x)$ 在 $[a,b]$ 上连续, $[x_1,x_n]\subset[a,b]$,所以 $f(x)$ 在 $[x_1,x_n]$ 上连续.

设 $M=\max\limits_{x_1\leqslant x\leqslant x_n}\{f(x)\}$, $m=\min\limits_{x_1\leqslant x\leqslant x_n}\{f(x)\}$,则有

$$m\leqslant\frac{f(x_1)+f(x_2)+\cdots+f(x_n)}{n}\leqslant M$$

则 $\exists\xi\in[x_1,x_n]$,使

$$f(\xi)=\frac{f(x_1)+f(x_2)+\cdots+f(x_n)}{n}$$

习 题 1

（A）

（一）填空题

1. 设 $f(x) = \text{sine}^x + \dfrac{\sin(1-x)}{1+\ln(e+x)}$，则 $f(0) = ($ $)$.

2. 设 $f(x) = \begin{cases} 2\sqrt{x}, & 0 \leq x \leq 1 \\ 1+x, & x > 1 \end{cases}$，则 $f(\dfrac{1}{2}) = ($ $)$，$f(1) = ($ $)$，$f(\sqrt{2}) = ($ $)$.

3. 函数 $f(x) = \sqrt{3x+2}$ 的定义域是（   ）.

4. 函数 $f(x) = x^2 + \sqrt{x}$ 在其定义域内的单调性为（   ）.

5. 函数 $f(x) = \sin 3x$ 的周期是（   ）.

6. 函数 $y = \sqrt[3]{x+1}$ 的反函数是（   ）.

7. 设 $y = u^2$，$u = \sin x$，则将 y 表示成 x 的复合函数为 $y = ($ $)$.

8. 已知需求函数 $Q = f(P) = 200 - 5P$，则价格函数 $P(Q) = ($ $)$.

9. $\lim\limits_{n \to \infty} \dfrac{n+2}{n^2} = ($ $)$.

10. $\lim\limits_{n \to \infty} \left(1 + \dfrac{1}{n}\right)^{2n} = ($ $)$.

11. 单调有界是数列有极限的（   ）条件.

12. $\lim\limits_{x \to x_0^+} f(x) = A$，$\lim\limits_{x \to x_0^-} f(x) = B$，在（   ）时，$\lim\limits_{x \to x_0} f(x)$ 存在.

13. $\lim\limits_{x \to 0} \dfrac{\sin x}{x} = 1$，则 $\lim\limits_{x \to 0^+} \dfrac{\sin x}{x} = ($ $)$，$\lim\limits_{x \to 0^-} \dfrac{\sin x}{x} = ($ $)$.

14. 极限 $\lim\limits_{x \to \infty} \left(\dfrac{x-1}{x+1}\right)^x$ 的值等于（   ）.

15. 若 $\lim\limits_{x \to x_0} f(x) = 0$，$|g(x)| \leq M \, (M > 0)$，则 $\lim\limits_{x \to x_0} f(x)g(x) = ($ $)$.

16. 若要 $\lim\limits_{x \to 0} \dfrac{\tan x - \sin x}{x^p} = \dfrac{1}{2}$，则 p 的值为（   ）.

17. 函数 $f(x) = \dfrac{1}{x-1}$，当 $x \to ($ $)$ 时是无穷大量，当 $x \to ($ $)$ 时是无穷小量.

18. $\lim\limits_{x \to 2} \dfrac{x^2+5}{x-3} = ($ $)$.

19. $\lim\limits_{x \to 0} \dfrac{\sqrt{1+x} - \sqrt{1-x}}{2x} = ($ $)$.

20. $\lim\limits_{x \to \infty} \dfrac{x^2+x}{x^4 - 3x^2 + 1} = ($ $)$.

21. $\lim\limits_{n \to \infty} \dfrac{(n+1)(n+2)(n+3)}{5n^3} = ($ $)$.

22. $\lim\limits_{x \to 0} \left(x\sin\dfrac{1}{x} - \dfrac{1}{x}\sin x\right) = ($ $)$.

23. $\lim\limits_{x\to 0}\dfrac{3\sin x+x^2\cos\dfrac{1}{x}}{(1+\cos x)\ln(1+x)}=($ 　　　$)$.

24. $\lim\limits_{x\to 3}\sqrt{\dfrac{x^2-9}{x-3}}=($ 　　　$)$.

25. 对函数 $f(x)=\dfrac{\sin x}{1-\mathrm{e}^x}$，规定 $f(0)=($ 　　　$)$，则 $f(x)$ 在 $x=0$ 处连续.

26. 若 $f(x)=\dfrac{\mathrm{e}^x-a}{x(x-1)}$ 有无穷间断点 $x=0$ 及可去间断点 $x=1$，则 a 的值为（ 　　　）.

(二)选择题

1. 下列函数对中，表示相同的函数是（ 　　　）.

A. $f(x)=\lg x^2$，$g(x)=2\lg x$

B. $f(x)=x$，$g(x)=\sqrt{x^2}$

C. $f(x)=\sqrt[3]{x^4-x^3}$，$g(x)=x\cdot\sqrt[3]{x-1}$

D. $f(x)=1$，$g(x)=\sec^2 x-\tan^2 x$

2. 函数 $f(x)=\dfrac{\arccos\ln x}{\sqrt{x^2-x}}$ 的定义域为（ 　　　）.

A. $[0,\mathrm{e}]$

B. $(1,\mathrm{e}]$

C. $(-\infty,0)$ 或 $(1,\infty)$

D. (e,∞)

3. $f(x)=(\mathrm{e}^x+\mathrm{e}^{-x})\sin x$ 在 $(-\infty,+\infty)$ 上是下列四种中的（ 　　　）函数.

A. 有界

B. 奇函数

C. 偶函数

D. 周期

4. 设对某种产品的需求函数为 $Q=280(18-p)$，供给函数 $S=280(p-2)$，则供需平衡的价格为（ 　　　）.

A. 5

B. 10

C. 15

D. 20

5. 下列数列极限不存在是（ 　　　）.

A. $x_n=\dfrac{1}{2^n}$

B. $x_n=(-1)^n\dfrac{1}{n}$

C. $x_n=2+\dfrac{1}{n^2}$

D. $x_n=n(-1)^n$

6. 下列数列收敛于 0 的有（ 　　　）.

A. $\dfrac{1}{2},0,\dfrac{1}{4},0,\dfrac{1}{8},0\cdots$

B. $x_n=\dfrac{n}{2n-1}$

C. $x_n=2^n$

D. $x_n=\begin{cases}\dfrac{n}{n+1}, & n\text{ 为奇数}\\[2mm]\dfrac{1}{n+1}, & n\text{ 为偶数}\end{cases}$

7. 数列 $\{(-1)^n\}$（ 　　　）.

A. 收敛于 1

B. 收敛于 -1

C. 收敛于 0

D. 发散

8. 极限 $\lim\limits_{n\to\infty}\dfrac{a^n}{1+a^n}(a>0)$ 的值是（ 　　　）.

A. ∞

B. $\dfrac{1}{2}$

C. 0

D. 与 a 的取值有关

9. $\lim\limits_{x\to 0}\left(\dfrac{2-2x}{x+2}\right)^{\frac{1}{x}} = ($ $)$.

A. e

B. e^{-1}

C. $e^{\frac{2}{3}}$

D. $e^{-\frac{3}{2}}$

10. $\lim\limits_{x\to 1}\dfrac{\sin x\tan(\ln x)}{x\ln x} = ($ $)$.

A. 0

B. 1

C. $\sin 1$

D. $\ln 1$

11. 当 $x\to 0$ 时, $x^2+\sin x$ 是 x 的( ).

A. 高阶无穷小

B. 低阶无穷小

C. 等价无穷小

D. 同阶但不是等价无穷小

12. 下列函数中,(   )是当 $x\to 0$ 时的无穷大.

A. $\sin x$

B. $\dfrac{1}{\cos x}$

C. $\ln|x|$

D. $(x+3)^3$

13. 下列说法正确的是(   ).

A. 函数 $y=f(x)$ 在 x_0 处有极限,则 $f(x)$ 在 x_0 处一定有定义

B. 无穷大量是一个非常大的数

C. 无穷小量是一个非常小的数

D. 两个无穷小相加之后的结果仍然是无穷小

14. 下列计算中正确的是(   ).

A. $\lim\limits_{m\to\infty}\left(1+\dfrac{1}{m}\right)^{\frac{m}{2}} = \left(\lim\limits_{m\to\infty}\left(1+\dfrac{1}{m}\right)\right)^{\frac{m}{2}} = (1+0)^{\frac{m}{2}} = 1$

B. $\lim\limits_{x\to\infty}\left(1+\dfrac{1}{x}\right)^{x} = \left(\lim\limits_{x\to\infty}\left(1+\dfrac{1}{x}\right)\right)^{x} = (1+0)^{x} = 1$

C. $\lim\limits_{x\to\infty}\dfrac{\sin x}{x} = 1$

D. $\lim\limits_{x\to 0}\dfrac{\sin x}{x} = 1$

15. 下列结论错误的是(   ).

A. 若数列 $\{a_n\cdot b_n\}$ 存在,则数列 $\{a_n\}$ 与 $\{b_n\}$ 的极限必存在

B. 若 $\lim\limits_{n\to\infty}a_n = a$, $\lim\limits_{n\to\infty}(a_n-b_n) = 0$,则 $\lim\limits_{n\to\infty}b_n = a$

C. 若 $f(x)>0$,且 $\lim\limits_{x\to x_0}f(x) = A$,则必有 $A\geqslant 0$

D. 若在某个变化过程中,函数 $f(x)$ 有极限, $g(x)$ 无极限,则在该过程中 $f(x)+g(x)$ 必无极限

16. 已知 $\lim\limits_{x\to 1}f(x)$ 存在,且 $f(x) = 2x^2+5+3\lim\limits_{x\to 1}f(x)$,则 $f(x)$ 等于(   ).

A. $2x^2+5$

B. $2x^2-\dfrac{11}{2}$

C. $2x^2+8$ D. $2x^2-2$

17. 设 $f(x)=\begin{cases}\dfrac{\sin 2x}{x}, & x<0\\ b, & x=0\\ 3x+2, & x>0\end{cases}$，若 $f(x)$ 在 $x=0$ 处连续，则 b 的值是(　　).

A. 2   B. 0

C. 1   D. 任意实数

18. 设 $f(x)=\begin{cases}x\arctan\dfrac{1}{x^2}, & x<0\\ \dfrac{\sin x}{x+1}, & x\geqslant 0\end{cases}$，则关于 $f(x)$ 的连续性的正确结论是(　　).

A. $f(x)$ 在 $(-\infty,+\infty)$ 上处处连续   B. 只有一个间断点 $x=0$

C. 只有一个间断点 $x=-1$ D. 有两个间断点

19. 下列结论不正确的是(　　).

A. 若 $f(x)$ 在 (a,b) 内连续，则 $f(x)$ 在 (a,b) 内必能取得最大值和最小值

B. 设 $f(x)$ 在 $[a,b]$ 上连续，$f(x)>0$，则 $\dfrac{1}{f(x)}$ 在上必能取得最大值和最小值

C. 在闭区间连续的函数，在该区间上一定能取到最大值和最小值

D. 在闭区间上连续的函数，在该区间上一定能取到最大值和最小值之间的任何值

20. 下列结论不正确的是(　　).

A. 初等函数在其定义域内是连续的

B. 初等函数在其定义域内有最大值和最小值

C. 函数 $f(x)=\dfrac{1}{x}$ 在 $[0,1]$ 内有最大值和最小值

D. 函数 $f(x)$ 在区间 $[a,b]$ 上连续，且 $f(a)<a,f(b)>b$，则必存在 $\xi\in(a,b)$，使得 $f(\xi)=\xi$

（B）

1. 求下列函数的定义域：

（1）$y=\sin\sqrt{x}$；

（2）$y=\tan(x+1)$；

（3）$y=\arcsin(x-3)$；

（4）$y=\sqrt{3-x}+\arctan\dfrac{1}{x}$；

（5）$y=\ln(x+1)$；

（6）$y=\mathrm{e}^{\frac{1}{x}}$.

2. 设 $\varphi(x)=\begin{cases}|\sin x|, & |x|<\dfrac{\pi}{3}\\ 0, & |x|\geqslant\dfrac{\pi}{3}\end{cases}$，求 $\varphi\left(\dfrac{\pi}{6}\right)$，$\varphi\left(\dfrac{\pi}{4}\right)$，$\varphi\left(-\dfrac{\pi}{4}\right)$，$\varphi(-2)$，并作出函数 $y=\varphi(x)$ 的图形.

3. 下列函数中哪些是偶函数，哪些是奇函数，哪些既非奇函数又非偶函数？

$(1) y = x^2(1 - x^2)$;

$(2) y = 3x^2 - x^3$;

$(3) y = \dfrac{1 - x^2}{1 + x^2}$;

$(4) y = x(x - 1)(x + 1)$;

$(5) y = \sin x - \cos x + 1$;

$(6) y = \dfrac{a^x + a^{-x}}{2}$.

4. 下列各函数中哪些是周期函数? 对于周期函数, 指出其周期:

$(1) y = \cos(x - 2)$;

$(2) y = 1 + \sin \pi x$;

$(3) y = x \cos x$;

$(4) y = \sin^2 x$.

5. 试证下列函数在指定区间内的单调性:

$(1) y = \dfrac{x}{1 - x}, (-\infty, 1)$;

$(2) y = x + \ln x, (0, +\infty)$.

6. 求下列函数的反函数:

$(1) y = \dfrac{1 - x}{1 + x}$;

$(2) y = 2\sin 3x$;

$(3) y = 1 + \ln(x + 2)$;

$(4) y = \dfrac{2^x}{2^x + 1}$.

7. 在下列各题中, 求由所给函数复合而成的函数, 并求这函数分别对应于给定自变量值 x_1 和 x_2 的函数值:

$(1) y = \sin u, u = 2x, x_1 = \dfrac{\pi}{8}, x_2 = \dfrac{\pi}{4}$;

$(2) y = \sqrt{u}, u = 1 + x^2, x_1 = 1, x_2 = 2$;

$(3) y = e^u, u = x^2, x_1 = 0, x_2 = 1$;

$(4) y = u^2, u = e^x, x_1 = 1, x_2 = -1$.

8. 某厂生产一种元器件, 设计能力为日产 100 件, 每日的固定成本为 140 元, 每件的平均可变成本为 10 元, 每件销售价为 14 元.

(1) 试求: 使每日有盈余、保本及亏损的产量;

(2) 若每天至少要盈余 360 元, 产量达到 80 件, 则产品销售价应定为多少?

9. 计算下列数列的极限:

$(1) \lim\limits_{n \to \infty} \dfrac{3n + 1}{2n + 1}$;

$(2) \lim\limits_{n \to \infty} \dfrac{1 + 2 + 3 + \cdots + (n - 1)}{n^2}$;

$(3) \lim\limits_{n \to \infty} \left(1 - \dfrac{2}{n}\right)^{3n}$;

$(4) \lim\limits_{n \to \infty} \dfrac{\sin n + e^n}{3e^n}$;

$(5)\lim\limits_{n\to\infty}n\left(\dfrac{1}{n^2+\pi}+\dfrac{1}{n^2+2\pi}+\cdots+\dfrac{1}{n^2+n\pi}\right)$; $\qquad(6)\lim\limits_{n\to\infty}\left(1+\dfrac{1}{2}+\dfrac{1}{4}+\cdots+\dfrac{1}{2^n}\right).$

10. 计算下列函数的极限:

$(1)\lim\limits_{x\to\infty}\dfrac{2x+1}{x}$;

$(2)\lim\limits_{x\to0}\dfrac{1-x^2}{1-x}$;

$(3)\lim\limits_{x\to1}\dfrac{x^2-2x+1}{x^2-1}$;

$(4)\lim\limits_{h\to0}\dfrac{(x+h)^2-x^2}{h}$;

$(5)\lim\limits_{x\to\infty}\dfrac{x^2-1}{2x^2-x-1}$;

$(6)\lim\limits_{x\to4}\dfrac{x^2-6x+8}{x^2-5x+4}$;

$(7)\lim\limits_{x\to0}x^2\sin\dfrac{1}{x}$;

$(8)\lim\limits_{x\to\infty}\dfrac{\arctan x}{x}$;

$(9)\lim\limits_{x\to0}\dfrac{\tan3x}{x}$;

$(10)\lim\limits_{x\to0}\dfrac{1-\cos2x}{x\sin x}$;

$(11)\lim\limits_{x\to0}(1-x)^{\frac{1}{x}}$;

$(12)\lim\limits_{x\to\infty}\left(\dfrac{1+x}{x}\right)^{2x}$;

$(13)\lim\limits_{x\to0}\dfrac{\tan x-\sin x}{\sin^3 x}$;

$(14)\lim\limits_{x\to0}\dfrac{\sin x-\tan x}{(\sqrt[3]{1+x^2}-1)(\sqrt{1+\sin x}-1)}$;

$(15)\lim\limits_{x\to0}\sqrt{x^2-2x+5}$;

$(16)\lim\limits_{x\to0}\dfrac{\sqrt{x+1}-1}{x}$;

$(17)\lim\limits_{x\to0}\ln\dfrac{\sin x}{x}$;

$(18)\lim\limits_{x\to0}(1+3\tan^2 x)^{\cot^2 x}.$

11. 下列函数在指出的点处间断,说明这些间断点属于哪一类,如果是可去间断点,则补充或改变函数的定义使它连续;

$(1)y=\dfrac{x^2-1}{x^2-3x+2}$, $x=1$, $x=2$;

$(2)y=\dfrac{x}{\tan x}$, $x=k\pi$, $x=k\pi+\dfrac{\pi}{2}$ $(k=0, \pm1, \pm2,\cdots)$;

$(3)y=\cos^2\dfrac{1}{x}$, $x=0$;

$(4)y=\begin{cases}x-1, & x\leqslant1\\3-x, & x>1\end{cases}$, $x=1$.

12. 证明方程 $x^5-3x=1$ 至少有一个根介于 1 和 2 之间.

13. 若 $f(x)$ 在 $[1,n]$ 上连续,则在 $[1,n]$ 上必有 ξ,使 $f(\xi)=\dfrac{f(1)+2f(2)+\cdots+nf(n)}{\dfrac{n(n+1)}{2}}$.

第2章　一元函数微分学

微分学和积分学是微积分学的基础,也是两个最主要的组成部分. 本章介绍一元函数微分学,主要包括导数概念、求导公式与求导法则、微分公式与微分法则及导数的应用,其中包括利用导数进行经济分析和利用导数求解最优化问题.

2.1　导　数

解决实际问题时,在建立了变量之间的函数关系之后,经常需要研究变量变化的快慢的问题. 例如,物体运动的速度、人口增长的速度、国民经济增长的速度、劳动生产率等. 而解决这类问题的工具就是函数的导数.

2.1.1　引例

1. 平面曲线的切线

如何求曲线 $y = f(x)$ 在点 $M_0(x_0, y_0)$ 的切线斜率呢? 首先要知道什么是过点 $M_0(x_0, y_0)$ 的切线. 如图 2-1 所示,在曲线上除点 $M_0(x_0, y_0)$ 外,另取一点 M,它的横坐标是 $x_0 + \Delta x$ (Δx 可正可负),过 M 作割线 M_0M,当点 M 沿曲线移动并趋于与 M_0 重合时,割线 M_0M 的极限位置 M_0T 就称为曲线在点 M_0 处的切线. 显然割线 M_0M 的斜率 $\bar{k}$ 是 Δy 对 Δx 的平均变化率,即

$$\bar{k} = \frac{\Delta y}{\Delta x} = \frac{f(x_0 + \Delta x) - f(x_0)}{\Delta x}$$

且 $\bar{k} = \tan\varphi$,其中 φ 是割线 M_0M 与 x 轴的夹角.

当 M 沿曲线移动时,相应的 Δx 也发生变化,割线的斜率 $\bar{k}$ 也随之变化. 当 M 越趋近于 M_0,$|\Delta x|$ 越小,割线的斜率 $\bar{k}$ 就越接近曲线上点 M_0 的切线斜率,因此当 Δx 无限趋近于 0 时,割线斜率 $\bar{k}$ 的极限就是曲线上点 M_0 的切线斜率,即

$$k = \lim_{\Delta x \to 0} \bar{k} = \lim_{\Delta x \to 0} \frac{f(x_0 + \Delta x) - f(x_0)}{\Delta x}$$

图 2-1

此时 φ 也趋近于 M_0T 与 x 轴的夹角 θ,且有 $k = \tan\theta$.

2. 产品总成本的变化率

设某产品的总成本 C 是产量 x 的函数,即 $C = f(x)$. 当产量由 x_0 变到 $x_0 + \Delta x$ 时,总成本相应的改变量为

$$\Delta C = f(x_0 + \Delta x) - f(x_0)$$

当产量由 x_0 变到 $x_0 + \Delta x$ 时,总成本的平均变化率为

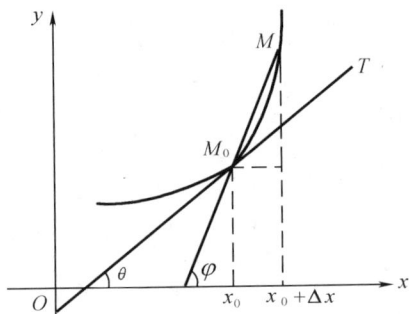

$$\frac{\Delta C}{\Delta x} = \frac{f(x_0 + \Delta x) - f(x_0)}{\Delta x}$$

当 $\Delta x \to 0$ 时,如果极限

$$\lim_{\Delta x \to 0} \frac{\Delta C}{\Delta x} = \lim_{\Delta x \to 0} \frac{f(x_0 + \Delta x) - f(x_0)}{\Delta x}$$

存在,则称此极限是产量为 x_0 时的总成本的变化率.

前面讨论的两个实例分别取自几何学和经济学,背景完全不同,但解决问题的思路完全相同,其结果也有相同的数学结构——函数值的改变量与自变量的改变量之比的极限. 撇开各个问题的具体含义,抽取它们在数量方面的共性进行研究,就得到一个抽象的从而适用性更广泛的数学概念——导数(即函数在一点的瞬时变化率).

2.1.2 导数的定义

定义1 设函数 $y = f(x)$ 在 x_0 附近有定义,自变量 x 在 x_0 处的增量是 Δx,相应函数的增量是 $\Delta y = f(x_0 + \Delta x) - f(x_0)$,若极限

$$\lim_{\Delta x \to 0} \frac{\Delta y}{\Delta x} = \lim_{\Delta x \to 0} \frac{f(x_0 + \Delta x) - f(x_0)}{\Delta x} \tag{2-1}$$

存在,则称函数 $y = f(x)$ 在 x_0 处可导,且称此极限值为函数 $y = f(x)$ 在 x_0 处的导数,记为 $f'(x_0)$. 导数的记号还可以用下列任何一种形式表示:

$$y'\big|_{x=x_0}, \frac{dy}{dx}\Big|_{x=x_0}, \frac{df}{dx}\Big|_{x=x_0}$$

根据导数定义,可以看出导数 $f'(x_0)$ 就是在点 x_0 函数关于自变量的变化率. 此外由引例,它的几何意义是曲线 $f(x)$ 在点 $M(x_0, y_0)$ 的切线斜率(图2-1).

若记 $x = x_0 + \Delta x$,则导数也可记为

$$f'(x_0) = \lim_{x \to x_0} \frac{f(x) - f(x_0)}{x - x_0}$$

例1 求函数 $f(x) = x^2$ 在点 x_0 的导数.

解 $f'(x_0) = \lim_{x \to x_0} \frac{f(x) - f(x_0)}{x - x_0} = \lim_{x \to x_0} \frac{x^2 - x_0^2}{x - x_0} = \lim_{x \to x_0}(x + x_0) = 2x_0.$

在例1中,可以看到对自变量的每一个值 x_0,都有唯一确定的一个值 $f'(x_0) = 2x_0$ 与之对应,因此一般地,函数的导数仍然可以看成是自变量 x 的函数,称之为函数 $f(x)$ 的导函数,记为 $f'(x)$,即

$$f'(x) = \lim_{\Delta x \to 0} \frac{\Delta y}{\Delta x} = \lim_{\Delta x \to 0} \frac{f(x + \Delta x) - f(x)}{\Delta x}$$

当不会发生混淆时,导函数也可称为导数. 导数还可以用下列符号表示:

$$y', f'(x), \frac{dy}{dx}, \frac{df}{dx}$$

其中,符号 $\frac{dy}{dx}$ 与 $\frac{df}{dx}$ 看成是一个整体符号.

例2 求函数 $f(x) = C$(C 为常数)的导数.

解 由于无论 Δx 取何值,都有 $f(x + \Delta x) = C$,所以

$$f'(x) = \lim_{\Delta x \to 0} \frac{f(x + \Delta x) - f(x)}{\Delta x} = \lim_{\Delta x \to 0} \frac{C - C}{\Delta x} = 0$$

例3 求函数 $f(x) = x^n$（n 是正整数）的导数.

解 $f'(x) = \lim\limits_{\Delta x \to 0} \dfrac{(x + \Delta x)^n - x^n}{\Delta x} = \lim\limits_{\Delta x \to 0} \left[(x + \Delta x)^{n-1} + (x + \Delta x)^{n-2} \cdot x + \cdots + x^{n-1} \right]$

$\qquad = nx^{n-1}$

在例3中，当 n 不是正整数，情况会怎样呢？

例4 求函数 $f(x) = \sqrt{x}$ 的导数.

解 $f'(x) = \lim\limits_{\Delta x \to 0} \dfrac{\sqrt{x + \Delta x} - \sqrt{x}}{\Delta x} = \lim\limits_{\Delta x \to 0} \dfrac{(\sqrt{x + \Delta x} - \sqrt{x}) \cdot (\sqrt{x + \Delta x} + \sqrt{x})}{\Delta x \cdot (\sqrt{x + \Delta x} + \sqrt{x})}$

$\qquad = \lim\limits_{\Delta x \to 0} \dfrac{1}{(\sqrt{x + \Delta x} + \sqrt{x})} = \dfrac{1}{2\sqrt{x}}$

类似地，还可以证明 $\left(\dfrac{1}{x}\right)' = -\dfrac{1}{x^2}$，它与例4的结果都是经常会用到的导数. 下一节我们将看到，对任何实数 α，都有 $(x^\alpha)' = \alpha x^{\alpha - 1}$ 成立.

例5 求函数 $f(x) = \sin x$ 的导数.

解 $f'(x) = \lim\limits_{\Delta x \to 0} \dfrac{\sin(x + \Delta x) - \sin x}{\Delta x} = \lim\limits_{\Delta x \to 0} \dfrac{2\cos\left(x + \dfrac{\Delta x}{2}\right) \cdot \sin\dfrac{\Delta x}{2}}{\Delta x}$

$\qquad = \lim\limits_{\Delta x \to 0} \dfrac{\cos\left(x + \dfrac{\Delta x}{2}\right) \cdot \sin\dfrac{\Delta x}{2}}{\dfrac{\Delta x}{2}} = \cos x$

同理，可以得到 $(\cos x)' = -\sin x$.

例6 求函数 $f(x) = \log_a x$（$a > 0$ 且 $a \neq 1$）的导数.

解 $f'(x) = \lim\limits_{\Delta x \to 0} \dfrac{\log_a(x + \Delta x) - \log_a x}{\Delta x} = \lim\limits_{\Delta x \to 0} \dfrac{\ln(x + \Delta x) - \ln x}{\Delta x \ln a}$

$\qquad = \dfrac{1}{\ln a} \lim\limits_{\Delta x \to 0} \dfrac{1}{\Delta x} \ln\left(1 + \dfrac{\Delta x}{x}\right) = \dfrac{1}{\ln a} \lim\limits_{\Delta x \to 0} \dfrac{1}{x} \ln\left(1 + \dfrac{\Delta x}{x}\right)^{\frac{x}{\Delta x}}$

$\qquad = \dfrac{1}{x \ln a}$

当 $a = e$ 时，$(\ln x)' = \dfrac{1}{x}$.

2.1.3 单侧导数

在式（2-1）中，如果自变量的改变量只从大于0的方向或只从小于0的方向趋近0，那么有如下定义.

定义2 如果极限

$$\lim_{\Delta x \to 0^+} \frac{\Delta y}{\Delta x} = \lim_{\Delta x \to 0^+} \frac{f(x_0 + \Delta x) - f(x_0)}{\Delta x}$$

与

$$\lim_{\Delta x \to 0^-} \frac{\Delta y}{\Delta x} = \lim_{\Delta x \to 0^-} \frac{f(x_0 + \Delta x) - f(x_0)}{\Delta x}$$

都存在,则它们分别称为函数 $y = f(x)$ 在 x_0 的右导数与左导数,记为 $f'_+(x_0)$ 与 $f'_-(x_0)$. 显然,函数 $f(x)$ 在 x_0 处可导的充分必要条件是函数 $f(x)$ 在 x_0 的右导数与左导数都存在且相等. 此外,$f(x)$ 在 x_0 的右导数与左导数当然也可以用如下的形式表示:

$$f'_+(x_0) = \lim_{x \to x_0^+} \frac{f(x) - f(x_0)}{x - x_0}, f'_-(x_0) = \lim_{x \to x_0^-} \frac{f(x) - f(x_0)}{x - x_0}$$

如果函数 $f(x)$ 在开区间 (a,b) 内每一点都可导,称函数 $f(x)$ 在开区间 (a,b) 可导;如果函数在开区间 (a,b) 可导,且在点 a 右可导,在点 b 左可导,称函数 $f(x)$ 在闭区间 $[a,b]$ 可导.

例7 讨论函数 $f(x) = |x|$ 在 $x = 0$ 处是否可导?

解 由于

$$f'_+(0) = \lim_{x \to 0^+} \frac{f(x) - f(0)}{x - 0} = \lim_{x \to 0^+} \frac{|x|}{x} = 1$$

$$f'_-(0) = \lim_{x \to 0^-} \frac{f(x) - f(0)}{x - 0} = \lim_{x \to 0^-} \frac{|x|}{x} = -1$$

即 $f'_+(x_0) \neq f'_-(x_0)$,因此函数 $f(x)$ 在 $x = 0$ 处不可导.

例8 设函数 $f(x) = \begin{cases} \sin x, & x \leq 0 \\ x^2, & x > 0 \end{cases}$,求 $f'(x)$.

解 显然,当 $x < 0$ 时,$f'(x) = \cos x$;当 $x > 0$ 时,$f'(x) = 2x$;当 $x = 0$ 时,由于

$$f'_+(0) = \lim_{x \to 0^+} \frac{f(x) - f(0)}{x - 0} = \lim_{x \to 0^+} \frac{x^2 - 0}{x} = 0$$

$$f'_-(0) = \lim_{x \to 0^-} \frac{f(x) - f(0)}{x - 0} = \lim_{x \to 0^-} \frac{\sin x - 0}{x} = 1$$

即 $f'_+(x_0) \neq f'_-(x_0)$,因此函数 $f(x)$ 在 $x = 0$ 不可导. 综上,有

$$f'(x) = \begin{cases} \cos x, & x < 0 \\ 2x, & x > 0 \end{cases}$$

在例7、例8中所讨论的函数在 $x = 0$ 处显然是连续的,但却不可导,因此函数在一点连续不是可导的充分条件.

2.1.4 可导与连续的关系

定理1 若函数 $f(x)$ 在点 x_0 可导,则函数 $f(x)$ 在点 x_0 一定连续.

证明 若函数 $f(x)$ 在点 x_0 可导,即

$$f'(x_0) = \lim_{x \to x_0} \frac{f(x) - f(x_0)}{x - x_0}$$

于是 $\lim_{x \to x_0} [f(x) - f(x_0)] = \lim_{x \to x_0} \left[\frac{f(x) - f(x_0)}{x - x_0} \cdot (x - x_0) \right] = f'(x_0) \cdot 0 = 0$

因此函数 $f(x)$ 在点 x_0 连续. 总之,可导一定连续,但连续未必可导.

2.1.5 基本初等函数的导数

下面是基本初等函数的导数公式,我们先给出这些公式,请同学们牢记它们,利用下一节的知识,我们将全部证明它们.

$(1) (C)' = 0;$ $(2) (x^\alpha)' = \alpha x^{\alpha - 1};$

$(3) (\sin x)' = \cos x;$

$(4) (\cos x)' = -\sin x;$

$(5) (\tan x)' = \sec^2 x;$

$(6) (\cot x)' = -\csc^2 x;$

$(7) (\sec x)' = \sec x \cdot \tan x;$

$(8) (\csc x)' = -\csc x \cdot \cot x;$

$(9) (a^x)' = a^x \cdot \ln a;$

$(10) (\mathrm{e}^x)' = \mathrm{e}^x;$

$(11) (\log_a x)' = \dfrac{1}{x\ln a};$

$(12) (\ln x)' = \dfrac{1}{x};$

$(13) (\arcsin x)' = \dfrac{1}{\sqrt{1-x^2}};$

$(14) (\arccos x)' = -\dfrac{1}{\sqrt{1-x^2}};$

$(15) (\arctan x)' = \dfrac{1}{1+x^2};$

$(16) (\mathrm{arccot}\, x)' = -\dfrac{1}{1+x^2}.$

2.2 求 导 法 则

导数要得到广泛的应用,必须要解决导数的计算问题,经过莱布尼茨等许多数学家的长期努力,已经形成了一系列完整的符合初等函数结构特点的求导方法.借助于这些方法,可以求出任何初等函数的导数.这些方法就是本节要介绍的求导法则,它们的基本出发点就是将比较复杂的求导问题转化为比较简单的求导问题.

2.2.1 导数的四则运算

定理1 若 $u(x)$ 和 $v(x)$ 都在 x 处可导,那么它们的和、差、积、商(除分母为 0 的点外)都在点 x 可导,且

$(1) [u(x) \pm v(x)]' = u'(x) \pm v'(x)$

$(2) [u(x) \cdot v(x)]' = u'(x)v(x) + u(x)v'(x)$

$(3) \left[\dfrac{u(x)}{v(x)}\right]' = \dfrac{u'(x)v(x) - u(x)v'(x)}{v^2(x)} \quad [v(x) \neq 0]$

证明 $(1) [u(x) \pm v(x)]' = \lim\limits_{\Delta x \to 0} \dfrac{[u(x+\Delta x) \pm v(x+\Delta x)] - [u(x) \pm v(x)]}{\Delta x}$

$$= \lim\limits_{\Delta x \to 0} \dfrac{u(x+\Delta x) - u(x)}{\Delta x} \pm \lim\limits_{\Delta x \to 0} \dfrac{v(x+\Delta x) - v(x)}{\Delta x} = u'(x) \pm v'(x)$$

$(2) [u(x) \cdot v(x)]' = \lim\limits_{\Delta x \to 0} \dfrac{u(x+\Delta x)v(x+\Delta x) - u(x)v(x)}{\Delta x}$

$$= \lim\limits_{\Delta x \to 0} \dfrac{[u(x+\Delta x)v(x+\Delta x) - u(x)v(x+\Delta x)] + [u(x)v(x+\Delta x) - u(x)v(x)]}{\Delta x}$$

$$= \lim\limits_{\Delta x \to 0} \left[\dfrac{u(x+\Delta x) - u(x)}{\Delta x} \cdot v(x+\Delta x) + u(x) \cdot \dfrac{v(x+\Delta x) - v(x)}{\Delta x}\right]$$

$$= u'(x)v(x) + u(x)v'(x)$$

$(3) \left[\dfrac{u(x)}{v(x)}\right]' = \lim\limits_{\Delta x \to 0} \dfrac{\dfrac{u(x+\Delta x)}{v(x+\Delta x)} - \dfrac{u(x)}{v(x)}}{\Delta x}$

$$= \lim\limits_{\Delta x \to 0} \dfrac{1}{v(x+\Delta x)v(x)} \cdot \dfrac{u(x+\Delta x)v(x) - u(x)v(x+\Delta x)}{\Delta x}$$

$$= \lim\limits_{\Delta x \to 0} \dfrac{1}{v(x+\Delta x)v(x)} \cdot \left[\dfrac{u(x+\Delta x) - u(x)}{\Delta x} \cdot v(x) - u(x) \cdot \dfrac{v(x+\Delta x) - v(x)}{\Delta x}\right]$$

$$= \frac{u'(x)v(x) - u(x)v'(x)}{v^2(x)}$$

在上面的证明中,我们用了 $\lim\limits_{\Delta x \to 0} v(x + \Delta x) = v(x)$,这是因为可导必连续.

应用数学归纳法,定理中的(1)和(2)可推广到任意有限个可导函数的情形,它的证明留给同学们自证.

此外,当 $v(x) = C$ 是常数时,由公式(2),有

$$[Cu(x)]' = C'u(x) + Cu'(x) = Cu'(x)$$

当 $u(x) = 1$ 时,由公式(3),有

$$\left[\frac{1}{v(x)}\right]' = \frac{-v'(x)}{v^2(x)} \quad [v(x) \neq 0]$$

例 1　设 $y = x^3 + 5x^2 - 4x + 9$,求 y'.

解　$y' = (x^3)' + (5x^2)' - (4x)' + (9)' = 3x^2 + 10x - 4$

例 2　设 $f(x) = e^x \cos x - 2\cos\frac{\pi}{3}$,求 $f'(x)$,$f'(\frac{\pi}{2})$.

解　$f'(x) = (e^x)' \cos x + e^x (\cos x)' - \left(2\cos\frac{\pi}{3}\right)' = e^x \cos x - e^x \sin x$

$$f'\left(\frac{\pi}{2}\right) = e^{\frac{\pi}{2}} \cos\frac{\pi}{2} - e^{\frac{\pi}{2}} \sin\frac{\pi}{2} = -e^{\frac{\pi}{2}}$$

例 3　设 $f(x) = (x^2 - 3x) \cdot \ln x$,求 $f'(x)$.

解　$f'(x) = (x^2 - 3x)' \cdot \ln x + (x^2 - 3x) \cdot (\ln x)' = (2x - 3) \cdot \ln x + (x^2 - 3x) \cdot \frac{1}{x}$

$$= (2x - 3)\ln x + x - 3$$

例 4　设 $y = \tan x$,求 y'.

解　$y' = (\tan x)' = \left(\frac{\sin x}{\cos x}\right)' = \frac{(\sin x)'\cos x - \sin x(\cos x)'}{\cos^2 x} = \frac{1}{\cos^2 x} = \sec^2 x$

类似的可得 $(\cot x)' = -\csc^2 x$

例 5　设 $y = \sec x$,求 y'.

解　$y' = (\sec x)' = \left(\frac{1}{\cos x}\right)' = -\frac{(\cos x)'}{\cos^2 x} = \frac{\sin x}{\cos^2 x} = \sec x \cdot \tan x$

类似的可得 $(\csc x)' = -\csc x \cdot \cot x$.

2.2.2　反函数的求导法则

定理 2　若函数 $y = f(x)$ 在点 x 附近连续,并严格单调,函数 $y = f(x)$ 在点 x 可导,且 $f'(x) \neq 0$,则它的反函数 $x = \varphi(y)$ 在点 $y(y = f(x))$ 可导,且

$$\varphi'(y) = \frac{1}{f'(x)} \qquad\qquad (*)$$

证明　略.

下面我们简单地说明一下公式的几何意义.

如图 2-2 所示,直线 T 为曲线 $y = f(x)$ 在点 $P(x, y)$ 处的切线. 导数 $f'(x)$ 是此切线与 x 轴夹角的正切. 对反函数 $x = \varphi(y)$,我们仍用这个图像,不过它的自变量是 y,$\varphi'(y)$ 就等于此切线与 y 轴夹角的正切. 由于 $\alpha + \beta = \frac{\pi}{2}$,因此有

$$\tan\alpha = \frac{1}{\tan\beta}$$

也就是(*)成立.

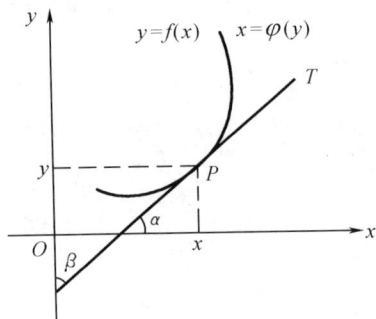

图 2 - 2

例 6 推导反三角函数的求导公式: $y = \arcsin x \left(-1 < x < 1, -\frac{\pi}{2} < y < \frac{\pi}{2} \right)$.

解 $y = \arcsin x$ 在 $(-1,1)$ 上连续, 且严格增加, 存在反函数 $x = \sin y$, 且 $y \in \left(-\frac{\pi}{2}, \frac{\pi}{2} \right)$ 时, $x'_y = \cos y > 0$. 由反函数的求导法则, 有

$$y_x = \frac{1}{x'_y} = \frac{1}{\cos y} = \frac{1}{\sqrt{1 - \sin^2 y}} = \frac{1}{\sqrt{1 - x^2}}$$

注意, 此处不取 $x = \pm 1$, 因为它对应的 $y = \pm \frac{\pi}{2}$, 此时 $\cos y = 0$.

用类似的方法可以得到其他几个反三角函数的求导公式:

$$(\arccos x)' = -\frac{1}{\sqrt{1 - x^2}}$$

$$(\arctan x)' = \frac{1}{1 + x^2}$$

$$(\text{arccot} x)' = -\frac{1}{1 + x^2}$$

例 7 试利用指数函数 $y = a^x$ (其中 $a > 0$ 且 $a \neq 1$) 的反函数求其导数.

解 $y = a^x$ 与 $x = \log_a y$ 互为反函数, 而

$$x' = (\log_a y)' = \frac{1}{y \ln a}$$

所以 $\qquad y' = (a^x)' = \frac{1}{(\log_a y)'} = \frac{1}{\dfrac{1}{y \ln a}} = y \ln a = a^x \ln a$

2.2.3 复合函数的求导法则

定理 3 若函数 $y = f(u)$ 在 u 可导, 函数 $u = g(x)$ 在 x 可导, 则复合函数 $y = f[g(x)]$ 在 x 也可导, 且

$$\{f[g(x)]\}' = f'(u) \cdot g'(x) \quad 或 \quad \frac{\mathrm{d}y}{\mathrm{d}x} = \frac{\mathrm{d}y}{\mathrm{d}u} \cdot \frac{\mathrm{d}u}{\mathrm{d}x}$$

证明　若给 x 以任意增量 Δx，设 Δu 是函数 $u = g(x)$ 相应的增量，Δy 是由 Δu 引起的 $y = f(u)$ 的增量，则有

$$\frac{\Delta y}{\Delta x} = \frac{\Delta y}{\Delta u} \cdot \frac{\Delta u}{\Delta x} \tag{2-2}$$

于是

$$\lim_{\Delta x \to 0} \frac{\Delta y}{\Delta x} = \lim_{\Delta x \to 0} \frac{\Delta y}{\Delta u} \cdot \lim_{\Delta x \to 0} \frac{\Delta u}{\Delta x}$$

则

$$\{f[g(x)]\}' = f'(u) \cdot g'(x)$$

需要注意的是，上述证明是不严格的．因为当 $\Delta x \neq 0$ 时，$\Delta u = 0$ 是有可能的，所以式 $(2-2)$ 是有可能不成立的，下面给出本定理的严格证明．

由于 $y = f(u)$ 在 u 可导，因此有

$$\lim_{\Delta u \to 0} \frac{\Delta y}{\Delta u} = f'(u) \quad (\Delta u \neq 0)$$

或

$$\frac{\Delta y}{\Delta u} = f'(u) + \alpha$$

其中 $\lim_{\Delta u \to 0} \alpha = 0$．也就是说，当 $\Delta u \neq 0$ 时，有

$$\Delta y = f'(u)\Delta u + \alpha \Delta u \tag{2-3}$$

当 $\Delta u = 0$ 时，$\Delta y = 0$，显然式 $(2-3)$ 也成立（但注意此时 α 没有定义，所以不妨令此时 $\alpha = 0$）．

用 Δx 除式 $(2-3)$ 两端，得

$$\frac{\Delta y}{\Delta x} = f'(u)\frac{\Delta u}{\Delta x} + \alpha \frac{\Delta u}{\Delta x}$$

于是

$$\lim_{\Delta x \to 0} \frac{\Delta y}{\Delta x} = f'(u) \lim_{\Delta x \to 0} \frac{\Delta u}{\Delta x} + \lim_{\Delta x \to 0} \alpha \cdot \lim_{\Delta x \to 0} \frac{\Delta u}{\Delta x} \tag{2-4}$$

由函数 $u = g(x)$ 在 x 可导，必在点 x 连续，故有 $\lim_{\Delta x \to 0} \Delta u = 0$．

因此

$$\lim_{\Delta x \to 0} \alpha = \lim_{\Delta u \to 0} \alpha = 0$$

由式 $(2-4)$ 即得

$$\{f[g(x)]\}' = f'(u) \cdot g'(x)$$

定理说明了复合函数的导数等于函数对中间变量的导数乘以中间变量对自变量的导数．

例8　设 $y = \mathrm{e}^{\sin x}$，求 $\dfrac{\mathrm{d}y}{\mathrm{d}x}$．

解　$y = \mathrm{e}^{\sin x}$ 可分解为 $y = \mathrm{e}^u, u = \sin x$，因此

$$\frac{\mathrm{d}y}{\mathrm{d}x} = \frac{\mathrm{d}y}{\mathrm{d}u} \cdot \frac{\mathrm{d}u}{\mathrm{d}x} = \mathrm{e}^u \cdot \cos x = \mathrm{e}^{\sin x} \cdot \cos x$$

例9　设 $y = \cos \dfrac{2x}{1+x^2}$，求 $\dfrac{\mathrm{d}y}{\mathrm{d}x}$．

解　$y = \cos \dfrac{2x}{1+x^2}$ 可分解为 $y = \cos u, u = \dfrac{2x}{1+x^2}$，因为

$$\frac{\mathrm{d}y}{\mathrm{d}u} = -\sin u$$

$$\frac{\mathrm{d}u}{\mathrm{d}x} = \frac{2(1+x^2) - 2x \cdot 2x}{(1+x^2)^2} = \frac{2(1-x^2)}{(1+x^2)^2}$$

所以

$$\frac{\mathrm{d}y}{\mathrm{d}x} = \frac{\mathrm{d}y}{\mathrm{d}u} \cdot \frac{\mathrm{d}u}{\mathrm{d}x} = -\sin u \cdot \frac{2(1+x^2) - 2x \cdot 2x}{(1+x^2)^2} = -\sin\frac{2x}{1+x^2} \cdot \frac{2(1-x^2)}{(1+x^2)^2}$$

熟练后,上述解法中的中间变量不必写出来,只要记在心中即可.

此外,应用归纳法,可将定理推广到任意有限个函数构成的复合函数. 下面以三个函数复合构成的复合函数为例说明求导法则. 若 $y = f(u)$, $u = \varphi(v)$, $v = \psi(x)$ 都在点 x 可导,则 $f\{\varphi[\psi(x)]\}$ 也在点 x 可导,且

$$f\{\varphi[\psi(x)]\}' = f'(u)\varphi'(v)\psi'(x)$$

例 10 设 $y = \tan^3(\ln x)$,求 $\dfrac{\mathrm{d}y}{\mathrm{d}x}$.

解 $\dfrac{\mathrm{d}y}{\mathrm{d}x} = 3\tan^2(\ln x) \cdot \sec^2(\ln x) \cdot \dfrac{1}{x}$

例 11 设 $y = \mathrm{e}^{\arctan\sqrt{x}}$,求 $\dfrac{\mathrm{d}y}{\mathrm{d}x}$.

解 $\dfrac{\mathrm{d}y}{\mathrm{d}x} = \mathrm{e}^{\arctan\sqrt{x}} \cdot \dfrac{1}{1+x} \cdot \dfrac{1}{2\sqrt{x}} = \dfrac{\mathrm{e}^{\arctan\sqrt{x}}}{2\sqrt{x}(1+x)}$

例 12 设 $y = \ln(x + \sqrt{x^2 + a})$,求 $\dfrac{\mathrm{d}y}{\mathrm{d}x}$.

解 $\dfrac{\mathrm{d}y}{\mathrm{d}x} = \dfrac{1}{x + \sqrt{x^2 + a}} \cdot \left(1 + \dfrac{2x}{2\sqrt{x^2 + a}}\right) = \dfrac{1}{\sqrt{x^2 + a}}$

例 13 设 $x > 0$,推导公式 $(x^\alpha)' = \alpha x^{\alpha-1}$.

解 可以将 x^α 看作 $x^\alpha = \mathrm{e}^{\ln x^\alpha} = \mathrm{e}^{\alpha\ln x}$

于是 $(x^\alpha)' = (\mathrm{e}^{\alpha\ln x})' = \mathrm{e}^{\alpha\ln x} \cdot \dfrac{\alpha}{x} = x^\alpha \cdot \dfrac{\alpha}{x} = \alpha x^{\alpha-1}$

例 14 设 $y = x^2 \cdot \sqrt[3]{1 - 2x^2}$,求 y'.

解 首先应用积的求导法则得

$$y' = (x^2)' \cdot \sqrt[3]{1 - 2x^2} + x^2 \cdot (\sqrt[3]{1 - 2x^2})'$$

由复合函数求导法则可得

$$(\sqrt[3]{1 - 2x^2})' = \left[(1 - 2x^2)^{\frac{1}{3}}\right]' = \frac{1}{3}(1 - 2x^2)^{\frac{-2}{3}} \cdot (1 - 2x^2)' = \frac{-4x}{3\sqrt[3]{(1 - 2x^2)^2}}$$

所以

$$y' = 2x \cdot \sqrt[3]{1 - 2x^2} + x^2 \cdot \frac{-4x}{3\sqrt[3]{(1 - 2x^2)^2}} = \frac{6x - 16x^3}{3\sqrt[3]{(1 - 2x^2)^2}}$$

2.2.4 隐函数的求导法则

当函数用 $y = f(x)$ 这样的方式表示,即因变量 y 由自变量 x 构成的表达式表示时,我们称这种形式的函数叫显函数. 例如 $y = x^2$, $y = \sin x$. 有些时候,函数也可以用方程 $F(x, y) = 0$ 表示. 例如,方程

$$3x + 2y - 6 = 0$$

表示一个函数. 因为对任意 $x \in \mathbf{R}$, 由方程都确定唯一一个 $y = \dfrac{6 - 3x}{2}$ 与之对应.

一般地, 对于含有变量 x 和 y 的方程 $F(x, y) = 0$, 在一定条件下, 若限定 x 和 y 的变化范围, 对于其中的每一个 x 值, 由方程可知, 都有唯一的一个 y 值与之对应, 那么就说由方程 $F(x, y) = 0$ 确定了一个隐函数.

当然, 一个二元方程也可能确定几个隐函数. 例如, 方程 $x^2 + y^2 = 1$ 在区间 $[-1, 1]$ 上确定了两个隐函数 $y = \sqrt{1 - x^2}$ 与 $y = -\sqrt{1 - x^2}$, 它们分别是以原点为中心的单位圆的上半圆周与下半圆周.

那么对隐函数如何求导呢? 如果我们可以从方程 $F(x, y) = 0$ 解出 $y = f(x)$ (这种将隐函数化成显函数的过程称为隐函数的显化), 那么求导是容易的, 但实际上, 多数情况下, 我们无法将隐函数显化, 如 $e^y = xy$.

下面我们举例说明不通过显化, 直接对隐函数求导的方法.

在求导前, 我们首先要遇到的问题是隐函数是否一定能确定一个函数, 它所确定的函数又是否一定可导呢? 这些问题我们将在第 4 章讨论. 现在约定, 本节所指的隐函数都是存在的, 并且可导.

例 15 求方程 $y^3 + xy + 3y - 5x^2 = 0$ 所确定的隐函数的导数 $\dfrac{\mathrm{d}y}{\mathrm{d}x}$ 以及 $\dfrac{\mathrm{d}y}{\mathrm{d}x}\Big|_{x=0}$.

解 方程两端对 x 求导 (注意, y 是 x 的函数), 有

$$3y^2 \frac{\mathrm{d}y}{\mathrm{d}x} + x \frac{\mathrm{d}y}{\mathrm{d}x} + y + 3 \frac{\mathrm{d}y}{\mathrm{d}x} - 10x = 0$$

解得隐函数的导数

$$\frac{\mathrm{d}y}{\mathrm{d}x} = \frac{10x - y}{3y^2 + x + 3}$$

当 $x = 0$ 时, 从原方程解得 $y = 0$, 所以 $\dfrac{\mathrm{d}y}{\mathrm{d}x}\Big|_{x=0} = 0$.

一般的, 求方程 $F(x, y) = 0$ 所确定的隐函数导数 $\dfrac{\mathrm{d}y}{\mathrm{d}x}$ 的方法是: $F(x, y) = 0$ 两边同时对 x 求导. 求导时, 要始终将 y 视为 x 的函数, 然后应用复合函数的求导法则即可.

另外, 在例 15 中我们看到, 隐函数导数的表达式中, 既含有自变量 x 又含有因变量 y, 这是因为隐函数的显化往往是困难的, 因变量 y 无法用自变量 x 表示.

例 16 求双曲线 $\dfrac{x^2}{16} - \dfrac{y^2}{8} = 1$ 在点 $\left(5, \dfrac{3\sqrt{2}}{2}\right)$ 的切线方程.

解 首先求过点 $\left(5, \dfrac{3\sqrt{2}}{2}\right)$ 的切线斜率 k, 即求 $\dfrac{x^2}{16} - \dfrac{y^2}{8} = 1$ 确定的隐函数 $y = f(x)$ 的导数在 $\left(5, \dfrac{3\sqrt{2}}{2}\right)$ 的值. 方程两端对 x 求导数, 有

$$\frac{2x}{16} - \frac{2yy'}{8} = 0$$

解得

$$y' = \frac{x}{2y}$$

在点 $\left(5, \dfrac{3\sqrt{2}}{2}\right)$ 的切线斜率为

$$k = y' \Big|_{(5, \frac{3\sqrt{2}}{2})} = \frac{5}{3\sqrt{2}}$$

于是,切线方程为

$$y - \frac{3\sqrt{2}}{2} = \frac{5}{3\sqrt{2}}(x - 5)$$

整理,得

$$10x - 6\sqrt{2}y - 32 = 0$$

例17 求 $y = x^{\sin x}(x > 0)$ 的导数.

解 本例中的函数,我们称之为幂指函数,就是指形如 $y = [u(x)]^{v(x)}$ 的函数,其中 $u(x) > 0$.

方法1 将 $y = x^{\sin x}$ 看成是 x 的复合函数,即

$$y = e^{\ln x^{\sin x}} = e^{\sin x \ln x}$$

应用复合函数的求导公式,有

$$y' = (e^{\sin x \ln x})' = e^{\sin x \ln x} \cdot (\sin x \ln x)' = x^{\sin x} \cdot \left(\cos x \ln x + \frac{\sin x}{x} \right)$$

方法2 在 $y = x^{\sin x}$ 两边同时取对数,得

$$\ln y = \sin x \ln x$$

两边同时对 x 求导(注意等式左边是 x 的复合函数),得

$$\frac{y'}{y} = \left(\cos x \ln x + \frac{\sin x}{x} \right)$$

于是

$$y' = y \cdot \left(\cos x \ln x + \frac{\sin x}{x} \right) = x^{\sin x} \cdot \left(\cos x \ln x + \frac{\sin x}{x} \right)$$

方法2中用到的方法称为对数求导法. 某些时候,利用对数求导法比通常方法简便.

例18 求 $y = \sqrt{\dfrac{(x-1)(x-2)}{(x-3)(x-4)}}$ 的导数.

解 两边同时取对数,得

$$\ln y = \frac{1}{2} [\ln(x-1) + \ln(x-2) - \ln(x-3) - \ln(x-4)]$$

注 由于 $y = \ln|x - a|$(a 是某常数)的导数是 $\dfrac{1}{x-a}$,所以用对数求导法时,往往直接取对数,而不讨论其适用区间.

两边同时对 x 求导(注意等式左边是 x 的复合函数),得

$$\frac{y'}{y} = \frac{1}{2} \left[\frac{1}{x-1} + \frac{1}{x-2} - \frac{1}{x-3} - \frac{1}{x-4} \right]$$

$$y' = \frac{y}{2} \left[\frac{1}{x-1} + \frac{1}{x-2} - \frac{1}{x-3} - \frac{1}{x-4} \right]$$

$$= \frac{1}{2} \sqrt{\frac{(x-1)(x-2)}{(x-3)(x-4)}} \cdot \left[\frac{1}{x-1} + \frac{1}{x-2} - \frac{1}{x-3} - \frac{1}{x-4} \right]$$

2.2.5 高阶导数

一般地,由于函数 $f(x)$ 的(一阶)导数 $f'(x)$ 仍然是 x 的函数,我们可以继续讨论 $f'(x)$

的导数.

定义1 函数 $f(x)$ 的(一阶)导数 $f'(x)$ 在 x 的导数,称为函数在 x 的二阶导数,记为 $f''(x)$,即

$$f''(x) = \lim_{\Delta x \to 0} \frac{f'(x + \Delta x) - f'(x)}{\Delta x}$$

二阶导数的记号还可以用下列任何一种形式表示:

$$\frac{\mathrm{d}^2 y}{\mathrm{d}x^2}, y'', \frac{\mathrm{d}^2 f}{\mathrm{d}x^2}$$

由于函数 $f(x)$ 的二阶导数 $f''(x)$ 是(一阶)导数的导数,因此我们还会经常遇到下面的表达式:

$$\frac{\mathrm{d}^2 y}{\mathrm{d}x^2} = \frac{\mathrm{d}}{\mathrm{d}x}\left(\frac{\mathrm{d}y}{\mathrm{d}x}\right), y'' = (y')', \frac{\mathrm{d}^2 f}{\mathrm{d}x^2} = \frac{\mathrm{d}}{\mathrm{d}x}\left(\frac{\mathrm{d}f}{\mathrm{d}x}\right)$$

自然地,函数 $f(x)$ 的二阶导数 $f''(x)$ 在 x 的导数,称为函数 $f(x)$ 在 x 的三阶导数,记为

$$f'''(x), y''', \frac{\mathrm{d}^3 y}{\mathrm{d}x^3}, \frac{\mathrm{d}^3 f}{\mathrm{d}x^3}$$

以此类推,函数 $f(x)$ 的 $n-1$ 阶导数在 x 的导数,称为函数 $f(x)$ 在 x 的 n 阶导数,记为

$$f^{(n)}(x), y^{(n)}, \frac{\mathrm{d}^n y}{\mathrm{d}x^n}, \frac{\mathrm{d}^n f}{\mathrm{d}x^n}$$

二阶与二阶以上的导数统称为高阶导数.

由上述高阶导数定义可知,求函数的 n 阶导数,就是按照我们过去求一阶导数的方法逐阶求导数.

例19 $y = 2x^3 + \sin^2 x$,求 y''.

解 $y' = 6x^2 + 2\sin x \cdot \cos x = 6x^2 + \sin 2x$

$y'' = 12x + 2\cos 2x$

例20 求 $\sin x$ 和 $\cos x$ 的 n 阶导数.

解 $y = \sin x$

$y' = \cos x = \sin\left(x + \frac{\pi}{2}\right)$

$y'' = \cos\left(x + \frac{\pi}{2}\right) = \sin\left(x + 2 \cdot \frac{\pi}{2}\right)$

$y''' = \cos\left(x + 2 \cdot \frac{\pi}{2}\right) = \sin\left(x + 3 \cdot \frac{\pi}{2}\right)$

...

$y^{(n)} = \sin\left(x + n \cdot \frac{\pi}{2}\right)$

同理,可得 $(\cos x)^{(n)} = \cos\left(x + n \cdot \frac{\pi}{2}\right)$.

例21 求函数 $y = e^{ax}$(a 是常数)的 n 阶导数.

解 $y' = ae^{ax}, y'' = a^2 e^{ax}, y''' = a^3 e^{ax}, \cdots, y^{(n)} = a^n e^{ax}$

例22 求函数 $y = \ln(1 + x)$ 的 n 阶导数.

解 $y' = \frac{1}{1+x}, y'' = -\frac{1}{(1+x)^2}, y''' = \frac{1 \cdot 2}{(1+x)^3}, y^{(4)} = -\frac{1 \cdot 2 \cdot 3}{(1+x)^4}, \cdots,$

$$y^{(n)} = (-1)^{n-1} \frac{(n-1)!}{(1+x)^n}$$

例 23 求函数 $y = \sqrt{x} = x^{\frac{1}{2}}$ 的 n 阶导数.

解 $y' = \frac{1}{2} x^{-\frac{1}{2}}$

$$y'' = \frac{1}{2} \left(-\frac{1}{2} \right) x^{-\frac{3}{2}} = -\frac{1}{2^2} x^{-\frac{3}{2}},$$

$$y''' = \frac{1}{2} \left(-\frac{1}{2} \right) \left(-\frac{3}{2} \right) x^{-\frac{5}{2}} = \frac{1 \cdot 3}{2^3} x^{-\frac{5}{2}}$$

$$\cdots$$

$$y^{(n)} = (-1)^{n-1} \frac{1 \cdot 3 \cdot \cdots \cdot (2n-3)}{2^n} x^{-\frac{2n-1}{2}}$$

例 24 说明下列语句的数学含义：

(1)某地区在 20 世纪 80 年代经济总量增长率加速增加；

(2)某地区经济增长缓慢.

解 (1)增长率即变化率,也即经济总量函数对于自变量时间 t 的一阶导数. 增长率增加,即经济总量的二阶导数为正. 加速增加,即经济总量函数的三阶导数为正.

(2)经济增长,即经济总量的一阶导数为正. 增长减缓,即经济总量函数的二阶导数为负.

求导运算是微积分的基本运算,应该熟练掌握.

首先,应熟记基本求导公式和求导法则,这是正确求导的基础.

其次,要搞清变量关系和函数结构,要清楚谁是自变量,谁是中间变量,谁在求导过程中是常量. 在这个基础上,还要分析函数结构,要善于将复杂结构的函数分解为若干能直接运用基本求导公式的函数组合的形式,这在对复合函数求导和隐函数求导中尤为重要.

再次,要注意化简,求导运算方法不是唯一的,求导前花一定时间将求导函数化简往往会达到事半功倍的效果.

最后,还要注意抓住类型的特点,加强解题的针对性. 尤其是幂指函数、分段函数、复合函数的求导及隐函数的二阶导数,都是要重点掌握的求导类型.

2.3 微　分

2.3.1 微分的定义

如果已知函数 $f(x)$ 在点 x_0 的值,那么如何求 $f(x)$ 在点 x_0 附近一点 $x_0 + \Delta x$ 的值呢? 在实际问题中,由于求精确值往往是困难的,所以我们只要找到比较便捷的求近似值的方法就可以. 下面先来分析一个实例.

边长为 x 的正方形铁片面积 S 由公式 $S = x^2$ 所给定,若加热后边长自 x_0 增大 Δx(如图 $2-3$ 所示),则铁片面积 S 对应的增量 ΔS 为

$$\Delta S = (x_0 + \Delta x)^2 - x_0^2 = 2x_0 \Delta x + \Delta x^2$$

ΔS 由两部分组成,一部分是 Δx 的线性函数 $2x_0 \Delta x$(图 $2-3$ 中阴影部分的面积);另一

部分是 Δx^2（图 2 - 3 中右上角的小正方形）.

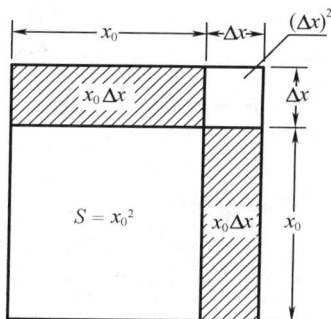

图 2 - 3

如果以 $2x_0\Delta x$ 作为 ΔS 的近似值，其误差为

$$\Delta S - 2x_0\Delta x = \Delta x^2$$

这个误差 Δx^2 随着 Δx 的减小而减小，且为 Δx 的高阶无穷小，即当 Δx 很小时，Δx^2 要比 Δx 小得多，因此式子 $\Delta S = 2x_0\Delta x + \Delta x^2$ 右边的两项中，第一项 $2x_0\Delta x$ 是主要部分，从图 2 - 3 中也可以直观地看到这种情况. 因此，当 Δx 很小时，可认为铁片面积的增加量为

$$\Delta S \approx 2x_0\Delta x$$

一般地，对某个函数 $y = f(x)$，当自变量在 x_0 取得增量 Δx，函数值相应的增量 Δy 可分为两部分，即

$$\Delta y = f(x_0 + \Delta x) - f(x_0) = A\Delta x + o(\Delta x) \tag{2-5}$$

第一部分是关于 Δx 的线性部分，其中 A 是与 Δx 无关的常数；第二部分是 Δx 的高阶无穷小（$\Delta x \to 0$）. 因此当 Δx 比较小的时候，用 $f(x_0) + A\Delta x$ 作为 $f(x_0 + \Delta x)$ 的近似值是可行的，因为一方面 $A\Delta x$ 是 Δx 线性函数，计算方便；另一方面，误差是 Δx 的高阶无穷小，可以忽略.

实际上，在 x_0 附近满足式（2 - 5）的函数 $f(x)$ 有很多，此时我们称函数 $f(x)$ 在点 x_0 是可微的.

定义 1　设函数 $y = f(x)$ 在 x_0 的某邻域内有定义，当自变量在 x_0 附近取得增量 Δx，相应的函数增量为

$$\Delta y = f(x_0 + \Delta x) - f(x_0) = A\Delta x + o(\Delta x)$$

其中，A 是与 Δx 无关的常数，那么称 $f(x)$ 在点 x_0 是可微的，称 $A\Delta x$ 是函数在点 x_0 相应于自变量增量 Δx 的微分，记作 $\mathrm{d}y$，即

$$\mathrm{d}y = A\Delta x$$

有了微分的定义，我们自然会问 A 的值是什么？仔细观察前边的例子，不难发现式（2 - 5）中 A 的值恰好是 $f'(x_0)$，那么对于一般的函数，是否都是这样的呢？答案是肯定的.

2.3.2　可微性与导数之间存在的关系

定理 1　函数 $y = f(x)$ 在 x_0 可微的充分必要条件是 $y = f(x)$ 在 x_0 可导.

证明　必要性　若函数 $y = f(x)$ 在 x_0 可微，有

$$\Delta y = A\Delta x + o(\Delta x)$$

从而
$$\frac{\Delta y}{\Delta x} = A + \frac{o(\Delta x)}{\Delta x}$$

则
$$\lim_{\Delta x \to 0} \frac{\Delta y}{\Delta x} = A + \lim_{\Delta x \to 0} \frac{o(\Delta x)}{\Delta x} = A$$

即函数 $y = f(x)$ 在 x_0 可导, 且 $A = f'(x_0)$.

充分性 若函数 $y = f(x)$ 在 x_0 可导, 有
$$\lim_{\Delta x \to 0} \frac{\Delta y}{\Delta x} = f'(x_0)$$

则
$$\frac{\Delta y}{\Delta x} = f'(x_0) + \alpha \quad \left(\lim_{\Delta x \to 0} \alpha = 0 \right)$$

从而
$$\Delta y = f'(x_0) \Delta x + \alpha \Delta x = f'(x_0) \Delta x + o(\Delta x)$$

其中 $f'(x_0)$ 是与 Δx 无关的常数, 所以函数 $f(x)$ 在点 x_0 是可微的.

定理 1 说明函数 $y = f(x)$ 在 x_0 可微与可导是等价的. 以后求函数 $y = f(x)$ 在 x_0 的微分可以直接用
$$\mathrm{d}y = f'(x_0) \Delta x$$

例 1 求函数 $y = x^3$ 在 $x = 2, \Delta x = 0.02$ 时的微分.

解 函数在 $x = 2$ 时的导数 $y' \big|_{x=2} = 3 \times 2^2 = 12$, 所求的微分为
$$\mathrm{d}y = f'(x_0) \Delta x = 12 \times 0.02 = 0.24$$

下面我们用几何图形说明函数的微分 $\mathrm{d}y$, 如图 2 - 4 所示.

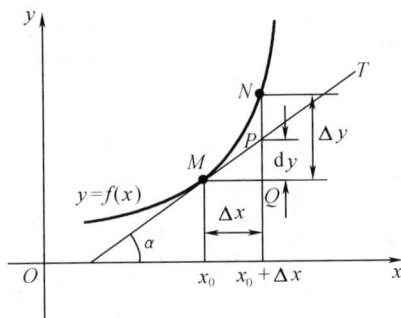

图 2 - 4

图 2 - 4 中, $M(x_0, y_0)$ 是函数曲线上一定点, MT 是曲线过 M 的切线, 它的斜率 k 就是 $f'(x_0)$. 若在 x_0 取增量 Δx, 相应的函数增量 $\Delta y = NQ$, 切线上的 y 增量是 PQ, 且
$$PQ = \tan\alpha \cdot MQ = f'(x_0) \cdot \Delta x = \mathrm{d}y$$

所以微分就是切线上纵坐标的对应增量. 又由于 $\mathrm{d}y$ 是 Δx 的线性函数, 在 $f'(x_0) \neq 0$ 的条件下, 称 $\mathrm{d}y$ 是 Δy 的线性主部. 对自变量 x 的微分, 我们约定 $\mathrm{d}x = \Delta x$. 利用约定, 函数 $y = f(x)$ 在 x_0 的微分公式可写为
$$\mathrm{d}y = f'(x_0) \mathrm{d}x$$

函数 $y = f(x)$ 在任意点 x (若在 x 可微) 的微分, 称为函数的微分, 即为
$$\mathrm{d}y = f'(x) \mathrm{d}x$$

由此得
$$f'(x) = \frac{\mathrm{d}y}{\mathrm{d}x}$$

这样,我们以前看作整个记号的导数表达式 $\dfrac{\mathrm{d}y}{\mathrm{d}x}$,现在就可以当作分数处理了,因此导数又称为微商,即函数的微分与自变量的微分的商.

2.3.3　微分的基本公式与法则

由公式 $\mathrm{d}y = f'(x)\mathrm{d}x$ 很容易得到基本初等函数的微分公式表:

(1) $\mathrm{d}(C) = 0$;　　　　　　　　　　　　　　　(2) $\mathrm{d}(x^{\alpha}) = \alpha x^{\alpha-1}\mathrm{d}x$;

(3) $\mathrm{d}(\sin x) = \cos x\mathrm{d}x$;　　　　　　　　　(4) $\mathrm{d}(\cos x) = -\sin x\mathrm{d}x$;

(5) $\mathrm{d}(\tan x) = \sec^2 x\mathrm{d}x$;　　　　　　　　(6) $\mathrm{d}(\cot x) = -\csc^2 x\mathrm{d}x$;

(7) $\mathrm{d}(\sec x) = \sec x \cdot \tan x\mathrm{d}x$;　　　　(8) $\mathrm{d}(\csc x) = -\csc x \cdot \cot x\mathrm{d}x$;

(9) $\mathrm{d}(a^x) = a^x\ln a\mathrm{d}x$;　　　　　　　　(10) $\mathrm{d}(\mathrm{e}^x) = \mathrm{e}^x\mathrm{d}x$;

(11) $\mathrm{d}(\log_a x) = \dfrac{1}{x\ln a}\mathrm{d}x$;　　　　　(12) $\mathrm{d}(\ln x) = \dfrac{1}{x}\mathrm{d}x$;

(13) $\mathrm{d}(\arcsin x) = \dfrac{1}{\sqrt{1-x^2}}\mathrm{d}x$;　　(14) $\mathrm{d}(\arccos x) = -\dfrac{1}{\sqrt{1-x^2}}\mathrm{d}x$;

(15) $\mathrm{d}(\arctan x) = \dfrac{1}{1+x^2}\mathrm{d}x$;　　　(16) $\mathrm{d}(\operatorname{arccot} x) = -\dfrac{1}{1+x^2}\mathrm{d}x$.

同样地,可以得到微分的四则运算公式(以下将 $u(x)$ 与 $v(x)$ 简写为 u 与 v):

(1) $\mathrm{d}(u \pm v) = \mathrm{d}u \pm \mathrm{d}v$;

(2) $\mathrm{d}(u \cdot v) = v\mathrm{d}u + u\mathrm{d}v$;

(3) $\mathrm{d}\left(\dfrac{u}{v}\right) = \dfrac{v\mathrm{d}u - u\mathrm{d}v}{v^2}$　$[v(x) \neq 0]$.

现在看一下求复合函数的微分.

若函数 $y = f(u)$,$u = \varphi(x)$ 可以构成复合函数 $y = f[\varphi(x)]$,且 $f(u)$ 与 $\varphi(x)$ 都是可导函数,那么

$$\mathrm{d}y = \{f[\varphi(x)]\}'\mathrm{d}x = f'(u) \cdot \varphi'(x)\mathrm{d}x$$

由于 $\mathrm{d}u = \varphi'(x)\mathrm{d}x$,若将上式中的 $\varphi'(x)\mathrm{d}x$ 用 $\mathrm{d}u$ 替换,在形式上,有

$$\mathrm{d}y = f'(u)\mathrm{d}u \tag{2-6}$$

我们知道,如果仅研究函数 $y = f(u)$ 的微分,式(2-6)也成立. 也就是说无论 u 是中间变量还是自变量,式(2-6)都成立,我们称这个性质为微分的形式不变性.

例2　设 $y = \dfrac{\sin(2x+1)}{x^2}$,求 $\mathrm{d}y$ 和 $\dfrac{\mathrm{d}y}{\mathrm{d}x}$.

解　由微分的法则得

$$\mathrm{d}y = \mathrm{d}\frac{\sin(2x+1)}{x^2} = \frac{x^2\mathrm{d}\sin(2x+1) - \sin(2x+1)\mathrm{d}x^2}{x^4}$$

由于

$$\mathrm{d}x^2 = 2x\mathrm{d}x$$

$$\mathrm{d}\sin(2x+1) = \cos(2x+1)\mathrm{d}(2x+1) = 2\cos(2x+1)\mathrm{d}x$$

所以

$$\mathrm{d}y = \frac{[2x^2\cos(2x+1) - 2x\sin(2x+1)]}{x^4}\mathrm{d}x$$

因为导数就是微商,于是

$$\frac{dy}{dx} = \frac{[2x^2 \cos(2x+1) - 2x\sin(2x+1)]}{x^4}$$

当然在本例中,如果先求导数,再利用导数求微分也是可以的.

实际上计算导数与微分本质上是一样的,前几节遇到的求导问题,我们都可以利用微分来解.

例3 设函数 $y = f(x)$ 是由方程 $\arctan \frac{y}{x} = \ln \sqrt{x^2 + y^2}$ 确定的隐函数,求 $\frac{dy}{dx}$.

解 等式两边同时求微分,得

$$d(\arctan \frac{y}{x}) = d(\ln \sqrt{x^2 + y^2})$$

$$\frac{1}{1 + \left(\frac{y}{x}\right)^2} d\left(\frac{y}{x}\right) = \frac{1}{2} \frac{1}{x^2 + y^2} d(x^2 + y^2)$$

$$\frac{1}{1 + \left(\frac{y}{x}\right)^2} \frac{xdy - ydx}{x^2} = \frac{1}{2} \frac{1}{x^2 + y^2} (2xdx + 2ydy)$$

整理
$$xdy - ydx = xdx + ydy$$

得
$$\frac{dy}{dx} = \frac{x + y}{x - y}$$

2.3.4 微分在近似计算中的应用

设函数 $y = f(x)$ 在点 x_0 处可微,且 $f'(x_0) \neq 0$,则由微分的定义可知,当 $|\Delta x|$ 很小时,可用 dy 近似代替 Δy,从而得到如下两个近似计算公式:

$$f(x_0 + \Delta x) - f(x_0) \approx f'(x_0) \Delta x \tag{2-7}$$

$$f(x_0 + \Delta x) \approx f(x_0) + f'(x_0) \Delta x \tag{2-8}$$

例4 计算 $\sin 30°30'$ 的近似值.

解 由于 $\sin 30°30' = \sin(\frac{\pi}{6} + \frac{\pi}{360})$,且 $\frac{\pi}{360}$ 很小,应用式(2-8)得

$$\sin 30°30' = \sin(\frac{\pi}{6} + \frac{\pi}{360}) \approx \sin \frac{\pi}{6} + \cos \frac{\pi}{6} \cdot \frac{\pi}{360} = \frac{1}{2} + \frac{\sqrt{3}}{2} \cdot \frac{\pi}{360} \approx 0.5076$$

2.4 中值定理与洛必达法则

在介绍导数的概念时,我们已经涉及导数的实际背景,但主要刻画的是函数局部的性质. 本节开始将在更大范围内介绍导数的应用. 为此,需要进一步在导函数和函数性质之间建立联系,这个联系就是微分中值定理. 本节首先介绍微分中值定理,然后介绍洛必达法则.

2.4.1 中值定理

下面,我们利用导数的几何意义,仅从几何图形上说明而不加证明地给出3个中值定理.

如图 2 - 5 所示,函数 $f(x)$ 的图像在 $x \in [a,b]$ 上是一条连续且光滑的曲线弧,除端点外处处有不垂直于 x 轴的切线,且两个端点处纵坐标相同,即 $f(a) = f(b)$. 在曲线上存在一点 $C(\xi, f(\xi))$,使得过点 C 的曲线切线平行于线段 AB,从而也平行于 x 轴. 由导数的几何意义,过点 C 的曲线切线的斜率为 $f'(\xi)$,线段 AB 的斜率为零. 因而,有下面的定理.

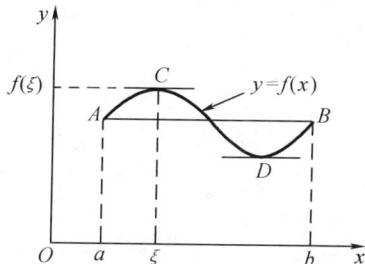

图 2 - 5

定理 1 (罗尔定理)若 $f(x)$ 在闭区间 $[a,b]$ 上连续,开区间 (a,b) 内可导,且 $f(a) = f(b)$,则至少存在一点 $\xi \in (a,b)$,使 $f'(\xi) = 0$.

注意:(1)3 个条件如果有一个不满足,结论有可能不成立,例如函数

$$f(x) = \begin{cases} 1, & x = 0 \\ x, & 0 < x \leqslant 1 \end{cases}, f(x) = \begin{cases} -x, & -1 \leqslant x < 0 \\ x, & 0 \leqslant x \leqslant 1 \end{cases}, f(x) = x, x \in [0,1]$$

在区间 $[0,1]$ 上分别不满足连续性、可导性以及端点处函数值相等这 3 个条件,在 $(0,1)$ 内不存在 ξ,使得 $f'(\xi) = 0$.

(2)3 个条件是充分非必要的,例如函数

$$f(x) = \begin{cases} \dfrac{1}{2}, & x = \pm 1 \\ x^2, & -1 < x < 1 \end{cases}, f(x) = |x^2 - 1|, x \in [-1,2], f(x) = x^3, x \in [-1,1]$$

在区间 $[0,1]$ 上分别不满足连续性、可导性以及端点处函数值相等这 3 个条件,但在 $(0,1)$ 内存在 ξ,使得 $f'(\xi) = 0$.

(3)特别地,当 $f(a) = f(b) = 0$ 时,由罗尔定理可知,可微函数的两个零点之间必有其导函数的一个零点.

例 1 设函数 $f(x) = (x-1)(x-2)(x-3)$,试判断方程 $f'(x) = 0$ 有几个实根,分别在何区间?

解 因为 $f(1) = f(2) = f(3)$,且 $f(x)$ 在 $[1,2]$ 上连续,在 $(1,2)$ 内可导,由罗尔定理,$\exists \xi_1 \in (1,2)$,使 $f'(\xi_1) = 0$;同理,$\exists \xi_2 \in (2,3)$,使 $f'(\xi_2) = 0$;又因为 $f'(x) = 0$ 是二次方程,至多两个实根,故 $f'(x) = 0$ 有两个实根,分别位于 $(1,2)$ 和 $(2,3)$ 内.

例 2 设 $f(x)$ 在 $[0,1]$ 上连续,在 $(0,1)$ 内可导,且 $f(1) = 0$,求证:至少存在一点 $\xi \in (0,1)$ 使得 $f'(\xi) = -\dfrac{f(\xi)}{\xi}$.

证明 设 $F(x) = xf(x)$,显然 $F(x)$ 在 $[0,1]$ 上连续,在 $(0,1)$ 内可导. 又由于 $f(1) = 0$,故 $F(0) = F(1) = 0$. 由罗尔定理,至少存在 $\xi \in (0,1)$ 使 $F'(\xi) = 0$,即 $f(\xi) + \xi f'(\xi) = 0$,整理得 $f'(\xi) = -\dfrac{f(\xi)}{\xi}$.

在图 2 - 6 中,函数 $y = f(x)$ 的曲线 $\overset{\frown}{AB}$ 与图 2 - 5 中的曲线 $\overset{\frown}{AB}$ 的区别只是连接曲线端点 A,B 的线段不与 x 轴平行,即 $f(a) \neq f(b)$. 线段 AB 的斜率为 $\dfrac{f(b) - f(a)}{b - a}$,在曲线弧 $\overset{\frown}{AB}$ 上存在点 $C(\xi, f(\xi))$,使得曲线在点 C 处的切线平行于线段 AB,根据导数的几何意义,这条切线的斜率等于 $f'(\xi)$,于是有下面的定理.

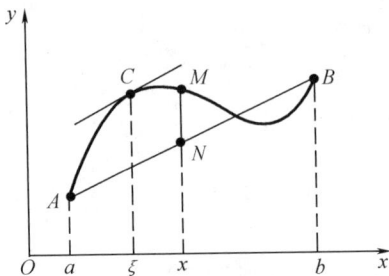

图 2 - 6

定理 2 (拉格朗日中值定理)若函数 $f(x)$ 在闭区间 $[a,b]$ 上连续,在开区间 (a,b) 内可导,则至少存在一点 $\xi \in (a,b)$,使得

$$f'(\xi) = \frac{f(b) - f(a)}{b - a}$$

当 $f(a) = f(b)$ 时,拉格朗日中值定理的结论就成为罗尔定理的结论,所以罗尔定理是拉格朗日中值定理的特殊情况.

例 3 证明:当 $x > 0$ 时,$\arctan x < x$.

证明 显然函数 $f(x) = \arctan x$ 在 $[0, x]$ 上满足拉格朗日中值定理的条件,因此存在 $\xi \in (0, x)$,使得

$$\arctan x - \arctan 0 = \frac{1}{1 + \xi^2}(x - 0)$$

即

$$\arctan x = \frac{x}{1 + \xi^2}$$

由于

$$0 < \frac{1}{1 + \xi^2} < 1$$

所以

$$\arctan x < x$$

推论 1 若函数 $f(x)$ 在区间 I 上的导数恒为零,则 $f(x)$ 在区间 I 上是一个常数.

证明 在区间 I 上任意选取两点 $x_1, x_2 (x_1 < x_2)$,$f(x)$ 在 $[x_1, x_2]$ 上应用拉格朗日中值定理,有

$$f(x_2) - f(x_1) = f'(\xi)(x_2 - x_1) \quad (x_1 < \xi < x_2)$$

因为 $f'(\xi) = 0$,所以 $f(x_2) = f(x_1)$.

又由 x_1, x_2 是区间 I 上任意两点,所以 $f(x)$ 在区间 I 上是一个常数.

推论 2 若函数 $f(x)$ 和 $g(x)$ 在区间 (a, b) 内可导,且对于任意 $x \in (a, b)$,有 $f'(x) = g'(x)$,则在 (a, b) 内,有

$$f(x) = g(x) + C$$

其中, C 为任意常数.

由推论1的结论可知, 推论2显然成立. 推论2在下一章不定积分的概念中要用到.

将拉格朗日中值定理进一步推广, 可得如下的柯西中值定理.

定理3 (柯西中值定理)若函数 $f(x)$ 和 $g(x)$ 在闭区间 $[a,b]$ 上连续, 在开区间 (a,b) 内可导, 对 $\forall x \in (a,b), g'(x) \neq 0$, 则至少存在一点 $\xi \in (a,b)$, 使得

$$\frac{f(b)-f(a)}{g(b)-g(a)} = \frac{f'(\xi)}{g'(\xi)}$$

证明 略.

若定理中的 $g(x)=x$, 即可得到拉格朗日中值定理, 所以拉格朗日中值定理是柯西中值定理的特殊情况.

2.4.2 洛必达法则

当 $x \to x_0$ (或 $x \to \infty$) 时, 两个函数 $f(x)$ 与 $g(x)$ 都趋向于零或都趋向于无穷大, 那么极限 $\lim\limits_{\substack{x \to x_0 \\ (x \to \infty)}} \dfrac{f(x)}{g(x)}$ 可能存在, 也可能不存在. 通常把这种极限叫作未定式, 并分别记为 $\dfrac{0}{0}$ 型或 $\dfrac{\infty}{\infty}$ 型.

例如 $\lim\limits_{x \to 0} \dfrac{\sin x}{x}, \lim\limits_{x \to 0} \dfrac{x \sin \dfrac{1}{x}}{x}, \lim\limits_{x \to 0} \dfrac{x - \sin x}{x^3}, \lim\limits_{x \to +\infty} \dfrac{x^2}{e^x}$ 等都是未定式.

在第1章中, 我们曾计算过两个无穷小之比的及两个无穷大之比的未定式极限. 其中, 计算未定式的极限往往需要经过适当的变形, 转化成可利用极限运算法则或重要极限进行计算的形式, 这种变形没有一般的方法, 需要视具体问题而定, 这使得计算未定式极限非常不方便. 下面将用导数作为工具, 给出计算未定式极限的一般方法, 即洛必达法则. 我们先讨论 $\dfrac{0}{0}$ 型未定式.

定理4 设

(1)当 $x \to x_0$ 时, 函数 $f(x)$ 与 $g(x)$ 都以零为极限;

(2)在点 x_0 附近, $f'(x)$ 与 $g'(x)$ 都存在且 $g'(x) \neq 0$;

(3) $\lim\limits_{x \to x_0} \dfrac{f'(x)}{g'(x)} = A$ (或 ∞);

则有

$$\lim\limits_{x \to x_0} \frac{f(x)}{g(x)} = \lim\limits_{x \to x_0} \frac{f'(x)}{g'(x)} = A (\text{或} \infty)$$

证明 不妨定义 $f(x_0)=0, g(x_0)=0$, 于是函数 $f(x), g(x)$ 在区间 $[x, x_0]$ 或 $[x_0, x]$ 上连续、可导, 且 $g'(x) \neq 0$, 满足柯西中值定理的条件, 从而有

$$\frac{f(x)-f(x_0)}{g(x)-g(x_0)} = \frac{f'(\xi)}{g'(\xi)} (\xi \text{ 介于 } x \text{ 与 } x_0 \text{ 之间})$$

于是, 当 $x \to x_0$ 时, 也有 $\xi \to x_0$, 从而有

$$\lim\limits_{x \to x_0} \frac{f(x)}{g(x)} = \lim\limits_{x \to x_0} \frac{f'(x)}{g'(x)} = A (\text{或} \infty)$$

若极限 $\lim\limits_{x \to x_0} \dfrac{f'(x)}{g'(x)}$ 仍属于 $\dfrac{0}{0}$ 型, 且 $f'(x), g'(x)$ 又满足定理中的条件, 则可以再使用洛必达法则. 即

$$\lim_{x \to x_0} \frac{f(x)}{g(x)} = \lim_{x \to x_0} \frac{f'(x)}{g'(x)} = \lim_{x \to x_0} \frac{f''(x)}{g''(x)}$$

例 4 求 $\lim\limits_{x \to 0} \dfrac{e^x - x - 1}{x^2}$.

解 $\lim\limits_{x \to 0} \dfrac{e^x - x - 1}{x^2} = \lim\limits_{x \to 0} \dfrac{e^x - 1}{2x} = \lim\limits_{x \to 0} \dfrac{e^x}{2} = \dfrac{1}{2}$

例 5 求 $\lim\limits_{x \to 0} \dfrac{\tan x - x}{x^2 \tan x}$.

解 如果直接用洛必达法则,分母的导数比较麻烦,先作一个等价无穷小替换,然后运算就会简便很多. 即

$$\lim_{x \to 0} \frac{\tan x - x}{x^2 \tan x} = \lim_{x \to 0} \frac{\tan x - x}{x^3} = \lim_{x \to 0} \frac{\sec^2 x - 1}{3x^2} = \lim_{x \to 0} \frac{\tan^2 x}{3x^2} = \frac{1}{3}$$

例 6 求 $\lim\limits_{x \to 0} \dfrac{x^2 - \sin^2 x}{x^4}$.

解 $\lim\limits_{x \to 0} \dfrac{x^2 - \sin^2 x}{x^4} = \lim\limits_{x \to 0} \dfrac{(x + \sin x)(x - \sin x)}{x^4}$

我们注意到 $x \to 0$ 时,$\dfrac{x + \sin x}{x} \to 2$,所以

$$\text{原式} = 2 \lim_{x \to 0} \frac{x - \sin x}{x^3} = 2 \lim_{x \to 0} \frac{1 - \cos x}{3x^2} = 2 \lim_{x \to 0} \frac{\sin x}{6x} = \frac{1}{3}$$

例 7 求 $\lim\limits_{x \to 0} \dfrac{x - \arcsin x}{x^3 \cos x}$.

解 如果直接用洛必达法则,分母的导数比较麻烦. 我们注意到 $x \to 0$ 时,$\dfrac{1}{\cos x} \to 1$,于是我们可以先化简,然后再用洛必达法则求极限,能够简便很多. 即

$$\lim_{x \to 0} \frac{x - \arcsin x}{x^3 \cos x} = \lim_{x \to 0} \frac{x - \arcsin x}{x^3} = \lim_{x \to 0} \frac{1 - \dfrac{1}{\sqrt{1 - x^2}}}{3x^2} = \lim_{x \to 0} \frac{\sqrt{1 - x^2} - 1}{3x^2 \sqrt{1 - x^2}}$$

$$= \lim_{x \to 0} \frac{\sqrt{1 - x^2} - 1}{3x^2} = \lim_{x \to 0} \frac{-x^2}{3x^2 (\sqrt{1 - x^2} + 1)} = -\frac{1}{6}$$

$\dfrac{0}{0}$ 型未定式的极限是最基本也是最重要的一个极限计算类型,解题过程中除应用洛必达法则以外,还应注意与其他求极限的方法结合,如约去零因子、等价无穷小代换、提出能确定极限值非零的部分等.

定理 5 设

(1)当 $x \to \infty$ 时,函数 $f(x)$ 与 $g(x)$ 都以零为极限;

(2)当 $|x| > N$ 时,$f'(x)$ 与 $g'(x)$ 都存在且 $g'(x) \neq 0$;

(3)$\lim\limits_{x \to \infty} \dfrac{f'(x)}{g'(x)} = A$(或 ∞);

则有

$$\lim_{x \to \infty} \frac{f(x)}{g(x)} = \lim_{x \to \infty} \frac{f'(x)}{g'(x)}$$

证明 略.

例 8　求 $\lim\limits_{x\to+\infty}\dfrac{\ln(1+\dfrac{1}{x})}{\operatorname{arccot}x}$.

解　显然 $x\to+\infty$ 时,$\ln(1+\dfrac{1}{x})$ 及 $\operatorname{arccot}x$ 都为无穷小,由洛必达法则有

$$\lim_{x\to+\infty}\frac{\ln(1+\dfrac{1}{x})}{\operatorname{arccot}x}=\lim_{x\to+\infty}\frac{\dfrac{1}{1+\dfrac{1}{x}}\left(-\dfrac{1}{x^2}\right)}{-\dfrac{1}{1+x^2}}=\lim_{x\to+\infty}\frac{x^2+1}{x^2+x}=1$$

接下来我们再讨论 $\dfrac{\infty}{\infty}$ 型未定式.

对于 $\dfrac{\infty}{\infty}$ 型未定式,也有与 $\dfrac{0}{0}$ 型未定式类似的求极限方法.

定理 6　设

(1)当 $x\to x_0$ 时,函数 $f(x)$ 与 $g(x)$ 均为无穷大量;

(2)在点 x_0 附近,$f'(x)$ 与 $g'(x)$ 都存在且 $g'(x)\neq0$;

(3)$\lim\limits_{x\to x_0}\dfrac{f'(x)}{g'(x)}=A$（或 ∞）;

则有
$$\lim_{x\to x_0}\frac{f(x)}{g(x)}=\lim_{x\to x_0}\frac{f'(x)}{g'(x)}$$

证明　略.

定理 7　设

(1)当 $x\to\infty$ 时,函数 $f(x)$ 与 $g(x)$ 均为无穷大量;

(2)当 $|x|>N$ 时,$f'(x)$ 与 $g'(x)$ 都存在且 $g'(x)\neq0$;

(3)$\lim\limits_{x\to\infty}\dfrac{f'(x)}{g'(x)}=A$（或 ∞）;

则有
$$\lim_{x\to\infty}\frac{f(x)}{g(x)}=\lim_{x\to\infty}\frac{f'(x)}{g'(x)}$$

证明　略.

例 9　求 $\lim\limits_{x\to0^+}\dfrac{\ln\sin5x}{\ln\sin3x}$.

解　$\lim\limits_{x\to0^+}\dfrac{\ln\sin5x}{\ln\sin3x}=\lim\limits_{x\to0^+}\dfrac{5\dfrac{\cos5x}{\sin5x}}{3\dfrac{\cos3x}{\sin3x}}=\lim\limits_{x\to0^+}\dfrac{5}{3}\cdot\dfrac{\sin3x}{\sin5x}\cdot\dfrac{\cos5x}{\cos3x}=1$

例 10　求 $\lim\limits_{x\to+\infty}\dfrac{\ln x}{x^{\alpha}}(\alpha>0)$.

解　$\lim\limits_{x\to+\infty}\dfrac{\ln x}{x^{\alpha}}=\lim\limits_{x\to+\infty}\dfrac{\dfrac{1}{x}}{\alpha x^{\alpha-1}}=\lim\limits_{x\to+\infty}\dfrac{1}{\alpha x^{\alpha}}=0$

例 11　求 $\lim\limits_{x\to+\infty}\dfrac{x^5}{\mathrm{e}^x}$（$n$ 为正整数）.

解 $\lim\limits_{x\to+\infty}\dfrac{x^5}{e^x}=\lim\limits_{x\to+\infty}\dfrac{5x^4}{e^x}=\cdots=\lim\limits_{x\to+\infty}\dfrac{5!}{e^x}=0$

对数函数 $\ln x$，幂函数 $x^\alpha(\alpha>0)$，指数函数 e^x，当 $x\to+\infty$ 时均为无穷大，从例10，例11中可以知道，指数函数趋于无穷大的速度比幂函数快，幂函数趋于无穷大的速度比对数函数快.

我们前面讨论了 $\dfrac{0}{0}$ 型和 $\dfrac{\infty}{\infty}$ 型未定式，除此之外还有以下五种类型的未定式，它们是

$$0\cdot\infty,\infty-\infty,1^\infty,0^0,\infty^0$$

我们可以把这五种类型的未定式转化为 $\dfrac{0}{0}$ 型或 $\dfrac{\infty}{\infty}$ 型未定式，我们通过以下例子进行说明.

例 12 求 $\lim\limits_{x\to0^+}x\ln x$.

解 这是 $0\cdot\infty$ 型未定式，由于 $x\ln x=\dfrac{\ln x}{\frac{1}{x}}$，且当 $x\to0^+$ 时 $\dfrac{\ln x}{\frac{1}{x}}$ 为 $\dfrac{\infty}{\infty}$ 型. 因此

$$\lim_{x\to0^+}x\ln x=\lim_{x\to0^+}\frac{\ln x}{\frac{1}{x}}=\lim_{x\to0^+}\frac{\frac{1}{x}}{-\frac{1}{x^2}}=\lim_{x\to0^+}(-x)=0$$

例 13 求 $\lim\limits_{x\to0}\left(\dfrac{1}{\tan x}-\dfrac{1}{x}\right)$.

解 这是 $\infty-\infty$ 型未定式，由于 $\dfrac{1}{\tan x}-\dfrac{1}{x}=\dfrac{x-\tan x}{x\tan x}$，且 $x\to0$ 时 $\dfrac{x-\tan x}{x\tan x}$ 为 $\dfrac{0}{0}$ 型. 因此

$$\lim_{x\to0}\left(\frac{1}{\tan x}-\frac{1}{x}\right)=\lim_{x\to0}\frac{x-\tan x}{x\tan x}=\lim_{x\to0}\frac{x-\tan x}{x^2}=\lim_{x\to0}\frac{1-\sec^2x}{2x}=\lim_{x\to0}\frac{-\tan^2x}{2x}=0$$

例 14 求 $\lim\limits_{x\to0}(e^x+x)^{\frac{1}{x}}$.

解 这是 1^∞ 型未定式，由于 $(e^x+x)^{\frac{1}{x}}=e^{\frac{1}{x}\ln(e^x+x)}$，且 $x\to0$ 时，$\dfrac{\ln(e^x+x)}{x}$ 为 $\dfrac{0}{0}$ 型. 因此

$$\lim_{x\to0}(e^x+x)^{\frac{1}{x}}=\lim_{x\to0}e^{\frac{\ln(e^x+x)}{x}}=e^{\lim\limits_{x\to0}\frac{\ln(e^x+x)}{x}}=e^{\lim\limits_{x\to0}\frac{e^x+1}{e^x+x}}=e^2$$

例 15 求 $\lim\limits_{x\to0^+}x^x$.

解 这是 0^0 型未定式，由于 $x^x=e^{x\ln x}$，且 $x\to0^+$ 时，$x\ln x$ 为 $0\cdot\infty$ 型，应用例13的结果可知

$$\lim_{x\to0^+}x^x=\lim_{x\to0^+}e^{x\ln x}=e^{\lim\limits_{x\to0^+}x\ln x}=e^0=1$$

例 16 求 $\lim\limits_{x\to+\infty}\left(x+\sqrt{1+x^2}\right)^{\frac{1}{x}}$.

解 这是 ∞^0 型未定式，由于 $\left(x+\sqrt{1+x^2}\right)^{\frac{1}{x}}=e^{\frac{1}{x}\ln(x+\sqrt{1+x^2})}$，且 $x\to+\infty$ 时，$\dfrac{\ln(x+\sqrt{1+x^2})}{x}$ 为 $\dfrac{\infty}{\infty}$ 型，因此

$$\lim_{x\to+\infty}\left(x+\sqrt{1+x^2}\right)^{\frac{1}{x}}=\lim_{x\to+\infty}e^{\frac{1}{x}\ln(x+\sqrt{1+x^2})}=e^{\lim\limits_{x\to+\infty}\frac{\ln(x+\sqrt{1+x^2})}{x}}=e^{\lim\limits_{x\to+\infty}\frac{1}{\sqrt{1+x^2}}}=e^0=1$$

在用洛必达法则求未定式时,一定要检验此未定式是否满足定理的条件,不可盲目使用,否则会出现错误的结论.

例 17 求 $\lim\limits_{x\to\infty}\dfrac{x+\sin x}{x}$.

解 $\lim\limits_{x\to\infty}\dfrac{x+\sin x}{x}=\lim\limits_{x\to\infty}\left(1+\dfrac{\sin x}{x}\right)=1$

如果用洛必达法则,有 $\lim\limits_{x\to\infty}\dfrac{x+\sin x}{x}=\lim\limits_{x\to\infty}\dfrac{1+\cos x}{1}$.

因为 $\lim\limits_{x\to\infty}\dfrac{1+\cos x}{1}$ 不存在,便断言 $\lim\limits_{x\to\infty}\dfrac{x+\sin x}{x}$ 也不存在,那是错误的.

因为当 $\lim\dfrac{f'(x)}{g'(x)}$ 不存在(也不为无穷大)时,$\lim\dfrac{f(x)}{g(x)}$ 有可能存在.

2.5 函数的单调性与凹凸性

我们已经会用初等数学的方法研究一些函数的单调性和某些简单函数的性质,但这些方法适用范围狭小,并且有些需要借助某些特殊的技巧,因而不具有一般性. 本节将以导数为工具,介绍判断函数单调性和凹凸性的简便且具有一般性的方法.

2.5.1 函数的单调性

首先考察图 2−7(a),函数 $y=f(x)$ 的图像在区间 (a,b) 内沿 x 轴的正向上升,除点 $(\xi,f(\xi))$ 的切线平行于 x 轴外,曲线上其余点处的切线与 x 轴的夹角均为锐角,即曲线 $y=f(x)$ 在区间 (a,b) 内除个别点外,曲线上其余点处的切线的斜率为正;再考察图 2−7(b),函数 $y=f(x)$ 的图像在区间 (a,b) 内沿 x 轴的正向下降,除个别点外,曲线上其余点处的切线与 x 轴的夹角均为钝角,即曲线 $y=f(x)$ 在区间 (a,b) 内除个别点外切线的斜率为负.

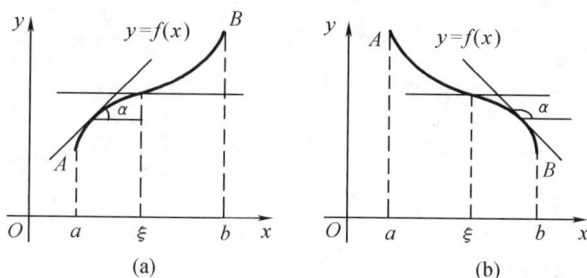

图 2−7

一般地,根据拉格朗日中值定理,有如下定理.

定理 1 (函数单调性判别法)设函数 $y=f(x)$ 在 $[a,b]$ 上连续,在 (a,b) 上可导:
(1)若在 (a,b) 内 $f'(x)>0$,则 $y=f(x)$ 在 $[a,b]$ 上单调增加;
(2)若在 (a,b) 内 $f'(x)<0$,则 $y=f(x)$ 在 $[a,b]$ 上单调减少.
证明 在 $[a,b]$ 上任取两点 $x_1,x_2(x_1<x_2)$,应用拉格朗日中值定理,得到
$$f(x_2)-f(x_1)=f'(\xi)(x_2-x_1)\quad(x_1<\xi<x_2)$$

(1)若在(a,b)内$f'(x)>0$,则$f'(\xi)>0$,从而$f(x_2)-f(x_1)=f'(\xi)(x_2-x_1)>0$.
因此$f(x_1)<f(x_2)$,即$y=f(x)$在$[a,b]$上单调增加.

(2)若在(a,b)内$f'(x)<0$,则$f'(\xi)<0$,从而$f(x_2)-f(x_1)=f'(\xi)(x_2-x_1)<0$.
因此$f(x_1)>f(x_2)$,即$y=f(x)$在$[a,b]$上单调减少.

例1 讨论函数$y=2-\sqrt[3]{(x-1)^2}$的单调性.

解 函数的定义域为$(-\infty,+\infty)$,且$y'=-\frac{2}{3}(x-1)^{-\frac{1}{3}}=-\frac{2}{3}\frac{1}{\sqrt[3]{x-1}}$.

当$x=1$时,y'不存在;当$x<1$时,$y'>0$,故函数在$(-\infty,1]$上单调增加;

当$x>1$时,$y'<0$,故函数在$[1,+\infty)$上单调减少.

通过例1不难看出,可以通过求函数的一阶导数等于零和一阶导数不存在的点,将函数的定义域分划成若干个区间,再判定函数一阶导数在这些区间上的符号,继而可确定函数在这些区间上的单调性,这样的区间称为单调区间.

下面我们看一个利用单调性证明不等式的例子.

例2 证明:当$x>0$时,$\sin x>x-\frac{x^3}{3!}$.

证明 设$f(x)=\sin x-x+\frac{x^3}{3!}$,这里$f(0)=0$;

$f'(x)=\cos x-1+\frac{x^2}{2}$,这里$f'(0)=0$;

$f''(x)=-\sin x+x$;

当$x>0$时,$\sin x<x$,这表示在$(0,+\infty)$内$f''(x)>0$,从而可知$f'(x)$在$[0,+\infty)$上单调增加. 所以有
$$f'(x)>f'(0)=0$$
这说明$f(x)$在$[0,+\infty)$上单调增加. 所以当$x>0$时,有
$$f(x)>f(0)=0$$
即
$$\sin x>x-\frac{x^3}{3!}$$

例3 一般耐用消费品的累积销售量y与时间t有如下关系
$$y=f(t)=Ae^{-be^{-at}}$$
其中,A,a,b均为大于零的常数,耐用消费品的累积销售量y随时间t的变化趋势如何?

解 $y'=Ae^{-be^{-at}}(-be^{-at})'=Ae^{-be^{-at}}(-be^{-at})(-a)=Ae^{-be^{-at}}abe^{-at}=abe^{-at}y>0$,这表明耐用消费品的累积销售量$y$是随时间$t$增加. 从图2-8也可看到,曲线是单调上升的.

2.5.2 函数的凹凸性

由导数$f'(x)$的符号,可以确定函数的单调区间,从而可以了解函数变化的大致情形. 但仅仅知道这些还不够,如图2-9中的曲线,$\overset{\frown}{AB}$和$\overset{\frown}{BC}$两段弧都是上升的,但$\overset{\frown}{AB}$是凹的,$\overset{\frown}{BC}$是凸的,如果曲线处处有切线,则凸(凹)的曲线弧上的切线总在曲线弧的上方(下方).

定义1 若曲线弧位于其每一点处切线的上方,则称此曲线是凸的;若曲线弧位于其每一点处切线的下方,则称此曲线是凹的.

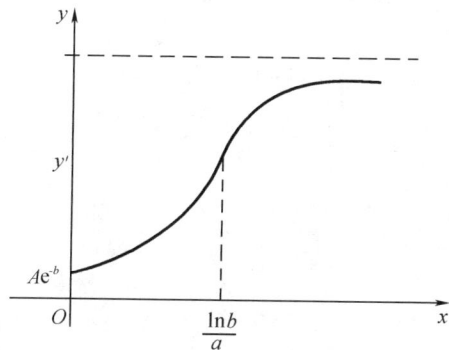

图 2 − 8

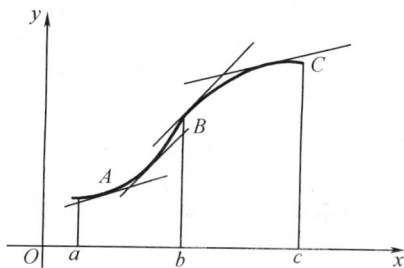

图 2 − 9

如何判断曲线的凹凸性呢？如图 2 − 9 所示，当 $\overset{\frown}{AB}$ 上的切点由 A 向 B 运动时，其切线斜率 $f'(x)$ 将单调增加；当弧 $\overset{\frown}{BC}$ 上的切点由 B 向 C 运动时，其切线斜率 $f'(x)$ 将单调减少，于是当 $f''(x)$ 存在时，可以给出利用二阶导数的符号来判定曲线凹凸性的定理.

定理 2 设函数 $f(x)$ 在 $[a,b]$ 上连续，在 (a,b) 内具有二阶导数，那么

(1)若在 (a,b) 内，$f''(x)>0$，则 $f(x)$ 在 $[a,b]$ 上的图形是凹的；

(2)若在 (a,b) 内，$f''(x)<0$，则 $f(x)$ 在 $[a,b]$ 上的图形是凸的.

证明 略.

定义 2 连续曲线 $y=f(x)$ 上凹弧与凸弧的分界点称为曲线的拐点.

由于在凹弧上 $f''(x)>0$，在凸弧上 $f''(x)<0$，所以如果 $f(x)$ 有连续的二阶导数，在拐点 $(x_0,f(x_0))$ 处应有 $f''(x_0)=0$. 但反过来，满足 $f''(x)=0$ 的点 $(x_0,f(x_0))$ 不一定是拐点（例如 $y=x^4$，$y''(0)=0$，但 $(0,0)$ 不是该函数拐点）. 另外，如果 $f''(x_0)$ 不存在，那么 $(x_0,f(x_0))$ 也可能是拐点（例如 $y=\sqrt[3]{x}$ 在 $x=0$ 处二阶导数不存在，但 $(0,0)$ 是该函数的拐点）.

据此，判定连续曲线 $y=f(x)$ 的凹凸区间和拐点可按下列步骤进行.

设函数 $f(x)$ 在区间 I 上连续：

(1)确定函数的定义域，求出 $f''(x)$ 在 I 上为零或不存在的点；

(2)这些点将区间 I 划分成若干个区间，然后考察 $f''(x)$ 在每个区间上的符号，确定曲线 $y=f(x)$ 在各个区间上的凹凸性；

(3)若在两个相邻的部分区间上，曲线的凹凸性相反，则此分界点是拐点；若在两个相邻的部分区间上，曲线的凹凸性相同，则此分界点不是拐点.

例 4 求曲线 $y=3x^5-5x^4+2x+1$ 的拐点及凹凸区间.

解 函数 $y=3x^5-5x^4+2x+1$ 的定义域为 $(-\infty,+\infty)$.

$y'=15x^4-20x^3+2$，$y''=60x^3-60x^2=60x^2(x-1)$

由 $y''=0$ 得 $x_1=0$，$x_2=1$.

$x_1=0$ 及 $x_2=1$ 把定义域 $(-\infty,+\infty)$ 分成三部分：$(-\infty,0]$，$[0,1]$，$[1,+\infty)$.

在 $(-\infty,0)$ 内，$y''<0$，因此在区间 $(-\infty,0]$ 上曲线是凸的；

在 $(0,1)$ 内，$y''<0$，因此在区间 $[0,1]$ 上曲线是凸的；

在 $(1,+\infty)$ 内，$y''>0$，因此在区间 $[1,+\infty)$ 上曲线是凹的.

所以$(-\infty,1]$为凸区间,$[1,+\infty)$为凹区间,$(1,1)$是曲线拐点.

对于例3中的函数,有

$$y'' = (abe^{-at})' = -a^2be^{-at}y + abe^{-at}y' = -a^2be^{-at}y + (abe^{-at})^2y = a^2be^{-at}(be^{-at}-1)$$

令$y''=0$,得$t=\dfrac{\ln b}{a}$.当$0<t<\dfrac{\ln b}{a}$时,$y''>0$,在这期间,商品销售量随着时间的推移而增加得越来越快,曲线是凹的;过了$t=\dfrac{\ln b}{a}$这个时刻,$y''<0$,商品销售量随着时间的推移而增加的速度放慢了,曲线是凸的. 这反映了耐用消费品销售的一般规律.

2.6 函数的极值、最值与函数作图

2.6.1 函数的极值

定义1 设函数$f(x)$在区间(a,b)内有定义,点x_0是(a,b)内的一点. 若存在点x_0附近的所有点$x(x\neq x_0)$,都有

$$f(x)<f(x_0)\ [或f(x)>f(x_0)]$$

成立,称$f(x_0)$是函数$f(x)$的一个极大值(极小值);称点x_0是函数$f(x)$的极大值点(极小值点).

函数的极大值与极小值统称为函数的极值;

使函数取得极值的点统称为极值点.

如果$f(x_0)$是函数$f(x)$的一个极小值,那么只是对x_0附近的一个局部小范围来说$f(x_0)$是$f(x)$的一个最小值. 但对于整个函数的定义域来说,$f(x_0)$就不一定是最小值了.

对于极大值也是类似的.

如图2-10所示,$f(x_2)<f(x_6)$($f(x_2)$是极大值,而$f(x_6)$是极小值).

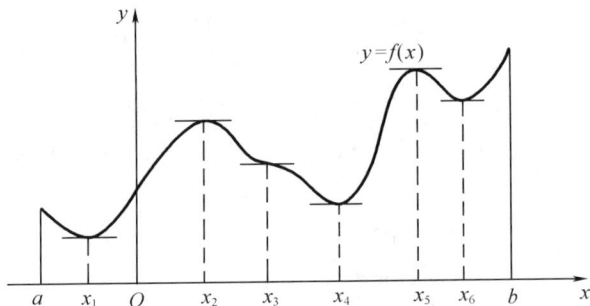

图2-10

从图2-10中可看出,在函数取得极值之处,曲线具有水平的切线. 换句话说:函数在取得极值的点处,其导数值为零,于是有如下的定理:

定理1 (可导函数取得极值的必要条件)设函数$f(x)$在点x_0处具有导数,且在x_0处取得极值,则$f'(x_0)=0$.

导数为零的点称为函数的驻点. 由定理 1 可知,可导函数的极值点必然是它的驻点,但反过来,函数的驻点却不一定是极值点. 例如,$f(x)=x^3$ 的导数 $f'(x)=3x^2$,$f'(0)=0$,$x=0$ 为此函数的驻点,但我们知道 $x=0$ 并不是此函数的极值点. 因此,函数的驻点只是可能的极值点. 另外,函数导数不存在的点有可能是极值点,例如 $f(x)=|x|$ 在 $x=0$ 处不可导,但函数在 $x=0$ 处取得极小值. 同样函数的不可导点也只是可能的极值点,例如 $f(x)=\sqrt[3]{x}$ 在 $x=0$ 处不可导,但该点并不是极值点.

驻点和函数的不可导点只是可能的极值点,那我们如何判定函数在驻点或不可导点处究竟是否取得极值? 若取极值,取得是极大值还是极小值? 下面我们给出极值判定的两个充分条件.

定理 2 (极值判定第一充分条件)设函数 $f(x)$ 在点 x_0 附近可导,且 $f'(x_0)=0$.

(1)如果 x 取 x_0 左侧附近的值时,$f'(x)>0$;而 x 取 x_0 右侧附近值时,$f'(x)<0$;那么,$f(x)$ 在 x_0 处取得极大值;

(2)如果 x 取 x_0 左侧附近的值时,$f'(x)<0$;而 x 取 x_0 右侧附近值时,$f'(x)>0$;那么,$f(x)$ 在 x_0 处取得极小值;

(3)如果 $f'(x)$ 在 x_0 的左右两端符号保持不变,那么,$f(x)$ 在 x_0 处没有极值.

证明 (1)由函数单调性判别法知,在 x 取 x_0 左侧附近的值时,函数 $f(x)$ 单调增加;而在 x 取 x_0 右侧附近值时,函数 $f(x)$ 单调减少,又因为函数 $f(x)$ 在 x_0 处连续,所以根据极值定义可知,$f(x)$ 在 x_0 处取得极大值.

(2)同理可证.

(3)因为 $f'(x)$ 在 x_0 的左右两端符号保持不变,所以除 $f'(x_0)=0$ 之外,恒有 $f'(x)>0$ 或 $f'(x)<0$,即函数 $f(x)$ 在 x_0 的左右附近是单调增加或单调减少. 因而,$f(x)$ 在 x_0 处没有极值.

确定极值点和极值的步骤:

(1)求出函数 $f(x)$ 的定义域及导数 $f'(x)$;

(2)求出 $f(x)$ 的全部驻点和不可导点;

(3)应用定理 2 判断上述各点是否为函数的极值点,是极大值还是极小值,计算出极值点处的极值,便得到 $f(x)$ 的所有极值.

例 1 求函数 $f(x)=(x-1)\sqrt[3]{x+4^2}$ 的极值.

解 (1)函数 $f(x)$ 的定义域为 $(-\infty,+\infty)$,$f'(x)=\dfrac{5(x+2)}{3\sqrt[3]{x+4}}$;

(2)令 $f'(x)=0$,解得驻点 $x=-2$,$x=-4$ 为 $f(x)$ 的不可导点. 以上两点将定义域分成三部分,其讨论结果见表 2-1.

表 2-1

x	$(-\infty,-4)$	-4	$(-4,-2)$	-2	$(-2,+\infty)$
$f'(x)$	+	不可导	−	0	+
$f(x)$	↗	极大值 0	↘	极小值 $-3\sqrt[3]{4}$	↗

(3)由表可见,$f(x)$ 在 $x=-4$ 处取得极大值 0,在 $x=-2$ 处取得极小值 $-3\sqrt[3]{4}$.

由图 2 – 10 还可以看出,在极大值点 x_2 和 x_5 处,曲线 $y = f(x)$ 不仅有水平的切线,而且在这些点附近,曲线是凸的;在极小值点 x_1, x_4 和 x_6 处,曲线 $y = f(x)$ 不仅有水平的切线,而且在这些点附近,曲线是凹的,因此有如下的极值判别定理:

定理 3 (极值判定第二充分条件)设函数 $f(x)$ 在点 x_0 处具有二阶导数,且 $f'(x_0) = 0$, $f''(x_0) \neq 0$,则

(1)当 $f''(x_0) < 0$ 时,函数 $f(x)$ 在 x_0 处取得极大值;

(2)当 $f''(x_0) > 0$ 时,函数 $f(x)$ 在 x_0 处取得极小值.

注 对于 $f'(x_0) = 0$ 且 $f''(x_0) = 0$ 的情况,定理 3 是不能应用的. 在这种情况下,$f(x)$ 在 x_0 处可能取得极大值,也有可能取得极小值,也可能没有极值. 例如,$f(x) = x^4$, $g(x) = -x^4$, $h(x) = x^3$ 在 $x = 0$ 处就分别属于这三种情况. 于是,对于 $f'(x_0) = 0$ 且 $f''(x_0) = 0$ 的情况,这时只能应用定理 2 来判别 x_0 是否是极值点.

对于 $f(x)$ 在 x_0 处不可导的情况,和上述讨论一样,定理 3 是不能应用的,这时也只能应用定理 2 来判别 x_0 是否是极值点.

例 2 求函数 $f(x) = (x^2 - 1)^3 + 1$ 的极值.

解 $f'(x) = 6x(x^2 - 1)^2$,

令 $f'(x) = 0$ 得驻点 $x_1 = -1$, $x_2 = 0$, $x_3 = 1$.

$f''(x) = 6(x^2 - 1)(5x^2 - 1)$,

因为 $f''(0) = 6 > 0$,故函数有极小值 $f(0) = 0$.

而 $f''(-1) = f''(1) = 0$,用第二充分条件无法进行判定,于是我们考察函数的一阶导数在 $x = \pm 1$ 的左右两侧邻近的符号.

当 x 取 -1 的左侧邻近的值时,$f'(x) < 0$;当 x 取 -1 的右侧邻近的值时,$f'(x) < 0$,故 $f(x)$ 在 $x = -1$ 处没有极值. 同理,$f(x)$ 在 $x = 1$ 处也没有极值.

2.6.2 函数的最值

设函数 $f(x)$ 在闭区间 $[a,b]$ 上连续,则 $f(x)$ 在 $[a,b]$ 上的最大值和最小值一定存在. 最大值和最小值可能在内部取得,也有可能在区间的端点处取得.

若 $f(x)$ 在 (a,b) 内的驻点及 $f'(x)$ 不存在的点的个数都是有限个,这样,如果 $f(x)$ 在 (a,b) 内取得最大值或最小值,那么只有可能在这有限个可能的极值点处取得(实际上最大值在极大值点处取得,最小值在极小值点处取得).

因此,下面我们给出求 $f(x)$ 在 $[a,b]$ 上最大值和最小值的步骤:

(1)求出 $f(x)$ 在 (a,b) 内的所有驻点和不可导点,设它们是 x_1, x_2, $\cdots$, x_n.

(2)计算函数值 $f(x_1)$, $f(x_2)$, $\cdots$, $f(x_n)$ 及 $f(a)$, $f(b)$.

(3)比较以上函数值的大小,最大的即为最大值,最小的即为最小值. 设最大值为 M,最小值为 m,也就是说:

$$M = \max_{x \in [a,b]} \{f(a), f(x_1), f(x_2), \cdots, f(x_n), f(b)\}$$

$$m = \min_{x \in [a,b]} \{f(a), f(x_1), f(x_2), \cdots, f(x_n), f(b)\}$$

例 3 求函数 $f(x) = x^3 - 3x^2 - 9x + 5$ 在 $[-2, 4]$ 上的最大值与最小值.

解 (1)$f'(x) = 3x^2 - 6x - 9 = 3(x + 1)(x - 3)$,由 $f'(x) = 0$,得到驻点 $x_1 = -1$, $x_2 = 3$.

(2)$f(-2) = 3$, $f(-1) = 10$, $f(3) = -22$, $f(4) = -15$.

（3）$f(x)$ 在 $[-2,4]$ 上最大值为 $f(-1)=10$，最小值为 $f(3)=-22$.

下面我们讨论实际应用问题中的最值：

如果函数 $f(x)$ 在某区间（有限或无限，开或闭）内可导且有唯一驻点 x_0，并且这个驻点是 $f(x)$ 的极值点，则当 $f(x_0)$ 是极大值（极小值）时，$f(x_0)$ 就是 $f(x)$ 在该区间上的最大值（最小值）.

例 4 如图 $2-11$ 所示，从一块半径为 1 的圆铁片中挖去一个扇形做成一个漏斗，问留下的扇形的中心角 φ 多大时，做成的漏斗体积 V 最大？

解 漏斗的体积为

$$V = \frac{1}{3}\pi r^2 h = \frac{\pi}{3} r^2 \sqrt{1-r^2} \quad (0 < r < 1)$$

$$V'(r) = V(r) \left[\ln V(r) \right]'_r$$

$$= V(r) \left[\ln \frac{\pi}{3} + 2\ln r + \frac{1}{2}\ln(1-r^2) \right]'$$

$$= V(r) \left(\frac{2}{r} - \frac{r}{1-r^2} \right)$$

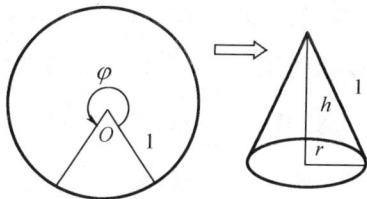

图 $2-11$

由 $V'(r) = 0$，得到唯一的合理的驻点 $r = \sqrt{\dfrac{2}{3}}$.

由问题的实际意义知 $r = \sqrt{\dfrac{2}{3}}$ 时，即 $\varphi = 2\pi\sqrt{\dfrac{2}{3}} = \dfrac{2\sqrt{6}}{3}\pi \approx 294°$ 时，漏斗体积 V 最大.

这里需特别指出：在实际问题中，通常根据问题的性质就可以断定可导函数 $f(x)$ 确有最大值和最小值，而且一定在区间内取得. 这时，如果 $f(x)$ 区间内有唯一的驻点 x_0，则不必讨论 $f(x_0)$ 是否为极值，就可以断定 $f(x_0)$ 是最大值或最小值.

例 5 设有边长为 a 的正方形铁皮，从每个角截去边长为 x 的正方形（图 $2-12$），做成一个无盖方盒，为了使这个方盒的容积最大，x 应该等于多少？

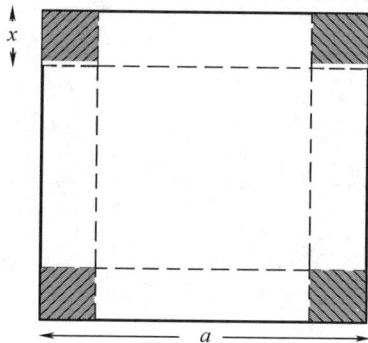

图 $2-12$

解 设方盒的容积为 V，则

$$V(x) = x(a-2x)^2 \quad \left(0 < x < \frac{a}{2} \right)$$

$$V'(x) = (a-2x)(a-6x)$$

由 $V'(x) = 0$,得到唯一的合理的驻点 $x = \dfrac{a}{6}$.

由问题的实际意义知 $x = \dfrac{a}{6}$ 时,方盒的容积最大.

2.6.3 函数的渐近线与函数作图

若曲线 C 上的点 M 沿着曲线无限地远离原点时,点 M 与某一直线 L 的距离趋于 0,则称直线 L 为曲线 C 的渐近线.

定义 2 若 $\lim\limits_{x \to +\infty} f(x) = b$ 或 $\lim\limits_{x \to -\infty} f(x) = b$,则曲线 $y = f(x)$ 有水平渐近线 $y = b$.

定义 3 若 $\lim\limits_{x \to x_0^+} f(x) = \infty$ 或 $\lim\limits_{x \to x_0^-} f(x) = \infty$,则曲线 $y = f(x)$ 有铅直渐近线 $x = x_0$.

定义 4 若 $\lim\limits_{x \to -\infty}[f(x) - (kx + b)]$ 或 $\lim\limits_{x \to +\infty}[f(x) - (kx + b)] = 0$,则称直线 $y = kx + b$ 为曲线 $y = f(x)$ 的斜渐近线,其中 k, b 的值可按如下公式计算:

$$\begin{cases} k = \lim\limits_{x \to -\infty} \dfrac{f(x)}{x} \\ b = \lim\limits_{x \to -\infty}[f(x) - ax] \end{cases} \quad \text{或} \quad \begin{cases} k = \lim\limits_{x \to +\infty} \dfrac{f(x)}{x} \\ b = \lim\limits_{x \to +\infty}[f(x) - ax] \end{cases}$$

例 6 求曲线 $y = \dfrac{x^3}{x^2 + 2x - 3}$ 的渐近线.

解 因为 $y = \dfrac{x^3}{(x+3)(x-1)}$,$\lim\limits_{x \to -3} y = \infty$,$\lim\limits_{x \to 1} y = \infty$ 所以有铅直渐近线 $x = -3$ 及 $x = 1$;

又因为 $k = \lim\limits_{x \to \infty} \dfrac{f(x)}{x} = \lim\limits_{x \to \infty} \dfrac{x^2}{x^2 + 2x - 3} = 1$,$b = \lim\limits_{x \to \infty}[f(x) - x] = \lim\limits_{x \to \infty} \dfrac{-2x^2 + 3x}{x^2 + 2x - 3} = -2$,所以

$y = x - 2$ 为曲线的斜渐近线,曲线 $y = \dfrac{x^3}{x^2 + 2x - 3}$ 的渐近线如图 $2-13$ 所示.

通过前面我们关于函数的单调性、极值及曲线的凹凸性、拐点的讨论,结合函数的其他性质,我们可以比较准确地画出一个函数的图形.

描绘函数图形的一般步骤:

(1)确定函数的定义域,有无奇偶性和周期性;

(2)求出函数的单调区间和极值点,曲线的凹凸区间和拐点;

(3)求函数的水平渐进线和铅直渐进线;

(4)求函数在特殊点(包括间断点及一阶导数、二阶导数为零及不存在的点)处的函数值,定出图形上相应的点,结合前面的结果,连接这些点画出函数图形的大概形状.

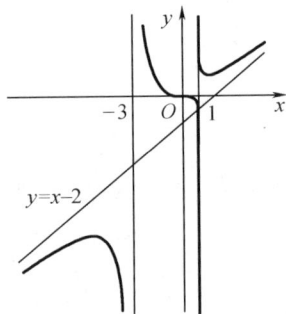

图 2−13

例 7 画出函数 $y = 1 + \dfrac{36x}{(x+3)^2}$ 的图形.

解 (1)函数的定义域为 $(-\infty, -3), (-3, +\infty)$.

(2)$f'(x) = \dfrac{36(3-x)}{(x+3)^3}$,$f''(x) = \dfrac{72(x-6)}{(x+3)^4}$.

$f'(x)=0$ 的根为 $x_1=3$；$f''(x)=0$ 的根为 $x_2=6$. 点 $x=-3,3,6$ 将定义域分成四部分：
$$(-\infty,-3),(-3,3],[3,6],[6,+\infty)$$
在各部分内函数的增减和曲线的凹凸、极值和拐点见表 2-2.

表 2-2

x	$(-\infty,-3)$	$(-3,3)$	3	$(3,6)$	6	$[6,+\infty)$
$f'(x)$	$-$	$+$	0	$-$	$-$	$-$
$f''(x)$	$-$	$-$	$-$	$-$	0	$+$
$f(x)$	↘	↗	极大	↘	极小	↘

(3)由于 $\lim\limits_{x\to\infty}f(x)=1$，$\lim\limits_{x\to-3}f(x)=-\infty$，所以函数图形有一条水平渐进线 $y=1$ 和一条铅直渐进线 $x=-3$.

(4)由 $f(x)=4$，$f(6)=\dfrac{11}{3}$ 得到函数图形上两个点：$M_1(3,4)$，$M_2\left(6,\dfrac{11}{3}\right)$. 再补充四个点：$M_3(0,1)$，$M_4(-1,-8)$，$M_5(-9,-8)$，$M_6\left(-15,-\dfrac{11}{4}\right)$. 最后画出函数的图形（图 2-14）.

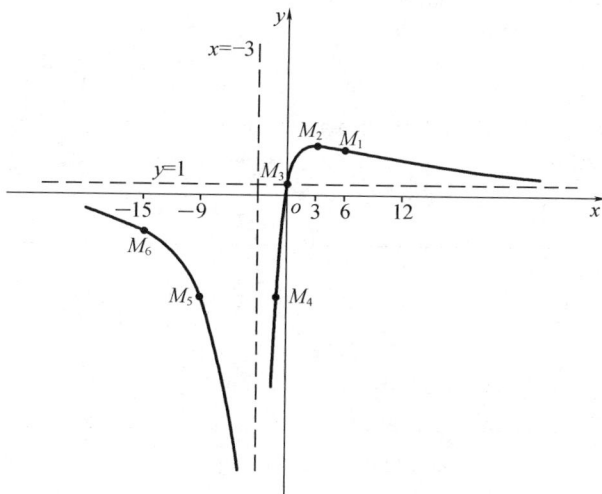

图 2-14

2.7 导数在经济中的应用

在考虑经济问题时,成本、利润、收入、需求、价格等经济量是必须考虑的因素,一个企业或者是一个商店最关心的是如何把握最佳产量或最佳销售量,最适合的价格,以便达到利润最大、成本最小、价格最合理. 要把握最佳销售量,经济学中常用平均、边际等概念分析一个变量 y 关于另外一个变量 x 的变化情况. 平均的概念表示在 x 值的某个范围内变化时

y 的变化情况,它反映了 y 的平均变化;边际概念是当 x 在某一给定值的附近发生微小变化时 y 的变化情况,它反映了 y 的瞬间变化,而刻画这种瞬间微小变化的数学工具便是导数.

2.7.1 边际和边际分析

在经济学中,习惯上用平均和边际这两个概念来描述一个经济变量 y 对于另一个经济变量 x 的变化. 平均概念表示 x 在某一范围内取值 y 的变化. 边际概念表示当 x 的改变量 Δx 趋于 0 时,y 的相应改变量 Δy 与 Δx 的比值的变化,即当 x 在某一给定值附近有微小变化时,y 的瞬时变化.

定义 1 根据导数的定义,导数 $f'(x_0)$ 表示 $f(x)$ 在点 $x = x_0$ 处的变化率,在经济学中,称其为 $f(x)$ 在点 $x = x_0$ 处的边际函数值.

定义 2 成本函数 $C = C(x)$(x 是产量)的导数 $C'(x)$ 称为边际成本函数.

在估计产品销售量 x 时,给产品所定的价格 $P(x)$ 称为价格函数,可以期望 $P(x)$ 应是 x 的递减函数. 于是

收入函数 $$R(x) = xP(x)$$

利润函数 $$L(x) = R(x) - C(x) \quad (C(x) \text{成本函数})$$

定义 3 收入函数的导数 $R'(x)$ 称为边际收入函数.

定义 4 利润函数的导数 $L'(x)$ 称为边际利润函数.

边际利润的经济意义:销售量达到 x 个单位的时候,再增加一个单位的销量,即 $\Delta x = 1$ 时,相应的总利润增加 $L'(x)$ 个单位.

例 1 某厂每天生产 x 单位产品的总成本 C(单位:元)是产量的函数,即
$$C = C(x) = 100 + 12x + x^2$$

如果每单位产品销售价格为 40 元,求边际成本、利润函数及边际利润为零时的每天产量.

解 边际成本为
$$C'(x) = (100 + 12x + x^2)' = 2x + 12$$

利润函数为
$$L(x) = R(x) - C(x) = 40x - (100 + 12x + x^2) = -x^2 + 28x - 100$$

故边际利润函数为
$$L'(x) = -2x + 28$$

令 $L'(x) = 0$,可得 $x = 14$.

故边际利润为零时的每天产量为 14 件. 即每天生产 14 件产品时边际利润为零,亦即每天产量达到 14 件时,再多生产 1 件产品也不会增加利润.

2.7.2 弹性和弹性分析

在边际分析中所研究的是函数的绝对改变量与绝对变化率,经济学中常需研究一个变量对另一个变量的相对变化情况,为此引入下面定义.

定义 5 设函数 $y = f(x)$ 在点 x_0($x_0 \neq 0$)的某个邻域内有定义,且 $f'(x_0) \neq 0$,若极限
$$\lim_{\Delta x \to 0} \frac{\Delta y / y_0}{\Delta x / x_0} = \lim_{\Delta x \to 0} \frac{[f(x + x_0) - f(x_0) / f(x_0)]}{\Delta x / x_0}$$

存在,则称此极限值为 $y = f(x)$ 在 x_0 处的弹性(点弹性),记为 $\left.\dfrac{Ey}{Ex}\right|_{x=x_0}$ 或 $\dfrac{Ef(x_0)}{Ex}$.

在上述定义中用一般的 x 代替固定的点 x_0,则可得到关于 x 的函数:

$$\frac{Ey}{Ex} = \lim_{\Delta x \to 0} \frac{\Delta y/y}{\Delta x/x} = \lim_{\Delta x \to 0} \frac{\Delta y}{\Delta x} \cdot \frac{x}{y} = y' \frac{x}{y}$$

称之为函数 $y = f(x)$ 的弹性函数,简称弹性.

评注 函数 $f(x)$ 在点 x 的弹性 $\dfrac{Ey}{Ex}$ 反映随 x 的变化, $f(x)$ 变化幅度的大小,即 $f(x)$ 对 x 变化反应的强烈程度或灵敏度. 数值上, $\dfrac{Ef(x)}{Ex}$ 表示 $f(x)$ 在点 x 处,当 x 产生 1% 的改变时,函数 $f(x)$ 近似地改变 $\dfrac{Ef(x)}{Ex}\%$,在应用问题中解释弹性的具体意义时,通常略去"近似"二字.

定义 6 设某产品的市场需求量为 Q,价格为 p,需求函数为 $Q = Q(p)$,则称

$$\varepsilon_p = \frac{EQ}{Ep} = Q'(p) \frac{p}{Q(p)}$$

为该产品的需求价格弹性,简称需求弹性.

当 Δp 很小时,有

$$\varepsilon_p = Q'(p) \cdot \frac{p}{Q(p)} \approx \frac{p}{Q(p)} \cdot \frac{\Delta Q}{\Delta p}$$

故需求弹性 ε_p 近似地表示在价格为 p 时,价格变动 1%,需求量将变化 $\varepsilon_p\%$,通常也略去"近似"二字.

评注 一般地,需求函数是单调减少函数,需求量随价格的提高而减少(当 $\Delta p > 0$ 时, $\Delta Q < 0$),故需求弹性一般是负值,它反映产品需求量对价格变动反应的强烈程度(灵敏度).

用需求弹性分析总收益的变化:总收益 R 是商品价格 p 与销售量 Q 的乘积,即
$$R = p \cdot Q = p \cdot Q(p)$$

由

$$R' = Q(p) + pQ'(p) = Q(p)\left(1 + Q'(p)\frac{p}{Q(p)}\right) = Q(p)(1 + \varepsilon_p)$$

可知:

(1)若 $|\varepsilon_p| < 1$,需求变动的幅度小于价格变动的幅度. $R' > 0$, R 递增. 即价格上涨,总收益增加;价格下跌,总收益减少.

(2)若 $|\varepsilon_p| > 1$,需求变动的幅度大于价格变动的幅度. $R' < 0$, R 递减. 即价格上涨,总收益减少;价格下跌,总收益增加.

(3)若 $|\varepsilon_p| = 1$,即需求变动的幅度等于价格变动的幅度时, $R' = 0$, R 取得最大值.

综上所述,总收益的变化受需求弹性的制约,随商品需求弹性的变化而变化.

类似的,还以定义供给弹性、收益弹性、利润弹性等概念,其分析和讨论的方法与需求弹性完全相同.

例 2 设某商品的需求函数为 $Q = 600 - 50p$,求 $p = 1, 6, 8$ 时需求价格弹性,并给出适当的经济解释.

解 因为 $Q = 600 - 50p, Q' = -50$ 所以

$$\varepsilon_p = Q'(p)\frac{p}{Q(p)} = \frac{-50p}{600 - 50p}$$

当 $p = 1$ 时, $|\varepsilon_p| = \dfrac{1}{11} < 1$, 为低弹性, 此时降价将使总收益减少, 提价使总收益增加.

当 $p = 6$ 时, $|\varepsilon_p| = 1$, 为单位弹性, 此时提价或降价对总收益没有明显影响.

当 $p = 8$ 时, $|\varepsilon_p| = 2$, 为高弹性, 此时降价将使总收益增加, 提价使总收益减少.

2.7.3 经济学中的最优值问题举例

因为总利润 $L(x)$、总收入 $R(x)$ 和总成本 $C(x)$ 有如下关系:

$$L(x) = R(x) - C(x)$$

所以 $L'(x) = R'(x) - C'(x)$, 在这种情况下, 获利最大的销售量 x 必满足: $L'(x) = 0$, 这就是说, 使边际收入与边际成本相等的销售量 (或产量), 能使利润最大.

例3 如果销售 x 千克的总利润函数为

$$L(x) = -\frac{1}{3}x^3 + 6x^2 - 11x - 40 \text{(万元)}$$

问销售多少千克能获利最大?

解 因为 $L'(x) = -x^2 + 12x - 11$, 令 $L'(x) = 0$, 得 $x = 11, x = 1$.

又 $L''(x) = -2x + 12$, 故 $L''(11) = -10 < 0, L''(1) = 10 > 0$,

所以 $x = 11$ 为 $L(x)$ 的极大值点 (并且是唯一的), 由于理论上最大利润是存在的, 所以销售量 $x = 11$ 千克时利润最大. 故

$$L_{\text{Max}}(11) \approx 121.333 \text{ 万元}$$

例4 设某企业在生产一种商品 x 件时的总收益为 $R(x) = 100x - x^2$, 总成本函数为

$$C(x) = 200 + 50x + x^2$$

问政府对每件商品征收货物税为多少时, 在企业获得最大利润的情况下, 总税额最大?

解 设每件商品征收的货物税为 a, 因为

$$\begin{aligned}
L(x) &= R(x) - C(x) - ax \\
&= 100x - x^2 - (200 + 50x + x^2) - ax \\
&= -2x^2 + (50 - a)x - 200
\end{aligned}$$

所以 $$L'(x) = -4x + 50 - a$$

令 $L'(x) = 0$, 得 $x = \dfrac{50 - a}{4}$, 此时 $L(x)$ 取最大值.

税收为

$$T = ax = \frac{a(50 - a)}{4}$$

令 $T' = \dfrac{1}{4}(50 - 2a) = 0$, 得 $a = 25$.

所以 $a = 25$ 时 T 取最大值, 故征收货物税应为 25.

习　题　2

（A）

（一）填空题

1. 已知 $f'(3)=2$，则 $\lim\limits_{h\to 0}\dfrac{f(3-h)-f(3)}{2h}=($　　　$)$.

2. 设 $f(x)$ 在 $x=a$ 处可导，且 $f'(a)=b$，则 $\lim\limits_{x\to 0}\dfrac{f(a+\sin x)-f(a-\sin x)}{x}=($　　　$)$.

3. 若函数 $y=\sqrt{x\sqrt{x}}$，则 $\dfrac{\mathrm{d}y}{\mathrm{d}x}=($　　　$)$.

4. 若函数 $y=x^3+x$，则 $\dfrac{\mathrm{d}y}{\mathrm{d}x}\Big|_{x=0}=($　　　$)$.

5. 若函数 $y=x\cdot|x|$，则 $\dfrac{\mathrm{d}y}{\mathrm{d}x}\Big|_{x=0}=($　　　$)$，$\dfrac{\mathrm{d}^2y}{\mathrm{d}x^2}\Big|_{x=0}=($　　　$)$.

6. 设 $f(x)=\begin{cases}\ln(3x+1),&x\geqslant 0\\ 0,&x<0\end{cases}$，则 $f'_+(0)=($　　　$)$.

7. 双曲线 $y=\dfrac{1}{x}$ 在点 $\left(\dfrac{1}{2},2\right)$ 的切线方程为$($　　　$)$，法线方程为$($　　　$)$.

8. 函数 $y=|x|$ 在点 $x=0$ 处是否连续$($　　　$)$，在点 $x=0$ 处是否可导$($　　　$)$（本题 2 个空请填"是"或"否"）.

9. 函数 $y=x^5-4x^3+2\cos x-\ln x+\sin 2$ 的导数 $y'=($　　　$)$.

10. 若函数 $f(x)=x(x-1)(x-2)(x-3)(x-4)$，则 $f'(0)=($　　　$)$.

11. 设 $y=f(x)$ 具有连续的一阶导数，已知 $f(2)=1$，$f'(2)=\mathrm{e}$，$f^{-1}(x)$ 是 $f(x)$ 的反函数，则 $[f^{-1}(x)]'\big|_{x=1}=($　　　$)$.

12. 若函数 $y=f(-x^2)$，且 $f(x)$ 在 $(-\infty,+\infty)$ 可导，则 $\dfrac{\mathrm{d}y}{\mathrm{d}x}=($　　　$)$.

13. 若函数 $y=\mathrm{e}^{-x^3}+2x$，则 $\dfrac{\mathrm{d}y}{\mathrm{d}x}=($　　　$)$.

14. 已知方程 $y=\dfrac{\mathrm{e}^{x+y}}{x}$ 确定了函数 $y=y(x)$，则 $\dfrac{\mathrm{d}y}{\mathrm{d}x}=($　　　$)$.

15. 若函数 $y=x^x$，则 $\dfrac{\mathrm{d}y}{\mathrm{d}x}=($　　　$)$.

16. 函数 $y=2x^2+\ln x$ 的二阶导数 $y''=($　　　$)$.

17. 设 $y=x^3-x$，$x_0=2$，$\Delta x=1$，$\Delta y=($　　　$)$，$\mathrm{d}y=($　　　$)$.

18. 函数 $y=\ln\sin x$ 在区间 $\left[\dfrac{\pi}{6},\dfrac{5\pi}{6}\right]$ 上满足罗尔定理中的点 $\xi=($　　　$)$.

19. 对函数 $y=px^2+qx+r$ 在闭区间 $[a,b]$ 上应用拉格朗日中值定理时所求得点 $\xi=($　　　$)$.

20. 函数 $y=f(x)$，$x\in[a,b]$ 满足 $f'(x)=0$，且 $f\left(\dfrac{a+b}{2}\right)=3$，则 $f(x)=($　　　$)$.

21. 极限 $\lim\limits_{x \to 0} \dfrac{e^x - e^{-x}}{\sin x} = ($ $)$.

22. 函数 $y = 2x + \dfrac{8}{x}(x > 0)$ 的单调增加区间为(   ).

23. $y = \ln(1 + x^2)$ 的凹区间为(   ).

24. 曲线 $y = xe^{-x}$ 的拐点是(   ).

25. 函数 $y = x + \sqrt{1-x}$ 的极大值为(   ).

26. 函数 $y = \dfrac{x}{1 + x^2}(x \geq 0)$ 的最大值为(   ).

27. 曲线 $y = \dfrac{2x - 1}{(x+1)^2}$ 的渐近线有(   )条.

28. 把数 8 分为两个正数之和,使其立方和最小,则这两个数为(   ).

(二)选择题

1. 设 $f(x)$ 在 $x = a$ 的某领域内有定义,则 $f(x)$ 在 $x = a$ 处可导的充要条件为(   ).

A. $\lim\limits_{h \to +\infty} h\left[f\left(a + \dfrac{1}{h} \right) - f(a) \right]$ 存在

B. $\lim\limits_{h \to -\infty} h\left[f\left(a + \dfrac{1}{h} \right) - f(a) \right]$ 存在

C. $\lim\limits_{h \to 0} \dfrac{f(a+h) - f(a-h)}{2h}$ 存在

D. $\lim\limits_{h \to 0} \dfrac{f(a) - f(a-h)}{h}$ 存在

2. 设 $f(x)$ 为可导的函数,且 $\lim\limits_{x \to 0} \dfrac{f(1) - f(1-x)}{2x} = -1$,则曲线 $y = f(x)$ 在 $(1, f(1))$ 处的切线斜率为(   ).

A. 2

B. -1

C. $\dfrac{1}{2}$

D. -2

3. 若函数 $f(x)$ 在 x_0 的左导数 $f'_-(x_0)$ 和右导数 $f'_+(x_0)$ 都存在,则 $f(x)$ 在 x_0 点成立的是(   ).

A. 左极限和右极限都存在,但可能不等   B. 连续

C. 不能确定是否连续   D. 极限存在,但不一定连续

4. 设 $f(x) = |x^2 - 1| + 2x$,则 $f(x)$ 在 $x = 1$ 处(   ).

A. 不连续   B. 连续但不可导

C. 可导,但导数不连续   D. 可导且导数连续

5. 设 $f(x) = \sqrt{2 - x^2}$,则 $f'(1) = ($ $)$.

A. 0   B. -1

C. 2   D. 4

6. $\left[(2x^5 + x)^{10} \right]' = 10(2x^5 + x)^9 ($ $)$.

A. $10x^5$ B. $10x^4 + x$

C. $10x^4 + 1$ D. $2x^4 + 1$

7. 曲线 $\dfrac{x^2}{a^2} + \dfrac{y^2}{b^2} = 1(a, b \neq 0)$ 在点 $\left(\dfrac{a}{\sqrt{2}}, \dfrac{b}{\sqrt{2}} \right)$ 处的切线斜率为(   ).

A. $\dfrac{b}{a}$ B. $\dfrac{a}{b}$

C. $-\dfrac{b}{a}$ D. $-\dfrac{a}{b}$

8. 求函数 $y = \sqrt[x]{x}\,(x > 0)$ 的导数时最适合的方法是(　　).

A. 复合函数求导法   B. 隐函数求导法

C. 对数求导法   D. 反函数求导法

9. 设 $f(x) = \ln(1 + x)$, 则 $f^{(10)}(x)$ 为(　　).

A. $-\dfrac{9!}{(1+x)^{10}}$ B. $-\dfrac{10!}{(1+x)^{11}}$

C. $\dfrac{9!}{(1+x)^{10}}$ D. $\dfrac{10!}{(1+x)^{11}}$

10. 设 $f(x) = x^3 \cdot |x|$, 则使 $f^{(n)}(0)$ 存在的最高阶数 n 为(　　).

A. 1   B. 2

C. 3   D. 4

11. 若当 $x = 1$, $\mathrm{d}x = -0.5$, 则 $y = x^x$ 的微分 $\mathrm{d}y = ($　　$)$.

A. -0.5 B. 0.5

C. 1 D. -1

12. 设 $f(x)$ 可导, 且 $f'(x_0) = \mathrm{e}^\pi$, 则当 $\Delta x \to 0$ 时, $f(x)$ 在 x_0 点的微分 $\mathrm{d}y$ 是(　　).

A. 与 Δx 等价的无穷小   B. 与 Δx 同阶的无穷小

C. 比 Δx 低阶的无穷小   C. 比 Δx 高阶的无穷小

13. 已知函数 $y = f(x)$ 在任何一点的增量 $\Delta y = (\mathrm{e}^x + 2)\Delta x + \alpha$, 且当 $\Delta x \to 0$ 时, α 为 Δx 的高阶无穷小, 又 $f(0) = 1$, 则 $f(2) = ($　　$)$.

A. $\mathrm{e}^2 + 4$ B. $\mathrm{e}^2 - 4$

C. $-\mathrm{e}^2 + 4$ D. $-\mathrm{e}^2 - 4$

14. 已知 $f(a) = g(a)$, $f(x)$, $g(x)$ 连续, 且当 $x > a$ 时, $f'(x) = g'(x)$, 则当 $x \geqslant a$ 必有(　　).

A. $f(x) \geqslant g(x)$ B. $f(x) \leqslant g(x)$

C. $f(x) = g(x)$ D. 以上结论皆不成立

15. 设 $x \to 0$ 时, $\mathrm{e}^{\tan x} - \mathrm{e}^x$ 与 x^n 是同阶无穷小, 则 n 为(　　).

A. 1   B. 2

C. 3   D. 4

16. $\lim\limits_{x \to 1}\left(\dfrac{2}{x^2 - 1} - \dfrac{1}{x - 1}\right) = ($　　$)$.

A. $\dfrac{1}{2}$ B. 0

C. $-\dfrac{1}{2}$ D. 1

17. $\lim\limits_{x \to \frac{\pi}{2}} \dfrac{\ln \sin x}{(\pi - 2x)^2} = ($　　$)$.

A. $-\dfrac{1}{4}$ B. $-\dfrac{1}{8}$

C. $-\dfrac{1}{2}$ D. $\dfrac{1}{2}$

18. 设在区间 $[0,1]$ 上 $f''(x) > 0$,则以下不等式成立的是( ).

A. $f'(1) > f'(0) > f(1) - f(0)$ 　　B. $f'(1) > f(1) - f(0) > f'(0)$

C. $f(1) - f(0) > f'(1) > f'(0)$ 　　D. $f'(1) > f(0) - f(1) > f'(0)$

19. 函数 $y = (x-1)(x+1)^3$ 的单调增加区间为( ).

A. $\left(-\infty, \dfrac{1}{2}\right]$ 　　B. $\left(-\infty, \dfrac{1}{4}\right]$

C. $\left[\dfrac{1}{2}, +\infty\right)$ 　　D. $\left[\dfrac{1}{4}, +\infty\right)$

20. 设函数 $y = f(x)$ 在 $[a,b]$ 上有二阶导数,则当( )成立时,曲线 $y = f(x)$ 在 (a,b) 内是上凹的.

A. $f''(a) > 0$ 　　B. $f''(b) > 0$

C. $x \in (a,b)$, $f''(x) \neq 0$ 　　D. $f''(a) > 0$ 且 $f''(x)$ 在 (a,b) 内单调增加

21. 设 $y = f(x)$ 在 (a,b) 内有二阶导数,则当( )成立时,点 $(c, f(c))$ $(a < c < b)$ 是曲线 $y = f(x)$ 的拐点.

A. $f''(c) = 0$ 　　B. $f''(x)$ 在 (a,b) 内单调增加

C. $f''(c) = 0$, $f''(x)$ 在 (a,b) 内单调增加 　　D. $f''(x)$ 在 (a,b) 内单调减少

22. 曲线 $y = x + \dfrac{1}{x}$ $(x > 0)$ 的凹区间为( ).

A. $(0,1)$ 　　B. $(0, +\infty)$

C. $(0,2]$ 　　D. $[1, +\infty)$

23. 函数 $y = \dfrac{3x^2 + 4x + 4}{x^2 + x + 1}$ 的极大值点为( ).

A. $x = -2$ 　　B. $x = -1$

C. $x = 1$ 　　D. $x = 0$

24. 函数 $y = -x^4 + 2x^2$ 的极小值点为( ).

A. $x = 2$ 　　B. $x = -1$

C. $x = 1$ 　　D. $x = 0$

25. 函数 $y = \dfrac{x}{x^2 + 1}$ $(x \geq 0)$ 在 $x = ($)处取得最大值.

A. $\dfrac{1}{2}$ 　　B. $-\dfrac{1}{2}$

C. 1 　　D. -1

26. 设 $f(x) = 2x^6 - x^3 + 3$,则( ).

A. $x = 0$ 是极小值点

B. $x = 0$ 是极大值点

C. $(0,3)$ 是曲线 $y = f(x)$ 的拐点

D. $x = 0$ 不是极值点,$(0,3)$ 也不是曲线的拐点

27. 函数 $y = x^4 - 8x^2 + 2$ 在区间 $[-1,3]$ 上的最大值为( ).

A. 5 　　B. 130

C. 11 　　D. 2

28. 曲线 $y = \dfrac{2x-1}{(x+1)^2}$,则( ).

A. $y = 0$ 为水平渐近线,无铅直渐近线

B. $x = -1$ 为铅直渐近线,无水平渐近线

C. $y = 0$ 为水平渐近线,$x = -1$ 为铅直渐近线

D. 既无水平渐近线,又无铅直渐近线

（B）

1. 根据导数的定义,求 $f(x) = \dfrac{1}{x}$ 的导数.

2. 求下列函数 $f(x)$ 的 $f'_-(0)$ 及 $f'_+(0)$,$f'(0)$ 是否存在?

$(1) f(x) = \begin{cases} \sin x, & x < 0 \\ \ln(1+x), & x \geqslant 0 \end{cases}$;

$(2) f(x) = \begin{cases} \dfrac{x}{1 + \mathrm{e}^{\frac{1}{x}}}, & x \neq 0 \\ 0, & x = 0 \end{cases}$.

3. 讨论函数

$$f(x) = \begin{cases} x \sin \dfrac{1}{x}, & x \neq 0 \\ 0, & x = 0 \end{cases}$$

在 $x = 0$ 处的连续性与可导性.

4. 求下列函数的导数:

$(1) y = \dfrac{4}{x^5} + \dfrac{7}{x^4} - \dfrac{2}{x} + 12$;

$(2) y = 2\tan x + \sec x - 1$;

$(3) y = x^2 \ln x$;

$(4) y = \dfrac{\ln x}{x}$;

$(5) y = (2x + 5)^4$;

$(6) y = \mathrm{e}^{-3x^2}$;

$(7) y = \sin^2 x$;

$(8) y = \tan(x^2)$;

$(9) y = (\arcsin x)^2$;

$(10) y = \ln(\mathrm{e}^x + \sqrt{1 + \mathrm{e}^{2x}})$;

$(11) y = \arcsin(\sin x)$;

$(12) y = \arctan \dfrac{1+x}{1-x}$;

$(13) y = \ln\tan \dfrac{x}{2} - \cos x \cdot \ln\tan x$;

$(14) y = \sqrt[x]{x} \ (x > 0)$;

$(15) y = \left(\dfrac{x}{1+x}\right)^x$;

$(16) y = \sqrt[5]{\dfrac{x-5}{\sqrt{x^2+2}}}.$

5. 设 $f(x)$ 可导，求下列函数 y 的导数 $\dfrac{\mathrm{d}y}{\mathrm{d}x}$：

$(1) y = f(x^2)$ ；

$(2) y = f(\sin^2 x) + f(\cos^2 x)$.

6. 求下列函数的二阶导数：

$(1) y = \cos^2 x \cdot \ln x$ ；

$(2) y = \dfrac{x}{\sqrt{1-x^2}}.$

7. 求下列函数所指定的阶的导数：

$(1) y = x\ln x$，求 $y^{(n)}$ ；

$(2) y = x\mathrm{e}^x$，求 $y^{(n)}$ ；

$(3) y = \mathrm{e}^x\cos x$，求 $y^{(4)}$ ；

$(4) y = x^2\sin 2x$，求 $y^{(50)}$.

8. 求由下列方程所确定的隐函数 y 的二阶导数 $\dfrac{\mathrm{d}^2 y}{\mathrm{d}x^2}$：

$(1) x^2 - y^2 = 1$ ；

$(2) b^2 x^2 + a^2 y^2 = a^2 b^2$ ；

$(3) y = \tan(x+y)$ ；

$(4) y = 1 + x\mathrm{e}^y.$

9. 求下列函数的微分：

$(1) y = \dfrac{1}{x} + 2\sqrt{x}$ ；

$(2) y = x\sin 2x$ ；

$(3) y = \dfrac{x}{\sqrt{x^2+1}}$ ；

$(4) y = \ln^2(1-x).$

10. 验证拉格朗日中值定理对函数 $y = 4x^3 - 5x^2 + x - 2$ 在区间 $[0,1]$ 上的正确性.

11. 设 $f(x)$ 在 $[0,a]$ 上连续，在 $(0,a)$ 内可导，且 $f(a) = 0$，证明存在一点 $\xi \in (0,a)$，使 $f(\xi) + \xi f'(\xi) = 0.$

12. 求下列极限：

$(1) \lim\limits_{x\to 0} \dfrac{\mathrm{e}^x - \mathrm{e}^{-x}}{\sin x}$ ；

$(2) \lim\limits_{x\to 0} \dfrac{\sin 3x}{\tan 5x}$ ；

$(3) \lim\limits_{x\to a} \dfrac{x^m - a^m}{x^n - a^n}$ ；

$(4) \lim\limits_{x\to \frac{\pi}{2}} \dfrac{\tan x}{\tan 3x}$ ；

(5) $\lim\limits_{x \to 0} \dfrac{\ln(1+x^2)}{\sec x - \cos x}$；

(6) $\lim\limits_{x \to 0} x^2 e^{\frac{1}{x^2}}$；

(7) $\lim\limits_{x \to \infty} \left(1 + \dfrac{a}{x}\right)^x$；

(8) $\lim\limits_{x \to 0^+} \left(\dfrac{1}{x}\right)^{\tan x}$.

13. 确定下列函数的单调区间：

(1) $y = 2x^3 - 6x^2 - 18x - 7$；

(2) $y = 2x + \dfrac{8}{x}(x > 0)$；

(3) $y = \dfrac{10}{4x^3 - 9x^2 + 6x}$；

(4) $y = \ln(x + \sqrt{1 + x^2})$.

14. 求下列函数图形的拐点及凹或凸的区间：

(1) $y = x^3 - 5x^2 + 3x + 5$；

(2) $y = xe^{-x}$；

(3) $y = (x+1)^4 + e^x$；

(4) $y = \ln(x^2 + 1)$；

(5) $y = e^{\arctan x}$；

(6) $y = x^4(12\ln x - 7)$.

15. 函数的极值：

(1) $y = 2x^3 - 6x^2 - 18x + 7$；

(2) $y = x - \ln(1+x)$；

(3) $y = -x^4 + 2x^2$；

(4) $y = x + \sqrt{1-x}$.

16. 求下列函数的最大值、最小值：

(1) $y = 2x^3 - 3x^2, \ -1 \leqslant x \leqslant 4$；

(2) $y = x^4 - 8x^2 + 2, \ -1 \leqslant x \leqslant 3$；

(3) $y = x + \sqrt{1-x}, \ -5 \leqslant x \leqslant 1$.

17. 求函数 $y = x + \sqrt{5}\ln(1+x^2)$ 的单调区间和极值，并求该函数图形的凹凸区间和拐点.

18. 某工厂按现有的设备和人员，每月生产 x 个产品的费用为 $25\,000 + 200x + \dfrac{x^2}{40}$ 元，要使每个产品的造价最小，一个月应生产多少个产品？若将这些产品以每个 500 元的定价卖出，要使利润最大，每个月应生产多少个产品？

19. 要建造一个容积为 V（单位：m^3）（V 为正常数）的圆柱形蓄水池（无盖），已知池底单位造价为池侧面单位造价的两倍，问如何选择蓄水池的底半径 r 和高 h 才能使总造价最低？

20. 某房地产公司有 50 套公寓要出租，当租金定为每月 1 000 元时，公寓会全部租出去. 当租金每月增加 100 元时，就有一套公寓租不出去，而租出去的房子每月需花费 200 元的各类费用. 试问房租定为多少可获得最大收入?

21. 统计表明,某种型号的汽车在匀速行驶中每小时的耗油量 $y(\mathrm{L})$ 关于行驶速度 $x(\mathrm{km/h})$ 的函数解析式可以表示为

$$y = \frac{1}{128\ 000}x^3 - \frac{3}{80}x + 8 \quad (0 < x \leqslant 120)$$

已知甲、乙两地相距 100 km。

(1)当汽车以 40 km/h 的速度匀速行驶时,从甲地到乙地要耗油多少?

(2)当汽车以多大的速度匀速行驶时,从甲地到乙地耗油最少,最少为多少?

第3章 一元函数积分学

前面所讲的导数、微分、中值定理、导数的应用,统称为一元函数微分学. 从本章开始,我们将讨论它的反问题,即一元函数积分学,包括不定积分和定积分两部分. 本章主要介绍不定积分的概念、性质,两类积分法,定积分的概念、计算及应用等内容.

3.1 不定积分的概念与性质

3.1.1 不定积分的概念

从微分学可知:如果已知质点运动方程为 $s = s(t)$,则可确定质点在某时刻的瞬时速度 $v(t) = s'(t)$. 例如 $s(t) = t^2$,则速度 $v(t) = 2t$.

如果已知某产品的成本函数 $C = C(p)$,则可求得其边际成本函数 $C' = C'(p)$. 例如,对于固定成本为 2 的成本函数 $C(p) = p^2 + 3p + 2$,其边际成本函数为 $C'(p) = 2p + 3$.

现在要解决其逆问题:

(1)已知质点在某时刻的速度 $v(t)$,求其运动方程 $s(t)$.

(2)已知某产品的边际成本函数 $C'(p)$,求该产品的成本函数 $C(p)$.

为此,我们引入"原函数"的概念.

定义 1 设 $f(x)$ 是定义在区间 I 上的已知函数,如果存在一个可导函数 $F(x)$,使得对 $\forall x \in I$ 均有

$$F'(x) = f(x) \quad \text{或} \quad \mathrm{d}F(x) = f(x)\mathrm{d}x$$

则称函数 $F(x)$ 是 $f(x)$ 在该区间 I 上的一个原函数.

例如,因为 $(\sin x)' = \cos x$,所以 $\sin x$ 是 $\cos x$ 的一个原函数.

因为 $(x^3)' = 3x^2$,所以 x^3 是 $3x^2$ 的一个原函数.

因为 $(x^3 - 1)' = 3x^2$,所以 $x^3 - 1$ 是 $3x^2$ 的一个原函数.

……

从后面两个例子可以看出:一个函数的原函数不是唯一的.

关于原函数,分以下三方面进行分析:

(1)函数 $f(x)$ 具备什么条件,才能保证它的原函数一定存在? 对这个问题,给出如下结论:

定理 1 (原函数存在定理)如果函数 $f(x)$ 在区间 I 上连续,则在区间 I 上一定存在可导函数 $F(x)$,使得对于任意 $x \in I$,都有

$$F'(x) = f(x)$$

即连续函数一定存在原函数.

(2)如果函数 $f(x)$ 在区间 I 上有原函数,则原函数有多少个?

假设函数 $f(x)$ 在区间 I 上有原函数 $F(x)$,使对任意 $x \in I$,都有 $F'(x) = f(x)$. 那么对任

何常数 C,显然也有

$$[F(x) + C]' = f(x)$$

即对任何常数 C,函数 $F(x) + C$ 也是 $f(x)$ 的原函数. 这说明,如果 $f(x)$ 有一个原函数,那么 $f(x)$ 就有无穷多个原函数.

(3)如果 $F(x)$ 和 $G(x)$ 是函数 $f(x)$ 在区间 I 内的任意两个不同的原函数,则 $F(x)$ 和 $G(x)$ 是什么关系?

因为 $[G(x) - F(x)]' = G'(x) - F'(x) = f(x) - f(x) = 0$,所以 $G(x) = F(x) + C$. 即函数 $f(x)$ 的任意两个原函数之间仅相差一个常数. 由此可知,函数族

$$\{F(x) + C \mid -\infty < C < +\infty\}$$

包含了函数 $f(x)$ 的全体原函数.

综上所述,我们引入下述定义.

定义 2 将函数 $f(x)$ 的所有原函数 $F(x) + C$(C 为任意常数),称为 $f(x)$ 的不定积分. 记作 $\int f(x)\mathrm{d}x$,即

$$\int f(x)\mathrm{d}x = F(x) + C$$

其中,$\int$ 称为不定积分号;$f(x)$ 称为被积函数;$f(x)\mathrm{d}x$ 称为被积表达式;x 称为积分变量;C 为积分常量.

例 1 求 $\int x^2 \mathrm{d}x$.

解 因为 $\left(\dfrac{x^3}{3}\right)' = x^2$,所以 $\dfrac{x^3}{3}$ 是 x^2 的一个原函数,故

$$\int x^2 \mathrm{d}x = \frac{x^3}{3} + C$$

例 2 求 $\int \dfrac{\mathrm{d}x}{1+x^2}$.

解 因为 $(\arctan x)' = \dfrac{1}{1+x^2}$,所以 $\arctan x$ 是 $\dfrac{1}{1+x^2}$ 的一个原函数,故

$$\int \frac{\mathrm{d}x}{1+x^2} = \arctan x + C$$

说明:

(1)初学者在学习不定积分时,经常忘记写常数 C,这是概念错误. 因为不写任意常数 C,得到的只是一个原函数,而不是全体原函数.

(2)如果计算结果与书中答案不同,不要轻易认为自己错了. 因为不同答案中的原函数只要相差一个常数都是正确的. 例如:

$$\int \frac{1}{\sqrt{1-x^2}}\mathrm{d}x = \arcsin x + C = -\arccos x + C$$

$f(x)$ 的一个原函数 $F(x)$ 的图形称为函数 $f(x)$ 的积分曲线,它的方程是 $y = F(x)$. 如果将这条积分曲线沿 y 轴方向平行移动长度 C 后,我们就得到另一条积分曲线 $y = F(x) + C$. 所以不定积分的图形就是这样获得的全部积分曲线所构成的曲线族. 又因为不论常数 C 取什么值,都有 $[F(x) + C]' = f(x)$,所以,如果在每一条积分曲线上横坐标相同的点处作切

线,由于斜率均为 $f(x)$,故这些切线都是彼此平行的(如图 3 - 1 所示).

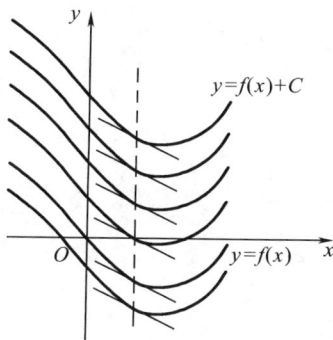

图 3 - 1

例 3 假设点 M 在直线上运动的速度 v 和时间 t 满足函数关系 $v = at$,其中 a 为常数,求距离 s 和时间 t 的函数关系.已知当 $t = 0$ 时, $s = 0$.

解 按导数的物理意义知道 $\dfrac{\mathrm{d}s}{\mathrm{d}t} = v = at$,所以

$$s = \int v \mathrm{d}t = \int at \mathrm{d}t = \frac{1}{2}at^2 + C(C \text{ 是任意常数})$$

$s = \dfrac{1}{2}at^2 + C$ 表示全体原函数族,所求函数必包含在这个函数族中. 又因为 $t = 0$ 时, $s = 0$,代入得到 $C = 0$. 因此,所求点 M 的运动方程为 $s = \dfrac{1}{2}at^2$.

例 4 求经过点 $(1,1)$,且其切线斜率为 $3x^2$ 的曲线方程.

解 由导数的几何意义知 $y' = 3x^2$,而 x^3 是 $3x^2$ 的一个原函数,所以由不定积分的定义及几何意义知,其全部积分曲线为

$$y = \int 3x^2 \mathrm{d}x = x^3 + C$$

又因为曲线过点 $(1,1)$,代入上式得 $1 = 1^3 + C$,即 $C = 0$. 故所求曲线为 $y = x^3$.

3.1.2 不定积分的性质

性质 1 $\dfrac{\mathrm{d}}{\mathrm{d}x}\left(\int f(x)\mathrm{d}x\right) = f(x)$ 或 $\mathrm{d}\left(\int f(x)\mathrm{d}x\right) = f(x)\mathrm{d}x$

又由于 $F'(x)$ 是 $F(x)$ 的原函数,所以有

性质 2 $\int F'(x)\mathrm{d}x = F(x) + C$ 或 $\int \mathrm{d}F(x) = F(x) + C$

性质 1、性质 2 表明,先求积分再求导数或微分,两者的作用互相抵消;先求微分后求积分,两者作用抵消后,再加上任意常数 C . 因此积分与微分在运算上是互逆的关系. 例如:

$$\left(\int \sin x \mathrm{d}x\right)' = (-\cos x + C)' = \sin x$$

$$\int \mathrm{d}\sin x = \int \cos x \mathrm{d}x = \sin x + C$$

性质 3 两个函数的代数和的积分,等于各自积分的代数和. 即

$$\int[f(x) \pm g(x)]dx = \int f(x)dx \pm \int g(x)dx$$

证明 事实上，$\left[\int f(x)dx \pm \int g(x)dx\right]' = \left[\int f(x)dx\right]' \pm \left[\int g(x)dx\right]' = f(x) \pm g(x)$.

推广 有限个函数的代数和的积分等于积分的代数和. 即

$$\int[f_1(x) \pm f_2(x) \pm \cdots \pm f_n(x)]dx = \int f_1(x)dx \pm \int f_2(x)dx \pm \cdots \pm \int f_n(x)dx$$

性质4 求解不定积分时，非零的常数因子可以提到积分符号外. 即

$$\int kf(x)dx = k\int f(x)dx(k \text{ 为非零常数})$$

3.1.3 基本积分公式

因为求不定积分是求导数的逆运算，所以由基本导数公式可以得到下列基本积分公式：

（1）$\int kdx = kx + C$ （k 为常数）；

（2）$\int x^\alpha dx = \dfrac{x^{\alpha+1}}{\alpha+1} + C$ （$\alpha \neq -1$）；

（3）$\int \dfrac{1}{x}dx = \ln|x| + C$ （$x \neq 0$）；

（4）$\int a^x dx = \dfrac{a^x}{\ln a} + C$ （$a > 0, a \neq 1$）；

（5）$\int e^x dx = e^x + C$；

（6）$\int \sin x dx = -\cos x + C$；

（7）$\int \cos x dx = \sin x + C$；

（8）$\int \sec^2 x dx = \tan x + C$；

（9）$\int \csc^2 x dx = -\cot x + C$；

（10）$\int \sec x \tan x dx = \sec x + C$；

（11）$\int \csc x \cdot \cot x dx = -\csc x + C$；

（12）$\int \dfrac{dx}{\sqrt{1-x^2}} = \arcsin x + C(= -\arccos x + C)$；

（13）$\int \dfrac{1}{1+x^2}dx = \arctan x + C(= -\text{arccot} x + C)$；

（14）$\int \dfrac{1}{\sqrt{1-x^2}}dx = \arcsin \dfrac{x}{a} + C$ （$a > 0$）；

（15）$\int \dfrac{1}{a^2+x^2}dx = \dfrac{1}{a}\arctan \dfrac{x}{a} + C$ （$a > 0$）；

(16) $\displaystyle\int \frac{1}{a^2 - x^2}\mathrm{d}x = \frac{1}{2a}\ln\left|\frac{a + x}{a - x}\right| + C \quad (a > 0)$;

(17) $\displaystyle\int \frac{1}{\sqrt{x^2 \pm a^2}}\mathrm{d}x = \ln\left|x + \sqrt{x^2 \pm a^2}\right| + C \quad (a > 0)$;

(18) $\displaystyle\int \tan x\,\mathrm{d}x = -\ln|\cos x| + C$;

(19) $\displaystyle\int \cot x\,\mathrm{d}x = \ln|\sin x| + C$;

(20) $\displaystyle\int \sec x\,\mathrm{d}x = \ln|\sec x + \tan x| + C$;

(21) $\displaystyle\int \csc x\,\mathrm{d}x = \ln|\csc x - \cot x| + C$.

以上公式务必熟练掌握,因为大多数不定积分最终将归结为这些基本积分公式. 下面介绍几个利用不定积分的性质及基本公式进行计算的例题.

例5 求 $\displaystyle\int \frac{1}{\sqrt[3]{x^2}}\mathrm{d}x$.

解 $\displaystyle\int \frac{1}{\sqrt[3]{x^2}}\mathrm{d}x = \int x^{-\frac{2}{3}}\mathrm{d}x = \frac{1}{-\frac{2}{3} + 1}x^{-\frac{2}{3}+1} + C = 3\sqrt[3]{x} + C$

例6 求 $\displaystyle\int \frac{3 - 2x^2}{\sqrt{x\sqrt{x}}}\mathrm{d}x$.

解 $\displaystyle\int \frac{3 - 2x^2}{\sqrt{x\sqrt{x}}}\mathrm{d}x = \int \frac{3 - 2x^2}{x^{\frac{3}{4}}}\mathrm{d}x = 3\int x^{-\frac{3}{4}}\mathrm{d}x - 2\int x^{\frac{5}{4}}\mathrm{d}x$

$$= 3 \cdot \frac{1}{-\frac{3}{4} + 1}x^{-\frac{3}{4}+1} - 2 \cdot \frac{1}{\frac{5}{4} + 1}x^{\frac{5}{4}+1} + C$$

$$= 12\sqrt[4]{x} - \frac{8}{9}x^2\sqrt[4]{x} + C$$

说明: 逐项求积分后,每个不定积分都含有任意常数,由于任意常数之和仍为任意常数,所以只需写一个任意常数 C 代替即可.

例7 求 $\displaystyle\int (\mathrm{e}^x - 3\cos x + \sec^2 x + 5)\mathrm{d}x$.

解 $\displaystyle\int (\mathrm{e}^x - 3\cos x + \sec^2 x + 5)\mathrm{d}x = \int \mathrm{e}^x\mathrm{d}x - 3\int \cos x\,\mathrm{d}x + \int \sec^2 x\,\mathrm{d}x + 5\int \mathrm{d}x$

$$= \mathrm{e}^x - 3\sin x + \tan x + 5x + C$$

例8 求 $\displaystyle\int (5^x\mathrm{e}^x + \cot^2 x)\mathrm{d}x$.

解 $\displaystyle\int (5^x\mathrm{e}^x + \cot^2 x)\mathrm{d}x = \int 5^x\mathrm{e}^x\mathrm{d}x + \int \cot^2 x\,\mathrm{d}x = \int (5\mathrm{e})^x\mathrm{d}x + \int (\csc^2 x - 1)\mathrm{d}x$

$$= \frac{1}{\ln(5\mathrm{e})}(5\mathrm{e})^x + \int \csc^2 x\,\mathrm{d}x - \int \mathrm{d}x$$

$$= \frac{5^x\mathrm{e}^x}{\ln 5 + 1} - \cot x - x + C$$

例 9 求 $\int \dfrac{x^4}{1+x^2}\mathrm{d}x$.

解 $\int \dfrac{x^4}{1+x^2}\mathrm{d}x = \int \dfrac{x^4-1+1}{x^2+1}\mathrm{d}x = \int \dfrac{x^4-1}{x^2+1}\mathrm{d}x + \int \dfrac{1}{1+x^2}\mathrm{d}x$

$\qquad = \int \dfrac{(x^2-1)(x^2+1)}{x^2+1}\mathrm{d}x + \int \dfrac{1}{1+x^2}\mathrm{d}x$

$\qquad = \int (x^2-1)\mathrm{d}x + \arctan x$

$\qquad = \dfrac{1}{3}x^3 - x + \arctan x + C$

例 10 求 $\int \dfrac{1}{\sin^2\frac{x}{2}\cos^2\frac{x}{2}}\mathrm{d}x$.

解 $\int \dfrac{1}{\sin^2\frac{x}{2}\cos^2\frac{x}{2}}\mathrm{d}x = \int \dfrac{4}{\sin^2 x}\mathrm{d}x = 4\int \csc^2 x\mathrm{d}x = -4\cot x + C$

例 11 求 $\int \dfrac{1}{\sin^2 x \cos^2 x}\mathrm{d}x$.

解 $\int \dfrac{1}{\sin^2 x \cos^2 x}\mathrm{d}x = \int \dfrac{\sin^2 x + \cos^2 x}{\sin^2 x \cos^2 x}\mathrm{d}x = \int \dfrac{1}{\cos^2 x}\mathrm{d}x + \int \dfrac{1}{\sin^2 x}\mathrm{d}x$

$\qquad = \int \sec^2 x\mathrm{d}x + \int \csc^2 x\mathrm{d}x = \tan x - \cot x + C$

例 12 求 $\int \dfrac{\sqrt{1-x^2}}{\sqrt{1-x^4}}\mathrm{d}x$.

解 $\int \dfrac{\sqrt{1-x^2}}{\sqrt{1-x^4}}\mathrm{d}x = \int \dfrac{1}{\sqrt{1+x^2}}\mathrm{d}x = \ln(x + \sqrt{x^2+1}) + C$

例 13 求 $f(x) = \begin{cases} -\sin x & x \geqslant 0 \\ x, & x < 0 \end{cases}$，求 $\int f(x)\mathrm{d}x$.

解 由于在 $x = 0$ 处，有 $\lim\limits_{x\to 0^-} f(x) = \lim\limits_{x\to 0^+} f(x) = f(0) = 0$.

所以 $f(x)$ 在 $(-\infty, +\infty)$ 上的原函数 $F(x)$ 一定存在，而且是一个连续可导的函数，且

$$F(x) = \int f(x)\mathrm{d}x = \begin{cases} \int(-\sin x)\mathrm{d}x, & x \geqslant 0 \\ \int x\mathrm{d}x, & x < 0 \end{cases} = \begin{cases} \cos x + C, & x \geqslant 0 \\ \dfrac{1}{2}x^2 + C_1, & x < 0 \end{cases}$$

根据 $F(x)$ 在 $x = 0$ 处的连续性，由 $\lim\limits_{x\to 0^-} F(x) = \lim\limits_{x\to 0^+} F(x) = F(0)$，得 $1 + C = C_1$，从而有

$$\int f(x)\mathrm{d}x = \begin{cases} \cos x + C, & x \geqslant 0 \\ \dfrac{1}{2}x^2 + 1 + C, & x < 0 \end{cases}$$

3.2 换元积分法

利用基本积分表与积分的性质所能计算的不定积分是十分有限的，因此有必要进一步

研究不定积分的求法. 不定积分的主要计算方法为换元积分法和分部积分法. 将复合函数的微分法反过来用于求不定积分,利用中间变量的代换得到复合函数的积分法,称为换元积分法,简称换元法. 换元积分法通常分成两类:第一类换元积分法与第二类换元积分法. 下面先介绍第一类换元法.

3.2.1 第一类换元积分法

定理 1 设 $f(u)$ 是 u 的连续函数,且 $\int f(u)\,\mathrm{d}u = F(u) + C$,设 $u = \varphi(x)$ 有连续的导数 $\varphi'(x)$,则

$$\int f[\varphi(x)]\varphi'(x)\,\mathrm{d}x = F[\varphi(x)] + C = \left[\int f(u)\,\mathrm{d}u\right]_{u=\varphi(x)}$$

证明 只需证明 $\dfrac{\mathrm{d}F[\varphi(x)]}{\mathrm{d}x} = f[\varphi(x)]\varphi'(x)$ 即可. 因为

$$\frac{\mathrm{d}F[\varphi(x)]}{\mathrm{d}x} = F'[\varphi(x)]\varphi'(x)$$

又由 $F'(u) = f(u)$,故

$$\frac{\mathrm{d}F[\varphi(x)]}{\mathrm{d}x} = f[\varphi(x)]\varphi'(x)$$

说明 $F[\varphi(x)]$ 为 $f[\varphi(x)]\varphi'(x)$ 的原函数,因此有

$$\int f[\varphi(x)]\varphi'(x)\,\mathrm{d}x = F[\varphi(x)] + C$$

第一类换元积分法也叫凑微分法,可以用下式表示:

$$\int f[\varphi(x)]\varphi'(x)\,\mathrm{d}x \xrightarrow{\text{凑微分}} \int f[\varphi(x)]\,\mathrm{d}\varphi(x) \xrightarrow[\varphi(x)=u]{\text{变量替换}} \int f(u)\,\mathrm{d}u = F(u) + C$$

$$\xrightarrow[u=\varphi(x)]{\text{变量替换}} F[\varphi(x)] + C$$

例 1 求 $\int \cos(2x+1)\,\mathrm{d}x$.

解 被积函数 $\cos(2x+1)$ 是复合函数:由 $\cos u$ 与 $u = 2x+1$ 复合而成. 为了凑出 $\mathrm{d}u$,需要常数因子 2. 并注意常数 C 的微分 $\mathrm{d}C = 0$,因此可以改变系数凑出这个因子:

$$\cos(2x+1)\,\mathrm{d}x = \frac{1}{2}\cos(2x+1)\cdot 2\,\mathrm{d}x = \frac{1}{2}\cos(2x+1)\,\mathrm{d}(2x+1)$$

令 $u = 2x+1$,便有

$$\int \cos(2x+1)\,\mathrm{d}x = \int \frac{1}{2}\cos(2x+1)\,\mathrm{d}(2x+1) = \frac{1}{2}\int \cos u\,\mathrm{d}u$$

$$= \frac{1}{2}\sin u + C = \frac{1}{2}\sin(2x+1) + C$$

一般地,若 $\int f(u)\,\mathrm{d}u = F(u) + C$,则对于积分 $\int f(ax+b)\,\mathrm{d}x\,(a \neq 0)$ 总可以作变换 $u = ax + b$,从而化为

$$\int f(ax+b)\,\mathrm{d}x = \frac{1}{a}\int f(ax+b)\,\mathrm{d}(ax+b) = \frac{1}{a}\left[\int f(u)\,\mathrm{d}u\right]_{u=ax+b}$$

$$= \frac{1}{a}[F(u) + C_1]_{u=ax+b} = \frac{1}{a}F(ax+b) + C \quad \left(C = \frac{C_1}{a}\right)$$

例2　求 $\int \dfrac{1}{7x+3}\mathrm{d}x$.

解　$\int \dfrac{1}{7x+3}\mathrm{d}x = \dfrac{1}{7}\int \dfrac{1}{7x+3}\mathrm{d}(7x+3)$

$\xlongequal{\text{令}\,u=7x+3} \dfrac{1}{7}\int \dfrac{1}{u}\mathrm{d}u = \dfrac{1}{7}\ln|u| + C$

$\xlongequal{\text{代回}\,u=7x+3} \dfrac{1}{7}\ln|7x+3| + C$

例3　求 $\int 3x\mathrm{e}^{x^2}\mathrm{d}x$.

解　被积函数中含有 e^{x^2} 项,所以令 $u = x^2$,则

$$2x\mathrm{d}x = \mathrm{d}(x^2) = \mathrm{d}u$$

因此有

$$\int 3x\mathrm{e}^{x^2}\mathrm{d}x = \dfrac{3}{2}\int \mathrm{e}^{x^2}\mathrm{d}x^2 = \dfrac{3}{2}\int \mathrm{e}^u\mathrm{d}u = \dfrac{3}{2}\mathrm{e}^u + C \xlongequal{\text{代回}\,u=x^2} \dfrac{3}{2}\mathrm{e}^{x^2} + C$$

例4　求 $\int x^2\sqrt{3-2x^3}\mathrm{d}x$.

解　设 $u = 3 - 2x^3, \mathrm{d}u = -6x^2\mathrm{d}x$,即 $x^2\mathrm{d}x = -\dfrac{1}{6}\mathrm{d}u$,则

$$\int x^2\sqrt{3-2x^3}\mathrm{d}x = \int \sqrt{u}\left(-\dfrac{1}{6}\mathrm{d}u\right) = -\dfrac{1}{6}\int \sqrt{u}\,\mathrm{d}u$$

$$= \left[-\dfrac{1}{6}\dfrac{1}{\dfrac{1}{2}+1}u^{\frac{1}{2}+1} + C\right]_{u=3-2x^3}$$

$$= -\dfrac{1}{9}\left(3-2x^3\right)^{\frac{3}{2}} + C$$

说明:第一换元法可以连续使用多次,但无论如何其积分结果要用原积分变量来表示,当运算熟练以后,可以直接进行计算,不必把中间变量 u 写出来.

例5　求 $\int \dfrac{\ln x}{x}\mathrm{d}x$.

解　$\int \dfrac{\ln x}{x}\mathrm{d}x = \int \ln x\,\mathrm{d}\ln x = \dfrac{1}{2}\left(\ln x\right)^2 + C$

例6　求 $\int \dfrac{\sqrt{\ln x}+3}{x}\mathrm{d}x$.

解　$\int \dfrac{\sqrt{\ln x}+3}{x}\mathrm{d}x = \int \dfrac{\sqrt{\ln x}}{x}\mathrm{d}x + 3\int \dfrac{1}{x}\mathrm{d}x = \int \sqrt{\ln x}\,\mathrm{d}\ln x + 3\int \mathrm{d}\ln x$

$$= \dfrac{2}{3}\left(\ln x\right)^{\frac{3}{2}} + 3\ln x + C$$

例7　求 $\int \dfrac{1}{1-3\mathrm{e}^x}\mathrm{d}x$.

解　$\int \dfrac{1}{1-3\mathrm{e}^x}\mathrm{d}x = \int \dfrac{(1-3\mathrm{e}^x)+3\mathrm{e}^x}{1-3\mathrm{e}^x}\mathrm{d}x = \int \mathrm{d}x - \int \dfrac{\mathrm{d}(1-3\mathrm{e}^x)}{1-3\mathrm{e}^x} = x - \ln|1-3\mathrm{e}^x| + C$

例 8 求 $\displaystyle\int \frac{\arcsin \frac{x}{2}}{\sqrt{4-x^2}}\mathrm{d}x$.

解 $\displaystyle\int \frac{\arcsin \frac{x}{2}}{\sqrt{4-x^2}}\mathrm{d}x = \int \arcsin \frac{x}{2} \cdot \frac{1}{2} \cdot \frac{1}{\sqrt{1-\left(\frac{x}{2}\right)^2}}\mathrm{d}x = \int \frac{\arcsin \frac{x}{2}}{\sqrt{1-\left(\frac{x}{2}\right)^2}}\mathrm{d}\left(\frac{x}{2}\right)$

$\displaystyle = \int \arcsin \frac{x}{2}\mathrm{d}\left(\arcsin \frac{x}{2}\right) = \frac{1}{2}\left(\arcsin \frac{x}{2}\right)^2 + C$

例 9 求 $\displaystyle\int \tan x\mathrm{d}x$.

解 $\displaystyle\int \tan x\mathrm{d}x = \int \frac{\sin x}{\cos x}\mathrm{d}x = -\int \frac{\mathrm{d}u}{u} = -\ln|u| + C = -\ln|\cos x| + C$

类似地,可得 $\displaystyle\int \cot x\mathrm{d}x = \ln|\sin x| + C$.

由以上例题可以看出,"凑微分法"的主要思想是在被积表达式中凑出一个中间变量的微分,并把被积函数化为关于中间变量的较为简单的函数,从而使所求积分转化为基本积分表中已有的积分形式,为了帮助大家更好地掌握凑微分法,现介绍几个常用的凑微分公式:

(1) $\displaystyle\int f(ax+b)\mathrm{d}x = \frac{1}{a}\int f(ax+b)\mathrm{d}(ax+b), a \neq 0$;

(2) $\displaystyle\int f(ax^{\mu+1}+b)x^{\mu}\mathrm{d}x = \frac{1}{(\mu+1)a}\int f(ax^{\mu+1}+b)\mathrm{d}(ax^{\mu+1}+b)$,其中 $a \neq 0, \mu \neq -1$;

(3) $\displaystyle\int f(a\ln|x|+b)\frac{1}{x}\mathrm{d}x = \frac{1}{a}\int f(a\ln|x|+b)\mathrm{d}(a\ln|x|+b)$,其中 $a \neq 0$;

(4) $\displaystyle\int f(ae^x+b)e^x\mathrm{d}x = \frac{1}{a}\int f(ae^x+b)\mathrm{d}(ae^x+b)$,其中 $a \neq 0$;

(5) $\displaystyle\int f(\cos x)\sin x\mathrm{d}x = -\int f(\cos x)\mathrm{d}(\cos x)$;

(6) $\displaystyle\int f(\sin x)\cos x\mathrm{d}x = \int f(\sin x)\mathrm{d}(\sin x)$;

(7) $\displaystyle\int f(\tan x)\sec^2 x\mathrm{d}x = \int f(\tan x)\mathrm{d}(\tan x)$;

(8) $\displaystyle\int f(\cot x)\csc^2 x\mathrm{d}x = -\int f(\cot x)\mathrm{d}(\cot x)$;

(9) $\displaystyle\int f(\arcsin x)\frac{1}{\sqrt{1-x^2}}\mathrm{d}x = \int f(\arcsin x)\mathrm{d}(\arcsin x)$.

(10) $\displaystyle\int f(\arctan x)\frac{1}{1+x^2}\mathrm{d}x = \int f(\arctan x)\mathrm{d}(\arctan x)$.

下面再举一些积分的例子,它们被积函数中含有三角函数,在计算中常常用到一些三角恒等式.

例 10 求 $\int \cos^4 x \mathrm{d}x$.

解 由于 $\cos^4 x = (\cos^2 x)^2 = \left(\dfrac{1+\cos 2x}{2}\right)^2 = \dfrac{1}{4}(1 + 2\cos 2x + \cos^2 2x)$

$$= \dfrac{1}{4}\left(1 + 2\cos 2x + \dfrac{1 + \cos 4x}{2}\right) = \dfrac{1}{4}\left(\dfrac{3}{2} + 2\cos 2x + \dfrac{1}{2}\cos 4x\right)$$

所以 $\int \cos^4 x \mathrm{d}x = \dfrac{1}{4}\int\left(\dfrac{3}{2} + 2\cos 2x + \dfrac{1}{2}\cos 4x\right)\mathrm{d}x$

$$= \dfrac{1}{4}\left[\dfrac{3}{2}x + \int\cos 2x \mathrm{d}(2x) + \dfrac{1}{2}\int\cos 4x \cdot \dfrac{1}{4}\mathrm{d}(4x)\right]$$

$$= \dfrac{3}{8}x + \dfrac{1}{4}\sin 2x + \dfrac{1}{32}\sin 4x + C$$

例 11 求 $\int \sin^2 x \cdot \cos^5 x \mathrm{d}x$.

解 $\int \sin^2 x \cdot \cos^5 x \mathrm{d}x = \int \sin^2 x \cdot \cos^4 x \cdot \cos x \mathrm{d}x = \int \sin^2 x \cdot (1 - \sin^2 x)^2 \mathrm{d}\sin x$

$$= \int (\sin^2 x - 2\sin^4 x + \sin^6 x)\mathrm{d}\sin x$$

$$= \dfrac{1}{3}\sin^3 x - \dfrac{2}{5}\sin^5 x + \dfrac{1}{7}\sin^7 x + C$$

例 12 求 $\int \csc x \mathrm{d}x$.

解 $\int \csc x \mathrm{d}x = \int \dfrac{\mathrm{d}x}{\sin x} = \int \dfrac{\sin x \mathrm{d}x}{\sin^2 x} = -\int \dfrac{\mathrm{d}\cos x}{1 - \cos^2 x} = \int \dfrac{\mathrm{d}\cos x}{\cos^2 x - 1}$

$$= \dfrac{1}{2}\ln\left|\dfrac{\cos x - 1}{\cos x + 1}\right| + C = \dfrac{1}{2}\ln\left|\dfrac{(\cos x - 1)^2}{(\cos x + 1)(\cos x - 1)}\right| + C$$

$$= \dfrac{1}{2}\ln\left|\dfrac{(\cos x - 1)^2}{\sin^2 x}\right| + C = \dfrac{1}{2}\ln\left|\dfrac{1 - \cos x}{\sin x}\right|^2 + C$$

$$= \ln\left|\dfrac{1 - \cos x}{\sin x}\right| + C = \ln|\csc x - \cot x| + C$$

同理可得 $\int \sec x \mathrm{d}x = \ln|\sec x + \tan x| + C$.

以上这些结果都是常用公式.

例 13 求 $\int \sin 2x \cos 3x \mathrm{d}x$.

解 利用积化和差公式,得 $\sin 2x \cos 3x = \dfrac{1}{2}(\sin 5x - \sin x)$.

原式 $= \dfrac{1}{2}\int(\sin 5x - \sin x)\mathrm{d}x = \dfrac{1}{2}\int\sin 5x \mathrm{d}x - \dfrac{1}{2}\int\sin x \mathrm{d}x$

$$= -\dfrac{1}{10}\cos 5x + \dfrac{1}{2}\cos x + C$$

当被积函数为 $\sin ax \cos bx$,$\sin ax \sin bx$ 或 $\cos ax \cos bx$ 的形式时,常用积化和差公式将被积函数化简后再积分.

例 14 求 $\int \csc^4 x \mathrm{d}x$.

解　$\displaystyle\int \csc^4 x \mathrm{d}x = \int \csc^2 x \cdot \csc^2 x \mathrm{d}x = -\int (\cot^2 x + 1)\mathrm{d}\cot x = -\frac{1}{3}\cot^3 x - \cot x + C$

3.2.2　第二类换元积分法

在第一类换元法中,常常是把一个较复杂的积分 $\displaystyle\int f[\varphi(x)]\varphi'(x)\mathrm{d}x$ 化为基本积分公式的形式,进而计算出结果. 但是我们常常还会遇到另一类问题,即积分 $\displaystyle\int f(x)\mathrm{d}x$ 不符合基本积分公式的形式. 这时必须使用一个新变量 t 的函数 $\varphi(t)$ 去代替 x,即令 $x = \varphi(t)$,将原积分转化成可以利用基本积分公式计算的形式:

$$\int f(x)\mathrm{d}x = \int f[\varphi(t)]\varphi'(t)\mathrm{d}t$$

这就是所谓第二类换元(积分)法.

定理 2　设函数 $x = \varphi(t)$ 为单调、可导函数, 且 $\varphi'(t) \neq 0$,设 $f[\varphi(t)]\varphi'(t)$ 具有原函数 $F(t)$. 则有

$$\int f(x)\mathrm{d}x = \left[\int f[\varphi(t)]\varphi'(t)\mathrm{d}t\right]_{t = \varphi^{-1}(x)} = \left[F(t) + C\right]_{t = \varphi^{-1}(x)}$$
$$= F[\varphi^{-1}(x)] + C$$

其中,$t = \varphi^{-1}(x)$ 是 $x = \varphi(t)$ 的反函数.

证明　设 $\displaystyle\int f[\varphi(t)]\varphi'(t)\mathrm{d}t = F(t) + C$,只需证 $\{F[\varphi^{-1}(x)] + C\}' = f(x)$. 而

$$\frac{\mathrm{d}}{\mathrm{d}x}F[\varphi^{-1}(x)] = \frac{\mathrm{d}F(t)}{\mathrm{d}t} \cdot \frac{\mathrm{d}t}{\mathrm{d}x} = f[\varphi(t)]\varphi'(t) \cdot \frac{1}{\varphi'(t)} = f[\varphi(t)] = f(x)$$

这说明 $F[\varphi^{-1}(x)]$ 是 $f(x)$ 的原函数,所以有

$$\int f(x)\mathrm{d}x = F[\varphi^{-1}(x)] + C$$

即

$$\int f(x)\mathrm{d}x = \left[\int f[\varphi(t)]\varphi'(t)\mathrm{d}t\right]_{t = \varphi^{-1}(x)}$$

说明:在运用第一类换元法时,新变量 u 可以出现,也可以不出现,但运用第二类换元法时,新变量 t 一定会出现,而且最后要由新变量 t 回到旧变量 x,这就要求所设函数 $x = \varphi(t)$ 的反函数 $t = \varphi^{-1}(x)$ 存在,且从定理的证明可以看出其反函数还需可导,故第二换元法对替换公式 $x = \varphi(t)$ 要求 $\varphi(t)$ 单调可微,且 $\varphi'(t) \neq 0$.

由定理 2 可见,第二类换元积分法的换元与回代过程与第一类换元积分法的过程正好相反. 另外,第二类换元法主要用来解决被积函数中含有根号的函数的积分,这种积分也叫无理根式的积分. 下面举例说明定理 2 的应用.

例 15　求 $\displaystyle\int \sqrt{a^2 - x^2}\mathrm{d}x\ (a > 0)$.

解　求解该积分的难点在于被积函数含有根号. 为去掉根号,令

$$x = a\sin t, t \in \left(-\frac{\pi}{2}, \frac{\pi}{2}\right)$$

则 $\mathrm{d}x = a\cos t\mathrm{d}t$, $\sqrt{a^2 - x^2} = a\cos t$,因此有

$$\int \sqrt{a^2 - x^2}\mathrm{d}x = \int a\cos t \cdot a\cos t\mathrm{d}t = a^2 \int \cos^2 t\mathrm{d}t$$

$$= a^2 \int \frac{1 + \cos 2t}{2} dt = \frac{a^2}{2} \left(t + \frac{1}{2} \sin 2t \right) + C$$

回代变量得

$$\int \sqrt{a^2 - x^2} \, dx = \frac{a^2}{2} \left(\arcsin \frac{x}{a} + \frac{x \sqrt{a^2 - x^2}}{a^2} \right) + C$$

$$= \frac{a^2}{2} \arcsin \frac{x}{a} + \frac{x}{2} \sqrt{a^2 - x^2} + C$$

说明:

(1) 解此题时,在将 $x = a \sin t$ 代入被积表达式后,出现了 $\sqrt{\cos^2 t} = \cos t$,这里没有绝对值符号是因为 $t \in \left(-\frac{\pi}{2}, \frac{\pi}{2} \right)$,$\cos t > 0$,其他两种三角换元也有类似的情况,以后不再重述.

(2) 利用三角换元法解题时,需将新变量 t 的三角函数回代成旧变量 x 的函数,这利用三角公式可以做到. 但更简单的办法是画一个直角三角形,如图 3－2 所示. 将一个锐角设成 t,然后根据所设变量替换以及勾股定理将三边标出,最后利用直角三角形的三角函数的定义,即可将 t 的三角函数对换成 x 的函数.

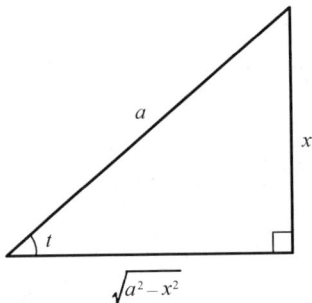

图 3－2

(3) 在被积函数中若含有 $\sqrt{a^2 - x^2}$,$\sqrt{a^2 + x^2}$,$\sqrt{x^2 - a^2}$ ($a > 0$),为去根号,可分别设 $x = a \sin t$, $t \in \left(-\frac{\pi}{2}, \frac{\pi}{2} \right)$, $x = a \tan t$, $t \in \left(-\frac{\pi}{2}, \frac{\pi}{2} \right)$, $x = a \sec t$, $t \in \left(0, \frac{\pi}{2} \right)$ 或 $\left(-\frac{\pi}{2}, 0 \right)$. 我们将这三种替换统称为三角换元.

例 16 求 $\int \frac{1}{x \sqrt{1 + x^2}} dx$.

解 设 $x = \tan t$, $t \in \left(-\frac{\pi}{2}, \frac{\pi}{2} \right)$,则 $dx = \sec^2 t \, dt$,$\sqrt{1 + x^2} = \sqrt{1 + \tan^2 t} = \sec t$,于是

$$\int \frac{1}{x \sqrt{1 + x^2}} dx = \int \frac{\sec^2 t \, dt}{\tan t \cdot \sec t} = \int \frac{\sec t}{\tan t} dt = \int \csc t \, dt = \ln | \csc t - \cot t | + C$$

$$= \ln \left| \frac{\sqrt{1 + x^2} - 1}{x} \right| + C$$

图形如图 3－3 所示.

例 17 求 $\int \frac{1}{x^2 \sqrt{x^2 - 9}} dx$.

解法1 设 $x = 3\sec t, \mathrm{d}x = 3\sec t\tan t\mathrm{d}t, t \in \left(-\dfrac{\pi}{2}, \dfrac{\pi}{2}\right)$,则 $\sqrt{x^2 - 9} = 3\tan t$,于是

$$\int \frac{1}{x^2\sqrt{x^2-9}}\mathrm{d}x = \int \frac{3\sec t \cdot \tan t\mathrm{d}t}{9\sec^2 t \cdot 3\tan t} = \frac{1}{9}\int \cos t\mathrm{d}t = \frac{1}{9}\sin t + C = \frac{\sqrt{x^2-9}}{9x} + C$$

图形如图 3-4 所示.

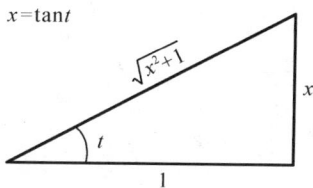

图 3-3

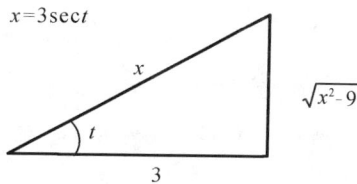

图 3-4

要指出的是,如何选择变量代换要根据被积函数的不同情况灵活运用,不可拘泥于某一种代换. 如例 17 还可以有下列解法:

解法2 设 $x = \dfrac{1}{t}$,则 $\mathrm{d}x = -\dfrac{1}{t^2}\mathrm{d}t$,于是

$$\int \frac{1}{x^2\sqrt{x^2-9}}\mathrm{d}x = \int t^2 \cdot \frac{-\dfrac{1}{t^2}\mathrm{d}t}{\sqrt{\dfrac{1}{t^2}-9}} = -\int \frac{t\mathrm{d}t}{\sqrt{1-9t^2}} = \frac{1}{18}\int \frac{\mathrm{d}(1-9t^2)}{\sqrt{1-9t^2}}$$

$$= \frac{1}{9}\sqrt{1-9t^2} + C = \frac{1}{9}\sqrt{1-\frac{9}{x^2}} + C = \frac{\sqrt{x^2-9}}{9|x|} + C$$

说明:设 $x = \dfrac{1}{t}$ 的替换称为倒代换,这种替换往往可以消去分母中的因子 x^n(n 为正整数),适用于有理分式函数中分母(多项式)次数较高时.

3.3 分部积分法

通过上节可知,运用换元法求积分的主导思想是设法将一个积分化为另一个易于用积分基本公式进行计算的积分. 换元积分法虽然是一种应用范围很广的积分法则,但当被积函数是两种不同类型函数乘积时,例如 $\int x\sin x\mathrm{d}x, \int e^x\cos x\mathrm{d}x, \int x\arctan x\mathrm{d}x$ 等,换元积分法就不一定有效. 本节我们将利用两个函数乘积的求导公式,推导出求解这类积分的基本方法——分部积分法.

利用导数运算中的乘法公式,可有

$$[u(x)v(x)]' = u'(x)v(x) + u(x)v'(x)$$

或等价为

$$u(x)v'(x) = [u(x)v(x)]' - u'(x)v(x)$$

当 $u'(x), v'(x)$ 连续时,对上式两端取不定积分,即有

$$\int u(x)v'(x)\mathrm{d}x = u(x)v(x) - \int v(x)u'(x)\mathrm{d}x$$

将上式简记为

$$\int u \mathrm{d}v = uv - \int v \mathrm{d}u$$

上式所示方法称为分部积分法. 这一方法的实质是: 直接求解 $\int u \mathrm{d}v$ 可能有困难, 而上式则将问题转化为求解 $\int v \mathrm{d}u = \int v(x) u'(x) \mathrm{d}x$. 应用这一方法的核心是合理选取被积式中的 $u(x)$ 与 $v(x)$, 使转化后的积分可以求解.

例 1 求 $\int x \mathrm{e}^x \mathrm{d}x$.

解 被积函数是幂函数与指数函数的乘积, 使用分部积分法设 $u = x, v' = \mathrm{e}^x$, 则 $\mathrm{d}u = \mathrm{d}x$, $v = \mathrm{e}^x$, 则有

$$\int \underset{u}{x} \cdot \underset{v'}{\mathrm{e}^x} \mathrm{d}x = \underset{u}{x} \cdot \underset{v}{\mathrm{e}^x} - \int \underset{v}{\mathrm{e}^x} \underset{\mathrm{d}u}{\mathrm{d}x} = x\mathrm{e}^x - \mathrm{e}^x + C = \mathrm{e}^x(x-1) + C$$

例 2 求 $\int x \sin x \mathrm{d}x$.

解 被积函数是幂函数与三角函数的乘积. 设 $u = x, v' = \sin x$ 则 $\mathrm{d}u = \mathrm{d}x, v = -\cos x$, 于是有

$$\begin{aligned}
\int x \sin x \mathrm{d}x &= \int x \mathrm{d}(-\cos x) \\
&= -x\cos x - \int(-\cos x)\mathrm{d}x \\
&= -x\cos x + \sin x + C
\end{aligned}$$

在使用分部积分法时要注意以下两点:

(1) 所求积分较易凑成 $\int u \mathrm{d}v$ 的形式;

(2) 转换后的积分 $\int v \mathrm{d}u$ 要比原积分 $\int u \mathrm{d}v$ 更容易求出.

例 3 求 $\int x \ln x \mathrm{d}x$.

解 选择对数函数 $\ln x$ 为 u.

$$\begin{aligned}
\int x \ln x \mathrm{d}x &= \int \ln x \mathrm{d}\left(\frac{1}{2}x^2\right) = \frac{1}{2}x^2 \cdot \ln x - \int \frac{1}{2}x^2 \cdot \mathrm{d}\ln x \\
&= \frac{1}{2}x^2 \ln x - \frac{1}{2}\int x \mathrm{d}x = \frac{1}{2}x^2 \ln x - \frac{1}{4}x^2 + C
\end{aligned}$$

分部积分运用熟练后, 设 $u, \mathrm{d}v$ 的步骤可以不必写出.

从上例可以看出, 当被积函数是两种不同类型函数的乘积时, 可考虑用分部积分法. 下面几个例子中所用的方法也是比较典型的.

例 4 求 $\int \arctan x \mathrm{d}x$.

解 被积函数仅有一个函数, 此时可以将 $\arctan x \mathrm{d}x$ 看成标准的 $u \mathrm{d}v$ 型. 其中 $u = \arctan x, \mathrm{d}v = \mathrm{d}x, \mathrm{d}u = \dfrac{1}{1+x^2}\mathrm{d}x, v = x$, 有

$$\int \arctan x \mathrm{d}x = x\arctan x - \int \frac{x}{1+x^2}\mathrm{d}x = x\arctan x - \frac{1}{2}\int \frac{\mathrm{d}(1+x^2)}{1+x^2}$$

$$= x\arctan x - \frac{1}{2}\ln(1 + x^2) + C$$

例 5 求 $\int x^2 e^{-2x} dx$.

解 设 $u = x^2$, $dv = e^{-2x} dx$, 得

$$\int x^2 e^{-2x} dx = x^2 \left(-\frac{1}{2} e^{-2x} \right) + \int x e^{-2x} dx$$

对 $\int x e^{-2x} dx$ 继续使用分部积分法, 得

$$\int x e^{-2x} dx = x \left(-\frac{1}{2} e^{-2x} \right) + \frac{1}{2} \int e^{-2x} dx = -\left(\frac{x}{2} + \frac{1}{4} \right) e^{-2x} + C$$

例 6 求 $\int e^x \sin x dx$.

解 原式 $= \int \sin x d e^x = e^x \sin x - \int e^x d\sin x = e^x \sin x - \int e^x \cos x dx$

注意到 $\int e^x \cos x dx$ 与所求积分是同一类型的, 需要再用一次分部积分, 即

$$\begin{aligned}
\int e^x \sin x dx &= e^x \sin x - \int \cos x d e^x \\
&= e^x \sin x - \left(e^x \cos x - \int e^x d\cos x \right) \\
&= e^x \sin x - e^x \cos x - \int e^x \sin x dx
\end{aligned}$$

所以

$$\int e^x \sin x dx = \frac{1}{2} e^x (\sin x - \cos x) + C$$

说明:

(1) 当被积函数是指数函数与三角函数的乘积时, 选择哪个函数为 u 都可以, 且在积分过程中一定会出现原积分的形式, 故属循环积分类. 这时要把等式看作以原积分为未知量的方程而求解.

(2) 本例中当把 $\int e^x \sin x dx$ 移到左端后, 右端已没有未算出的不定积分, 所以右边应加上任意常数 C.

例 7 求 $\int \sec^3 x dx$.

解
$$\begin{aligned}
\int \sec^3 x dx &= \int \sec x \cdot \sec^2 x dx = \int \sec x d\tan x \\
&= \sec x \tan x - \int \tan x d\sec x \\
&= \sec x \tan x - \int \sec x \tan^2 x dx \\
&= \sec x \tan x - \int \sec x (\sec^2 x - 1) dx \\
&= \sec x \tan x - \int (\sec^3 x - \sec x) dx
\end{aligned}$$

$$= \sec x \tan x - \int \sec^3 x \mathrm{d}x + \int \sec x \mathrm{d}x$$

$$= \sec x \tan x + \ln|\sec x + \tan x| - \int \sec^3 x \mathrm{d}x$$

移项得

$$\int \sec^3 x \mathrm{d}x = \frac{1}{2}(\sec x \tan x + \ln|\sec x + \tan x|) + C$$

例 8 试求 $I_n = \int \dfrac{1}{(x^2 + a^2)^n}\mathrm{d}x.$

解 当 $n > 1$ 时,有

$$I_{n-1} = \int \frac{\mathrm{d}x}{(x^2 + a^2)^{n-1}} = \frac{x}{(x^2 + a^2)^{n-1}} - \int x \mathrm{d}\left[\frac{1}{(x^2 + a^2)^{n-1}}\right]$$

$$= \frac{x}{(x^2 + a^2)^{n-1}} - \int \frac{x \cdot [-(n-1)(x^2 + a^2)^{n-2}] \cdot 2x}{(x^2 + a^2)^{2n-2}}\mathrm{d}x$$

$$= \frac{x}{(x^2 + a^2)^{n-1}} + 2(n-1)\int \frac{x^2}{(x^2 + a^2)^n}\mathrm{d}x$$

$$= \frac{x}{(x^2 + a^2)^{n-1}} + 2(n-1)\int \frac{x^2 + a^2 - a^2}{(x^2 + a^2)^n}\mathrm{d}x$$

$$= \frac{x}{(x^2 + a^2)^{n-1}} + 2(n-1)\left[\int \frac{\mathrm{d}x}{(x^2 + a^2)^{n-1}} - \int \frac{a^2}{(x^2 + a^2)^n}\mathrm{d}x\right]$$

$$= \frac{x}{(x^2 + a^2)^{n-1}} + 2(n-1)(I_{n-1} - a^2 I_n)$$

于是

$$I_n = \frac{1}{2a^2(n-1)}\left[\frac{x}{(x^2 + a^2)^{n-1}} + (2n-3)I_{n-1}\right]$$

由此作递推公式,并由 $I_1 = \dfrac{1}{a}\arctan\dfrac{x}{a} + C$, 即得 I_n.

3.4 定积分的定义及性质

不定积分是微分法逆运算的一个侧面,本节从另一侧面来介绍定积分. 定积分最初起源于求图像的面积和体积等实际问题. 古希腊的阿基米德使用"穷竭法",我国南北朝时期的刘徽使用"割圆法",都曾计算过一些几何体的面积和体积. 到 17 世纪中叶,牛顿和莱布尼茨先后提出了定积分的概念,并发现了微分和积分之间的内在联系,从而使定积分发展成为解决相关实际问题的有力工具,并且与微分学一起构成了完整的理论体系——微积分.

本节首先从几何问题引出定积分的定义,然后讨论定积分的基本性质,揭示定积分与不定积分之间的关系,并给出定积分的计算方法,以及定积分在几何学与经济学中的应用. 我们先从求解曲边梯形的面积的例子入手,了解一下定积分的概念是怎样从现实中抽象出来的.

3.4.1 引例

所谓曲边梯形,是指由直线 $x = a$, $x = b(a < b)$, x 轴及连续曲线 $y = f(x)$ 所围成的平面

图形(图 3 – 5). 不妨假定 $f(x) \geqslant 0$,下面来求曲边梯形的面积.

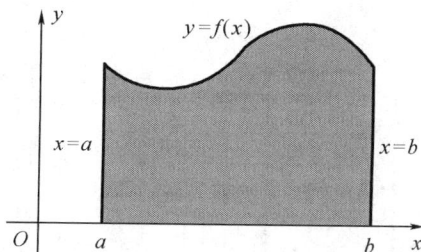

图 3 – 5

我们知道,矩形的面积可按公式:

$$矩形的面积 = 高 \times 底$$

来计算. 而曲边梯形在底边上各点处的高 $f(x)$ 在区间 $[a,b]$ 上是变动的,因此它的面积不能直接按上述公式来计算. 然而,由于曲边梯形的高 $f(x)$ 在区间 $[a,b]$ 上连续变化,在很小一段上变化很小,近似于不变. 因此,如果把区间 $[a,b]$ 划分为许多小区间,在每个小区间上用其中某一点处的高来近似代替同一个小区间上的小曲边梯形的变高,那么每个小曲边梯形就可近似地看成小矩形,我们就以所有小矩形面积之和作为曲边梯形面积的近似值. 现详述如下:

(1)分割——将曲边梯形分为 n 个小曲边梯形.

在区间 $[a,b]$ 中任意插入若干个分点(图 3 – 6):

$$a = x_0 < x_1 < x_2 < \cdots < x_{n-1} < x_n = b$$

把 $[a,b]$ 分成 n 个小区间:

$$[x_0,x_1],[x_1,x_2],\cdots,[x_{n-1},x_n]$$

它们的长度依次为

$$\Delta x_1 = x_1 - x_0, \Delta x_2 = x_2 - x_1, \cdots, \Delta x_n = x_n - x_{n-1}$$

并记

$$\lambda = \max_{1 \leqslant i \leqslant n} \{ \Delta x_i \}$$

过各分点作平行于 y 轴的直线段,把曲边梯形分成 n 个小曲边梯形,其面积以此记作

$$\Delta A_1, \Delta A_2, \cdots, \Delta A_n$$

(2)近似代替——用小矩形的面积代替小曲边梯形的面积.

在每一个小区间 $[x_{i-1}, x_i]$ $(i = 1, 2, \cdots, n)$ 上任选一点 ξ_i,将与小曲边梯形同底,以 $f(\xi_i)$ 为高的小矩形的面积 $f(\xi_i)\Delta x_i$ 近似代替小曲边梯形的面积. 这时有

$$\Delta A_i \approx f(\xi_i)\Delta x_i, i = 1, 2, \cdots, n$$

(3)求和——求 n 个小矩形面积之和.

n 个小矩形构成的阶梯形的面积 $\sum\limits_{i=1}^{n} f(\xi_i)\Delta x_i$ 是原曲边梯形面积的一个近似值,即有

$$A = \sum_{i=1}^{n} \Delta A_i \approx \sum_{i=1}^{n} f(\xi_i)\Delta x_i$$

(4)取极限——由近似值过渡到精确值.

分割区间 $[a,b]$ 的点数越多,即 n 越大,每个小区间的长度 Δx_i 越短,即分割越细,阶梯

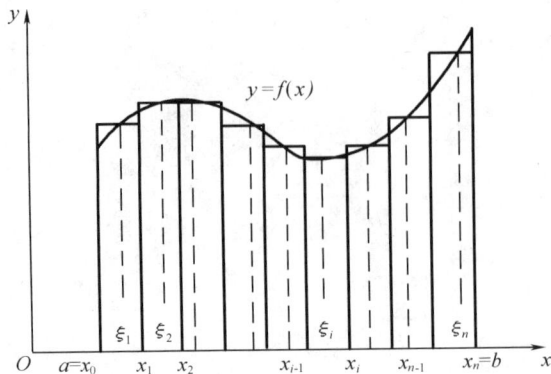

图 3-6

形的面积 $\sum_{i=1}^{n} f(\xi_i)\Delta x_i$ 与曲边梯形面积 A 的误差越小. 但不管 n 多大, 只要取定 n 为有限数, 上述和式都只能是面积 A 的近似值. 现将区间 $[a,b]$ 无限地细分下去, 并使小区间的长度 Δx_i 都趋于零, 于是, 和式数的极限就是原曲边梯形面积的精确值:

$$A = \lim_{\lambda \to 0} \sum_{i=1}^{n} f(\xi_i)\Delta x_i$$

这就得到了曲边梯形的面积. 我们看到, 曲边梯形的面积是用一个和式的极限 $\lim_{\lambda \to 0} \sum_{i=1}^{n} f(\xi_i)\Delta x_i$ 表达的, 这是无限项相加. 计算的方法是: 分割取近似、求和取极限, 即先求阶梯形的面积; 在局部范围内, 以直代曲, 即以直线段代替曲线段, 求得阶梯形的面积, 它是曲边梯形面积的近似值; 再求曲边梯形的面积, 通过取极限, 由有限过渡到无限, 即对区间 $[a,b]$ 由有限分割过渡到无限细分, 从而得到曲边梯形的面积. 总结求解过程, 采取的是分割、近似代替、求和、取极限的方法. 事实上, 很多实际问题的解决都是采取这种方法, 并且最终都归结为这种和式 $\sum_{i=1}^{n} f(\xi_i)\Delta x_i$ 的极限. 现抛开问题的实际意义, 抽象出定积分的定义.

3.4.2 定积分的定义

定义 1 设函数 $f(x)$ 在闭区间 $[a,b]$ 上有界, 用分点

$$a = x_0 < x_1 < x_2 < \cdots < x_{n-1} < x_n = b$$

把区间 $[a,b]$ 任意分割成 n 个小区间 $[x_{i-1}, x_i]$, 其中 $i = 1,2,\cdots,n$, 其长度 $\Delta x_i = x_i - x_{i-1}$, 并记作 $\lambda = \max_{1 \leqslant i \leqslant n} \{\Delta x_i\}$. 在每一个小区间 $[x_{i-1}, x_i]$ 上任选一点 ξ_i, 作乘积的和式 (称为积分和):

$$\sum_{i=1}^{n} f(\xi_i)\Delta x_i$$

当 $\lambda \to 0$ 时, 若上述和式的极限存在, 且这极限与区间 $[a,b]$ 的分法无关, 与 ξ_i 的取法无关, 则称函数 $f(x)$ 在区间 $[a,b]$ 上是可积的, 并称此极限值为函数 $f(x)$ 在区间 $[a,b]$ 上的定积分, 记作 $\int_a^b f(x)\mathrm{d}x$, 即

$$\int_a^b f(x)\,dx = \lim_{\lambda \to 0} \sum_{i=1}^n f(\xi_i)\Delta x_i \tag{3-1}$$

其中,x 称为积分变量;$f(x)$ 称为被积函数;$f(x)\,dx$ 称为被积表达式;a 称为积分下限;b 称为积分上限;$[a,b]$ 称为积分区间.

关于定积分的定义需要说明的是:

(1)定积分 $\int_a^b f(x)\,dx$ 表示一个数值,这个值取决于被积函数 $f(x)$ 和积分区间 $[a,b]$,而与积分变量用什么字母表示无关,即

$$\int_a^b f(x)\,dx = \int_a^b f(t)\,dt$$

(2)在定义中,当所有小区间长度的最大值 $\lambda \to 0$ 时,所有小区间的长度都趋于零,因而小区间的个数 n 必然趋于无穷大. 但我们不能用 $n \to \infty$ 代替 $\lambda \to 0$,这是因为对区间的分割是任意的,$n \to \infty$ 不能保证每个小区间的长度都趋于零.

(3)定义中要求对任何的 x_i 和 $\xi_i(1 \leq i \leq n)$,式(3-1)均有相同的极限. 这就排除了因为分点 x_i 及 ξ_i 的选择方法不同而出现不同的积分值. 换句话说,如果 $f(x)$ 在 $[a,b]$ 上可积,则可以取特殊的点 x_i 及 ξ_i 使计算简单化.

(4)定积分 $\int_a^b f(x)\,dx$ 中假设 $a < b$,但实际上,定积分的上下限的大小是不受限制的. 不过在颠倒定积分上下限时,必须改变定积分的符号,即

$$\int_a^b f(x)\,dx = -\int_b^a f(x)\,dx$$

特别地,有

$$\int_a^a f(x)\,dx = 0$$

在 $[a,b]$ 上,当极限 $\lim_{\lambda \to 0} \sum_{i=1}^n f(\xi_i)\Delta x_i$ 存在时,我们就说函数 $f(x)$ 在 $[a,b]$ 上可积,否则称为不可积. 那么什么样的函数在 $[a,b]$ 一定可积呢? 这得从理论上进行证明,过程比较复杂,本书不作深入讨论. 在此仅给出两个结论:

(1)若 $f(x)$ 在 $[a,b]$ 上连续,则 $f(x)$ 在 $[a,b]$ 上可积.

(2)若 $f(x)$ 在 $[a,b]$ 上有界,且只有有限个间断点,则 $f(x)$ 在 $[a,b]$ 上可积.

3.4.3 定积分的几何意义

定积分 $\int_a^b f(x)\,dx$ 的几何意义:在区间 $[a,b]$ 上,当 $f(x) \geq 0$ 时,它表示如图 3-5 所示的曲边梯形的面积 A,即

$$A = \int_a^b f(x)\,dx.$$

特别地,当 $f(x) \equiv 1$ 时,有

$$\int_a^b f(x)\,dx = b - a$$

在区间 $[a,b]$ 上,若 $f(x) \leq 0$ 时,它表示如图 3-5 所示的曲边梯形的面积 A 的负值,即

$$A = -\int_a^b f(x)\,dx.$$

在区间 $[a,b]$ 上,若 $f(x)$ 既取正值又取负值时,函数 $f(x)$ 的图形某些部分在 x 轴上方,而其他部分在 x 轴下方(图 3-7).此时定积分 $\int_a^b f(x)\mathrm{d}x$ 表示 x 轴上方图形面积减去 x 轴下方图形面积所得之差.

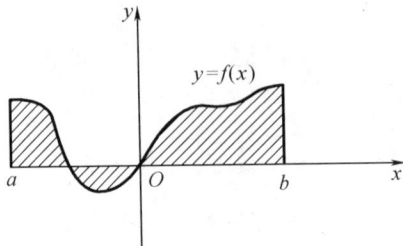

图 3-7

最后,举一个使用定义计算定积分的例子.

例 1 求 $\int_0^1 x^2\mathrm{d}x$.

解 由于 x^2 在 $[0,1]$ 上连续,故可积,其积分值与区间 $[0,1]$ 的分法及 ξ_i 在 $[x_{i-1},x_i]$ 的取法无关,可等分 $[0,1]$ 为 n 个小区间,$\Delta x_i = \dfrac{1}{n}$($i=1,2,\cdots,n$),取 ξ_i 为小区间的右端点即 $\xi_i = x_i = \dfrac{i}{n}$($i=1,2,\cdots,n$),作积分和(即小阴影矩形面积的总和):

$$\sum_{i=1}^n f(\xi_i)\Delta x_i = \sum_{i=1}^n \xi_i^2 \Delta x_i = \sum_{i=1}^n \left(\frac{i}{n}\right)^2 \frac{1}{n} = \frac{1}{n^3}\sum_{i=1}^n i^2 = \frac{1}{n^3}\left[\frac{1}{6}n(n+1)(2n+1)\right]$$

$$= \frac{1}{6}\left(1+\frac{1}{n}\right)\left(2+\frac{1}{n}\right)$$

$\lambda = \max\limits_{1\leqslant i\leqslant n}\{\Delta x_i\} = \dfrac{1}{n}$,当 $\lambda \to 0$ 时,必有 $n\to\infty$,则

$$\lim_{\lambda\to 0}\sum_{i=1}^n f(\xi_i)\Delta x_i = \lim_{\lambda\to 0}\frac{1}{6}\left(1+\frac{1}{n}\right)\left(2+\frac{1}{n}\right) = \frac{1}{3}$$

即

$$\int_0^1 x^2\mathrm{d}x = \frac{1}{3}$$

从此例可以看到,直接使用定义来计算定积分比较烦琐,以后我们将介绍较为简单的方法.另一方面,定积分是一种特殊和式的极限,反过来也可以将某些和式极限表示为定积分.

3.4.4 定积分的性质

以下若不作说明,均假设所讨论的被积函数在给定的区间上是可积的;在作几何说明时,又假设所给函数是非负的.定积分的性质如下:

性质 1 两个函数代数和的积分,等于这两个函数积分的代数和,即

$$\int_a^b [f(x)\pm g(x)]\mathrm{d}x = \int_a^b f(x)\mathrm{d}x \pm \int_a^b g(x)\mathrm{d}x$$

证明

$$\int_a^b [f(x) \pm g(x)] \mathrm{d}x = \lim_{\lambda \to 0} \sum_{i=1}^n [f(\xi_i) \pm g(\xi_i)] \Delta x_i$$

$$= \lim_{\lambda \to 0} \sum_{i=1}^n f(\xi_i) \Delta x_i \pm \lim_{\lambda \to 0} \sum_{i=1}^n g(\xi_i) \Delta x_i$$

$$= \int_a^b f(x) \mathrm{d}x \pm \int_a^b g(x) \mathrm{d}x$$

此性质可以推广到任意有限多个可积函数的代数和的情形. 类似可以证明:

性质 2 可积函数的常数因子可以提到积分号外面, 即

$$\int_a^b kf(x) \mathrm{d}x = k \int_a^b f(x) \mathrm{d}x \quad (k \text{ 为常数})$$

性质 3 (区间可加性) 对任意三个数 a, b, c, 总有

$$\int_a^b f(x) \mathrm{d}x = \int_a^c f(x) \mathrm{d}x + \int_c^b f(x) \mathrm{d}x$$

证明 (1) 先讨论 $a < c < b$ 情形, 因为函数 $f(x)$ 在 $[a, b]$ 上可积, 所以不论把 $[a, b]$ 怎样分, 积分和的极限总是不变的. 因此, 我们总是可以把 c 取作一个分点. 那么, $[a, b]$ 上的积分和等于 $[a, c]$ 上的积分和加上 $[c, b]$ 上的积分和, 记为

$$\sum_{[a,b]} f(\xi_i) \Delta x_i = \sum_{[a,c]} f(\xi_i) \Delta x_i + \sum_{[c,b]} f(\xi_i) \Delta x_i$$

令 $\lambda \to 0$, 上式两边取极限, 即得

$$\int_a^b f(x) \mathrm{d}x = \int_a^c f(x) \mathrm{d}x + \int_c^b f(x) \mathrm{d}x$$

(2) 其他情形, 例如 $a < b < c$, 由上式有

$$\int_a^c f(x) \mathrm{d}x = \int_a^b f(x) \mathrm{d}x + \int_b^c f(x) \mathrm{d}x$$

于是有

$$\int_a^b f(x) \mathrm{d}x = \int_a^c f(x) \mathrm{d}x - \int_b^c f(x) \mathrm{d}x = \int_a^c f(x) \mathrm{d}x + \int_c^b f(x) \mathrm{d}x$$

性质 4 (保号性) 如果在区间 $[a, b]$ 上 $f(x) \geqslant 0$, 则

$$\int_a^b f(x) \mathrm{d}x \geqslant 0 \quad (a < b)$$

证明 因为 $f(x) \geqslant 0$, 所以 $f(\xi_i) \geqslant 0$ $(i = 1, 2, \cdots, n)$. 又因为 $\Delta x_i \geqslant 0$ $(i = 1, 2, \cdots, n)$, 故

$$\sum_{i=1}^n f(\xi_i) \Delta x_i \geqslant 0$$

由极限的保号性有

$$\int_a^b f(x) \mathrm{d}x = \lim_{\lambda \to 0} \sum_{i=1}^n f(\xi_i) \Delta x_i \geqslant 0$$

推论 1 如果在区间 $[a, b]$ 上 $f(x) \leqslant g(x)$, 则

$$\int_a^b f(x) \mathrm{d}x \leqslant \int_a^b g(x) \mathrm{d}x \quad (a < b)$$

证明 令 $F(x) = g(x) - f(x)$, 则由已知条件知, 在 $[a, b]$ 上 $F(x) \geqslant 0$, 利用性质 4 得,

$$\int_a^b F(x) \mathrm{d}x = \int_a^b g(x) \mathrm{d}x - \int_a^b f(x) \mathrm{d}x \geqslant 0$$

移项即得所证结论.

推论 2 $\left|\int_a^b f(x)\,dx\right| \leqslant \int_a^b |f(x)|\,dx \quad (a < b)$

证明 由不等式

$$-|f(x)| \leqslant f(x) \leqslant |f(x)|$$

及推论 1 得

$$-\int_a^b |f(x)|\,dx \leqslant \int_a^b f(x)\,dx \leqslant \int_a^b |f(x)|\,dx$$

即

$$\left|\int_a^b f(x)\,dx\right| \leqslant \int_a^b |f(x)|\,dx$$

性质 5 (估值定理)设 M 和 m 分别是函数 $f(x)$ 在区间 $[a,b]$ 上的最大值和最小值,则

$$m(b-a) \leqslant \int_a^b f(x)\,dx \leqslant M(b-a)$$

证明 已知 $m \leqslant f(x) \leqslant M, x \in [a,b]$,由推论 1 可得

$$\int_a^b m\,dx \leqslant \int_a^b f(x)\,dx \leqslant \int_a^b M\,dx$$

即

$$m(b-a) \leqslant \int_a^b f(x)\,dx \leqslant M(b-a)$$

性质 6 (积分中值定理)若函数 $f(x)$ 在闭区间 $[a,b]$ 上连续,则至少存在一点 $\xi \in [a, b]$,使得 $\int_a^b f(x)\,dx = f(\xi)(b-a)$.

证明 由于 $f(x)$ 在 $[a,b]$ 上连续,根据闭区间上连续函数的性质,$f(x)$ 在 $[a,b]$ 上有最大值 M 和最小值 m. 于是有不等式:

$$m(b-a) \leqslant \int_a^b f(x)\,dx \leqslant M(b-a)$$

于是

$$m \leqslant \frac{1}{b-a}\int_a^b f(x)\,dx \leqslant M$$

再由闭区间上连续函数的介值定理,在 $[a,b]$ 上至少存在一点 ξ,使得

$$f(\xi) = \frac{1}{b-a}\int_a^b f(x)\,dx$$

即 $\int_a^b f(x)\,dx = f(\xi)(b-a)$

积分中值定理的几何意义:连续曲线 $y = f(x)$ 与直线 $x = a, x = b$ 及 x 轴所围成的曲边梯形的面积,等于以区间 $[a,b]$ 为底,$f(\xi)$ 为高的矩形面积. 如图 3-8 所示.

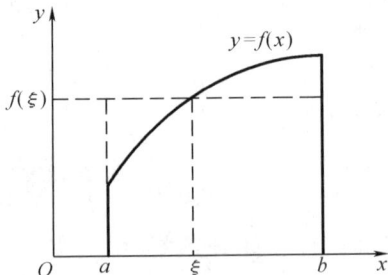

图 3-8

通常称 $f(\xi) = \frac{1}{b-a}\int_a^b f(x)\,dx$ 为函数 $f(x)$ 在区间 $[a,b]$ 上的积分平均值,或简称平均值. 这样,可以把 $f(\xi)$ 看作是曲边梯形的平均高度.

3.5 定积分的计算方法

利用定义来计算定积分是十分麻烦的,因此,寻求一种计算定积分的有效方法便成为积分学发展的关键. 本节中,我们将揭示定积分与微分的内在联系,从而找到一个计算定积分的简便的方法.

3.5.1 微积分基本定理

设函数 $f(x)$ 在闭区间 $[a,b]$ 上连续,对 $[a,b]$ 任意点 x,$f(x)$ 在 $[a,x]$ 上仍连续,从而定积分 $\int_a^x f(x)dx$ 存在. 为了避免积分变量 x 与积分上限 x 的混淆,根据积分值与积分变量的选取无关,我们用 t 代替积分变量 x,于是 $\int_a^x f(x)dx$ 可写成

$$\int_a^x f(t)dt \tag{3-2}$$

由于定积分 $\int_a^b f(x)dx$ 表示一个数值,这个值只取决于被积函数 $f(x)$ 和积分区间 $[a,b]$. 由此,给定积分区间 $[a,b]$ 上的一个 x 值,按式(3-2)就有一个积分值与之对应,因此式(3-2)可以看作是积分上限 x 的函数,称其为变上限函数,记作 $\Phi(x)$,即

$$\Phi(x) = \int_a^x f(t)dt, \ x \in [a,b]$$

这时,$\Phi(x)$ 的几何意义就是区间 $[a,x]$ 上以 $y=f(x)$ 为曲边的曲边梯形的面积,如图 3-9 所示.

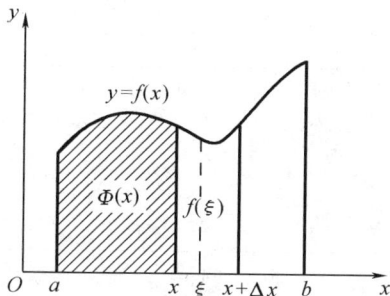

图 3-9

定理1 (微积分基本定理)函数 $f(x)$ 在闭区间 $[a,b]$ 上连续,则函数

$$\Phi(x) = \int_a^x f(t)dt, \ x \in [a,b]$$

在 $[a,b]$ 上可导,且

$$\Phi'(x) = \frac{d}{dx}\left(\int_a^x f(t)dt\right) = f(x), x \in [a,b]$$

证明 任取 $x \in (a,b)$,对 x 给一增量 Δx,使 $x + \Delta x \in (a,b)$,则 $\Phi(x)$ 在 x 处的增量为

$$\Delta\Phi(x) = \Phi(x+\Delta x) - \Phi(x)$$

$$= \int_a^{x+\Delta x} f(t)\,\mathrm{d}t - \int_a^x f(t)\,\mathrm{d}t$$

$$= \int_x^{x+\Delta x} f(t)\,\mathrm{d}t$$

应用积分中值定理,有

$$\Delta\Phi(x) = f(\xi)\Delta x \quad (\xi\ \text{介于}\ x\ \text{与}\ x+\Delta x\ \text{之间})$$

令 $\Delta x \to 0$ 时,则 $\xi \to x$,由 $f(x)$ 在点 x 连续,故

$$\lim_{\Delta x \to 0} \frac{\Delta\Phi}{\Delta x} = \lim_{\Delta x \to 0} f(\xi) = \lim_{\xi \to x} f(\xi) = f(x),$$

这就证得 $\Phi(x)$ 在 (a,b) 上可导,且 $\Phi'(x) = f(x)$.

若 $x = a$,取 $\Delta x > 0$,则同理可证 $\Phi'_+(a) = f(a)$;若 $x = b$,取 $\Delta x < 0$,可证 $\Phi'_-(b) = f(b)$.

综上所述,$\Phi(x)$ 在 $[a,b]$ 上可导,且 $\Phi'(x) = f(x)$.

由该定理可推出一个重要结论:连续函数 $f(x)$ 取变上限 x 的定积分后求导,其结果还是 $f(x)$. 联想到原函数的定义,就可以从定理 1 推知 $\Phi(x)$ 是连续函数 $f(x)$ 的一个原函数. 因此,我们引出如下的原函数的存在定理.

定理 2   如果函数 $f(x)$ 在区间 $[a,b]$ 上连续,则函数

$$\Phi(x) = \int_a^x f(t)\,\mathrm{d}t$$

是 $f(x)$ 在 $[a,b]$ 上的一个原函数.

这个定理的重要意义是:一方面肯定了任何一个连续函数都存在原函数,另一方面初步地揭示了积分学中定积分与原函数之间的联系.

例 1   设 $\Phi(x) = \int_2^x t\cos t\,\mathrm{d}t$,求 $\Phi'(x)$.

解   由定理 1 知

$$\Phi'(x) = \frac{\mathrm{d}}{\mathrm{d}x}\left(\int_2^x t\cos t\,\mathrm{d}t\right) = x\cos x$$

例 2   设 $\Phi(x) = \int_a^{x^2} \sqrt{1+t^2}\,\mathrm{d}t$,求 $\Phi'(x)$.

解   注意到上限 x^2 是 x 的函数,若设 $u = x^2$,则所给函数 $\Phi(x)$ 可看成是由函数 $\int_a^u \sqrt{1+t^2}\,\mathrm{d}t$ 和 $u = x^2$ 复合而成. 据复合函数的导数法则及定理 1,得

$$\frac{\mathrm{d}}{\mathrm{d}x}\int_a^{x^2}\sqrt{1+t^2}\,\mathrm{d}t = \frac{\mathrm{d}}{\mathrm{d}u}\int_a^u\sqrt{1+t^2}\,\mathrm{d}t \cdot \frac{\mathrm{d}u}{\mathrm{d}x}$$

$$= \sqrt{1+u^2}\cdot 2x = 2x\cdot\sqrt{1+x^4}$$

由该例,我们有如下一般结论:若函数 $\varphi(x)$,$\psi(x)$ 可微,函数 $f(x)$ 连续时,则

$$\frac{\mathrm{d}}{\mathrm{d}x}\left(\int_a^{\varphi(x)}f(t)\,\mathrm{d}t\right) = \frac{\mathrm{d}}{\mathrm{d}u}\left(\int_a^u f(t)\,\mathrm{d}t\right)\cdot\frac{\mathrm{d}u}{\mathrm{d}x} = f(\varphi(x))\varphi'(x)$$

$$\frac{\mathrm{d}}{\mathrm{d}x}\left(\int_{\psi(x)}^{\varphi(x)}f(t)\,\mathrm{d}t\right) = \frac{\mathrm{d}}{\mathrm{d}x}\left(\int_a^{\varphi(x)}f(t)\,\mathrm{d}t - \int_a^{\psi(x)}f(t)\,\mathrm{d}t\right)$$

$$= f(\varphi(x))\varphi'(x) - f(\psi(x))\psi'(x)$$

例3　求 $\lim\limits_{x\to 0}\dfrac{\displaystyle\int_{\cos x}^{1}\mathrm{e}^{-t^2}\mathrm{d}t}{x^2}$.

解　这是一个 $\dfrac{0}{0}$ 型未定式,可用洛必达法则来计算,分子是以 $\cos x$ 为上限的积分:

$$-\int_{1}^{\cos x}\mathrm{e}^{-t^2}\mathrm{d}t$$

它可看成以 $u=\cos x$ 为中间变量的复合函数,由定理1有

$$\frac{\mathrm{d}}{\mathrm{d}x}\Big(-\int_{1}^{\cos x}\mathrm{e}^{-t^2}\mathrm{d}t\Big)=-\frac{\mathrm{d}}{\mathrm{d}x}\Big(\int_{1}^{\cos x}\mathrm{e}^{-t^2}\mathrm{d}t\Big)=-\frac{\mathrm{d}}{\mathrm{d}u}\Big(\int_{1}^{u}\mathrm{e}^{-t^2}\mathrm{d}t\Big)(\cos x)'$$

$$=\mathrm{e}^{-\cos^2 x}\cdot\sin x$$

因此

$$\lim\limits_{x\to 0}\frac{\displaystyle\int_{\cos x}^{1}\mathrm{e}^{-t^2}\mathrm{d}t}{x^2}=\mathrm{e}^{-\cos^2 x}\cdot\sin x=\frac{1}{2\mathrm{e}}$$

定理3　如果 $F(x)$ 是连续函数 $f(x)$ 在区间 $[a,b]$ 上的一个原函数,即 $F'(x)=f(x)$,则

$$\int_{a}^{b}f(x)\mathrm{d}x=F(b)-F(a) \tag{3-3}$$

证明　由于 $F(x)$ 和 $\varPhi(x)=\displaystyle\int_{a}^{x}f(t)\mathrm{d}t$ 都是 $f(x)$ 的原函数,它们之间仅差一个常数,即

$$\int_{a}^{x}f(t)\mathrm{d}t=F(x)+C,\ x\in[a,b]$$

在上式中,令 $x=a$,可确定常数 C:$C=-F(a)$,于是

$$\int_{a}^{x}f(t)\mathrm{d}t=F(x)-F(a)$$

当 $x=b$ 时,便有

$$\int_{a}^{b}f(t)\mathrm{d}t=F(b)-F(a)$$

把积分变量 t 换成 x,得

$$\int_{a}^{b}f(x)\mathrm{d}x=F(b)-F(a)$$

这个公式称为牛顿－莱布尼茨公式. 它是微积分学的一个基本公式,通常用 $F(x)\Big|_{a}^{b}$ 表示 $F(b)-F(a)$,故式(3-3)可写成

$$\int_{a}^{b}f(x)\mathrm{d}x=F(x)\ \Big|_{a}^{b}=F(b)-F(a)$$

这个公式告诉我们:要计算定积分 $\displaystyle\int_{a}^{b}f(x)\mathrm{d}x$ 的数值,可以不采用烦琐的定义计算的方法,而只需求出被积函数的一个原函数,然后计算这个原函数在积分上限的函数值与积分下限的函数值之差即可. 这样就把求定积分的问题转化为求原函数的问题.

例4 求 $\int_0^1 x^2 \mathrm{d}x$.

解 因为 x^2 的一个原函数是 $\dfrac{x^3}{3}$，所以

$$\int_0^1 x^2 \mathrm{d}x = \frac{x^3}{3}\bigg|_0^1 = \frac{1}{3} - 0 = \frac{1}{3}$$

与第 3.4 节例 1 中用定积分定义的计算相比，这种方法简便得多.

例5 求 $\int_{-1}^{\sqrt{3}} \dfrac{1}{1+x^2}\mathrm{d}x$.

解 因为 $\arctan x$ 是 $\dfrac{1}{1+x^2}$ 的一个原函数，所以

$$\int_{-1}^{\sqrt{3}} \frac{1}{1+x^2}\mathrm{d}x = \arctan x\bigg|_1^{\sqrt{3}} = \arctan\sqrt{3} - \arctan(-1) = \frac{\pi}{3} - \left(-\frac{\pi}{4}\right) = \frac{7}{12}\pi$$

例6 求 $\int_0^3 |x-2|\mathrm{d}x$.

解 先去掉被积函数的绝对值号，即

$$\int_0^3 |x-2|\mathrm{d}x = \int_0^2 (2-x)\mathrm{d}x + \int_2^3 (x-2)\mathrm{d}x$$

$$= \left[2x - \frac{1}{2}x^2\right]\bigg|_0^2 + \left[\frac{1}{2}x^2 - 2x\right]\bigg|_2^3$$

$$= 2 + \frac{1}{2} = \frac{5}{2}$$

例7 计算正弦曲线 $y = \sin x$ 在 $[0,\pi]$ 上与 x 轴所围成的平面图形的面积.

解 这图形是曲边梯形的一个特例，它的面积为

$$A = \int_0^\pi \sin x \mathrm{d}x$$

由于 $-\cos x$ 是 $\sin x$ 的一个原函数，所以

$$A = \int_0^\pi \sin x \mathrm{d}x = -\cos x\bigg|_0^\pi = -\cos\pi - (-\cos 0) = 2$$

3.5.2 定积分的换元积分法

由微积分基本定理可知，计算定积分 $\int_a^b f(x)\mathrm{d}x$ 的简便方法是把它转化为求 $f(x)$ 的原函数的增量. 从而在求解不定积分时应用的换元积分法和分部积分法，在求定积分时同样适用，下面将分别具体讨论.

定理4 假设函数 $f(x)$ 在区间 $[a,b]$ 上连续，函数 $x = \varphi(t)$ 满足条件：

(1) $x = \varphi(t)$ 在 $[\alpha,\beta]$ 上单调且有连续导数；

(2) 当 t 在 $[\alpha,\beta]$ 上变化时，$x = \varphi(t)$ 的值在 $[a,b]$ 上变动，且 $\varphi(\alpha) = a, \varphi(\beta) = b$，则有

$$\int_a^b f(x)\mathrm{d}x = \int_\alpha^\beta f(\varphi(t))\varphi'(t)\mathrm{d}t \tag{3-4}$$

这个公式叫作定积分的换元公式.

证明 根据连续函数的原函数存在定理可知，存在 $F(x)$ 使得 $F'(x) = f(x)$. 因此

$$\int_a^b f(x)\,\mathrm{d}x = F(b) - F(a)$$

另一方面

$$\big[F(\varphi(t))\big]' = F'(\varphi(t)) \cdot \varphi'(t) = f(\varphi(t)) \cdot \varphi'(t)$$

所以 $F(\varphi(t))$ 是 $f(\varphi(t)) \cdot \varphi'(t)$ 的一个原函数，从而

$$\int_\alpha^\beta f(\varphi(t))\varphi'(t)\,\mathrm{d}t = F(\varphi(\beta)) - F(\varphi(\alpha))$$
$$= F(b) - F(a)$$

所以
$$\int_a^b f(x)\,\mathrm{d}x = \int_\alpha^\beta f(\varphi(t))\varphi'(t)\,\mathrm{d}t$$

当 $\alpha > \beta$ 时，上式仍然成立.

式(3-4)从左往右变化，相当于不定积分的第二换元法；从右往左变化，相当于不定积分的第一换元法.

用换元公式计算定积分时应注意，作变量替换的同时，积分的上下限也随着相应地变化，这样就不必像不定积分的计算那样再代回到原来的变量.

例 8　计算 $\displaystyle\int_0^a \sqrt{a^2 - x^2}\,\mathrm{d}x \ (a > 0)$.

解　设 $x = a\sin t\left(0 \le t \le \dfrac{\pi}{2}\right)$，则 $\mathrm{d}x = a\cos t\,\mathrm{d}t$，当 $x = 0$ 时 $t = 0$，当 $x = a$ 时 $t = \dfrac{\pi}{2}$.
于是

$$\int_0^a \sqrt{a^2 - x^2}\,\mathrm{d}x = a^2 \int_0^{\frac{\pi}{2}} \cos^2 t\,\mathrm{d}t = \frac{a^2}{2}\int_0^{\frac{\pi}{2}}(1 + \cos 2t)\,\mathrm{d}t$$

$$= \frac{a^2}{2}\left[t + \frac{1}{2}\sin 2t\right]_0^{\frac{\pi}{2}} = \frac{1}{4}\pi a^2$$

上例再次验证了定积分的几何意义，$\displaystyle\int_0^a \sqrt{a^2 - x^2}\,\mathrm{d}x$ 是圆 $x^2 + y^2 = a^2$ 内位于第一象限部分的面积，等于半径为 a 的圆面积的 $\dfrac{1}{4}$，即 $\dfrac{1}{4}\pi a^2$.

以上结果在计算类似的定积分时可直接使用. 例如 $\displaystyle\int_0^1 \sqrt{1 - x^2}\,\mathrm{d}x = \dfrac{\pi}{4}$，$\displaystyle\int_{-1}^1 \sqrt{1 - x^2}\,\mathrm{d}x = \dfrac{\pi}{2}$，$\displaystyle\int_{-2}^2 \sqrt{4 - x^2}\,\mathrm{d}x = 2\pi$.

例 9　计算 $\displaystyle\int_0^{\frac{\pi}{2}} \cos^5 x \sin x\,\mathrm{d}x$.

解　令 $t = \cos x$，则 $\mathrm{d}t = -\sin x\,\mathrm{d}x$，且当 $x = 0$ 时 $t = 1$；当 $x = \dfrac{\pi}{2}$ 时 $t = 0$.
于是

$$\int_0^{\frac{\pi}{2}} \cos^5 x \sin x\,\mathrm{d}x = -\int_0^{\frac{\pi}{2}} \cos^5 x\,\mathrm{d}\cos x = -\int_1^0 t^5\,\mathrm{d}t = \int_0^1 t^5\,\mathrm{d}t = \left[\frac{1}{6}t^6\right]\Big|_0^1 = \frac{1}{6}$$

此例中，被积函数的原函数也可用凑微分法积出，在计算定积分时可不作换元，则积分上、下限不需变动，计算过程如下：

$$\int_0^{\frac{\pi}{2}} \cos^5 x \sin x\,\mathrm{d}x = -\int_0^{\frac{\pi}{2}} \cos^5 x\,\mathrm{d}\cos x = -\left[\frac{1}{6}\cos^6 x\right]\Big|_0^{\frac{\pi}{2}} = -\left(0 - \frac{1}{6}\right) = \frac{1}{6}$$

例 10　计算 $\int_0^4 \dfrac{1}{1+\sqrt{x}}\mathrm{d}x$.

解　作代换 $\sqrt{x}=t$，则 $x=t^2$，$\mathrm{d}x=2t\mathrm{d}t$，且当 $x=0$ 时 $t=0$；当 $x=4$ 时 $t=2$.
于是

$$\int_0^4 \frac{1}{1+\sqrt{x}}\mathrm{d}x = \int_0^2 \frac{1}{1+t}2t\mathrm{d}t = 2\int_0^2 \frac{1}{1+t}t\mathrm{d}t$$

$$= 2\int_0^2 \frac{t+1-1}{1+t}\mathrm{d}t = 2\int_0^2 \left(1-\frac{1}{1+t}\right)\mathrm{d}t$$

$$= 2(t-\ln(1+t))\Big|_0^2 = 2[2-\ln 3]$$

例 11　设 $f(x)$ 在 $[-a,a]$ 上连续，则

（1）当 $f(x)$ 为偶函数时，则 $\int_{-a}^a f(x)\mathrm{d}x = 2\int_0^a f(x)\mathrm{d}x$；

（2）当 $f(x)$ 为奇函数时，则 $\int_{-a}^a f(x)\mathrm{d}x = 0$.

证明　因为

$$\int_{-a}^a f(x)\mathrm{d}x = \int_{-a}^0 f(x)\mathrm{d}x + \int_0^a f(x)\mathrm{d}x$$

对积分 $\int_{-a}^0 f(x)\mathrm{d}x$ 作代换，令 $x=-t$ 得

$$\int_{-a}^0 f(x)\mathrm{d}x = -\int_a^0 f(-t)\mathrm{d}t = \int_0^a f(-t)\mathrm{d}t = \int_0^a f(-x)\mathrm{d}x$$

于是

$$\int_{-a}^a f(x)\mathrm{d}x = \int_0^a f(-x)\mathrm{d}x + \int_0^a f(x)\mathrm{d}x$$

$$= \int_0^a [f(-x)+f(x)]\mathrm{d}x$$

（1）若 $f(x)$ 在 $[-a,a]$ 上连续且为偶函数，则

$$f(-x)+f(x) = 2f(x)$$

从而

$$\int_{-a}^a f(x)\mathrm{d}x = 2\int_0^a f(x)\mathrm{d}x$$

（2）若 $f(x)$ 在 $[-a,a]$ 上连续且为奇函数，则

$$f(-x)+f(x) = 0$$

从而

$$\int_{-a}^a f(x)\mathrm{d}x = 0$$

利用此例结论，常可简化计算偶函数、奇函数在对称于原点的区间上的定积分.

例 12　若 $f(x)$ 在 $[0,1]$ 上连续，证明：

（1）$\int_0^{\frac{\pi}{2}} f(\sin x)\mathrm{d}x = \int_0^{\frac{\pi}{2}} f(\cos x)\mathrm{d}x$；

（2）$\int_0^{\pi} x f(\sin x)\mathrm{d}x = \dfrac{\pi}{2}\int_0^{\pi} f(\sin x)\mathrm{d}x$，由此计算

$$\int_0^\pi \frac{x\sin x}{1 + \cos x^2}\mathrm{d}x$$

证明 （1）令 $x = \dfrac{\pi}{2} - t$，则 $\mathrm{d}x = -\mathrm{d}t$，且当 $x = 0$ 时 $t = \dfrac{\pi}{2}$；$x = \dfrac{\pi}{2}$ 时 $t = 0$.

于是

$$\int_0^{\frac{\pi}{2}} f(\sin x)\,\mathrm{d}x = -\int_{\frac{\pi}{2}}^0 f\left[\sin\left(\frac{\pi}{2} - t\right)\right]\mathrm{d}t = \int_0^{\frac{\pi}{2}} f(\cos t)\,\mathrm{d}t = \int_0^{\frac{\pi}{2}} f(\cos x)\,\mathrm{d}x$$

（2）令 $x = \pi - t$，则 $\mathrm{d}x = -\mathrm{d}t$，且当 $x = 0$ 时 $t = \pi$；$x = \pi$ 时 $t = 0$，

于是

$$\int_0^\pi xf(\sin x)\,\mathrm{d}x = -\int_\pi^0 (\pi - t)f[\sin(\pi - t)]\mathrm{d}t$$

$$= \int_0^\pi (\pi - t)f[\sin(\pi - t)]\mathrm{d}t$$

$$= \int_0^\pi (\pi - t)f(\sin t)\,\mathrm{d}t$$

$$= \pi\int_0^\pi f(\sin t)\,\mathrm{d}t - \int_0^\pi tf(\sin t)\,\mathrm{d}t$$

$$= \pi\int_0^\pi f(\sin x)\,\mathrm{d}x - \int_0^\pi xf(\sin x)\,\mathrm{d}x$$

所以

$$\int_0^\pi xf(\sin x)\,\mathrm{d}x = \frac{\pi}{2}\int_0^\pi f(\sin x)\,\mathrm{d}x$$

利用上述结论，即得

$$\int_0^\pi \frac{x\sin x}{1 + \cos x^2}\mathrm{d}x = \frac{\pi}{2}\int_0^\pi \frac{\sin x}{1 + \cos x^2}\mathrm{d}x = -\frac{\pi}{2}\int_0^\pi \frac{\mathrm{d}(\cos x)}{1 + \cos x^2}$$

$$= -\frac{\pi}{2}[\arctan(\cos x)]\Big|_0^\pi = -\frac{\pi}{2}\cdot\left(-\frac{\pi}{4} - \frac{\pi}{4}\right) = \frac{\pi^2}{4}$$

例 13 $f(x)$ 是 $(-\infty, +\infty)$ 上以 T 为周期的连续函数，用换元法证明：对任意 a 下式成立：

$$\int_a^{a+T} f(x)\,\mathrm{d}x = \int_0^T f(x)\,\mathrm{d}x$$

证明 定积分对积分区间的可加性，让左端的定积分的积分区间出现 $[0, T]$：

$$\int_a^{a+T} f(x)\,\mathrm{d}x = \int_a^0 f(x)\,\mathrm{d}x + \int_0^T f(x)\,\mathrm{d}x + \int_T^{a+T} f(x)\,\mathrm{d}x$$

上式右端第三个积分，作代换 $x = t + T$，并用 $f(t + T) = f(x)$，有

$$\int_T^{a+T} f(x)\,\mathrm{d}x = \int_0^a f(t + T)\,\mathrm{d}t = -\int_a^0 f(x)\,\mathrm{d}x$$

于是有

$$\int_a^{a+T} f(x)\,\mathrm{d}x = \int_0^T f(x)\,\mathrm{d}x$$

3.5.3 定积分的分部积分法

不定积分的分部积分法亦适用于定积分的计算，其具体形式见下面定理 5.

定理 5 设函数 $u(x), v(x)$ 在区间 $[a, b]$ 上具有连续导数，则有定积分的分部积分法

公式:

$$\int_a^b u(x)v'(x)\,\mathrm{d}x = \left[u(x)v(x)\right]\Big|_a^b - \int_a^b u'(x)v(x)\,\mathrm{d}x$$

简记为

$$\int_a^b uv'\,\mathrm{d}x = uv\Big|_a^b - \int_a^b u'v\,\mathrm{d}x$$

或

$$\int_a^b u\,\mathrm{d}v = uv\Big|_a^b - \int_a^b v\,\mathrm{d}u$$

与不定积分的分部积分法不同的是,这里可以将原函数已积出的部分 uv 先用上、下限代入.

例 14 计算 $\int_0^\pi x\cos x\,\mathrm{d}x$.

解
$$\int_0^\pi x\cos x\,\mathrm{d}x = \int_0^\pi x\,\mathrm{d}\sin x = x\sin x\Big|_0^\pi - \int_0^\pi \sin x\,\mathrm{d}x$$
$$= 0 - (-\cos x)\Big|_0^\pi = -1 - 1 = -2$$

例 15 计算 $\int_0^1 \mathrm{e}^{\sqrt{x}}\,\mathrm{d}x$.

解 令 $\sqrt{x} = t$,则 $x = t^2$,$\mathrm{d}x = 2t\,\mathrm{d}t$.

$$\int_0^1 \mathrm{e}^{\sqrt{x}}\,\mathrm{d}x = 2\int_0^1 \mathrm{e}^t t\,\mathrm{d}t = 2\int_0^1 t\,\mathrm{d}\mathrm{e}^t = 2t\mathrm{e}^t\Big|_0^1 - 2\int_0^1 \mathrm{e}^t\,\mathrm{d}t = 2(\mathrm{e} - \mathrm{e}^t)\Big|_0^1 = 2(\mathrm{e} - 1)$$

例 16 设函数 $f(x)$ 在区间 $[0,1]$ 上连续,证明:

$$\int_0^1 \left[\int_0^x f(t)\,\mathrm{d}t\right]\mathrm{d}x = \int_0^1 (1-x)f(x)\,\mathrm{d}x$$

证明 令 $F(x) = \int_0^x f(t)\,\mathrm{d}t$,则 $F(0) = 0$,$F'(x) = f(x)$.

$$\text{左侧} = \int_0^1 F(x)\,\mathrm{d}x = xF(x)\Big|_0^1 - \int_0^1 xF'(x)\,\mathrm{d}x$$
$$= F(1) - \int_0^1 xf(x)\,\mathrm{d}x = \int_0^1 f(t)\,\mathrm{d}t - \int_0^1 xf(x)\,\mathrm{d}x$$
$$= \int_0^1 f(x)\,\mathrm{d}x - \int_0^1 xf(x)\,\mathrm{d}x = \int_0^1 (1-x)f(x)\,\mathrm{d}x$$

3.6 广 义 积 分

前面介绍定积分时,我们假设函数 $f(x)$ 在闭区间 $[a,b]$ 上有界,即积分区间是有限的和被积函数是有界的. 现从这两方面推广定积分概念.

(1)有界函数在无限区间 $[a, +\infty)$,$(-\infty, b]$ 和 $(-\infty, +\infty)$ 上的积分.

(2)无界函数在有限区间 $[a,b)$,$(a,b]$ 上的积分.

以上这两种积分就是所谓的广义积分或反常积分.

3.6.1 无限区间上的广义积分

定义 1 设函数 $f(x)$ 在区间 $[a, +\infty)$ 上连续,则称记号 $\int_a^{+\infty} f(x)\,\mathrm{d}x$ 为函数 $f(x)$ 在无穷

区间$[a, +\infty)$上的广义积分. 任取$b > a$, 如果极限

$$\lim_{b \to +\infty} \int_a^b f(x) \mathrm{d}x$$

存在, 则称上述广义积分收敛, 并以该极限为该广义积分的值, 即

$$\int_a^{+\infty} f(x) \mathrm{d}x = \lim_{b \to +\infty} \int_a^b f(x) \mathrm{d}x$$

否则称广义积分$\int_a^{+\infty} f(x) \mathrm{d}x$发散.

类似地, 设函数$f(x)$在无限区间$(-\infty, b]$上的广义积分记作$\int_{-\infty}^b f(x) \mathrm{d}x$. 任取$a < b$, 用极限

$$\lim_{a \to -\infty} \int_a^b f(x) \mathrm{d}x$$

存在与否来定义$\int_{-\infty}^b f(x) \mathrm{d}x$收敛与发散.

函数$f(x)$在无限区间$(-\infty, +\infty)$上的广义积分定义为

$$\int_{-\infty}^{+\infty} f(x) \mathrm{d}x = \int_{-\infty}^c f(x) \mathrm{d}x + \int_c^{+\infty} f(x) \mathrm{d}x$$

其中, c为任意实数, 仅当等式右端的两个广义积分都收敛时, 称广义积分$\int_{-\infty}^b f(x) \mathrm{d}x$收敛; 否则, 则称广义积分$\int_{-\infty}^b f(x) \mathrm{d}x$发散.

以上广义积分统称为无穷限的广义积分.

例1　计算广义积分$\int_0^{+\infty} \dfrac{1}{1 + x^2} \mathrm{d}x$.

解　由定义1, 得

$$\int_0^{+\infty} \frac{1}{1 + x^2} \mathrm{d}x = \lim_{b \to +\infty} \int_0^b \frac{1}{1 + x^2} \mathrm{d}x = \lim_{b \to +\infty} (\arctan b - \arctan 0) = \frac{\pi}{2}$$

此例表明由曲线$y = \dfrac{1}{1 + x^2}$在x轴正向所形成的无界区域的面积是有限的.

例2　计算广义积分$\int_{-\infty}^0 x\mathrm{e}^x \mathrm{d}x$.

解　任取$a < 0$, 则

$$\int_{-\infty}^0 x\mathrm{e}^x \mathrm{d}x = \lim_{a \to -\infty} \int_a^0 x\mathrm{e}^x \mathrm{d}x = \lim_{a \to -\infty} (x\mathrm{e}^x - \mathrm{e}^x) \Big|_a^0 = \lim_{a \to -\infty} (-a\mathrm{e}^a - 1 + \mathrm{e}^a) = -1$$

所以$\int_{-\infty}^0 x\mathrm{e}^x \mathrm{d}x$收敛.

例3　计算广义积分$\int_{-\infty}^{+\infty} \sin x \mathrm{d}x$.

解　$\int_{-\infty}^{+\infty} \sin x \mathrm{d}x = \int_{-\infty}^0 \sin x \mathrm{d}x + \int_0^{+\infty} \sin x \mathrm{d}x$

而

$$\int_0^{+\infty} \sin x \mathrm{d}x = \lim_{b \to +\infty} \int_0^b \sin x \mathrm{d}x = \lim_{b \to +\infty} (-\cos x) \Big|_0^b = \lim_{b \to +\infty} (1 - \cos b)$$

由于上述极限不存在,即 $\int_0^{+\infty} \sin x \mathrm{d}x$ 发散,从而 $\int_{-\infty}^{+\infty} \sin x \mathrm{d}x$ 发散.

例 4 讨论广义积分 $\int_a^{+\infty} \dfrac{1}{x^p} \mathrm{d}x \ (a > 0)$ 的敛散性.

解 当 $p = 1$ 时,$\int_a^{+\infty} \dfrac{1}{x} \mathrm{d}x = \lim\limits_{b \to +\infty} \int_a^b \dfrac{1}{x} \mathrm{d}x = \lim\limits_{b \to +\infty} \ln x \Big|_a^b = \lim\limits_{b \to +\infty} (\ln b - \ln a) = +\infty$.

当 $p \neq 1$ 时,$\int_a^{+\infty} \dfrac{1}{x^p} \mathrm{d}x = \lim\limits_{b \to \infty} \left[\dfrac{1}{1-p} \cdot x^{1-p} \right]_a^b = \lim\limits_{b \to \infty} \left[\dfrac{1}{1-p} \cdot b^{1-p} - \dfrac{1}{1-p} \cdot a^{1-p} \right]$

$$= \begin{cases} \dfrac{a^{1-p}}{(p-1)}, & p > 1 \\ +\infty, & p < 1 \end{cases}$$

综上所述,当 $p > 1$ 时,该积分收敛;当 $p \leqslant 1$ 时,该积分发散.

3.6.2 无界函数的广义积分

定义 2 设函数 $f(x)$ 在区间 $[a,b)$ 上连续,在点 b 的左边附近 $f(x)$ 无界. 取 $\varepsilon > 0 (b - \varepsilon > a)$,若极限

$$\lim\limits_{\varepsilon \to 0^+} \int_a^{b-\varepsilon} f(x) \mathrm{d}x$$

存在,则称广义积分 $\int_a^b f(x) \mathrm{d}x$ 收敛,点 b 称为瑕点,并以极限值作为广义积分值,即

$$\int_a^b f(x) \mathrm{d}x = \lim\limits_{\varepsilon \to 0^+} \int_a^{b-\varepsilon} f(x) \mathrm{d}x$$

否则,称广义积分 $\int_a^b f(x) \mathrm{d}x$ 发散.

类似地,设函数 $f(x)$ 在无限区间 $(a,b]$ 上的广义积分记作 $\int_a^b f(x) \mathrm{d}x$. 任取 $\varepsilon > 0 (a + \varepsilon < b)$,用极限 $\lim\limits_{\varepsilon \to 0^+} \int_{a+\varepsilon}^b f(x) \mathrm{d}x$ 存在与否来定义 $\int_a^b f(x) \mathrm{d}x$ 收敛或发散.

设函数 $f(x)$ 在区间 $[a,b]$ 上除点 $c (a < c < b)$ 外连续,点 c 为 $f(x)$ 的瑕点. 如果两个广义积分

$$\int_a^c f(x) \mathrm{d}x \quad 与 \quad \int_c^b f(x) \mathrm{d}x$$

都收敛,则定义

$$\int_a^b f(x) \mathrm{d}x = \int_a^c f(x) \mathrm{d}x + \int_c^b f(x) \mathrm{d}x$$

收敛. 否则,就称广义积分 $\int_a^b f(x) \mathrm{d}x$ 发散.

例 5 计算 $\int_0^1 \ln x \mathrm{d}x$.

解 因为 $\lim\limits_{\varepsilon \to 0^+} \int_{0+\varepsilon}^1 \ln x \mathrm{d}x = \lim\limits_{\varepsilon \to 0^+} \left[(x \ln x - x) \Big|_\varepsilon^1 \right]$

$$= \lim\limits_{\varepsilon \to 0^+} (-1 - \varepsilon \ln \varepsilon + \varepsilon) = -1$$

例 6 讨论广义积分 $\int_{-1}^1 \dfrac{1}{x^2} \mathrm{d}x$ 的敛散性.

解 设函数 $f(x) = \dfrac{1}{x^2}$ 在区间 $[-1,1]$ 中除点 $x=0$ 外连续，$x=0$ 为瑕点. 按定义有

$$\int_{-1}^{1} \frac{1}{x^2}dx = \int_{-1}^{0} \frac{1}{x^2}dx + \int_{0}^{1} \frac{1}{x^2}dx = \lim_{\varepsilon_1 \to 0^+} \int_{-1}^{0-\varepsilon_1} \frac{1}{x^2}dx + \lim_{\varepsilon_2 \to 0^+} \int_{0+\varepsilon_2}^{1} \frac{1}{x^2}dx$$

$$= \lim_{\varepsilon_1 \to 0^+} \left[-\frac{1}{x} \right] \Big|_{-1}^{-\varepsilon_1} + \lim_{\varepsilon_2 \to 0^+} \left[-\frac{1}{x} \right] \Big|_{\varepsilon_2}^{1} = +\infty$$

故广义积分发散.

注意：如果广义积分 $\displaystyle\int_{-1}^{1} \frac{1}{x^2}dx$ 当成常义积分来计算，会出现下结果：

$$\int_{-1}^{1} \frac{1}{x^2}dx = \left[-\frac{1}{x} \right] \Big|_{-1}^{1} = -2$$

此结果显然不合理，因为被积函数 $f(x) = \dfrac{1}{x^2}$ 在 $[-1,1]$ 上除点 $x=0$ 外均大于零，而积分为 -2. 因此对于积分 $\displaystyle\int_{a}^{b} f(x)dx$，读者首先一定要分析原式是普通定积分还是广义积分.

例7 讨论广义积分 $\displaystyle\int_{0}^{1} \frac{dx}{x^p}$ $(p>0)$ 的敛散性.

解 当 $p=1$ 时，$\displaystyle\int_{0}^{1} \frac{dx}{x} = \lim_{\varepsilon \to 0^+} \int_{0+\varepsilon}^{1} \frac{dx}{x} = \lim_{\varepsilon \to 0^+} \left[\ln x \Big|_{\varepsilon}^{1} \right] = \lim_{\varepsilon \to 0^+}(-\varepsilon\ln\varepsilon) = +\infty$

当 $p>0, p\neq 1$ 时，$\displaystyle\int_{0}^{1} \frac{dx}{x^p} = \lim_{\varepsilon \to 0^+} \int_{\varepsilon}^{1} \frac{dx}{x^p} = \lim_{\varepsilon \to 0^+} \left[\frac{1}{1-p} \cdot x^{1-q} \Big|_{a}^{b} \right] = \lim_{\varepsilon \to 0^+} \frac{1-\varepsilon^{1-p}}{1-p}$

$$= \begin{cases} +\infty, & p>1 \\ \dfrac{1}{1-p}, & 0<p<1 \end{cases}$$

故当 $0<p<1$ 时，$\displaystyle\int_{0}^{1} \frac{dx}{x^p}$ 收敛；当 $p \geqslant 1$ 时，$\displaystyle\int_{0}^{1} \frac{dx}{x^p}$ 发散.

3.7 定积分的应用

定积分的数学模型在几何学、物理学、经济学、社会学等方面都有广泛的应用. 也正是这些广泛的应用，推动着积分学不断地发展和完善. 因此，在学习的过程中，我们不仅要掌握计算实际问题的公式，更重要的是深刻领会运用定积分解决问题的基本思想——微元法.

3.7.1 微元法

在定积分的应用中，经常采用所谓微元法. 一般地，如果某一实际问题中的所求量 U 符合下列条件：

（1）U 是与一个变量 x 的变化区间 $[a,b]$ 有关的量；

（2）U 对于区间 $[a,b]$ 具有可加性，就是说，如果把区间 $[a,b]$ 分成许多部分区间，则 U 相应地分成许多部分量，而 U 等于所有部分量之和；

（3）部分量 ΔU_i 的近似值可表示为 $f(\xi_i)\Delta x_i$；那么就可考虑用定积分来表达这个量 U.

通常写出这个量 U 的积分表达式的步骤是：

（1）根据问题的具体情况，选取一个变量例如 x 为积分变量，并确定它的变化区间 $[a,b]$；

（2）设想把区间 $[a,b]$ 分成 n 个小区间，取其中任一小区间并记作 $[x,x+dx]$，求出相应于这个小区间的部分量 ΔU 的近似值. 如果 ΔU 能近似地表示为 $[a,b]$ 上的一个连续函数在 x 处的值 $f(x)$ 与 dx 的乘积，就把 $f(x)dx$ 称为量 U 的微元且记作 dU，即

$$dU = f(x)dx$$

（3）以所求量 U 的微元 $f(x)dx$ 为被积表达式，在区间 $[a,b]$ 上作定积分，得

$$U = \int_a^b f(x)dx$$

这就是所求量 U 的积分表达式.

这个方法通常叫作微元法. 微元法在几何学、经济学等领域有广泛的应用，本节主要介绍微元法在几何学和经济学中的应用.

3.7.2 微元法在几何学中的应用

设平面图形是由连续曲线 $y = f(x)$，$y = g(x)$ 和直线 $x = a$，$x = b(a < b)$ 围成. 在区间 $[a,b]$ 上 $g(x) \leqslant f(x)$，如图 $3-10$ 所示，称这样的图形是 $x-$ 型的.

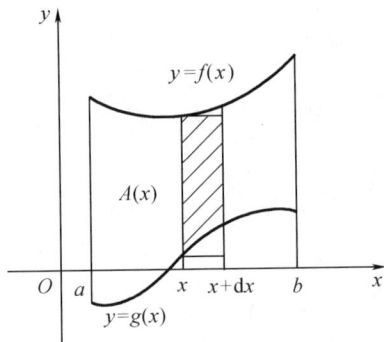

图 3 – 10

取 x 为积分变量，其变化区间为 $[a,b]$，在 $[a,b]$ 上任取代表小区间 $[x,x+dx]$，相应区间 $[x,x+dx]$ 上的窄条面积近似于高为 $[f(x)-g(x)]$，底为 dx 的矩形面积，从而得到面积微元

$$dA = [f(x) - g(x)]dx$$

以面积微元为被积表达式，在 $[a,b]$ 上作定积分得所求面积为

$$A = \int_a^b [f(x) - g(x)]dx$$

同理，如果平面图形是由连续曲线 $x = \varphi(y)$，$x = \psi(y)$ 和直线 $y = c$，$y = d(c < d)$ 围成，且在 $[c,d]$ 上 $\psi(y) \leqslant \varphi(y)$，如图 $3-11$ 所示，称这样的图形是 $y-$ 型的，那么这平面图形的面积为

$$A = \int_c^d [\varphi(y) - \psi(y)]dy$$

计算平面图形的面积时，一般来说 $x-$ 型图形取 x 为积分变量，$y-$ 型取 y 为积分变量.

例1 计算由曲线 $y = 2 - x^2$ 及 $y = x$ 所围区域的面积.

解 这两条曲线所围成的图形如图 3 – 12 所示.

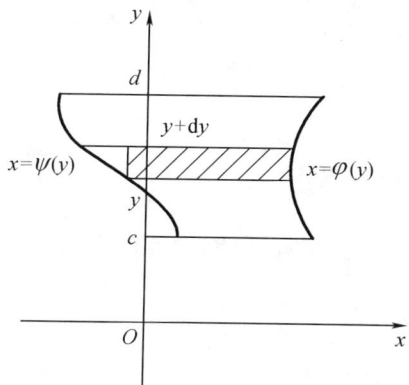

图 3 – 11

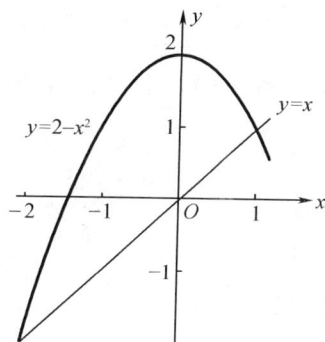

图 3 – 12

为了具体定出图形的所在范围,先求出这两条曲线的交点. 为此解方程组 $\begin{cases} y = 2 - x^2, \\ y = x \end{cases}$,

得两条曲线交点的横坐标: $x = -2, 1$. 本题的图形是 x – 型的,因此

$$A = \int_{-2}^{1} \left[(2 - x^2) - x \right] \mathrm{d}x = \left[2x - \frac{x^3}{3} - \frac{x^2}{2} \right] \Bigg|_{-2}^{1} = \frac{9}{2}$$

例2 计算由曲线 $y = \sqrt{x}, x = -\sqrt{y}$ 与直线 $y = 1$ 所围图形的面积.

解 这个图形如图 3 – 13 所示.

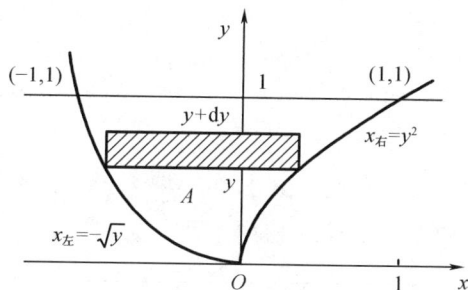

图 3 – 13

先求出三条曲线的交点坐标为 $(0,0), (1,1), (-1,1)$. 可以看出,本题的图形是 y – 型的. 取纵坐标 y 为积分变量,它的变化区间为 $[0,1]$(读者可以思考一下,取横坐标 x 为积分变量,有什么不方便的地方). 所求的面积为

$$A = \int_0^1 (y^2 + \sqrt{y}) \mathrm{d}y = \left[\frac{1}{3} y^3 + \frac{2}{3} y^{\frac{3}{2}} \right] \Bigg|_0^1 = 1$$

例3 计算椭圆 $\dfrac{x^2}{9} + \dfrac{y^2}{4} = 1$ 所围区域的面积.

解 由对称性,所求面积为它在第一象限部分面积的 4 倍. 此时,有

$$y = \frac{2}{3} \sqrt{9 - x^2}, 0 \leq x \leq 3$$

因此,所求面积为

$$A = 4\int_0^3 \frac{2}{3}\sqrt{9-x^2}\,\mathrm{d}x = 24\int_0^{\frac{\pi}{2}}\cos^2 t\,\mathrm{d}t = 12\int_0^{\frac{\pi}{2}}(1+\cos 2t)\,\mathrm{d}t = 6\pi$$

一般地,椭圆 $\dfrac{x^2}{a^2} + \dfrac{y^2}{b^2} = 1$ 所围区域的面积是 πab.

上例中,第一象限部分椭圆的参数方程形式为

$$x(t) = 3\cos t, y(t) = 2\sin t, 0 \leqslant t \leqslant \frac{\pi}{2}$$

$t = 0$ 对应点 $(3,0)$, $t = \dfrac{\pi}{2}$ 对应点 $(0,2)$. 而且 $x(t)$ 是严格递减的,因此椭圆面积也可如下计算:

$$A = 4\int_0^3 y\,\mathrm{d}x = 4\int_{\frac{\pi}{2}}^0 y(t)\,\mathrm{d}x(t) = 4\int_{\frac{\pi}{2}}^0 2\sin t(-3\sin t)\,\mathrm{d}t = 24\int_0^{\frac{\pi}{2}}\sin^2 t\,\mathrm{d}t = 6\pi$$

例 4 求由摆线 $x = a(t - \sin t), y = a(1 - \cos t)$ 的一拱与 x 轴所围成图形的面积.

解 所求面积为

$$A = \int_0^{2\pi a} y\,\mathrm{d}x = \int_0^{2\pi} y(t)x'(t)\,\mathrm{d}t = \int_0^{2\pi} a(1-\cos t)\cdot a(1-\cos t)\,\mathrm{d}t$$

$$= a^2\int_0^{2\pi}(1 - 2\cos t + \cos^2 t)\,\mathrm{d}t = 3\pi a^2$$

3.7.3 定积分在经济学中的应用

我们知道,对一已知经济函数 $F(x)$〔如需求函数 $Q(p)$、总成本函数 $C(x)$、总收入函数 $R(x)$、利润函数 $L(x)$ 等〕,它的边际函数就是导函数 $F'(x)$.

例 5 已知某公司的边际收入(以每年亿元为单位)为

$$R'(t) = 9 - \sqrt[3]{t}$$

其中,t 以年为单位,对应的边际成本为

$$C'(t) = 1 + \sqrt[3]{t}$$

问该公司应连续开发多少年,并问在停止开发时,该公司获得的总利润.

解 当 $C'(t) = R'(t)$ 时,为最佳终止时间,即

$$9 - \sqrt[3]{t} = 1 + 3\sqrt[3]{t}$$

求得

$$t_0 = 8$$

当 $t_0 = 8$ 时,边际成本与边际收入均为每年 7 亿元. 而利润为

$$L(t_0) = \int_0^8 [C'(t) - R'(t)]\,\mathrm{d}t = \int_0^8 (9 - \sqrt[3]{t} - 1 - 3\sqrt[3]{t})\,\mathrm{d}t = 16\text{ 亿元}$$

例 6 设某产品的边际收益为 $R'(x) = 25 - 2x$,边际成本 $C'(t) = 13 - 4x$,固定成本为 $C_0 = 10$,求当 $x = 5$ 时的收益和利润.

解 由边际收益的表达式有

$$L'(x) = R'(x) - C'(x) = 12 + 2x$$

从而可得,当 $x = 5$ 时的收益为

$$\int_0^x L'(t)\,\mathrm{d}t = \int_0^5 (12 + 2t)\,\mathrm{d}t = 85$$

当 $x = 5$ 时的利润为

$$L(5) = \int_0^5 L'(t)\,\mathrm{d}t - C_0 = 85 - 10 = 75$$

例 7 设某企业生产 x 吨产品时的边际成本为

$$C'(x) = \frac{1}{50}x + 30$$

并且固定成本为 900 元,试求产量为多少时平均成本最低?

解 首先求解成本函数,由

$$C(t) = \int_0^x C'(t)\,\mathrm{d}t + C_0 = \int_0^x (\frac{1}{50}t + 30)\,\mathrm{d}t + 900 = \frac{1}{100}x^2 + 30x + 900$$

可得平均成本函数为

$$\overline{C(x)} = \frac{C(x)}{x} = \frac{1}{100}x + 30 + \frac{900}{x}$$

$$\overline{C'(x)} = \frac{1}{100} - \frac{900}{x^2}$$

令 $\overline{C'(x)} = 0$,得 $x = 300$. 再由实际问题可知 $\overline{C(x)}$ 有最小值. 故当产量为 300 吨时,平均成本最低.

例 8 设某企业生产某产品的边际成本是产量 x 的函数:

$$C'(x) = 2\mathrm{e}^{0.2x}$$

固定成本为 90,求总成本函数.

解 成本函数为

$$C(x) = \int_0^x C'(t)\,\mathrm{d}t + C = \int_0^x (2\mathrm{e}^{0.2t})\,\mathrm{d}t + 90 = 10\mathrm{e}^{0.2x} + C$$

由固定成本 $C_0 = 90$,即 $C(0) = 90$,代入上式得

$$C = 80$$

于是,所求总成本函数为

$$C(x) = 10\mathrm{e}^{0.2x} + 80$$

习 题 3

(A)

(一) 填空题

1. 曲线在任意一点 x 处的切线斜率为 $2x$,且曲线过点 $(2,5)$,则曲线方程为(   ).

2. 已知函数 $f(x)$ 的一个原函数是 $\arctan x^2$,则 $f'(x) = ($ $)$.

3. 已知 $F(x)$ 是 $f(x)$ 的一个原函数,则 $\int f(ax + b)\,\mathrm{d}x = ($ $)$.

4. $\int \frac{\mathrm{e}^x - 1}{\mathrm{e}^x + 1}\mathrm{d}x = $ _____.

5. 已知 $f(x)$ 的一个原函数为 $(1 + \sin x)\ln x$,则 $\int xf'(x)\,\mathrm{d}x = ($ $)$.

6. $\int \frac{\mathrm{d}x}{\sqrt{x(1 - x)}} = ($ $)$.

7. 若 $F'(x) = \dfrac{1}{1+x^2}$，$F(1) = \dfrac{\pi}{4}$，则 $F(x) = ($ $)$.

8. 已知 $f'(1+x^2) = 4x^2 + \dfrac{1}{x^2+2}$，则 $f(x) = ($ $)$.

9. 若 $e^{-2x} + 1$ 是 $f(x)$ 的导函数，$f(0) = \dfrac{1}{2}$，则 $f(x)$ 的一个原函数为 $($ $)$.

10. 设 $\int xf'(x)\,\mathrm{d}x = \ln(1+x^2) + c$，$f(1) = 2$，则 $f(x) = ($ $)$.

11. 极限 $\lim\limits_{n\to\infty}\left[\dfrac{1}{n+\dfrac{1}{n}} + \dfrac{1}{n+\dfrac{4}{n}} + \cdots + \dfrac{1}{n+\dfrac{n^2}{n}}\right]$ 的值是 $($ $)$.

12. 极限 $\lim\limits_{n\to\infty}\dfrac{1^p + 2^p + \cdots + n^p}{n^{p+1}}\ (p>0)$ 的值是 $($ $)$.

13. 若 $x = \int_0^t \sin u\,\mathrm{d}u$，$y = \int_0^t \cos u\,\mathrm{d}u$，则 $y'(x) = ($ $)$.

14. 设 $\begin{cases} x = \displaystyle\int_0^t f(u^2)\,\mathrm{d}u \\ y = [f(t^2)]^2 \end{cases}$，其中 $f(u)$ 具有二阶导数，且 $f(u) \neq 0$，则 $\dfrac{\mathrm{d}^2 y}{\mathrm{d}x^2} = ($ $)$.

15. 若 $f(x)$ 连续，则 $\lim\limits_{x\to a}\dfrac{x}{x-a}\int_a^x f(t)\,\mathrm{d}t = ($ $)$.

16. $\dfrac{\mathrm{d}}{\mathrm{d}x}\int_{x^2}^{x^3}\dfrac{\mathrm{d}t}{\sqrt{1+t^4}} = ($ $)$.

17. $\dfrac{\mathrm{d}}{\mathrm{d}x}\int_0^x \sin(\pi - t)^2\,\mathrm{d}t = ($ $)$.

18. $\int_{-\frac{\pi}{2}}^{\frac{\pi}{2}} 4\cos^4\theta\,\mathrm{d}\theta = ($ $)$.

19. 当 $p > 1$ 时，广义积分 $\int_a^{+\infty}\dfrac{\mathrm{d}x}{x^p}\ (a>0)$ 收敛于 $($ $)$.

20. 广义积分 $\int_a^b\dfrac{\mathrm{d}x}{(x-a)^q}$ 当 $q < 1$ 时收敛于 $($ $)$.

21. 由曲线 $r^2 = a^2\sin 2\theta\ (a>0)$ 围成的图形的面积为 $($ $)$.

22. 由双曲线 $x^2 - \dfrac{y^2}{2} = 1$，与直线 $y = \sqrt{2}$，$y = -\sqrt{2}$ 所围成的图形绕 y 轴旋转形成的旋转体的体积为 $($ $)$.

23. 由直线 $y = 2x$，$y = x$，$x = 2$，$x = 4$ 所围成的图形绕 x 轴旋转所形成的旋转体的体积为 $($ $)$.

24. 已知生产某产品 x 单位时的总收入变化率为 $r(x) = 100 - 0.1 \times x$，生产 1 000 个这种产品时的总收入为 $($ $)$，生产 x 单位时的平均单位收入为 $($ $)$.

25. 设某产品的边际收入为 $R'(x) = 20 - 4x$，边际成本 $C'(x) = 2 - 2x$，固定成本为 $C_0 = 0$，则最大利润为 $($ $)$.

（二）选择题

1. 设 $f'(x)$ 连续，则 $($ $)$.

A. $\int f'(3x)\,\mathrm{d}x = \dfrac{1}{3}f(3x) + C$ B. $\int f'(3x)\,\mathrm{d}x = f(3x) + C$

C. $\int f'(3x)\,\mathrm{d}x = f(x) + C$ D. $\left[\int f(3x)\,\mathrm{d}x\right]' = 3f(3x)$

2. 已知 $\int f(x)\,\mathrm{d}x = x\ln x + C$,则 $f(x) = ($ $)$.

A. $\ln x + 1$ B. $\ln x$

C. x D. $x\ln x$

3. 若 $\int f(x)\,\mathrm{d}x = 2^x + x + 1 + C$,则 $f(x) = ($ $)$.

A. $\dfrac{2^x}{\ln 2} + \dfrac{x^2}{2} + x$ B. $2^x\ln 2 + 1$

C. $2^x + 1$ D. $2^{x+1} + 1$

4. 已知 $f(x)$ 的一个原函数是 e^{-x^2},则 $\int xf'(x)\,\mathrm{d}x = ($ $)$.

A. $2x^2e^{-x^2} - e^{-x^2} + C$ B. $-x^2e^{-x^2} - e^{-x^2} + C$

C. $-2x^2e^{-x^2} - e^{-x^2} + C$ D. $x^2e^{-x^2} - e^{-x^2} + C$

5. 如果 $f(x)$ 在某区间具备了条件:(   ),就能保证它的原函数一定存在.

A. 有极限存在   B. 连续

C. 有界   D. 有有限个间断点

6. $f(x) \neq 0$ 连续且为偶函数,$F(x)$ 为 $f(x)$ 的原函数,则(   ).

A. $F(x)$ 为偶函数   B. $F(x)$ 为奇函数

C. $F(x)$ 为非奇非偶函数   D. A,B,C 都不对

7. 已知一个函数的导数是 $y' = 2x$,且 $x = 1$ 时,$y = 2$,这个函数是(   ).

A. $y = x^2 + C$ B. $y = x + 1$

C. $y = \dfrac{x^2}{2} + C$ D. $y = x^2 + 1$

8. 设 $F(x)$ 可导,$f(x) = F'(x)$,则下列论述不正确的是(   ).

A. 若 $F(x)$ 为奇函数,则 $f(x)$ 必为偶函数

B. 若 $F(x)$ 为偶函数,则 $f(x)$ 必为奇函数

C. 若 $F(x)$ 为 T 周期函数,则 $f(x)$ 必为 T 周期函数

D. 若 $F(x)$ 不是周期函数,则 $f(x)$ 必不是周期函数

9. $f'(\sin^2 x) = \cos^2 x$,则 $f(x)$ 的表达式为(   ).

A. $\sin x - \dfrac{1}{2}\sin^2 x + C$ B. $x - \dfrac{x^2}{2} + C$

C. $\cos x - \sin x + C$ D. $\dfrac{x^2}{2} - x + C$

10. $\dfrac{\mathrm{d}}{\mathrm{d}x}\displaystyle\int_{2x}^{\ln x}\ln(1 + t)\,\mathrm{d}t = ($ $)$.

A. $\dfrac{1}{x}\ln(1 + \ln x) - 2\ln(1 + 2x)$ B. $\dfrac{1}{x}\ln(1 + \ln x) - \ln(1 + 2x)$

C. $\ln(1 + \ln x) - \ln(1 + 2x)$ D. $\ln(1 + \ln x) - 2\ln(1 + 2x)$

11. 已知函数 $y = 3x^2$ 的一条积分曲线过 $(1,1)$ 点,则其积分曲线的方程为( ).

A. $y = x^3$

B. $y = 2x^3 - 1$

C. $y = x^3 + 2$

D. $y = x^3 + C$

12. $\int_0^3 \sqrt{x^2 - 4x + 4}\, dx = ($).

A. $\int_0^2 (2 - x)\, dx + \int_2^3 (x - 2)\, dx$

B. $\int_0^2 (x - 2)\, dx + \int_2^3 (2 - x)\, dx$

C. $\int_0^3 (2 - x)\, dx$

D. $\int_0^3 (x - 2)\, dx$

13. 设 $F(x) = \int_x^{x+2\pi} e^{\sin t}\, dt$,则 $F(x)($).

A. 为正常数

B. 为负常数

C. 恒为零

D. 不为常数

14. 设 $f(x) = \begin{cases} x, & x \geqslant 0 \\ e^x, & x < 0 \end{cases}$,则 $\int_{-1}^2 f(x)\, dx = ($).

A. $3 - \dfrac{1}{e}$

B. $3 + \dfrac{1}{e}$

C. $3 - e$

D. $3 + e$

15. 下列不等式成立的是( ).

A. $\int_0^1 e^{x^3}\, dx > \int_0^1 e^{x^2}\, dx$

B. $\int_0^{\frac{\pi}{4}} \dfrac{\tan x}{x}\, dx > \int_0^{\frac{\pi}{4}} \dfrac{x}{\sin x}\, dx$

C. $\int_e^{+\infty} e^{2x^2}\, dx > \int_e^{+\infty} e^{x^2}\, dx$

D. $\int_{-1}^{-2} x^4\, dx > \int_{-1}^{-2} x^3\, dx$

16. 设函数 $f(x) = \int_0^x (t - 1)(t + 2)\, dt$,则 $f'(-2) = ($).

A. 0

B. 1

C. -2

D. 2

17. 设 $f(x)$ 连续且 $\int_0^x f(t)\, dt = \dfrac{1}{2} f(x) - \dfrac{1}{2}$,则 $f(x) = ($).

A. $e^{\frac{x}{2}}$

B. $\dfrac{1}{2} e^x$

C. e^{2x}

D. $\dfrac{1}{2} e^{2x}$

18. 设函数 $y = \int_0^x (t - 1)\, dt$,则 y 有( ).

A. 极小值 $\dfrac{1}{2}$

B. 极小值 $-\dfrac{1}{2}$

C. 极大值 $\dfrac{1}{2}$

D. 极大值 $-\dfrac{1}{2}$

19. 已知 $f(x) = \begin{cases} x^2, & 0 \leqslant x < 1 \\ 1, & 1 \leqslant x \leqslant 2 \end{cases}$,又设 $F(x) = \int_1^x f(t)\, dt (0 \leqslant x \leqslant 2)$,则 $F(x)$ 为( ).

A. $\begin{cases} \dfrac{1}{3} x^3, & 0 \leqslant x < 1 \\ x, & 1 \leqslant x \leqslant 2 \end{cases}$

B. $\begin{cases} \dfrac{1}{3} x^3 - \dfrac{1}{3}, & 0 \leqslant x < 1 \\ x, & 1 \leqslant x \leqslant 2 \end{cases}$

C. $\begin{cases} \dfrac{1}{3}x^3, 0 \le x < 1 \\ x - 1, 1 \le x \le 2 \end{cases}$ D. $\begin{cases} \dfrac{1}{3}x^3 - \dfrac{1}{3}, 0 \le x < 1 \\ x - 1, 1 \le x \le 2 \end{cases}$

20. 设 $F(x) = \displaystyle\int_0^x \dfrac{1}{1+t^2}\mathrm{d}t + \displaystyle\int_0^{\frac{1}{x}} \dfrac{1}{1+t^2}\mathrm{d}t, x \ne 0$,则(　　).

A. $F(x) \equiv 0$ B. $F(x) \equiv \dfrac{\pi}{2}$

C. $F(x) = \arctan x$ D. $F(x) = 2\arctan x$

21. 若 $\displaystyle\int_0^k (2x - 3x^2)\mathrm{d}x = 0$,则 $k = $(　　).

A. $0, 2$ B. $0, -1$

C. $0, 1$ D. $0, \dfrac{3}{2}$

22. 若 $\displaystyle\int_0^x f(t)\mathrm{d}t = \dfrac{1}{2}x^4$,则 $\displaystyle\int_0^4 \dfrac{1}{\sqrt{x}}f(\sqrt{x})\mathrm{d}x = $(　　).

A. 2   B. 4

C. 8   D. 16

23. 设 $I(x) = \displaystyle\int_x^2 \sqrt{2 + t^2}\mathrm{d}t$,则 $I'(1) = $(　　).

A. $-\sqrt{3}$ B. $\sqrt{3}$

C. $\sqrt{6} - \sqrt{3}$ D. $\sqrt{3} - \sqrt{6}$

24. 设 $f(x)$ 二阶可导,且 $f(x)$ 为偶函数,$f(0) = a \ne 0, f'(0) = 1$,则 $\displaystyle\int_0^a xf''(x - a)\mathrm{d}x = $
(　　).

A. 0   B. 1

C. a D. $f(a)$

25. 下列广义积分收敛的是(　　).

A. $\displaystyle\int_1^{+\infty} \dfrac{1}{\sqrt{x}}\mathrm{d}x$ B. $\displaystyle\int_{-\infty}^0 \mathrm{e}^{-x}\mathrm{d}x$

C. $\displaystyle\int_0^1 \dfrac{1}{x^2}\mathrm{d}x$ D. $\displaystyle\int_0^1 \dfrac{1}{\sqrt{1 - x^2}}\mathrm{d}x$

(B)

1. 计算下列不定积分:

(1) $\displaystyle\int \dfrac{2^{x+1} - 5^{x-1}}{10^x}\mathrm{d}x$;

(2) $\displaystyle\int \dfrac{x\cos x - \sin x}{x^2}\mathrm{d}x$;

(3) $\displaystyle\int x(1 - x)^{10}\mathrm{d}x$;

(4) $\displaystyle\int \dfrac{\sqrt{x} - 2\sqrt[3]{x^2} + 1}{\sqrt[4]{x}}\mathrm{d}x$;

$(5) \displaystyle\int \frac{x^4 + 1}{x^6 + 1} dx$；

$(6) \displaystyle\int \frac{2x + 5}{x^2 + 2x - 3} dx$；

$(7) \displaystyle\int \frac{dx}{e^x + e^{2x}}$；

$(8) \displaystyle\int \sin x \sin \frac{x}{2} \sin \frac{x}{3} dx$；

$(9) \displaystyle\int \frac{\arcsin \sqrt{x}}{\sqrt{x(1 - x)}} dx$；

$(10) \displaystyle\int 2e^x \sqrt{1 - e^{2x}} dx$；

$(11) \displaystyle\int \frac{dx}{x \sqrt{2x^8 - 2x^4 + 1}}$；

$(12) \displaystyle\int \frac{dx}{e^{\frac{x}{2}} + e^x}$；

$(13) \displaystyle\int \ln(\sqrt{1 + x} + \sqrt{1 - x}) dx$；

$(14) \displaystyle\int \frac{e^{\arctan x}}{(1 + x^2)^{\frac{3}{2}}} dx$；

$(15) \displaystyle\int \left(\frac{\ln x}{x}\right)^2 dx$；

$(16) \displaystyle\int x (\arctan x)^2 dx$；

$(17) \displaystyle\int x e^x \sin x dx$；

$(18) \displaystyle\int \frac{\sqrt{x + 1}}{(\sqrt{x + 1} - 1)^2} dx$；

$(19) \displaystyle\int \frac{1 - x^7}{x(1 + x^7)} dx$；

$(20) \displaystyle\int \arcsin x dx$.

2. 试证明：函数 $F_1(x) = \ln(a_1 x)$ 与 $F_2(x) = \ln(a_2 x)$ 是同一函数的原函数 $(a_1 > a_2 > 0)$.

3. 利用定积分的定义计算下列极限：

$(1) \displaystyle\lim_{n \to \infty} \frac{1}{n} \left(\sin \frac{\pi}{n} + \sin \frac{2\pi}{n} + \cdots + \sin \frac{n\pi}{n} \right)$；

$(2) \displaystyle\lim_{n \to \infty} \frac{1}{n} \sqrt[n]{n(n + 1) \cdots [n + (n - 1)]}$.

4. 计算下列定积分：

$(1) \displaystyle\int_{-1}^{1} \left(x + \sqrt{1 - x^2} \right)^2 dx$；

(2) $\int_0^{\frac{\pi}{4}} \dfrac{x}{1 + \cos 2x} dx$；

(3) $\int_{-\frac{\pi}{2}}^{\frac{\pi}{2}} (\sqrt{\cos x - \cos^3 x} + x^6 \sin x) dx$；

(4) $\int_0^a x^2 \sqrt{a^2 - x^2} dx (a > 0)$；

(5) $\int_0^1 x \arctan x dx$；

(6) $\int_0^1 x (1 - x^4)^{\frac{3}{2}} dx$；

(7) $\int_0^1 \dfrac{dx}{x^2 + 4x + 5}$；

(8) $\int_{-1}^0 \dfrac{3x^4 + 3x^2 + 1}{x^2 + 1} dx$.

5. $f(x)$ 在 $[a,b]$ 上连续，且 $f(x) > 0$，求 $\lim\limits_{n \to \infty} \int_a^b x^2 \sqrt[n]{f(x)} dx$.

6. 设 $f(x) = \begin{cases} 1 + x^2, & x < 0 \\ e^{-x}, & x \geq 0 \end{cases}$，求 $\int_1^3 f(x - 2) dx$.

7. 求常数 a, b 的值，使 $\lim\limits_{x \to 0} \dfrac{\displaystyle\int_0^x \dfrac{t^2}{\sqrt{a + t}} dt}{bx - \sin x} = 1$.

8. 确定常数 a, b, c 的值，使 $\lim\limits_{x \to 0} \dfrac{ax - \sin x}{\displaystyle\int_b^x \dfrac{\ln(1 + t^3)}{t} dt} = C (C \neq 0)$.

9. 设 $F(x) = \displaystyle\int_0^{x^2} e^{-t^2} dt$，试求：

(1) $F(x)$ 的极值；

(2) 曲线 $y = F(x)$ 的拐点横坐标；

(3) $\displaystyle\int_{-2}^3 x^2 F'(x) dx$ 的值.

10. 设函数 $F(x) = \begin{cases} \dfrac{\displaystyle\int_0^x t f(t) dt}{x^2}, & x \neq 0 \\ A, & x = 0 \end{cases}$，$f'(x)$ 连续，且 $f(0) = 0$，求：

(1) A 的值，使 $F(x)$ 在 $x = 0$ 连续，

(2) 研究 $F'(x)$ 在 $x = 0$ 的连续性.

11. 计算积分 $\int_0^2 f(x) dx$，其中 $f(x) = \begin{cases} x + 1, & x \leq 1 \\ \dfrac{1}{2} x^2, & x > 1 \end{cases}$.

12. 设 $f(x) = \begin{cases} \dfrac{1}{1 + x}, & x \geq 0 \\ \dfrac{1}{1 + e^x}, & x < 0 \end{cases}$，求 $\int_0^2 f(x - 1) dx$.

13. 设 $f(x) = x^2 - x\int_0^2 f(x)dx + 2\int_0^1 f(x)dx$,试求 $f(x)$.

14. 设 $f(x) = \int_1^x \frac{\ln t}{1+t}dt$,其中 $x > 0$,求 $f(x) + f(\frac{1}{x})$.

15. 函数在 $(-\infty, +\infty)$ 内满足 $f(x) = f(x-\pi) + \sin x$,且 $f(x) = x, x \in [0, \pi]$,计算 $\int_\pi^{3\pi} f(x)dx$.

16. 计算广义积分 $\int_0^{+\infty} \frac{dx}{(1+x^2)(1+x^n)}$($n$ 为正整数).

17. 设函数 $f(x)$ 在 $(-\infty, +\infty)$ 上连续,且 $F(x) = \int_0^x (x-2t)f(t)dt$,证明:

(1) 若 $f(x)$ 为偶函数,则 $F(x)$ 也是偶函数;

(2) 若 $f(x)$ 单调不增,则 $F(x)$ 单调不减.

18. 求由双曲线 $r^2\cos 2\theta = 1$ 与 $\theta = 0$ 及 $\theta = \frac{\pi}{6}$ 所围成的图形面积.

19. 求由曲线 $y = e^x$,与直线 $x = 1, x = 2, y = 0$ 所围成的图形绕 x 轴及 y 轴旋转所形成的旋转体的体积.

20. 求由抛物线 $y = x^2$ 与直线 $y = x - 6$ 所围成的图形的面积.

21. 求由抛物线 $y = x^2 + 1$ 与其在第一象限内过原点的切线及 y 轴所围成的图形的面积.

22. 设某产品的边际收入为 $R'(x) = 200 - 2x$,且销售量为 0 时,总收益为 0. 求:

(1) 总收益函数 $R(x)$;

(2) 当销售量由 50 增加到 60 时,收益的增量.

23. 设某商品从时刻 0 到时刻 t 的销售量 $x(t) = kt, t \in (0, T), k > 0$. 准备在 T 时刻将数量为 A 的该商品销售完,试求:

(1) t 时的剩余量,并求 k 的值.

(2) 在 $[0, T]$ 上的平均剩余量.

24. 设某产品在时刻 t 总产量的变化率为 $f(t) = 100 + 12t - 0.6t^2$(单位／小时),求从 $t = 2$ 到 $t = 4$ 这两小时的总产量.

第4章　多元函数微分学

在前面各章中，我们所讨论的函数都是只含有一个自变量的函数 $y=f(x)$，这种函数叫一元函数. 但是在实际问题中，经常要考虑多种事物与多种因素的联系，反映到数学上就是一个变量依赖于多个变量的情形，这就提出了多元函数以及多元函数的微分和积分问题. 本章将在一元函数微分学的基础之上讨论多元函数的概念，微分法及其应用. 在讨论中以二元函数为主，讨论的结果容易推广到多元函数.

4.1　多元函数的基本概念

4.1.1　多元函数的概念

在许多实际问题中，经常会遇到多个变量之间的依赖关系，即事物的变化不只由一个因素决定，而是由多个因素决定.

例如，某种商品的市场需求量不仅与其市场价格有关，而且与消费者的收入以及这种商品的其他替代品的价格等因素有关，即决定该商品需求量的因素不是一个而是多个.

又如，圆柱体的体积 V 和它的底半径 r，高 h 之间具有关系：

$$V = \pi r^2 h$$

此时，当 r,h 在集合 $\{(r,h) \mid r>0, h>0\}$ 内取定一对值时，对应的 V 值也随之确定.

要想全面研究这些问题，就必须要引入多元函数的概念.

定义1　设 D 是 R^2 的一个非空子集，称映射 $f: D \rightarrow R$ 为定义在 D 上的二元函数，通常记为

$$z = f(x,y), (x,y) \in D$$

或

$$z = f(P), P \in D$$

这里 x,y 称为自变量，z 称为因变量，点集 D 称为该函数 z 的定义域，而数集 $\{z \mid z = f(x,y), (x,y) \in D\}$ 称为该函数的值域.

z 是 x,y 的函数，有时也记为这样的形式：

$$z = z(x,y)$$

请注意，这种记号中的两个 z 的含义是不同的，左边的 z 是因变量，右边的 z 是对应法则. 尽管这里的记号发生了混写，但对它们的含义要"胸中有数".

一般地，把定义中的平面点集 D 换成 n 维空间内的点集 D，可类似地定义 n 元函数 $u = f(x_1, x_2, \cdots, x_n)$，$n$ 元函数也可简记为 $u = f(P)$，这里，点 $P(x_1, x_2, \cdots, x_n) \in D$，当 $n=1$ 时，n 元函数也就是一元函数，当 $n \geq 2$ 时，n 元函数统称为多元函数.

我们约定，在讨论多元函数 $u = f(P)$ 时，以这个算式有确定值 u 的自变量取值点集为该函数的定义域. 例如，函数 $z = \ln(x+y)$ 的定义域为

$$D = \{(x,y) \mid x+y>0\}$$

4.1.2 二元函数的几何意义

设函数 $z = f(x, y)$ 的定义域为 D，对于任取点 $P(x, y) \in D$，其对应的函数值为 $z = f(x, y)$，于是得到了空间内的一点 $M(x, y, f(x, y))$。当 (x, y) 遍取定义域 D 内一切点时，就得到了空间点集：

$$\{(x, y, z) \mid z = f(x, y), (x, y) \in D\}$$

这个点集称之为二元函数 $z = f(x, y)$ 的图形，通常二元函数的图形是一张空间曲面，如图 4-1 所示。

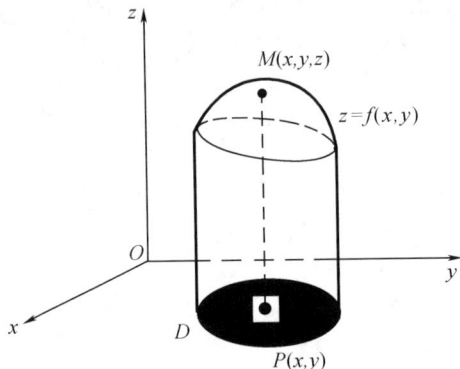

图 4-1

4.1.3 多元函数的极限

二元函数的极限概念与一元函数的极限概念相似，只是自变量的变化过程复杂得多。讨论二元函数 $z = f(x, y)$，当 $(x, y) \to (x_0, y_0)$，即 $P(x, y) \to P_0(x_0, y_0)$ 时的极限。这里 $P(x, y) \to P_0(x_0, y_0)$ 表示点 $P(x, y)$ 以任何方式趋近于点 $P_0(x_0, y_0)$，也就是点 $P(x, y)$ 与点 $P_0(x_0, y_0)$ 间的距离趋于零，即

$$|PP_0| = \sqrt{(x - x_0)^2 + (y - y_0)^2} \to 0$$

因此，二元函数的极限与一元函数的极限相比较，它是一种"全面极限"，比一元函数极限复杂。通常我们称它为二重极限。

定义 2　设二元函数 $z = f(x, y)$ 在点 $P_0(x_0, y_0)$ 的附近有定义，A 是一个确定的数。如果对当点 $P(x, y)$ 与点 $P_0(x_0, y_0)$ 无限接近时，函数值 $f(x, y)$ 无限接近于常数 A，则称函数 $f(x, y)$ 在动点 $P(x, y)$ 趋向于 $P_0(x_0, y_0)$ 时以 A 为极限，记作

$$\lim_{(x, y) \to (x_0, y_0)} f(x, y) = A$$

或

$$\lim_{\substack{x \to x_0 \\ y \to y_0}} f(x, y) = A$$

也可记作

$$\lim_{P \to P_0} f(P) = A$$

例 1　设 $f(x, y) = \dfrac{x^2 y^2}{x^2 + y^2}$，$(x, y) \neq (0, 0)$，求证：$\lim\limits_{(x, y) \to (0, 0)} f(x, y) = 0$.

证明 因为当 $(x,y) \neq (0,0)$ 时,有

$$0 \leqslant \left| \frac{x^2 y^2}{x^2 + y^2} - 0 \right| = \left| \frac{x^2 y^2}{x^2 + y^2} \right| \leqslant x^2 + y^2$$

由此可以看出,只要点 (x,y) 与点 $(0,0)$ 足够接近,即 $\sqrt{(x-0)^2 + (y-0)^2} = \sqrt{x^2 + y^2}$ $\to 0$ 时,函数 $f(x,y) = \frac{x^2 y^2}{x^2 + y^2}$ 的函数值就会无限接近于 0. 由定义有 $\lim\limits_{(x,y) \to (0,0)} f(x,y) = 0$.

例 2 试讨论当 $(x,y) \to (0,0)$ 时,函数 $f(x,y) = \frac{x^2 y}{x^4 + y^2}$ 的极限.

解 因为 $\lim\limits_{\substack{x \to 0 \\ y = kx}} f(x,y) = \lim\limits_{\substack{x \to 0 \\ y = k \cdot x}} \frac{x^2 y}{x^4 + y^2} = \lim\limits_{x \to 0} \frac{x^2 (kx)}{x^4 + (kx)^2} = \lim\limits_{x \to 0} \frac{kx}{x^2 + k^2} = 0$

$$\lim\limits_{\substack{x \to 0 \\ y = x^2}} \frac{x^2 y}{x^4 + y^2} = \lim\limits_{x \to 0} \frac{x^2 x^2}{x^4 + (x^2)^2} = \lim\limits_{x \to 0} \frac{1}{2} = \frac{1}{2}$$

所以 $\lim\limits_{(x,y) \to (0,0)} \frac{x^2 y}{x^4 + y^2}$ 不存在.

那么,如何来说明二重极限不存在呢？二重极限是一种全面极限,当 $P(x,y)$ 以某几条特殊路径趋近于 $P_0(x_0,y_0)$ 时,即使函数 $f(x,y)$ 无限地趋近于某一确定常数 A,也不能断定函数的极限 $\lim\limits_{\substack{x \to x_0 \\ y \to y_0}} f(x,y) = A$ 存在.

反过来,如果当 $P(x,y)$ 沿两条不同路径趋近于点 $P_0(x_0,y_0)$ 时,函数 $f(x,y)$ 趋近于不同的值,则可以断定函数的二重极限不存在.

例 3 讨论函数

$$z = f(x,y) = \begin{cases} \dfrac{xy}{x^2 + y^2}, & x^2 + y^2 \neq 0 \\ 0, & x^2 + y^2 = 0 \end{cases}$$

在点 $(0,0)$ 处的极限是否存在.

解 $\lim\limits_{\substack{x \to 0 \\ y = kx}} f(x,y) = \lim\limits_{\substack{x \to 0 \\ y = kx}} \frac{xy}{x^2 + y^2} = \lim\limits_{x \to 0} \frac{x(kx)}{x^2 + (kx)^2} = \frac{k}{1 + k^2}$,

函数沿过原点的直线 $y = kx$ 趋近于原点时,其极限值与参数 k 有关,故二重极限不存在.

判定函数的二重极限不存在的常用方法:

设法选择 xOy 面上过点 $P_0(x_0,y_0)$ 的两条曲线 $y = \varphi_1(x)$ 与 $y = \varphi_2(x)$,使极限 $\lim\limits_{\substack{x \to x_0 \\ y = \varphi_1(x)}} f(x,y)$ 与 $\lim\limits_{\substack{x \to x_0 \\ y = \varphi_2(x)}} f(x,y)$ 的值不相等.

函数的二重极限的概念不难推广到 n 元函数的极限,这里略去.

关于求解二重极限的方法,我们在一元函数中的方法仍然适用,如下例.

例 4 求二重极限 $\lim\limits_{(x,y) \to (0,0)} (x^2 + y^2) \sin \frac{1}{xy}$.

解 因为 $\left| \sin \frac{1}{xy} \right| \leqslant 1$,而当 $(x,y) \to (0,0)$, $x^2 + y^2 \to 0$,所以

$$\lim\limits_{(x,y) \to (0,0)} (x^2 + y^2) \sin \frac{1}{xy} = 0$$

4.1.4 多元函数的连续性

利用多元函数极限的概念,就可以定义多元函数的连续性.

定义 3 设二元函数 $f(x,y)$ 的定义域为 D, $P_0(x_0,y_0)\in D$,若

$$\lim_{(x,y)\to(x_0,y_0)}f(x,y)=f(x_0,y_0), P(x,y)\in D$$

则称二元函数 $f(x,y)$ 在点 $P_0(x_0,y_0)$ 连续.

如果函数 $f(x,y)$ 在 D 的每一点都连续,那么就称函数 $f(x,y)$ 在 D 上连续,或者称 $f(x,y)$ 是 D 上的连续函数.

可以证明,一元函数关于极限的运算法则仍适用于多元函数. 根据极限运算法则,进一步可证明,多元连续函数的和、差、积为连续函数,在分母不为零处,连续函数的商也是连续函数,多元函数的复合函数也是连续函数.

多元初等函数是指由常数及含多个自变量的基本初等函数经过有限次四则运算复合所构成的多元函数.

例如,下述函数均为多元初等函数:

$$\frac{x+x^2-y^2}{x^2+y^2}, \sin(x+y), e^{xy}\ln(x+y+1)$$

根据多元连续函数和、差、积、商的连续性以及连续函数的复合函数的连续性,再考虑到基本初等函数的连续性,我们得出如下结论:

一切多元初等函数在其定义区域内是连续的.

因此,对于多元初等函数,如果要求它在一点 P_0 处的极限值,而 P_0 又在此函数的定义区域内,则其极限值就等于函数在该点的函数值,即

$$\lim_{P\to P_0}f(P)=f(P_0)$$

例 5 求二重极限 $\lim\limits_{(x,y)\to(1,2)}\dfrac{x+y}{xy}$.

解 函数 $f(x,y)=\dfrac{x+y}{xy}$ 是初等函数,它的定义域为

$$D=\{(x,y)\mid x\neq 0, y\neq 0\}$$

点 $P_0(1,2)$ 是 D 中的点,因此

$$\lim_{(x,y)\to(1,2)}\frac{x+y}{xy}=\frac{1+2}{1\cdot 2}=\frac{3}{2}$$

例 6 求二重极限 $\lim\limits_{(x,y)\to(0,0)}\dfrac{\sqrt{xy+1}-1}{xy}$.

解 $\lim\limits_{(x,y)\to(0,0)}\dfrac{\sqrt{xy+1}-1}{xy}=\lim\limits_{(x,y)\to(0,0)}\dfrac{xy+1-1}{xy(\sqrt{xy+1}+1)}=\lim\limits_{(x,y)\to(0,0)}\dfrac{1}{\sqrt{xy+1}+1}=\dfrac{1}{2}$

与闭区间上一元连续函数的性质相类似,在有界的闭区域上,多元连续函数也有如下性质:

定理 1 (有界性定理)若函数 $f(P)$ 在有界闭区域 D 上连续,则它在 D 上有界. 即存在正数 M,使得在 D 上恒有 $f(P)\leqslant M$.

定理 2 (最大值与最小值定理)在有界闭区域 D 上的多元连续函数 $f(P)$,在 D 上必取得它的最大值和最小值. 即在 D 上存在点 P_1 和 P_2,使得对 D 上任意点 P,恒有

$$f(P_1) \leqslant f(P) \leqslant f(P_2)$$

其中, $f(P_1)$, $f(P_2)$分别是$f(P)$在D上的最小值和最大值.

定理3 (介值定理)有界闭区域D上的多元连续函数必取得它的最小值与最大值之间的任何一个值.

4.2 偏 导 数

在一元函数中, 我们已经知道导数就是函数的变化率, 它反映了函数在一点处变化的快慢程度, 导数已成为研究一元函数的重要分析工具. 对于多元函数, 同样需要研究它的"变化率". 然而, 由于多元函数的自变量不止一个, 因变量与自变量的关系要比一元函数复杂得多. 本节我们以二元函数$z = f(x, y)$为例, 考虑二元函数关于其中一个自变量变化率的问题.

4.2.1 偏导数的定义及计算

对于二元函数$z = f(x, y)$, 若只有自变量x变化, 而自变量y固定(即看作常量), 这时, $z = f(x, y)$就成为一元函数, 这个函数对于x的导数, 就称之为二元函数z对于x的偏导数.

定义1 设函数$z = f(x, y)$在点$P_0(x_0, y_0)$附近有定义, 当y固定在y_0, 而x在x_0处有增量Δx时, 相应地函数有增量

$$f(x_0 + \Delta x, y_0) - f(x_0, y_0)$$

如果极限

$$\lim_{\Delta x \to 0} \frac{f(x_0 + \Delta x, y_0) - f(x_0, y_0)}{\Delta x}$$

存在, 则称此极限为函数$z = f(x, y)$在点$P_0(x_0, y_0)$处对x的偏导数, 并记作

$$\frac{\partial z}{\partial x}\bigg|_{\substack{x=x_0 \\ y=y_0}}, \frac{\partial f}{\partial x}\bigg|_{\substack{x=x_0 \\ y=y_0}}, z_x\bigg|_{\substack{x=x_0 \\ y=y_0}}, f_x(x_0, y_0)$$

即

$$f_x(x_0, y_0) = \lim_{\Delta x \to 0} \frac{f(x_0 + \Delta x, y_0) - f(x_0, y_0)}{\Delta x}$$

类似地, 函数$z = f(x, y)$在点$P_0(x_0, y_0)$处对y的偏导数定义为

$$f_y(x_0, y_0) = \lim_{\Delta y \to 0} \frac{f(x_0, y_0 + \Delta y) - f(x_0, y_0)}{\Delta y}$$

记作

$$\frac{\partial z}{\partial y}\bigg|_{\substack{x=x_0 \\ y=y_0}}, \frac{\partial f}{\partial y}\bigg|_{\substack{x=x_0 \\ y=y_0}}, z_y\bigg|_{\substack{x=x_0 \\ y=y_0}}, f_y(x_0, y_0)$$

如果函数$z = f(x, y)$在区域D内每一点(x, y)处对x的偏导数都存在, 那么这个偏导数就是x, y的函数, 称它为函数$z = f(x, y)$对自变量x的偏导函数, 记作

$$\frac{\partial z}{\partial x}, \frac{\partial f}{\partial x}, z_x, f_x(x, y)$$

类似地, 可以定义函数$z = f(x, y)$对自变量y的偏导函数, 并记作

$$\frac{\partial z}{\partial y}, \frac{\partial f}{\partial y}, z_y, f_y(x,y)$$

由偏导函数概念可知, $f(x,y)$ 在点 (x_0,y_0) 处对 x 的偏导数 $f_x(x_0,y_0)$, 其实就是偏导函数 $f_x(x,y)$ 在点 (x_0,y_0) 处的函数值. $f_y(x_0,y_0)$ 就是偏导函数 $f_y(x,y)$ 在点 (x_0,y_0) 处的函数值.

在不产生混淆的情况下, 把偏导函数简称为偏导数.

求 $z=f(x,y)$ 的偏导数, 并不需要新的方法, 因为这里只有一个自变量在变化, 另一自变量被看成是固定的, 所以仍然是一元函数的导数. 所谓"偏", 是指求导运算偏于某个变量, 而将其余变量看作常数, 即:求 $\frac{\partial z}{\partial x}$ 时, 把 y 看作常量, 而对 x 求导数;求 $\frac{\partial z}{\partial y}$ 时, 把 x 看作常量, 而对 y 求导数;

例 1　求 $z=2x^2+3xy+4y^2$ 在点 $(1,3)$ 处的偏导数.

解　方法 1

$$\frac{\partial z}{\partial x}=4x+3y, \quad \frac{\partial z}{\partial y}=3x+8y$$

则

$$\left.\frac{\partial z}{\partial x}\right|_{(1,3)}=13, \left.\frac{\partial z}{\partial y}\right|_{(1,3)}=27$$

方法 2

$$f(x,3)=2x^2+9x+36, \quad f(1,y)=2+3y+4y^2$$

则

$$f_x(1,2)=4x+9 \big|_{x=1}=13$$
$$f_y(1,2)=3+8y \big|_{y=3}=27$$

例 2　求函数 $z=x^y(x>0,x\neq1,y$ 为任意实数$)$ 的偏导数.

解　$\frac{\partial z}{\partial x}=y\cdot x^{y-1}, \frac{\partial z}{\partial y}=x^y\cdot\ln x.$

例 3　求函数 $u=\mathrm{e}^{xy}\cos yz$ 的偏导数.

解　$u_x=y\mathrm{e}^{xy}\cos yz$

$u_y=x\mathrm{e}^{xy}\cos yz-z\mathrm{e}^{xy}\sin yz=\mathrm{e}^{xy}(x\cos yz-z\sin yz)$

$u_z=-y\mathrm{e}^{xy}\sin yz$

例 4　已知理想气体的状态方程为 $PV=RT$(R 为常量), 求证:$\frac{\partial P}{\partial V}\cdot\frac{\partial V}{\partial T}\cdot\frac{\partial T}{\partial P}=-1$

证明　$P=\frac{RT}{V}, \frac{\partial P}{\partial V}=-\frac{RT}{V^2},$

$V=\frac{RT}{P}, \frac{\partial V}{\partial T}=\frac{R}{P}$

$T=\frac{PV}{R}, \frac{\partial T}{\partial P}=\frac{V}{R}$

$$\frac{\partial P}{\partial V}\cdot\frac{\partial V}{\partial T}\cdot\frac{\partial T}{\partial P}=-\frac{RT}{V^2}\cdot\frac{R}{P}\cdot\frac{V}{R}=-\frac{RT}{VP}=-1$$

注意:偏导数的记号应看作一个整体性的符号(不能看成商的形式), 这与一元函数导

数 $\dfrac{\mathrm{d}y}{\mathrm{d}x}$ 可看作函数微分 $\mathrm{d}y$ 与自变量微分 $\mathrm{d}x$ 之商不同.

例5 求函数 $r = \sqrt{x^2 + y^2 + z^2}$ 的偏导数.

解 $\dfrac{\partial r}{\partial x} = \dfrac{x}{\sqrt{x^2 + y^2 + z^2}} = \dfrac{x}{r}$

同理 $\dfrac{\partial r}{\partial y} = \dfrac{y}{\sqrt{x^2 + y^2 + z^2}} = \dfrac{y}{r}$

$\dfrac{\partial r}{\partial z} = \dfrac{z}{\sqrt{x^2 + y^2 + z^2}} = \dfrac{z}{r}$

偏导数的几何意义：

设 $M_0(x_0, y_0, f(x_0, y_0))$ 为曲面 $z = f(x, y)$ 上的一点, 过 M_0 作平面 $y = y_0$ 与曲面相交的曲线为 $\begin{cases} y = y_0 \\ z = f(x, y_0) \end{cases}$, 而偏导数 $f_x(x_0, y_0)$ 代表该曲线在点 M_0 处的切线对 x 轴的斜率. 同样, 偏导数 $f_y(x_0, y_0)$ 表示曲面 $z = f(x, y)$ 被平面 $x = x_0$ 所截得的曲线 $\begin{cases} x = x_0 \\ z = f(x_0, y) \end{cases}$ 在点 M_0 处的切线对 y 轴的斜率, 如图 4-2 和图 4-3 所示.

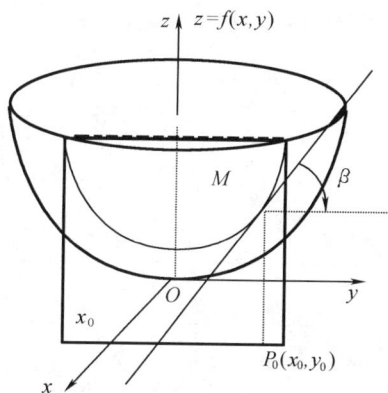

图 4-2

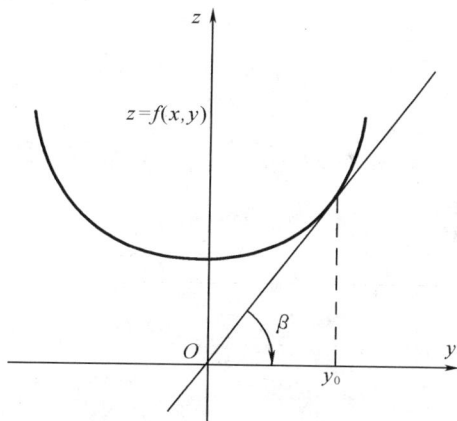

图 4-3

4.2.2 二元函数的偏导数与连续性之间的关系

对于一元函数, 在某点可导, 则函数在该点一定连续. 若函数在某点不连续, 则函数在该点一定不可导. 对于二元函数来说, 情况就不同了.

二元函数 $z = f(x, y)$ 在点 $M_0(x_0, y_0)$ 处的偏导数 $f_x(x_0, y_0)$, $f_y(x_0, y_0)$, 仅仅是函数沿两个特殊方向(平行于 x 轴, y 轴)的变化率. 而函数在 M_0 点连续, 则要求点 $M(x, y)$ 沿任何方式趋近于点 $M_0(x_0, y_0)$ 时, 函数值 $f(x, y)$ 趋近于 $f(x_0, y_0)$, 它反映的是函数 $z = f(x, y)$ 在 M_0 点处的一种"全面"的状态.

因此, 二元函数在某点偏导数存在与函数在该点的连续性之间没有必然联系.

例6 讨论函数

$$z = f(x,y) = \begin{cases} \dfrac{xy}{x^2+y^2}, & x^2+y^2 \neq 0 \\ 0, & x^2+y^2 = 0 \end{cases}$$

在点(0,0)处的连续性与偏导数的存在性.

解 在前节已证 $\lim\limits_{\substack{x\to 0 \\ y=k\cdot x}} f(x,y) = \lim\limits_{\substack{x\to 0 \\ y=k\cdot x}} \dfrac{xy}{x^2+y^2} = \lim\limits_{x\to 0} \dfrac{x(kx)}{x^2+(kx)^2} = \dfrac{k}{1+k^2}$

函数沿过原点的直线 $y=kx$ 趋近于原点时，其极限值与参数 k 有关，所以二重极限不存在，函数在原点自然是不连续的.

而

$$f_x(0,0) = \lim_{x\to 0} \frac{f(0+x,0)-f(0,0)}{x} = \lim_{x\to 0} \frac{0-0}{x} = 0$$

同样有

$$f_y(0,0) = \lim_{y\to 0} \frac{f(0,0+y)-f(0,0)}{y} = \lim_{y\to 0} \frac{0-0}{y} = 0$$

显然，在(0,0)点两个偏导数都存在.

此例表明，二元函数在一点不连续，但其偏导数却存在.

例7 讨论函数 $z = f(x,y) = \sqrt{x^2+y^2}$ 在点(0,0)处的连续性与偏导数存在性.

解 显然，$\lim\limits_{(x,y)\to(0,0)} f(x,y) = \lim\limits_{(x,y)\to(0,0)} \sqrt{x^2+y^2} = 0 = f(0,0)$，函数在原点连续.

但是

$$f_x(0,0) = \lim_{x\to 0} \frac{f(0+x,0)-f(0,0)}{x} = \lim_{x\to 0} \frac{\sqrt{x^2}-0}{x} = \lim_{x\to 0} \frac{|x|}{x} \text{不存在}$$

同理，$f_y(0,0)$ 也不存在.

此例表明，二元函数在一点连续，但在该点的偏导数不存在.

4.2.3 高阶偏导数

由于多元函数的偏导数仍然是多元函数，因此可对偏导数再求偏导，称为高阶偏导数.

定义2 设函数 $z=f(x,y)$ 在区域 D 内具有偏导数

$$\frac{\partial z}{\partial x} = f_x(x,y), \quad \frac{\partial z}{\partial y} = f_y(x,y)$$

于是在 D 内 $f_x(x,y)$，$f_y(x,y)$ 均是 x,y 的函数，若这两个函数的偏导数也存在，则称它们是函数的二阶偏导数.

按照对变量求导次序的不同，有下列四种二阶偏导数：

$$\frac{\partial}{\partial x}\left(\frac{\partial z}{\partial x}\right) = \frac{\partial^2 z}{\partial x^2} = f_{xx}(x,y)$$

$$\frac{\partial}{\partial y}\left(\frac{\partial z}{\partial x}\right) = \frac{\partial^2 z}{\partial x\partial y} = f_{xy}(x,y)$$

$$\frac{\partial}{\partial x}\left(\frac{\partial z}{\partial y}\right) = \frac{\partial^2 z}{\partial y\partial x} = f_{yx}(x,y)$$

$$\frac{\partial}{\partial y}\left(\frac{\partial z}{\partial y}\right) = \frac{\partial^2 z}{\partial y^2} = f_{yy}(x,y)$$

其中,称 $f_{xy}(x,y),f_{yx}(x,y)$ 为二阶混合偏导数,类似地,可得到三阶、四阶和更高阶的导数. 二阶及二阶以上的偏导数统称为高阶偏导数.

对于二阶偏导数的符号,我们引入如下简洁记法:

$$\frac{\partial^2 z}{\partial x^2}=f''_{11}(x,y),\frac{\partial^2 z}{\partial x\partial y}=f''_{12}(x,y)$$

$$\frac{\partial^2 z}{\partial y\partial x}=f''_{21}(x,y),\frac{\partial^2 z}{\partial y^2}=f''_{22}(x,y)$$

在不特别需要写出函数自变量时,二阶偏导数的符号还可简单地记成:

$$\frac{\partial^2 z}{\partial x^2}=f''_{11},\frac{\partial^2 z}{\partial x\partial y}=f''_{12},\frac{\partial^2 z}{\partial y\partial x}=f''_{21},\frac{\partial^2 z}{\partial y^2}=f''_{22}$$

例8　求函数 $z=xy^3+e^{xy}$ 的二阶偏导数.

解　$\dfrac{\partial z}{\partial x}=y^3+ye^{xy}$ $\qquad\qquad\qquad\dfrac{\partial z}{\partial y}=3xy^2+xe^{xy}$

$\dfrac{\partial^2 z}{\partial x^2}=y^2e^{xy}$ $\qquad\qquad\qquad\dfrac{\partial^2 z}{\partial x\partial y}=3y^2+(1+xy)e^{xy}$

$\dfrac{\partial^2 z}{\partial y^2}=6xy+x^2e^{xy}$ $\qquad\qquad\dfrac{\partial^2 z}{\partial y\partial x}=3y^2+(1+xy)e^{xy}$

例9　设 $u=e^{ax}\cos by$,求二阶偏导数.

解　$\dfrac{\partial u}{\partial x}=ae^{ax}\cos by$ $\qquad\qquad\dfrac{\partial u}{\partial y}=-be^{ax}\sin by$

$\dfrac{\partial^2 u}{\partial x^2}=a^2e^{ax}\cos by$ $\qquad\qquad\dfrac{\partial^2 u}{\partial y^2}=-b^2e^{ax}\cos by$

$\dfrac{\partial^2 u}{\partial x\partial y}=-abe^{ax}\sin by$ $\qquad\qquad\dfrac{\partial^2 u}{\partial y\partial x}=-abe^{ax}\sin by$

以上两例中的两个二阶混合偏导数相等,即 $\dfrac{\partial^2 z}{\partial x\partial y}=\dfrac{\partial^2 z}{\partial y\partial x}$,这并不是某种偶然的巧合,我们有如下定理.

定理1　如果函数 $z=f(x,y)$ 的两个二阶混合偏导数 $\dfrac{\partial^2 z}{\partial x\partial y}$ 及 $\dfrac{\partial^2 z}{\partial y\partial x}$ 在区域内连续,那么在该区域内这两个二阶混合偏导数必相等.

这一结论表明,有二阶混合偏导数连续的条件下,它与求导次序无关.

对于二元以上的函数,我们可类似地定义高阶偏导数,而且高阶混合偏导数在偏导数连续的条件下也与求导的次序无关,这里就不赘述了.

必须指出,定理中所要求的条件连续是必要的,改变这一条件,定理的结论不真.

4.2.4　偏导数在经济学中的应用

1. 边际分析

多元函数的偏导数在经济上表示边际经济量,边际经济量的经济意义是:当其中一个经济量变化一个单位时(其他经济量保持不变)总经济量的变化量.

在经济分析中,不同的经济函数,边际函数被赋予不同的名称. 例如某工厂生产 A,B 两种产品,当 A,B 产品的产量分别为 x 和 y 个单位时,总成本函数为 $C=f(x,y)$. 这时偏导

数 $\dfrac{\partial C}{\partial x}$ 称为关于 A 产品的边际成本,它是当 B 产品的产量固定时,总成本 C 关于 x 的边际成本,其经济意义是:当 B 产品的产量固定在 y 处,A 产品的产量在 x 的基础上再生产一个单位时成本大约增加 $\dfrac{\partial C}{\partial x}$.

例 10 某工厂生产甲、乙两种产品,当两种产品的产量分别为 x,y(单位:kg)时,总成本(单位:元)为

$$C(x,y) = 3x^2 + 2xy + 5y^2 + 10$$

求当 $x = 8, y = 8$ 时,两种产品的生产边际成本.

解 $\dfrac{\partial C}{\partial x}\Big|_{(8,8)} = (6x + 2y)\Big|_{(8,8)} = 64$

$\dfrac{\partial C}{\partial y}\Big|_{(8,8)} = (2x + 10y)\Big|_{(8,8)} = 96$

此结果表明,当乙产品产量不变而甲产品产量再增加 1 kg 时,总成本近似增加 64 元;当甲产品产量不变而乙产品产量再增加 1 kg 时,总成本近似增加 96 元.

2. 弹性分析

定义 2 $z = f(x,y)$ 在 (x,y) 处偏导数存在,函数对 x 的相对改变量 $\dfrac{\Delta_x z}{z} = \dfrac{f(x + \Delta x, y) - f(x,y)}{f(x,y)}$ 与自变量 x 的相对改变量 $\dfrac{\Delta x}{x}$ 之比 $\dfrac{\Delta_x z}{z} \Big/ \dfrac{\Delta x}{x}$ 称为函数 $f(x,y)$ 对 x 从 x 到 $x + \Delta x$ 两点间的弹性. 当 $\Delta x \to 0$ 时,$\dfrac{\Delta_x z}{z} \Big/ \dfrac{\Delta x}{x}$ 的极限称为 $f(x,y)$ 在 (x,y) 处对 x 的弹性,记为 η,即 $\eta_x = \lim\limits_{\Delta x \to 0} \dfrac{\Delta_x z}{z} \Big/ \dfrac{\Delta x}{x} = \dfrac{\partial z}{\partial x} \cdot \dfrac{x}{z}$.

η_x 表示在点 (x,y) 处,当 y 不变而 x 改变 1% 时,$z = f(x,y)$ 近似地改变了 $\eta_x \%$.

类似可定义 $f(x,y)$ 在 (x,y) 处对 y 的弹性:

$$\eta_y = \lim_{\Delta y \to 0} \dfrac{\Delta_y z}{z} \Big/ \dfrac{\Delta y}{y} = \dfrac{\partial z}{\partial y} \cdot \dfrac{y}{z}$$

多元函数的弹性也称为偏弹性,下面介绍需求函数的偏弹性.

一个商品的需求量 Q 不仅与该商品的价格和消费者的收入有关,有时还和另一种商品的价格有关,所以商品的需求量 Q 是一个多元函数.

例如,已知需求函数

$$Q = a - bP_1 + cP_2 + dY$$

其中,Q 为商品的需求量;P_1 表示该商品的价格;P_2 表示另一相关商品的价格;Y 表示收入;a,b,c,d 为常数.

需求对收入 Y 的偏弹性为

$$\eta_Y = \dfrac{\partial Q}{\partial Y} \dfrac{Y}{Q}$$

它表示当所有其他变量保持不变时,收入的一个小单位的变化率所引起的该商品需求量的变化率.

需求对价格 P_1 的偏弹性为

$$\eta_{P_1} = \frac{\partial Q}{\partial P_1} \frac{P_1}{Q}$$

称 η_{P_1} 为需求的直接价格偏弹性.

需求对价格 P_2 的偏弹性为

$$\eta_{P_2} = \frac{\partial Q}{\partial P_2} \frac{P_2}{Q}$$

称 η_{P_2} 为需求的交叉价格偏弹性,它表示当所有其他变量保持不变时,商品的需求量对另一种商品价格的变化所作出的反应. 不同的交叉价格弹性,能反映两种商品间的相关性.

当 $\eta_{P_2} > 0$ 时,两商品为互相替代(竞争)的商品. 这时,如果 P_2 增加了将引起需求量 Q 的增加. 譬如,夏天时的西瓜和冷饮就是互相替代的商品. 当西瓜的价格和消费者收入不变时,冷饮价格的增加将引起西瓜需求量的增加.

当 $\eta_{P_2} < 0$ 时,两商品是互相补充的商品. 这时,如果 P_2 增加了将引起需求量 Q 的减少. 例如,汽车和汽油就是互相补充的两种商品. 当汽车的价格和消费者收入不变时,汽油价格的增加将导致开车费用的增加,从而将引起汽车需求量的减少.

当 $\eta_{P_2} = 0$ 时,认为两商品是相互独立的商品.

例 11 设某商品的需求量 Q 是该商品价格 P_1 和另一相关商品 P_2 以及消费者收入 y 的函数:

$$Q = \frac{1}{300} P_1^{-\frac{3}{8}} P_2^{-\frac{3}{5}} y^{\frac{5}{3}}$$

求需求的直接价格偏弹性、交叉价格偏弹性及收入偏弹性.

解 由偏弹性的定义可得

$$\eta_{P_1} = \frac{\partial Q}{\partial P_1} \frac{P_1}{Q} = -\frac{3}{8}$$

$$\eta_{P_2} = \frac{\partial Q}{\partial P_2} \frac{P_2}{Q} = -\frac{3}{5}$$

$$\eta_Y = \frac{\partial Q}{\partial Y} \frac{Y}{Q} = \frac{5}{3}$$

4.3 全 微 分

4.3.1 全微分的定义

我们知道,对于一元函数 $y = f(x)$,如果自变量 x 有增量 Δx,则对应的函数也有增量:
$$\Delta y = f(x + \Delta x) - f(x)$$
并且当函数 $f(x)$ 在点 x 可导时,有
$$\Delta y = f(x + \Delta x) - f(x) = f'(x)\Delta x + o(\Delta x) = \mathrm{d}y + o(\Delta x)$$
对于给定二元函数 $z = f(x, y)$,且 $f_x(x, y)$,$f_y(x, y)$ 均存在,由一元微分学中函数增量与微分的关系,有
$$f(x + \Delta x, y) - f(x, y) \approx f_x(x, y) \cdot \Delta x$$
$$f(x, y + \Delta y) - f(x, y) \approx f_y(x, y) \cdot \Delta y$$

上述二式的左端分别称之为二元函数 $z = f(x, y)$ 对 x 或 y 的偏增量, 而右端称之为二元函数 $z = f(x, y)$ 对 x 或 y 的偏微分.

为了研究多元函数中各个自变量都取得增量时, 因变量所获得的增量, 即全增量的问题. 我们先给出函数的全增量的概念.

定义 1　设二元函数 $z = f(x, y)$ 在点 $P(x, y)$ 附近有定义, 点 $P_1(x + \Delta x, y + \Delta y)$ 为其附近任意一点, 则称这两点的函数值之差 $f(x + \Delta x, y + \Delta y) - f(x, y)$ 为函数在点 $P(x, y)$ 处对应于自变量增量 Δx 与 Δy 的全增量, 记作 Δz.

即

$$\Delta z = f(x + \Delta x, y + \Delta y) - f(x, y) \tag{4-1}$$

一般说来, 全增量 Δz 的计算往往较复杂, 参照一元函数微分的做法, 我们希望用自变量增量 Δx 与 Δy 的线性函数来近似地代替, 特引入下述定义.

定义 2　如果函数 $z = f(x, y)$ 在点 (x, y) 的全增量 $\Delta z = f(x + \Delta x, y + \Delta y) - f(x, y)$ 可表示成为

$$\Delta z = A \cdot \Delta x + B \cdot \Delta y + o(\rho) \tag{4-2}$$

其中, A, B 不依赖于 $\Delta x, \Delta y$, 而仅与 x, y 有关, $\rho = \sqrt{\Delta x^2 + \Delta y^2}$, 则称函数 $f(x, y)$ 在点 (x, y) 处可微分. 而 $A \cdot \Delta x + B \cdot \Delta y$ 称为函数 $z = f(x, y)$ 在点 (x, y) 处的全微分, 记作

$$dz = A \cdot \Delta x + B \cdot \Delta y$$

如果函数在区域 D 内各点都可微分, 那么称这函数在 D 内可微分.

4.3.2　函数可微分的条件

在一元函数中, 函数在一点可微分与可导是互为充要条件的, 那么在二元函数中, 函数在一点可微与偏导数存在之间是什么关系呢?

定理 1　(必要条件) 如果函数 $z = f(x, y)$ 在点 $P(x, y)$ 处可微分, 则函数在点 $P(x, y)$ 处的偏导数 $\left.\dfrac{\partial z}{\partial x}\right|_P, \left.\dfrac{\partial z}{\partial y}\right|_P$ 必定存在, 且函数在点 $P(x, y)$ 的全微分为

$$dz = \frac{\partial z}{\partial x} \cdot \Delta x + \frac{\partial z}{\partial y} \cdot \Delta y \tag{4-3}$$

证明　略.

由定理 1 知, 二元函数 $z = f(x, y)$ 在点 $P(x, y)$ 的偏导数存在是该函数可微分的必要条件, 关于自变量的全微分, 我们规定 $dx = \Delta x, dy = \Delta y$, 所以全微分又可写为

$$dz = \frac{\partial z}{\partial x} dx + \frac{\partial z}{\partial y} dy$$

通常我们把二元函数的全微分等于它的两个偏微分之和, 这称为二元函数的微分叠加原理.

另外, 对于一元函数来说, 在某点的导数存在是微分存在的充要条件. 但对于多元函数来说, 情形就不同了. 当函数的各个偏导数都存在时, 虽然能形式地写出 $\dfrac{\partial z}{\partial x}\Delta x + \dfrac{\partial z}{\partial y}\Delta y$, 但它与 Δz 之差并不一定是较 ρ 高阶的无穷小. 因此它不一定是函数的全微分.

例1 讨论函数

$$z = f(x,y) = \begin{cases} \dfrac{xy}{\sqrt{x^2+y^2}}, & x^2+y^2 \neq 0 \\ 0, & x^2+y^2 = 0 \end{cases}$$

在点 $(0,0)$ 处的偏导数存在性与函数可微性.

解 在点 $(0,0)$ 处有

$$f_x(0,0) = \lim_{x \to 0} \frac{f(x,0)-f(0,0)}{x} = \lim_{x \to 0} \frac{0-0}{x} = 0$$

类似地

$$f_y(0,0) = 0$$

从而

$$\Delta z - [f_x(0,0)\Delta x + f_y(0,0)\Delta y] = \frac{\Delta x \Delta y}{\sqrt{(\Delta x)^2+(\Delta y)^2}}$$

考虑点 $P'(\Delta x, \Delta y)$ 沿直线 $y=x$ 趋近于 $(0,0)$，则

$$\frac{\dfrac{\Delta x \Delta y}{\sqrt{(\Delta x)^2+(\Delta y)^2}}}{\rho} = \frac{\Delta x \Delta y}{(\Delta x)^2+(\Delta y)^2} = \frac{\Delta x \Delta x}{(\Delta x)^2+(\Delta x)^2} \to \frac{1}{2} \quad ((\Delta x, \Delta y) \to (0,0))$$

它不能随 $\rho \to 0$ 而趋近于 0，即当 $\rho \to 0$ 时，$\Delta z - [f_x(0,0)\Delta x + f_y(0,0)\Delta y]$ 并不是一个较 ρ 高阶的无穷小，因此，由定义函数 $f(x,y)$ 在 $(0,0)$ 点是不可微分的.

定理2 （充分条件）如果函数 $z=f(x,y)$ 的偏导数 $\dfrac{\partial z}{\partial x}$ 和 $\dfrac{\partial z}{\partial y}$ 在点 $P(x,y)$ 连续，则函数在该点可微分.

证明 略.

说明：

(1) 若函数 $z=f(x,y)$ 在点 $P(x,y)$ 处可微分，则函数在该点连续.

(2) 函数 $z=f(x,y)$ 的偏导数 $\dfrac{\partial z}{\partial x}$，$\dfrac{\partial z}{\partial y}$ 存在只是函数全微分存在的必要条件，而不是充分条件（如本节例1）.

(3) 若函数 $z=f(x,y)$ 在点 (x,y) 可微分，则偏导数 $\dfrac{\partial z}{\partial x}$，$\dfrac{\partial z}{\partial y}$ 在该点存在，但不一定连续.

例2 证明函数

$$z = f(x,y) = \begin{cases} (x^2+y^2)\sin\dfrac{1}{x^2+y^2}, & x^2+y^2 \neq 0 \\ 0, & x^2+y^2 = 0 \end{cases}$$

在点 $(0,0)$ 可微分，但偏导数在点 $(0,0)$ 处不连续.

证明 $\quad f_x(0,0) = \lim_{x \to 0} \dfrac{f(x,0)-f(0,0)}{x} = \lim_{x \to 0} \dfrac{x^2\sin\dfrac{1}{x^2}}{x} = 0$

同理 $\quad f_y(0,0) = 0$

$$\Delta z = f(\Delta x, \Delta y) - f(0,0) = [(\Delta x)^2+(\Delta y)^2]\sin\frac{1}{(\Delta x)^2+(\Delta y)^2} = \rho^2\sin\frac{1}{\rho^2}$$

$$\frac{\Delta z - [f_x(0,0)\Delta x + f_y(0,0)\Delta y]}{\rho} = \frac{\rho^2 \sin\frac{1}{\rho^2}}{\rho} = \rho \cdot \sin\frac{1}{\rho^2} \to 0 \left(\text{当}\ \rho = \sqrt{(\Delta x)^2 + (\Delta y)^2} \to 0\right.$$

时)

故函数 $f(x,y)$ 在 $(0,0)$ 处的微分存在，且 $\mathrm{d}z\big|_{(0,0)} = 0$.

而

$$f_x(x,y) = \begin{cases} 2x\sin\dfrac{1}{x^2+y^2} - \dfrac{2x}{x^2+y^2}\cos\dfrac{1}{x^2+y^2}, & x^2+y^2 \neq 0 \\ 0, & x^2+y^2 = 0 \end{cases}$$

当点 (x,y) 沿直线 $y = x$ 趋向于点 $(0,0)$ 时，极限

$$\lim_{\substack{x\to 0 \\ y=x}} f_x(x,y) = \lim_{x\to 0}\left(2x\sin\frac{1}{2x^2} - \frac{2x}{2x^2}\cos\frac{1}{2x^2}\right)$$

不存在. 故 $\lim\limits_{\substack{x\to 0 \\ y\to 0}} f_x(x,y)$ 不存在，$f_x(x,y)$ 在点 $(0,0)$ 处不连续. 同理，$f_y(x,y)$ 在点 $(0,0)$ 处不连续.

技巧 证明函数在一点可微的方法：

(1)若函数在此点不连续，则不可微；

(2)若函数在此点偏导数不存在，则不可微；

(3)若函数在此点偏导数存在，用可微定义计算：

$$\lim_{\substack{\Delta x\to 0 \\ \Delta y\to 0}} \frac{\Delta z - \left(\dfrac{\partial z}{\partial x}\Delta x + \dfrac{\partial z}{\partial y}\Delta y\right)}{\sqrt{(\Delta x)^2 + (\Delta y)^2}}$$

若此极限等于 0，则函数可微；若此极限不等于 0，则函数不可微；若此极限不存在，则函数不可微.

上述概念、定理及结论均可相应地推广到二元以上的函数. 习惯上，我们将函数的全微分可写成

$$\mathrm{d}z = \frac{\partial z}{\partial x}\mathrm{d}x + \frac{\partial z}{\partial y}\mathrm{d}y$$

上式称之为二元函数微分的叠加原理. 叠加原理也适用于二元以上函数的情形，如果三元函数 $u = f(x,y,z)$ 可微分，那么

$$\mathrm{d}u = \frac{\partial u}{\partial x}\mathrm{d}x + \frac{\partial u}{\partial y}\mathrm{d}y + \frac{\partial u}{\partial z}\mathrm{d}z$$

例3 计算函数 $z = \mathrm{e}^{xy}$ 在点 $(2,1)$ 处的全微分.

解
$$\frac{\partial z}{\partial x} = y\mathrm{e}^{xy} \qquad \frac{\partial z}{\partial y} = x\mathrm{e}^{xy}$$

$$\frac{\partial z}{\partial x}\bigg|_{(2,1)} = \mathrm{e}^2 \qquad \frac{\partial z}{\partial y}\bigg|_{(2,1)} = 2\mathrm{e}^2$$

故所求全微分为

$$\mathrm{d}z = \mathrm{e}^2\mathrm{d}x + 2\mathrm{e}^2\mathrm{d}y$$

例4 求函数 $u = x + \sin\dfrac{y}{2} + \mathrm{e}^{yz}$ 的全微分.

解 因为

$$\frac{\partial u}{\partial x} = 1, \quad \frac{\partial u}{\partial y} = \frac{1}{2}\cos\frac{y}{2} + ze^{yz}, \quad \frac{\partial u}{\partial z} = ye^{yz}$$

故所求全微分为

$$du = dx + (\frac{1}{2}\cos\frac{y}{2} + ze^{yz})dy + ye^{yz}dz$$

4.3.3 全微分在近似计算中的应用

当二元函数 $z = f(x,y)$ 在点 $P_0(x_0,y_0)$ 处可微分，当 $|\Delta x|, |\Delta y|$ 很小时，则函数在点 P_0 的全增量可以表示为

$$\Delta z = f(x_0 + \Delta x, y_0 + \Delta y) - f(x_0,y_0) = f_x(x_0,y_0)\Delta x + f_y(x_0,y_0)\Delta y + o(\rho)$$

略去高阶无穷小 $o(\rho)$，就得到近似公式

$$\Delta z = f(x_0 + \Delta x, y_0 + \Delta y) - f(x_0,y_0) \approx f_x(x_0,y_0)\Delta x + f_y(x_0,y_0)\Delta y \qquad (4-4)$$

若记 $x = x_0 + \Delta x, y = y_0 + \Delta y$，则上式变为

$$f(x,y) \approx f(x_0,y_0) + f_x(x_0,y_0)(x-x_0) + f_y(x_0,y_0)(y-y_0) \qquad (4-5)$$

我们可以利用上述近似公式(4-4)和(4-5)对二元函数作近似计算，举例如下：

例5 计算 $(1.04)^{2.02}$ 的近似值.

解 设函数 $f(x,y) = x^y$. 显然，要计算的值就是函数在 $x = 1.04, y = 2.02$ 时的函数值 $f(1.04, 2.02)$，

取 $x = 1, y = 2, \Delta x = 0.04, \Delta y = 0.02$. 由于

$$f(1,2) = 1$$
$$f_x(x,y) = yx^{y-1}, \quad f_y(x,y) = x^y\ln x$$
$$f_x(1,2) = 2, \quad f_y(1,2) = 0$$

所以应用公式，便有

$$(1.04)^{2.02} \approx 1 + 2 \times 0.04 + 0 \times 0.02 = 1.08$$

例6 有一圆柱体受压后发生形变，半径由 20 cm 增大到 20.05 cm，高度由 100 cm 减少到 99 cm，求此圆柱体体积的近似改变量.

解 已知 $V = \pi r^2 h$，则 $\Delta V \approx 2\pi rh\Delta r + \pi r^2\Delta h$，其中 $r = 20, h = 100, \Delta r = 0.05, \Delta h = -1$，则有

$$\Delta V = 2\pi \times 20 \times 100 \times 0.05 + \pi \times 20^2 \times (-1) = -200\pi \text{ cm}^3$$

即受压后圆柱体体积减少了 200π cm³.

4.4 复合函数的求导法则

4.4.1 多元复合函数的求导法则

在讨论一元函数的微分法时，我们曾讨论过复合函数求导数的问题. 若 $y = f(x)$，$x = \varphi(t)$，于是复合函数 $y = f[\varphi(t)]$ 对 t 的导数是 $\frac{dy}{dt} = \frac{dy}{dx} \cdot \frac{d\varphi}{dt}$. 对于多元函数也有类似的情形.

定理1 若函数 $u = u(t)$ 及 $v = v(t)$ 都在点 t 可导，函数 $z = f(u,v)$ 在对应点 (u,v) 具有

连续偏导数, 则复合函数 $z = f[u(t), v(t)]$ 在点 t 可导, 且其导数为

$$\frac{\mathrm{d}z}{\mathrm{d}t} = \frac{\partial z}{\partial u} \cdot \frac{\mathrm{d}u}{\mathrm{d}t} + \frac{\partial z}{\partial v} \cdot \frac{\mathrm{d}v}{\mathrm{d}t} \tag{4-6}$$

证明 略.

同理, 可把定理推广到复合函数的中间变量多于两个的情形.

例如, 设 $z = f(u, v, w)$ 与 $u = u(t), v = v(t), w = w(t)$ 复合而得到函数 $z = f[u(t), v(t), w(t)]$. 若 $u = u(t), v = v(t), w = w(t)$ 在点 t 可导, $z = f(u, v, w)$ 对 u, v, w 具有连续偏导数, 则复合函数 $z = f[u(t), v(t), w(t)]$ 在点 t 可导, 且

$$\frac{\mathrm{d}z}{\mathrm{d}t} = \frac{\partial z}{\partial u} \cdot \frac{\mathrm{d}u}{\mathrm{d}t} + \frac{\partial z}{\partial v} \cdot \frac{\mathrm{d}v}{\mathrm{d}t} + \frac{\partial z}{\partial \omega} \cdot \frac{\mathrm{d}w}{\mathrm{d}t} \tag{4-7}$$

在公式 $(4-6)$ 与 $(4-7)$ 中的导数称为全导数. 直观上可由图 4-4 表示函数之间关系.

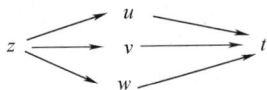

图 4-4

例 1 设 $z = \mathrm{e}^{2u-v}$, 其中 $u = x^2, v = \sin x$, 求 $\dfrac{\mathrm{d}z}{\mathrm{d}x}$.

解 $\dfrac{\partial z}{\partial u} = 2\mathrm{e}^{2u-v}, \dfrac{\partial z}{\partial v} = -\mathrm{e}^{2u-v}$

$\dfrac{\mathrm{d}u}{\mathrm{d}x} = 2x, \dfrac{\mathrm{d}v}{\mathrm{d}x} = \cos x$

所以有

$$\frac{\mathrm{d}z}{\mathrm{d}x} = \frac{\partial z}{\partial u} \cdot \frac{\mathrm{d}u}{\mathrm{d}x} + \frac{\partial z}{\partial v} \cdot \frac{\mathrm{d}v}{\mathrm{d}x} = 2\mathrm{e}^{2u-v} \cdot 2x - \mathrm{e}^{2u-v} \cdot \cos x = \mathrm{e}^{2x^2 - \sin x}(4x - \cos x)$$

例 2 设 $y = [f(x)]^{\varphi(x)}$, 其中 $f(x) > 0$, 求 $\dfrac{\mathrm{d}y}{\mathrm{d}x}$.

解 幂指函数的导数在一元函数中是用对数求导处理的, 现在我们用多元复合函数求导法则求, 计算会更加简便.

令 $u = f(x), v = \varphi(x)$, 则 $y = [f(x)]^{\varphi(x)}$ 可看作 $y = u^v$ 由 $u = f(x), v = \varphi(x)$ 复合而成, 所以

$$\frac{\mathrm{d}y}{\mathrm{d}x} = \frac{\partial y}{\partial u} \cdot \frac{\mathrm{d}u}{\mathrm{d}x} + \frac{\partial y}{\partial v} \cdot \frac{\mathrm{d}v}{\mathrm{d}x} = vu^{v-1}f'(x) + u^v(\ln u)\varphi'(x)$$

$$= [f(x)]^{\varphi(x)} \left[\frac{\varphi(x)}{f(x)} f'(x) + \varphi'(x) \ln f(x) \right]$$

上述定理还可推广到中间变量不是一元函数而是多元函数的情形.

定理 2 设 $z = f(u, v)$ 与 $u = u(x, y), v = v(x, y)$ 复合而得到函数 $z = f(u(x, y), v(x, y))$, 若 $u = u(x, y), v = v(x, y)$ 在点 (x, y) 具有对 x 及 y 的偏导数, 函数 $z = f(u, v)$ 在对应点 (u, v) 具有连续偏导数, 则 $z = f(u(x, y), v(x, y))$ 在点 (x, y) 的两个偏导数存在, 且

$$
\begin{cases}
\dfrac{\partial z}{\partial x} = \dfrac{\partial z}{\partial u} \cdot \dfrac{\partial u}{\partial x} + \dfrac{\partial z}{\partial v} \cdot \dfrac{\partial v}{\partial x} \\[3mm]
\dfrac{\partial z}{\partial y} = \dfrac{\partial z}{\partial u} \cdot \dfrac{\partial u}{\partial y} + \dfrac{\partial z}{\partial v} \cdot \dfrac{\partial v}{\partial y}
\end{cases}
\tag{4-8}
$$

事实上,求$\dfrac{\partial z}{\partial x}$时,$y$看作常量,因此中间变量$u$及$v$仍可看作一元函数而应用上述定理. 但$u=u(x,y)$,$v=v(x,y)$均是$x,y$的二元函数,所以应把式(4-6)中的 d 导数记号改为∂偏导数的记号,再将t换成x,这样便得到了式(4-8).

类似地,设$u=u(x,y)$,$v=v(x,y)$及$w=w(x,y)$均在点(x,y)具有对x及y的偏导数,而函数$z=f(u,v,w)$在对应点(u,v,w)具有连续偏导数,则复合函数

$$
z = f(u(x,y),v(x,y),w(x,y))
$$

在点(x,y)的两个偏导数都存在,且

$$
\begin{cases}
\dfrac{\partial z}{\partial x} = \dfrac{\partial z}{\partial u} \cdot \dfrac{\partial u}{\partial x} + \dfrac{\partial z}{\partial v} \cdot \dfrac{\partial v}{\partial x} + \dfrac{\partial z}{\partial w} \cdot \dfrac{\partial w}{\partial x} \\[3mm]
\dfrac{\partial z}{\partial y} = \dfrac{\partial z}{\partial u} \cdot \dfrac{\partial u}{\partial y} + \dfrac{\partial z}{\partial v} \cdot \dfrac{\partial v}{\partial y} + \dfrac{\partial z}{\partial w} \cdot \dfrac{\partial w}{\partial y}
\end{cases}
\tag{4-9}
$$

例3　设$z = \mathrm{e}^u \sin v$,而$u = xy$,$v = x + y$,求$\dfrac{\partial z}{\partial x}$和$\dfrac{\partial z}{\partial y}$.

解　$\begin{aligned}[t]
\dfrac{\partial z}{\partial x} &= \dfrac{\partial z}{\partial u} \cdot \dfrac{\partial u}{\partial x} + \dfrac{\partial z}{\partial v} \cdot \dfrac{\partial v}{\partial x} \\
&= \mathrm{e}^u \sin v \cdot y + \mathrm{e}^u \cos v \cdot 1 \\
&= \mathrm{e}^{xy}[y \sin(x+y) + \cos(x+y)] \\
\dfrac{\partial z}{\partial y} &= \dfrac{\partial z}{\partial u} \cdot \dfrac{\partial u}{\partial y} + \dfrac{\partial z}{\partial v} \cdot \dfrac{\partial v}{\partial y} \\
&= \mathrm{e}^u \sin v \cdot x + \mathrm{e}^u \cos v \cdot 1 \\
&= \mathrm{e}^{xy}[x \sin(x+y) + \cos(x+y)]
\end{aligned}$

特别地,若$z = f(u,x,y)$有连续偏导数,而$u = u(x,y)$偏导数存在,则复合函数$z = f(u(x,y),x,y)$可看作上述情形中当$v=x,w=y$的特殊情形,因此

$$
\dfrac{\partial v}{\partial x} = 1 \qquad \dfrac{\partial v}{\partial y} = 0
$$

$$
\dfrac{\partial w}{\partial x} = 0 \qquad \dfrac{\partial w}{\partial y} = 1
$$

式(4-9)变成

$$
\begin{cases}
\dfrac{\partial z}{\partial x} = \dfrac{\partial z}{\partial u} \cdot \dfrac{\partial u}{\partial x} + \dfrac{\partial z}{\partial v} = \dfrac{\partial z}{\partial u} \cdot \dfrac{\partial u}{\partial x} + \dfrac{\partial z}{\partial x} \\[3mm]
\dfrac{\partial z}{\partial y} = \dfrac{\partial z}{\partial u} \cdot \dfrac{\partial u}{\partial y} + \dfrac{\partial z}{\partial w} = \dfrac{\partial z}{\partial u} \cdot \dfrac{\partial u}{\partial x} + \dfrac{\partial z}{\partial y}
\end{cases}
$$

等式两边均出现了$\dfrac{\partial z}{\partial x}$或$\dfrac{\partial z}{\partial y}$,尽管记号一样,但其意义有本质的差别,以第一式为例加以阐明:左边的$\dfrac{\partial z}{\partial x}$是将复合函数$z = f(u(x,y),x,y)$中的$y$看作常数,而对$x$求偏导数;右边的$\dfrac{\partial z}{\partial x}$是把函数$z = f(u,x,y)$中的$u$及$y$看作常数,而对$x$求偏导数.

因此,为了避免麻烦,我们往往将上述两式的形式写为

$$\begin{cases} \dfrac{\partial z}{\partial x} = \dfrac{\partial f}{\partial u} \cdot \dfrac{\partial u}{\partial x} + \dfrac{\partial f}{\partial x} \\[3mm] \dfrac{\partial z}{\partial y} = \dfrac{\partial f}{\partial u} \cdot \dfrac{\partial u}{\partial x} + \dfrac{\partial f}{\partial y} \end{cases}$$

例 4 设 $u = f(x,y,z) = e^{x^2+y^2+z^2}$,而 $z = x^2 \sin y$,求 $\dfrac{\partial u}{\partial x}$ 与 $\dfrac{\partial u}{\partial y}$.

解 $\dfrac{\partial u}{\partial x} = \dfrac{\partial f}{\partial x} + \dfrac{\partial f}{\partial z} \cdot \dfrac{\partial z}{\partial x}$

$\qquad = 2x e^{x^2+y^2+z^2} + 2z e^{x^2+y^2+z^2} \cdot 2x \sin y$

$\qquad = 2x e^{x^2+y^2+z^2}(1 + 2x^2 \sin y)$

$\quad \dfrac{\partial u}{\partial y} = \dfrac{\partial f}{\partial y} + \dfrac{\partial f}{\partial z} \cdot \dfrac{\partial z}{\partial y}$

$\qquad = 2y e^{x^2+y^2+z^2} + 2z e^{x^2+y^2+z^2} \cdot x^2 \cos y$

$\qquad = 2 e^{x^2+y^2+z^2}(y + x^4 \sin y \cos y)$

4.4.2 复合函数的全微分

设函数 $z = f(x,y)$ 具有连续偏导数,则即使 u,v 是中间变量,仍然有全微分

$$df(u,v) = f_u(u,v)\,du + f_v(u,v)\,dv$$

二元函数也有类似结果. 设

$$z = f(u,v), u = u(x,y), v = v(x,y)$$

是可微函数,则由全微分定义与链式法则,有

$$dz = \frac{\partial z}{\partial x}dx + \frac{\partial z}{\partial y}dy = \left(\frac{\partial z}{\partial u} \cdot \frac{\partial u}{\partial x} + \frac{\partial z}{\partial v} \cdot \frac{\partial v}{\partial x}\right)dx + \left(\frac{\partial z}{\partial u} \cdot \frac{\partial u}{\partial y} + \frac{\partial z}{\partial v} \cdot \frac{\partial v}{\partial y}\right)dy$$

$$= \frac{\partial z}{\partial u}\left(\frac{\partial u}{\partial x}dx + \frac{\partial u}{\partial y}dy\right) + \frac{\partial z}{\partial v}\left(\frac{\partial v}{\partial x}dx + \frac{\partial v}{\partial y}dy\right) = \frac{\partial z}{\partial u}du + \frac{\partial z}{\partial v}dv$$

由此可见,尽管 $u = u(x,y), v = v(x,y)$ 是中间变量,但全微分 dz 与 x,y 是自变量时的表达式在形式上完全一致,此性质称为全微分形式不变性. 利用全微分形式不变性求解全微分与偏导数,会有很好的效果.

例 5 设 $z = \arctan \dfrac{y}{x}$,求 $dz, \dfrac{\partial z}{\partial x}, \dfrac{\partial z}{\partial y}$.

解 $dz = \dfrac{1}{1 + \left(\dfrac{y}{x}\right)^2} d\left(\dfrac{y}{x}\right) = \dfrac{x^2}{x^2+y^2} \cdot \dfrac{x\,dy - y\,dx}{x^2} = \dfrac{x\,dy - y\,dx}{x^2+y^2}$

所以

$$\frac{\partial z}{\partial x} = \frac{-y}{x^2+y^2}, \frac{\partial z}{\partial y} = \frac{x}{x^2+y^2}$$

4.5 隐函数求导法

一元函数的解析表达式有两种:显式表示和隐式表示. 在第 2 章中我们已经讨论了一元函数 $F(x,y) = 0$ 的求导方法,可以把 y 看作中间变量,用复合函数求导法,方程两边对 x

求导而得到. 但是, 隐函数是否一定存在呢? 如果存在, 是否有计算公式呢? 本节将进一步介绍多元隐函数的求导法.

定理1 (隐函数存在定理1) 设函数 $F(x,y)$ 满足条件:

(1) $F_x(x,y)$, $F_y(x,y)$ 在点 $P(x_0,y_0)$ 的附近连续;

(2) $F(x_0,y_0)=0$, $F_y(x_0,y_0)\neq0$.

则方程 $F(x,y)=0$ 必能唯一确定一个定义在点 x_0 附近的一元单值函数 $y=f(x)$, 满足

(1) $F(x,f(x))\equiv0$;

(2) $f(x)$ 在点 x_0 附近有连续导函数

$$\frac{\mathrm{d}y}{\mathrm{d}x}=-\frac{F_x(x,y)}{F_y(x,y)} \tag{4-9}$$

这个定理我们不证明, 现仅就公式(4-9)作如下推导:

由二元方程 $F(x,y)=0$ 可确定一个一元的隐函数 $y=f(x)$, 将之代入原方程, 得到一个恒等式

$$F[x,f(x)]\equiv0$$

对恒等式两边关于变量 x 求导, 左边是多元复合函数, 它对变量 x 的导数为

$$F_x+F_y\frac{\mathrm{d}y}{\mathrm{d}x}$$

右边的导数自然为 0, 于是有

$$F_x+F_y\frac{\mathrm{d}y}{\mathrm{d}x}=0$$

由于 $F_y(x,y)$ 连续且 $F_y(x_0,y_0)\neq0$, $P(x_0,y_0)$ 附近 $F_y\neq0$, 解出 $\dfrac{\mathrm{d}y}{\mathrm{d}x}$, 得到隐函数的导数

$$\frac{\mathrm{d}y}{\mathrm{d}x}=-\frac{F_x}{F_y}$$

这一求导方法, 实际上就是以往的直接求导数.

例1 验证方程 $x^2+y^2-1=0$ 在点 $(0,1)$ 附近能唯一确定一个可导, 且 $x=0$ 时 $y=1$ 的隐函数 $y=f(x)$, 并求这函数的一阶导数在 $x=0$ 的值.

解 令 $F(x,y)=x^2+y^2-1$, 则 $F_x=2x$, $F_y=2y$, 则

$$F_x(0,1)=0, F_y(0,1)=2\neq0$$

由定理1, 方程 $x^2+y^2-1=0$ 在点 $(0,1)$ 的某邻域内能唯一确定一个单值可导, 且 $x=0$ 时 $y=1$ 的函数 $y=f(x)$. 其一阶导数为

$$\frac{\mathrm{d}y}{\mathrm{d}x}=-\frac{F_x}{F_y}=-\frac{x}{y}$$

$$\left.\frac{\mathrm{d}y}{\mathrm{d}x}\right|_{x=0}=0$$

例2 已知 $\ln\sqrt{x^2+y^2}=\arctan\dfrac{y}{x}$, 求 $\dfrac{\mathrm{d}y}{\mathrm{d}x}$

解 令 $F(x,y)=\ln\sqrt{x^2+y^2}-\arctan\dfrac{y}{x}$,

则

$$F_x(x,y)=\frac{x+y}{x^2+y^2}, F_y(x,y)=\frac{y-x}{x^2+y^2}$$

所以
$$\frac{\mathrm{d}y}{\mathrm{d}x} = -\frac{F_x}{F_y} = -\frac{x+y}{y-x}$$

既然二元方程 $F(x,y)=0$ 可以确定一个一元的隐函数 $y=f(x)$，那么三元方程 $F(x,y,z)=0$ 便可确定一个二元的隐函数 $z=f(x,y)$．下面，我们介绍用直接求导法求此函数的偏导数.

定理2（隐函数存在定理2）设函数 $F(x,y,z)$ 满足条件：

（1）$F_x(x,y,z)$，$F_y(x,y,z)$，$F_z(x,y,z)$ 在点 $P(x_0,y_0,z_0)$ 的附近连续；

（2）$F(x_0,y_0,z_0)=0$，$F_z(x_0,y_0,z_0)\neq0$．

则在点 $P(x_0,y_0,z_0)$ 附近，方程 $F(x,y,z)=0$ 必能唯一确定一个定义在点 $Q(x_0,y_0)$ 的附近的二元单值函数 $z=f(x,y)$，使得

（1）$F(x,y,f(x,y))\equiv0$，且 $f(x_0,y_0)=z_0$；

（2）$f(x,y)$ 在 $U(Q)$ 内有连续偏导数，且

$$\frac{\partial z}{\partial x} = -\frac{F_x(x,y,z)}{F_z(x,y,z)},\frac{\partial z}{\partial y} = -\frac{F_y(x,y,z)}{F_z(x,y,z)} \qquad (4-10)$$

与隐函数存在定理1类似，仅就公式（4-10）作如下推导：

对 $F(x,y,z)=0$ 两边关于变量 x 求偏导，并注意 z 是 x,y 的函数，有

$$F_x + F_z \cdot \frac{\partial z}{\partial x} = 0$$

因为 $F_z(x,y,z)$ 连续，且 $F_y(x_0,y_0,z_0)\neq0$，解出 $\frac{\partial z}{\partial x}$，得到二元隐函数的偏导数为

$$\frac{\partial z}{\partial x} = -\frac{F_x}{F_z}$$

类似地，可得到

$$F_y + F_z \cdot \frac{\partial z}{\partial y} = 0$$

解得

$$\frac{\partial z}{\partial y} = -\frac{F_y}{F_z}$$

例3 设 $x^2+y^2+z^2-4z=0$，求 $\frac{\partial z}{\partial x}$

解 设 $F(x,y,z)=x^2+y^2+z^2-4z$ 则有

$$\frac{\partial z}{\partial x} = -\frac{F_x}{F_z} = -\frac{2x}{2z-4} = \frac{x}{2-z}$$

例4 设方程 $xyz+x+y-z=0$ 确定一个连续可微的隐函数 $z=f(x,y)$，试求 $\frac{\partial z}{\partial x}$.

解 方程两端同时对 x 求偏导数，则有

$$yz + xy \cdot \frac{\partial z}{\partial x} + 1 - \frac{\partial z}{\partial x} = 0$$

$$\frac{\partial z}{\partial x} = \frac{1+yz}{1-xy}$$

例5 若 $\mathrm{e}^{-xy}-2z+\mathrm{e}^z=0$，求 $\frac{\partial z}{\partial x},\frac{\partial z}{\partial y}$.

解 方程两边微分得

$$d(e^{-xy} - 2z + e^z) = 0$$

$$e^{-xy}d(-xy) - 2dz + e^z dz = 0$$

$$(e^z - 2)dz = e^{-xy}(xdy + ydx)$$

整理得

$$dz = \frac{ye^{-xy}}{(e^z - 2)}dx + \frac{xe^{-xy}}{(e^z - 2)}dy$$

所以

$$\frac{\partial z}{\partial x} = \frac{ye^{-xy}}{e^z - 2}, \frac{\partial z}{\partial y} = \frac{xe^{-xy}}{e^z - 2}$$

这 3 道例题分别给出了由方程所确定的隐函数的 3 种求导方法,分别是公式法、两边求偏导法和微分法. 其中微分法最为简单和方便,因为微分法不仅可以一次性求出所有偏导数,而且与两边求偏导法相比,在微分计算的过程中不必考虑各个变量之间的函数关系.

4.6 多元函数的极值

在许多工程、科技问题、管理科学和经济学中,常常需要求一个多元函数的最大值或最小值,它们统称为最值. 与一元函数相类似,多元函数的最值也与其极值密切相关,因此我们以二元函数为例来讨论多元函数的极值问题.

4.6.1 二元函数的极值

1. 二元函数极值定义

定义 1 设函数 $z = f(x,y)$ 在点 (x_0, y_0) 的附近有定义,若对该邻域内异于 (x_0, y_0) 的任何点 (x,y),都有不等式

$$f(x,y) < f(x_0, y_0)$$

则称函数在点 (x_0, y_0) 取极大值,极大值为 $f(x_0, y_0)$,点 (x_0, y_0) 称为 $f(x,y)$ 的极大值点;若对 (x_0, y_0) 附近的任何点 (x,y),都有不等式

$$f(x,y) > f(x_0, y_0)$$

则称函数在点 (x_0, y_0) 取极小值,极小值为 $f(x_0, y_0)$,点 (x_0, y_0) 称为 $f(x,y)$ 的极小值点.

极大值与极小值统称为函数的极值;使函数取得极值的点称为极值点.

注意:二元函数的极值是一个局部概念,这一概念很容易推广至 n 元函数.

例 1 讨论下述函数在原点 $(0,0)$ 是否取得极值.

$(1) z = x^2 + y^2$;$(2) z = -\sqrt{x^2 + y^2}$;$(3) z = x \cdot y$.

解 $z = x^2 + y^2$ 是开口向上的旋转抛物面,在 $(0,0)$ 点取得极小值;

$z = -\sqrt{x^2 + y^2}$ 是开口向下的锥面,在 $(0,0)$ 取得极大值;

$z = xy$ 是马鞍面,在 $(0,0)$ 不取得极值.

2. 函数取得极值的必要条件

和一元函数一样,可以利用偏导数来讨论二元函数的极值.

定理 1 设函数 $z = f(x,y)$ 在点 (x_0, y_0) 存在偏导数且取得极值,则它在该点的偏导数必为零,即

$$f_x(x_0, y_0) = 0, f_y(x_0, y_0) = 0$$

证明 不妨设 $z = f(x,y)$ 在点 (x_0, y_0) 处有极大值,

由极大值定义,点 (x_0, y_0) 附近的一切点 (x,y) 适合不等式

$$f(x,y) < f(x_0,y_0)$$

特殊地,取 $y = y_0$,而 $x \neq x_0$ 的点,也应有不等式

$$f(x,y_0) < f(x_0,y_0)$$

这表明一元函数 $z = f(x,y_0)$ 在 $x = x_0$ 处取得极大值,因而必有

$$f_x(x_0,y_0) = 0$$

同理可证

$$f_y(x_0,y_0) = 0$$

凡是能使 $f_x(x,y) = 0$, $f_y(x,y) = 0$ 同时成立的点 (x_0,y_0),称为函数 $z = f(x,y)$ 的驻点.

定理 1 表明,偏导数存在的函数的极值点必为驻点. 反过来,函数的驻点却不一定是极值点. 例如,$z = xy$ 在点 $(0,0)$ 不取得极值,但却是驻点. 这告诉我们,驻点仅仅是函数可能的极值点,要判断它是否真为极值点,需要另作判定.

偏导数 $f_x(x_0,y_0)$ 或 $f_y(x_0,y_0)$ 不存在的点 (x_0,y_0) 也可能是函数的极值点.

例如,$z = -\sqrt{x^2+y^2}$ 在点 $(0,0)$ 有极大值,但 $f_x(0,0) = \lim\limits_{x\to 0}\dfrac{f(x,0)-f(0,0)}{x} = \lim\limits_{x\to 0}\dfrac{|x|}{x}$ 不存在,当然,$f_y(0,0)$ 也不存在.

3. 函数取得极值的充分条件

那么,怎样去判断一个驻点是否是极值点呢? 下面的定理回答了这个问题.

定理 2 设函数 $z = f(x,y)$ 在点 $P_0(x_0,y_0)$ 附近连续,且有一阶及二阶连续的偏导数,又 $f_x(x_0,y_0) = 0$, $f_y(x_0,y_0) = 0$,记作

$$A = f_{xx}(x_0,y_0),\ B = f_{xy}(x_0,y_0),\ C = f_{yy}(x_0,y_0)$$

则 $f(x,y)$ 在 $P_0(x_0,y_0)$ 处是否取得极值的条件如下:

(1) $AC - B^2 > 0$ 时具有极值,且当 $A < 0$ 时,$f(x,y)$ 在点 P_0 取极大值,当 $A > 0$ 时,$f(x,y)$ 在点 P_0 取极小值;

(2) $AC - B^2 < 0$ 时,点 P_0 不是 $f(x,y)$ 的极值;

(3) $AC - B^2 = 0$ 时,$f(x,y)$ 在点 P_0 可能有极值,也可能没有极值,需另作判定.

这个定理我们不予证明.

利用定理 1,2,我们把具有二阶连续偏导数的函数 $z = f(x,y)$ 的极值的求法叙述如下:

第一步,解方程组 $f_x(x_0,y_0) = 0$, $f_y(x_0,y_0) = 0$,求得一切实数解,即可求得一切驻点;

第二步,对于每一个驻点 (x_0,y_0),求出二阶偏导数 A,B 和 C;

第三步,根据 $AC - B^2$ 的符号,按定理 2 的结论判定 $f(x_0,y_0)$ 是不是极值,是极大值还是极小值.

例 2 求函数 $f(x,y) = x^3 - y^3 + 3x^2 + 3y^2 - 9x$ 的极值.

解 函数具有二阶连续偏导数,故可能的极值点只能在驻点中,

先解方程组

$$\begin{cases} f_x = 3x^2 + 6x - 9 = 3(x-1)(x+3) = 0 \\ f_y = -3y^2 + 6y = -3y(y-2) = 0 \end{cases}$$

求出全部驻点为 $(1,0),(1,2),(-3,0),(-3,2)$.

二阶偏导数

$$A = f_{xx} = 6x + 6,\ B = f_{xy} = 0,\ C = f_{yy} = -6y + 6$$

在点 $(1,0)$ 处,$AC - B^2 = 12 \times 6 - 0 = 72 > 0$,$A = 12 > 0$,函数取得极小值 $f(1,0) = -5$;

在点 $(1,2)$ 处, $AC - B^2 = 12 \times (-6) - 0 = -72 < 0$, 函数不取得极值;

在点 $(-3,0)$ 处, $AC - B^2 = (-12) \times 6 - 0 = -72 < 0$, 函数不取得极值;

在点 $(-3,2)$ 处, $AC - B^2 = (-12) \times (-6) - 0 = 72 > 0$, $A = -12 < 0$, 函数取得极大值 $f(-3,2) = 31$.

4.6.2 连续二元函数的最值

1. 有界闭区域上连续函数的最值确定

如果二元函数 $f(x,y)$ 在有界闭区域 D 上连续, 则 $f(x,y)$ 在 D 上必定取得最值. 使函数取得最值的点既可能在 D 的内部, 也可能在 D 的边界上.

若函数在 D 的内部取得最值, 那么这个最值也是函数的极值. 而函数取得极值的点使 $f_x(x_0,y_0) = 0, f_y(x_0,y_0) = 0$ 的驻点, 或使 $f_x(x,y), f_y(x,y)$ 不存在的点.

若函数在 D 的边界上取得最值, 可根据 D 的边界方程, 将 $f(x,y)$ 化成定义在某个闭区间上的一元函数, 进而利用一元函数求最值的方法求出最值.

综合上述讨论, 有界闭区域 D 上的连续函数 $f(x,y)$ 最值求法如下:

(1)求出在 D 的内部, 使 f_x, f_y 同时为零的点及使 f_x 或 f_y 不存在的点;

(2)计算出 $f(x,y)$ 在 D 的内部的所有可能极值点处的函数值;

(3)求出 $f(x,y)$ 在 D 的边界上的最值;

(4)比较上述函数值的大小, 最大者便是函数在 D 上的最大值;最小者便是函数在 D 上的最小值.

例3 求二元函数 $f(x,y) = x + xy - x^2 - y^2$ 在矩形区域 $D: 0 \leq x \leq 1, 0 \leq y \leq 2$ 上的最值.

解 由 $\begin{cases} f_x = 1 + y - 2x = 0 \\ f_y = x - 2y = 0 \end{cases}$ 得驻点 $\left(\dfrac{2}{3}, \dfrac{1}{3} \right)$, 有 $f\left(\dfrac{2}{3}, \dfrac{1}{3} \right) = \dfrac{1}{3}$;

在边界 $x = 0, 0 \leq y \leq 2$ 上, 有

$$f(0,y) = -y^2 \text{ 且 } -4 \leq f(0,y) \leq 0$$

在边界 $y = 0, 0 \leq x \leq 1$ 上, $f(x,0) = x - x^2 = \dfrac{1}{4} - \left(x - \dfrac{1}{2} \right)^2$, 则

$$0 \leq f(x,0) \leq \dfrac{1}{4}$$

在边界 $x = 1, 0 \leq y \leq 2$ 上, $f(1,y) = y - y^2 = \dfrac{1}{4} - \left(y - \dfrac{1}{2} \right)^2$, 则

$$-2 \leq f(1,y) \leq \dfrac{1}{4}$$

在边界 $y = 2, 0 \leq x \leq 1$ 上, $f(x,2) = 3x - x^2 - 4$, 因 $f_x(x,2) = 3 - 2x > 0$, 故 $f(x,2)$ 单调增加, 从而 $-4 \leq f(x,2) \leq -2$.

比较上述讨论, 有 $f\left(\dfrac{2}{3}, \dfrac{1}{3} \right) = \dfrac{1}{3}$ 为最大值, $f(0,2) = -4$ 为最小值.

2. 开区域 D 上函数的最值确定

求函数 $f(x,y)$ 在开区域 D 上的最值十分复杂. 但是, 当所遇到的实际问题, 根据问题的性质可断定函数的最值一定在 D 上取得, 而函数在 D 上又只有一个驻点, 那么就可以肯定该驻点处的函数值就是函数在 D 上的最值.

例4 某厂要用铁板做成一个体积为 2 m^3 的有盖长方体水箱, 当长、宽、高各取怎样的

尺寸时,才能用料最省?

解 设水箱的长为 x m,宽为 y m,高为 $\dfrac{2}{xy}$ m,则表面积为

$$A = 2\left(xy + y \cdot \frac{2}{xy} + x \cdot \frac{2}{xy}\right) = 2\left(xy + \frac{2}{x} + \frac{2}{y}\right)(x > 0, y > 0)$$

令

$$\begin{cases} A_x = 2\left(y - \dfrac{2}{x^2}\right) = 0 \\ A_y = 2\left(x - \dfrac{2}{y^2}\right) = 0 \end{cases}$$

解方程组得唯一驻点 $x = y = \sqrt[3]{2}$.

根据问题的实际背景,水箱所用材料面积的最小值一定存在,并在开区域 $D : x > 0, y > 0$ 内取得,又因为函数在 D 内只有唯一的驻点,因此,可断定当 $x = y = \sqrt[3]{2}$ 时,取得最小值.

这表明当水箱的长、宽、高分别为 $\sqrt[3]{2}$ m 时,所用材料最省,此时的最小表面积为 $6\left(\sqrt[3]{2}\right)^2$ m².

4.6.3 条件极值与拉格朗日乘数法

前面所讨论的极值问题,对于函数的自变量,除了限制它在定义域内之外,再无其他的约束条件,因此,我们称这类极值为无条件极值.

但是,在实际问题中,有时会遇到对函数的自变量还有附加限制条件的极值问题.例如,求体积为 2 而表面积最小的长方体尺寸.若设长方体的长、宽、高分别为 x, y, z,则其表面积为

$$A = 2(xy + yz + zx)$$

这里除了 $x > 0, y > 0, z > 0$ 外,还需满足限制条件 $xyz = 2$.

像这类自变量有附加条件的极值称为条件极值.

有些实际问题,可将条件极值化为无条件极值,如上例.但对一些复杂的问题,条件极值很难化为无条件极值.因此,我们有必要探讨求条件极值的一般方法.

1. 函数取得条件极值的必要条件

欲寻求函数

$$z = f(x, y) \tag{4-11}$$

在限制条件

$$\varphi(x, y) = 0 \tag{4-12}$$

下取得条件极值的条件.

函数若是在 $P_0(x_0, y_0)$ 处取得条件极值,那么它必满足方程(4-12),即

$$\varphi(x_0, y_0) = 0 \tag{4-13}$$

我们假定在 (x_0, y_0) 的某一邻域内 $f(x, y)$ 与 $\varphi(x, y)$ 均有连续的一阶偏导数,而 $\varphi_y(x_0, y_0) \neq 0$,由隐函数存在定理可知,方程(4-12)确定一个连续且具有连续导数的函数 $y = \psi(x)$,将之代入函数(4-11)有

$$z = f[x, \psi(x)] \tag{4-14}$$

这样，函数(4-11)在 $P_0(x_0,y_0)$ 取得条件极值，也就相当于函数(4-14)在 $x=x_0$ 处取得无条件极值.

由一元函数取得极值的必要条件有

$$\frac{\mathrm{d}z}{\mathrm{d}x}\bigg|_{x=x_0} = f_x(x_0,y_0) + f_y(x_0,y_0)\frac{\mathrm{d}y}{\mathrm{d}x}\bigg|_{x=x_0} = 0 \qquad (4-15)$$

由式(4-12)有

$$\frac{\mathrm{d}y}{\mathrm{d}x}\bigg|_{x=x_0} = -\frac{\varphi_x(x_0,y_0)}{\varphi_y(x_0,y_0)}$$

代入到式(4-15)有

$$f_x(x_0,y_0) - f_y(x_0,y_0)\cdot\frac{\varphi_x(x_0,y_0)}{\varphi_y(x_0,y_0)} = 0 \qquad (4-16)$$

由上面的讨论可知，式(4-13)与式(4-16)便是函数在点 (x_0,y_0) 取得条件极值的必要条件,只是这一式子的形式不够工整,不便于记忆,为此,我们作适当的变形.

令

$$\frac{f_y(x_0,y_0)}{\varphi_y(x_0,y_2)} = -\lambda$$

有

$$\begin{cases} f_x(x_0,y_0) + \lambda\varphi_x(x_0,y_0) = 0 \\ f_y(x_0,y_0) + \lambda\varphi_y(x_0,y_0) = 0 \\ \varphi(x_0,y_0) = 0 \end{cases}$$

这三个式子恰好是函数

$$L(x,y,\lambda) = f(x,y) + \lambda\varphi(x,y)$$

的三个偏导数在点 (x_0,y_0) 的值.

2. 拉格朗日乘数法

要求函数 $z=f(x,y)$ 在限制条件 $\varphi(x,y)=0$ 下的可能极值点,可先作拉格朗日函数

$$L(x,y,\lambda) = f(x,y) + \lambda\varphi(x,y)$$

再解方程组

$$\begin{cases} \dfrac{\partial L}{\partial x} = f_x(x,y) + \lambda\varphi_x(x,y) = 0 \\[2mm] \dfrac{\partial L}{\partial y} = f_y(x,y) + \lambda\varphi_y(x,y) = 0 \\[2mm] \dfrac{\partial L}{\partial \lambda} = \varphi(x,y) = 0 \end{cases}$$

求出点 x,y,λ,这样求出的点 (x,y) 就是函数 $f(x,y)$ 在附加条件 $\varphi(x,y)=0$ 下的可能的条件极值点.

判定所求的可能极值点是否是极值点. 一般说来,可以根据实际问题本身的特点进行分析,在判断极值是极大和极小时,可将条件极值转化为无条件极值问题. 当拉格朗日函数有唯一驻点,并且实际问题存在最大(小)值时,该驻点就是最大(小)值点.

例5 将正数12分成三个正数 x,y,z 之和使得 $u=xyz$ 为最大.

解 令 $L(x,y,z,\lambda) = xyz + \lambda(x+y+z-12)$,有

$$\begin{cases} L_x = yz + \lambda = 0 \\ L_y = xz + \lambda = 0 \\ L_z = xy + \lambda = 0 \\ L_\lambda = x + y + z - 12 = 0 \end{cases}$$

由前 3 个方程得到

$$yz = xz = xy$$

所以

$$x = y = z = 4$$

另一方面,由问题的实际意义知 $u = 4 \times 4 \times 4 = 64$ 为所求.

拉格朗日乘数法可推广到自变量多于两个而限制条件多于一个的情形:

例如,求 $u = f(x, y, z, t)$ 在限制条件 $\varphi_1(x, y, z, t) = 0, \varphi_2(x, y, z, t) = 0$ 下的极值.

作拉格朗日函数

$$L(x, y, z, t, \lambda, \mu) = f(x, y, z, t) + \lambda \varphi_1(x, y, z, t) + \mu \varphi_2(x, y, z, t)$$

其中 λ, μ 均为参数,解方程组

$$L_x = 0, L_y = 0, L_z = 0, L_t = 0, L_\lambda = 0, L_\mu = 0$$

这样求出 x, y, z, t 就是可能的极值点的坐标.

例 6 抛物面 $x^2 + y^2 = z$ 被平面截成一个椭圆,求这个椭圆到原点的最长与最短距离.

解 设 $M(x, y, z)$ 为椭圆上的任意点,它和原点间的距离为

$$d = \sqrt{x^2 + y^2 + z^2}$$

而问题实际上就是要求目标函数

$$f(x, y, z) = x^2 + y^2 + z^2$$

在条件 $x^2 + y^2 = z$ 及 $x + y + z = 1$ 下的最大,最小值问题.

应用拉格朗日乘数法,令

$$L(x, y, z, \lambda, \mu) = x^2 + y^2 + z^2 + \lambda(x^2 + y^2 - z) + \mu(x + y + z - 1)$$

对 L 求一阶偏导数,并令它们都等于 0,则有

$$\begin{cases} L_x = 2x + 2x\lambda + \mu = 0 \\ L_y = 2y + 2y\lambda + \mu = 0 \\ L_z = 2z - \lambda + \mu = 0 \\ L_\lambda = x^2 + y^2 - z = 0 \\ L_\mu = x + y + z - 1 = 0 \end{cases}$$

求解这个方程组,得

$$\lambda = -3 \pm \frac{5}{3}\sqrt{3}, \mu = -7 \pm \frac{11}{3}\sqrt{3}, x = y = \frac{-1 \pm \sqrt{3}}{2}, z = 2 \mp \sqrt{3}$$

由于所求问题存在最大最小值,故由 $f(\dfrac{-1 \pm \sqrt{3}}{2}, \dfrac{-1 \pm \sqrt{3}}{2}, 2 \mp \sqrt{3}) = 9 \mp 5\sqrt{3}$.

椭圆到原点的最长距离为 $\sqrt{9 + 5\sqrt{3}}$,最短距离为 $\sqrt{9 - 5\sqrt{3}}$.

例 7 某工厂生产两种商品的日产量分别为 x 和 y(单位:件),总成本函数 $C(x, y) = 8x^2 - xy + 12y^2$(单位:元),商品的限额为 $x + y = 42$,求最小成本.

解 约束条件为 $\varphi(x, y) = x + y - 42 = 0$. 设拉格朗日函数为

$$L(x,y,\lambda) = 8x^2 - xy + 12y^2 + \lambda(x+y-42)$$

求其中对 x , y , λ , 的一阶偏导数, 并使之为零, 得方程组

$$\begin{cases} L_x = 16x - y + \lambda = 0 \\ L_y = -x + 24y + \lambda = 0 \\ L_\lambda = x + y - 42 = 0 \end{cases}$$

解得

$$x = 25 \text{ 件}, y = 17 \text{ 件}$$

故唯一驻点 $(25,17)$ 也是最小值点, 它使成本为最小, 最小成本为

$$C(25,17) = 8 \times 25^2 - 25 \times 17 + 12 \times 17^2 = 8\,043 \text{ 元}$$

习　题　4

(A)

(一)填空题

1. $\lim\limits_{\substack{x \to +\infty \\ y \to +\infty}} \left(\dfrac{xy}{x^2+y^2}\right)^x = ($ 　 $)$.

2. $\lim\limits_{\substack{x \to 0 \\ y \to 0}} \dfrac{\sin xy}{x} = ($ 　 $)$.

3. 设函数 $f(x,y) = \sqrt{|xy|}$, 则 $f'_x(0,0)$ 的值是 $($ 　 $)$.

4. 设函数 $z = \ln(\sqrt{x} + \sqrt{y})$, 则 $x\dfrac{\partial z}{\partial x} + y\dfrac{\partial z}{\partial y}$ 的值是 $($ 　 $)$.

5. 已知函数 $u = xe^{2z}\sin y$, 则 $\dfrac{\partial u}{\partial z} = ($ 　 $)$.

6. 已知函数 $u = x^4 + y^4 - 4x^2y^2$, 则 $\dfrac{\partial u}{\partial x} = ($ 　 $)$.

7. 设 $f(x,y) = |x-y|\varphi(x,y)$, 其中 $\varphi(x,y)$ 在点 $(0,0)$ 的邻域内连续, 若 $f(x,y)$ 在点 $(0,0)$ 偏导数存在, 则 $\varphi(0,0)$ 的值为 $($ 　 $)$.

8. 设 $u = e^{-x}\sin\dfrac{x}{y}$, 则 $\dfrac{\partial^2 u}{\partial x \partial y}$ 在点 $\left(2,\dfrac{1}{\pi}\right)$ 处的值为 $($ 　 $)$.

9. 设 $z = e^{-x} - f(x-2y)$, 且当 $y = 0$ 时, $z = x^2$, 则 $\dfrac{\partial z}{\partial x} = ($ 　 $)$.

10. 若函数 $u = x^{yz}$, 则 $\dfrac{\partial u}{\partial y} = ($ 　 $)$.

11. 若 $z = (x-2y)^{y-2x}$, 则 $\dfrac{\partial z}{\partial x}\Big|_{\substack{x=1 \\ y=0}} = ($ 　 $)$.

12. 设函数 $u = \left(\dfrac{x}{y}\right)^{\frac{1}{z}}$, 则 $\mathrm{d}u|_{(1,1,1)} = ($ 　 $)$.

13. 设函数 $z = \arctan(xy)$, 则 $\mathrm{d}z = ($ 　 $)$.

14. 由方程 $xyz = \sqrt{2}$ 所确定的函数 $z = z(x,y)$ 在点 $(-1,\sqrt{2},-1)$ 处的全微分

$dz = ($ $).$

15. 若函数 $z = \ln(x^2 + y^2)$，则此函数的全微分 $dz\big|_{(1,0)} = ($ $).$

16. 函数 $u = \ln(x + y^2)$ 在点 $(1,1)$ 的全微分是 $($ $).$

17. 设 $u = f\left(\dfrac{xz}{y}\right)$，其中 f 可微，则 $du = ($ $).$

18. 若 $z = z(x,y)$ 是由 $e^z - xyz = 0$ 所确定的函数，则 $\dfrac{\partial z}{\partial x} = ($ $).$

19. 若 $z = z(x,y)$ 是由 $z^3 - 3xyz = a^3$ 所确定的函数，则 $\dfrac{\partial z}{\partial x} = ($ $).$

20. 设 $u = e^x yz^2$，其中 $z = z(x,y)$ 是由 $x + y + z + xyz = 0$ 确定的隐函数，则 $\dfrac{\partial u}{\partial x}\Big|_{(0,1,-1)} = $

$($ $).$

21. 设 $z = \arctan(xy)$，$y = e^x$，则 $\dfrac{dz}{dx} = ($ $).$

22. 若函数 $z = xy + xF\left(\dfrac{y}{x}\right)$，其中 $F(u)$ 可导，则 $\dfrac{\partial z}{\partial x} = ($ $).$

23. 函数 $f(x,y) = 4(x-y) - x^2 - y^2$ 的极大值为 $($ $).$

24. 求函数 $z = xy$ 在适合附加条件 $x + y = 1$ 下的极大值为 $($ $).$

25. 原点到曲面 $(x-y)^2 - z^2 = 1$ 的最短距离为 $($ $).$

(二) 选择题

1. 二元函数 $f(x,y) = \begin{cases} \dfrac{xy}{x^2 + y^2}, & (x,y) \neq (0,0) \\ 0, & (x,y) = (0,0) \end{cases}$ 在点 $(0,0)$ 处 $($ $).$

A. 连续，偏导数存在

B. 连续，偏导数不存在

C. 不连续，偏导数存在

D. 不连续，偏导数不存在

2. 函数 $f(x,y) = \sqrt{|xy|}$ 在点 $(0,0)$ 处 $($ $).$

A. 连续，偏导数存在

B. 连续，偏导数不存在

C. 不连续，偏导数存在

D. 不连续，偏导数不存在

3. 二元函数 $z = f(x,y)$ 在 (x_0, y_0) 处可微、可导、连续之间的关系是 $($ $).$

A. 可微（指全微分存在）$\Leftrightarrow$ 可导（指偏导数存在）$\Rightarrow$ 连续

B. 可微 $\Rightarrow$ 可导 $\Rightarrow$ 连续

C. 可微 $\Rightarrow$ 可导，或可微 $\Rightarrow$ 连续，但可导不一定连续

D. 可导 $\Rightarrow$ 连续，但可导不一定可微

4. 设 $z = f(x,y)$ 在 (x_0, y_0) 处的全增量为 Δz，若 $z = f(x,y)$ 在 (x_0, y_0) 处可微，则在 $(x_0,$ $y_0)$ 处 $($ $).$

A. $\Delta z = dz$

B. $\Delta z = f'_x \Delta x + f'_y \Delta y$

C. $\Delta z = f'_x dx + f'_y dy$

D. $\Delta z = dz + o(\rho)$

5. 设 $z = f(x,v)$，$v = v(x,y)$，其中 f,v 具有一阶连续偏导数，则 $\dfrac{\partial z}{\partial x} = ($ $).$

A. $\dfrac{\partial f}{\partial x}$

B. $\dfrac{\partial f}{\partial x} + \dfrac{\partial f}{\partial v} \cdot \dfrac{\partial v}{\partial x}$

C. $\dfrac{\mathrm{d}f}{\mathrm{d}x}$

D. $\dfrac{\partial f}{\partial x} + \dfrac{\partial f}{\partial v} \cdot \dfrac{\partial v}{\partial y}$

6. 设 $z = \phi(x+y) + \varphi(x-y)$，其中 ϕ,φ 具有二阶连续导数，则必有（　　）.

A. $\dfrac{\partial^2 z}{\partial x^2} + \dfrac{\partial^2 z}{\partial y^2} = 0$

B. $\dfrac{\partial^2 z}{\partial^2 x} - \dfrac{\partial^2 z}{\partial y^2} = 0$

C. $\dfrac{\partial^2 z}{\partial x \partial y} = 0$

D. $\dfrac{\partial^2 z}{\partial x \partial y} + \dfrac{\partial^2 z}{\partial x^2} = 0$

7. 设 $\varphi(u,v)$ 有连续的偏导数，$a\varphi'_u + b\varphi'_v \neq 0$ 且 $\varphi(x-az, y-bz) = 0$，则 $a\dfrac{\partial z}{\partial x} + b\dfrac{\partial z}{\partial y} =$ （　　）.

A. a

B. b

C. -1

D. 1

8. 设 $z = f(x,y) = x^3 + 2y^2 - 3x + 4$，由 $f_x(x,y) = 0$，$f_y(x,y) = 0$ 解得稳定点，$M_1(1,0)$ 及 $M_2(-1,0)$，则（　　）.

A. $f(M_1)$ 是极小值

B. $f(M_1)$，$f(M_2)$ 都是极大值

C. $f(M_2)$ 是极小值

D. $f(M_1)$，$f(M_2)$ 都是极小值

9. 设函数 $f(x,y) = \begin{cases} \dfrac{\sin(x^2 y)}{xy}, & xy \neq 0 \\ 0, & xy = 0 \end{cases}$，则 $f'_x(0,1) = $ （　　）.

A. 0

B. 1

C. 2

D. 不存在

10. 函数 $f(x,y)$ 在点 (x_0,y_0) 处存在一阶连续偏导数是它在此处可微的（　　）.

A. 充分条件

B. 必要条件

C. 充分必要条件

D. 以上都不是

11. 设函数 $f(x,y) = \begin{cases} \dfrac{xy^2}{x^2 + y^4}, & (x,y) \neq (0,0) \\ 0, & (x,y) = (0,0) \end{cases}$，则（　　）.

A. 极限 $\lim\limits_{\substack{x \to 0 \\ y \to 0}} f(x,y)$ 存在，但 $f(x,y)$ 在点 $(0,0)$ 处不连续

B. $f(x,y)$ 在点 $(0,0)$ 处连续

C. 极限 $\lim\limits_{\substack{x \to 0 \\ y \to 0}} f(x,y)$ 不存在

D. 极限 $\lim\limits_{\substack{x \to 0 \\ y = x}} f(x,y)$ 不存在

12. 下列二元函数中，在全平面上连续的是（　　）.

A. $f(x,y) = \begin{cases} \dfrac{xy}{x^2 + y^2}, & (x,y) \neq (0,0) \\ 0, & (x,y) = (0,0) \end{cases}$

B. $f(x,y) = \begin{cases} \dfrac{x^2 y}{x^4 + y^2}, & (x,y) \neq (0,0) \\ 0, & (x,y) = (0,0) \end{cases}$

C. $f(x,y) = \begin{cases} \dfrac{xy}{\sqrt{x^2 + y^2}}, & (x,y) \neq (0,0) \\ 0, & (x,y) = (0,0) \end{cases}$

D. $f(x,y) = \begin{cases} \dfrac{x^2 - y^2}{x^2 + y^2}, & (x,y) \neq (0,0) \\ 0, & (x,y) = (0,0) \end{cases}$

13. 以下关于二元函数的连续性的说法正确的是（　　）.

A. 若 $f(x,y)$ 沿任意直线 $y=kx$ 在某点 x_0 处连续,则 $f(x,y)$ 在点 (x_0,y_0) 处连续

B. 若 $f(x,y)$ 在点 (x_0,y_0) 处连续,则 $f(x_0,y)$ 在点 y_0 处连续,$f(x,y_0)$ 在点 x_0 处连续

C. 若 $f(x,y)$ 在点 (x_0,y_0) 处偏导数 $f'_x(x_0,y_0)$ 及 $f'_y(x_0,y_0)$ 存在,则 $f(x,y)$ 在点 (x_0,y_0) 处连续

D. 以上说法都不对

14. 函数 $f(x,y)$ 在点 (x_0,y_0) 偏导数存在是 $f(x,y)$ 在该点连续的(　　　　).

A. 充分条件,但不是必要条件　　　　　　B. 必要条件,但不是充分条件

C. 充分必要条件　　　　　　　　　　　　D. 既不是充分条件,也不是必要条件

15. 若 $\dfrac{\partial f}{\partial x}\Big|_{(x_0,y_0)}=0,\dfrac{\partial f}{\partial y}\Big|_{(x_0,y_0)}=0$,则 $f(x,y)$ 在 (x_0,y_0) 是(　　　　).

A. 连续且可微　　　　　　　　　　　　B. 连续但不一定可微

C. 可微但不一定连续　　　　　　　　　D. 不一定连续也不一定可微

16. 设 $f(x,y)$ 在 $P_0(x_0,y_0)$ 的两个偏导数存在,则(　　　　).

A. $f(x,y)$ 在 $P_0(x_0,y_0)$ 处连续　　　　B. $f(x,y)$ 在 $P_0(x_0,y_0)$ 处可微

C. $\lim\limits_{x\to x_0}f(x,y_0)$ 及 $\lim\limits_{y\to y_0}f(x_0,y)$ 都存在　　　　D. $\lim\limits_{\substack{x\to x_0\\y\to y_0}}f(x,y)$ 存在

17. 设函数 $u=u(x,y)$ 满足 $\dfrac{\partial^2 u}{\partial x^2}-\dfrac{\partial^2 u}{\partial y^2}=0$ 及条件 $u(x,2x)=x,u'_x(x,2x)=x^2$,u 有二阶连续偏导数,则 $u''_{xx}(x,2x)=$ (　　　　).

A. $\dfrac{4x}{3}$　　　　　　　　　　　　　B. $-\dfrac{4x}{3}$

C. $\dfrac{3x}{4}$　　　　　　　　　　　　　D. $-\dfrac{3x}{4}$

18. 设 $\varphi(u,v)$ 有连续的偏导数,$a\varphi'_u+b\varphi'_v\neq 0$ 且 $\varphi(x-az,y-bz)=0$,则 $a\dfrac{\partial z}{\partial x}+b\dfrac{\partial z}{\partial y}=$ (　　　　).

A. a　　　　　　　　　　　　　　　　B. b

C. -1　　　　　　　　　　　　　　　D. 1

19. 设函数 $z=f(x,y)$ 在点 (x_0,y_0) 处可微,且 $f_x(x_0,y_0)=0,f_y(x_0,y_0)=0$,则函数 $z=f(x,y)$ 在 (x_0,y_0) 处(　　　　).

A. 有极值,可能是极大值,也可能是极小值

B. 可能有极值,也可能无极值

C. 必有极大值

D. 必有极小值

20. 设 $f(x,y)$ 在 (x_0,y_0) 处某邻域内具有二阶连续偏导数,且 (x_0,y_0) 为 $f(x,y)$ 的驻点. 记 $f_{xx}(x_0,y_0)=A,f_{xy}(x_0,y_0)=B,f_{yy}(x_0,y_0)=C$,那么当函数 $f(x,y)$ 在 (x_0,y_0) 处符合(　　　　)时,取极小值.

A. $B^2-AC>0,A>0$　　　　　　　　　B. $B^2-AC>0,A<0$

C. $B^2-AC<0,A>0$　　　　　　　　　D. $B^2-AC<0,A<0$

21. 设 $z=x^3-3x+y^2$,则它在点 $(1,0)$ 处(　　　　).

A. 取得极大值　　　　　　　　　　　　B. 不取得极值

C. 取得极小值   D. 不能确定是否取得极值

22. 可微函数 $f(x,y)$ 在点 (x_0,y_0) 取得极小值,下列结论正确的是( ).

A. $f(x_0,y)$ 在 $y=y_0$ 处的导数小于零   B. $f(x_0,y)$ 在 $y=y_0$ 处的导数大于零

C. $f(x_0,y)$ 在 $y=y_0$ 处的导数等于零   D. $f(x_0,y)$ 在 $y=y_0$ 处的导数不存在

23. 已知函数 $f(x,y)$ 在点 $(0,0)$ 的附近连续,且 $\lim\limits_{\substack{x\to0\\y\to0}}\dfrac{f(x,y)-xy}{(x^2+y^2)^2}=1$,则( ).

A. 点 $(0,0)$ 是 $f(x,y)$ 的极大值点   B. 点 $(0,0)$ 是 $f(x,y)$ 的极小值点

C. 点 $(0,0)$ 不是 $f(x,y)$ 的极值点   D. 以上都不对

24. 求函数 $u=x^3+y^2$ 在区域 $x^2+y^2\leqslant1$ 上的最大值与最小值分别为( ).

A. $1,-1$ B. $1,0$

C. $0,-1$ D. $2,-1$

25. 点 (x,y,z) 在球面 $x^2+y^2+z^2=5R^2$ $(x>0,y>0,z>0)$ 上变化时,函数 $f(x,y,z)=\ln x+\ln y+3\ln z$ 的最大值为( ).

A. $\ln 3R^5$ B. $\ln\sqrt{3}R^5$

C. $\ln R^5$ D. $\ln 3\sqrt{3}R^5$

(B)

1. 已知函数 $z=e^{u+v}\sin v,u=xy,v=x+y$,求 $\dfrac{\partial z}{\partial x},\dfrac{\partial z}{\partial y}$ 和全微分 $\mathrm{d}z$.

2. 设 $z=\ln(u^2+v),u=e^{x^2+y},v=x+y^2$,求 $\dfrac{\partial z}{\partial x},\dfrac{\partial z}{\partial y}$.

3. 设 $z=\ln x+\ln y,x=re^s,y=re^{-s}$,求 $\dfrac{\partial z}{\partial r},\dfrac{\partial z}{\partial s}$.

4. 设 $z=\arctan\dfrac{v}{u},u=x+y,v=x-y$,求 $\dfrac{\partial z}{\partial x},\dfrac{\partial z}{\partial y}$.

5. 已知函数 $u=f(x,y,z)$,其中 $z=g(x,y)$,且 f,g 皆有连续二阶偏导数,求 $\dfrac{\partial^2 u}{\partial x^2},\dfrac{\partial^2 u}{\partial x\partial y}$.

6. 设函数 $u=f\left(\dfrac{1}{x},\dfrac{1}{xy}\right)$,其中 f 二阶偏导数连续,求 $\dfrac{\partial^2 u}{\partial x\partial y}$.

7. 设 $u=f\left(\sqrt{x^2+y^2}\right)$,其中 f 具有二阶导数,求 $\dfrac{\partial u}{\partial x},\dfrac{\partial u}{\partial y},\dfrac{\partial^2 u}{\partial x\partial y}$.

8. 设 $u=f(x^2-y^2,e^{xy})$,其中 f 有连续二阶偏导数,求 $\dfrac{\partial u}{\partial x},\dfrac{\partial u}{\partial y},\dfrac{\partial^2 u}{\partial x\partial y}$.

9. 设 $z=f(x^2-y^2,\cos(xy))$ $(f$ 可微$),x=r\cos\theta,y=r\sin\theta$,求 $\dfrac{\partial z}{\partial r},\dfrac{\partial z}{\partial\theta}$.

10. 设 $u=F[f(x^2-y^2),y]$,其中 F 具有二阶连续偏导数,f 具有二阶导数,求 u_x,u_y,u_{xy},u_{yy}.

11. 设函数 $z=f(x,y)$ 在点 $(1,1)$ 处可微,且 $f(1,1)=1,\left.\dfrac{\partial f}{\partial x}\right|_{(1,1)}=2,\left.\dfrac{\partial f}{\partial y}\right|_{(1,1)}=3,\varphi(x)=f(x,f(x,x))$,求 $\left.\dfrac{\mathrm{d}}{\mathrm{d}x}\varphi^3(x)\right|_{x=1}$ 的值.

12. 设 $e^z-xyz=0$,求 $\mathrm{d}z,\dfrac{\partial^2 z}{\partial x^2}$.

13. 设 $z^3 - 3xyz = a^3$，求 $\mathrm{d}z$，$\dfrac{\partial^2 z}{\partial x \partial y}$.

14. 已知函数 $z = z(x,y)$ 是由方程 $x + 2y + 3z = \mathrm{e}^z$ 确定，求 $\dfrac{\partial z}{\partial x}$，$\dfrac{\partial z}{\partial y}$，$\dfrac{\partial^2 z}{\partial x^2}$，$\dfrac{\partial^2 z}{\partial x \partial y}$.

15. 已知方程 $\mathrm{e}^z = x + y + z$ 确定了函数 $z = z(x,y)$，求全微分 $\mathrm{d}z$，$\dfrac{\partial^2 z}{\partial x \partial y}$.

16. 求由方程 $xyz + \sqrt{x^2 + y^2 + z^2} = \sqrt{2}$ 所确定的函数 $z = z(x,y)$ 在点 $(1,0,-1)$ 处的全微分 $\mathrm{d}z$.

17. 设函数 $z = z(x,y)$ 由方程 $F\left(x + \dfrac{z}{y}, y + \dfrac{z}{x}\right) = 0$ 确定，$F(u,v)$ 具有连续偏导数，并且 $xF_u' + yF_v' \neq 0$. 计算 $x\dfrac{\partial z}{\partial x} + y\dfrac{\partial z}{\partial y}$.

18. 设 $f(x,y,z) = x^2 y z^3$，其中 $z = z(x,y)$ 由 $x^2 + y^2 + z^2 - 3xyz = 0$ 所确定，求 $f_x(1,1,1)$.

19. 求函数 $z = x^3 + 3xy^2 - 15x - 12y$ 的极值点并求出极值.

20. 求函数 $z = 3axy - x^3 - y^3 \ (a > 0)$ 的极值.

21. 求二元函数 $f(x,y) = x^2 y(4 - x - y)$ 在由直线 $x + y = 6$、x 轴和 y 轴所围的闭区域 D 上的最大值、最小值.

22. 设长方体的长、宽、高之和为定值 a，试问各边长取何值时，所得长方体体积为最大.

23. 在已给的椭球面 $\dfrac{x^2}{a^2} + \dfrac{y^2}{b^2} + \dfrac{z^2}{c^2} = 1$ 内一切内接的长方体(各边分别平行坐标轴)中，求其体积最大者.

24. 求原点到曲面 $(x - y)^2 - z^2 = 1$ 的最短距离.

25. 证明：函数 $z = \begin{cases} 0, & xy = 0 \\ 1, & \text{其他点} \end{cases}$ 在 $(0,0)$ 点不可微.

第5章 线性代数

线性代数起源于解线性方程组,为了恰当表示线性方程组的可解性和解的结构,引入了行列式和矩阵,进而行列式和矩阵本身也成为线性代数的重要组成部分. 因此,线性方程组、行列式和矩阵就构成了线性代数的重要的基础部分.

5.1 行列式

行列式作为一种特殊的数,起源于求解我们熟悉的 n 元一次方程组(即线性方程组).

5.1.1 二阶行列式和三阶行列式

例1 解二元一次方程组

$$\begin{cases} a_{11}x_1 + a_{12}x_2 = b_1 & ① \\ a_{21}x_1 + a_{22}x_2 = b_2 & ② \end{cases}$$

解 ① $\times a_{22}$ − ② $\times a_{12}$ 得 $(a_{11}a_{22} - a_{12}a_{21})x_1 = b_1a_{22} - b_2a_{12}$

② $\times a_{11}$ − ① $\times a_{21}$ 得 $(a_{11}a_{22} - a_{12}a_{21})x_2 = b_2a_{11} - b_1a_{21}$

当 $a_{11}a_{22} - a_{12}a_{21} \neq 0$ 时,得

$$x_1 = \frac{b_1a_{22} - b_2a_{12}}{a_{11}a_{22} - a_{12}a_{21}}, x_2 = \frac{b_2a_{11} - b_1a_{21}}{a_{11}a_{22} - a_{12}a_{21}}$$

从解的右端,我们看到分子、分母均为四个数两两相乘再相减的形式. 为了方便,我们引入二阶行列式.

定义1 二阶行列式 $\begin{vmatrix} a_{11} & a_{12} \\ a_{21} & a_{22} \end{vmatrix}$ 定义为 $a_{11}a_{22} - a_{12}a_{21}$,即

$$\begin{vmatrix} a_{11} & a_{12} \\ a_{21} & a_{22} \end{vmatrix} = a_{11}a_{22} - a_{12}a_{21}$$

用 D 表示二阶行列式,其中 a_{ij} 称为行列式的元素,其第一个下标 i 表示其所在行,称为行标,其第二个下标 j 表示其所在列,称为列标.

同理,可令

$$D_1 = \begin{vmatrix} b_1 & a_{12} \\ b_2 & a_{22} \end{vmatrix} = b_1a_{22} - b_2a_{12}, D_2 = \begin{vmatrix} a_{11} & b_1 \\ a_{21} & b_2 \end{vmatrix} = a_{11}b_2 - a_{21}b_1$$

若 $D \neq 0$,则方程组有唯一解

$$x_1 = \frac{D_1}{D}, x_2 = \frac{D_2}{D}$$

类似的,为了方便解三元一次线性方程组,可以引入下列三阶行列式的概念.

定义2 三阶行列式

$$\begin{vmatrix} a_{11} & a_{12} & a_{13} \\ a_{21} & a_{22} & a_{23} \\ a_{31} & a_{32} & a_{33} \end{vmatrix} = a_{11}a_{22}a_{33} + a_{12}a_{23}a_{31} + a_{13}a_{21}a_{32} - a_{13}a_{22}a_{31} - a_{12}a_{21}a_{33} - a_{11}a_{23}a_{32}$$

从上述定义可以看到,三阶行列式是 6 项的代数和,其中有 3 项的符号为正,其余 3 项的符号为负. 三阶行列式可以按照图 5 - 1 所示的对角线法则计算.

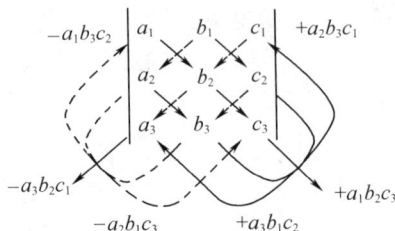

图 5 - 1

5.1.2 n 阶行列式的定义

下面给出 n 阶行列式的概念. 事实上, n 阶行列式可以看成是二阶、三阶行列式概念的推广.

定义 3 将给定的 $n \times n$ 个数 $a_{ij}(i, j = 1, 2, \cdots, n)$ 排成一个正方形数表,并在它的两旁各加一条竖线,即

$$\begin{vmatrix} a_{11} & a_{12} & \cdots & a_{1n} \\ a_{21} & a_{22} & \cdots & a_{2n} \\ \vdots & \vdots & & \vdots \\ a_{n1} & a_{n2} & \cdots & a_{nn} \end{vmatrix}$$

称为 n 阶行列式,也可简记为 $|a_{ij}|_n$;称 a_{ij} 为行列式的第 i 行第 j 列元素. 当 $n = 1$ 时,规定一阶行列式 $|a_{11}| = a_{11}$.

为了计算 n 阶行列式,首先来介绍如下余子式和代数余子式的定义.

定义 4 在 n 阶行列式 $|a_{ij}|_n$ 中,删去 a_{ij} 所在的第 i 行第 j 列,余下的元素按照原来的位置构成的 $n-1$ 阶行列式称为 a_{ij} 对应的余子式,记为 M_{ij} ;而称 $A_{ij} = (-1)^{i+j}M_{ij}$ 为 a_{ij} 对应的代数余子式.

例如,在 $\begin{vmatrix} 2 & 1 & 4 \\ 1 & 0 & 5 \\ 3 & 4 & 2 \end{vmatrix}$ 中, a_{23} 对应的余子式和代数余子式分别为

$$M_{23} = \begin{vmatrix} 2 & 1 \\ 3 & 4 \end{vmatrix} = 5, A_{23} = (-1)^{2+3}M_{23} = -5$$

注 我们看到, M_{ij} 和 A_{ij} 只取决于 a_{ij} 的位置,而与 a_{ij} 的值无关.

有了上述准备,下面给出行列式展开定理.

定理 1 n 阶行列式等于它的任意一行所有元素分别与各自代数余子式的乘积之和,即

$$\begin{vmatrix} a_{11} & a_{12} & \cdots & a_{1n} \\ a_{21} & a_{22} & \cdots & a_{2n} \\ \vdots & \vdots & & \vdots \\ a_{n1} & a_{n2} & \cdots & a_{nn} \end{vmatrix} = a_{i1}A_{i1} + a_{i2}A_{i2} + \cdots + a_{in}A_{in}(i=1,2,\cdots,n)$$

例1　计算如下行列式的值：

$$D = \begin{vmatrix} 1 & 0 & -2 & 0 \\ -1 & 2 & 3 & 1 \\ 0 & 1 & -1 & 2 \\ 2 & 1 & 0 & 3 \end{vmatrix}$$

解　根据定义，有

$$D = \begin{vmatrix} 1 & 0 & -2 & 0 \\ -1 & 2 & 3 & 1 \\ 0 & 1 & -1 & 2 \\ 2 & 1 & 0 & 3 \end{vmatrix} = 1 \times (-1)^{1+1} \begin{vmatrix} 2 & 3 & 1 \\ 1 & -1 & 2 \\ 1 & 0 & 3 \end{vmatrix} + (-2) \times (-1)^{1+3} \begin{vmatrix} -1 & 2 & 1 \\ 0 & 1 & 2 \\ 2 & 1 & 3 \end{vmatrix}$$

$$= -18$$

命题1　上三角行列式（当 $i>j$ 时，$a_{ij}=0$）为

$$\begin{vmatrix} a_{11} & \cdots & a_{1n} \\ & \ddots & \vdots \\ 0 & & a_{nn} \end{vmatrix} = a_{11}a_{22}\cdots a_{nn}$$

下三角行列式（当 $i<j$ 时，$a_{ij}=0$）为

$$\begin{vmatrix} a_{11} & & 0 \\ \vdots & \ddots & \\ a_{n1} & \cdots & a_{nn} \end{vmatrix} = a_{11}a_{22}\cdots a_{nn}$$

上三角行列式和下三角行列式是最简单最基本的行列式，在行列式的计算中起到了重要作用.

5.1.3　行列式的计算

行列式作为一个特殊数，利用其定义计算出其数值一般是比较复杂的. 下面介绍行列式的性质，利用这些性质可以简化行列式的计算.

性质1　行列式和它的转置行列式相等，即设行列式

$$D = \begin{vmatrix} a_{11} & a_{12} & \cdots & a_{1n} \\ a_{21} & a_{22} & \cdots & a_{2n} \\ \vdots & \vdots & & \vdots \\ a_{n1} & a_{n2} & \cdots & a_{nn} \end{vmatrix}, D' = \begin{vmatrix} a_{11} & a_{21} & \cdots & a_{n1} \\ a_{12} & a_{22} & \cdots & a_{n2} \\ \vdots & \vdots & & \vdots \\ a_{1n} & a_{2n} & \cdots & a_{nn} \end{vmatrix}$$

则 $D = D'$.

性质2　交换行列式的两行（列），行列式变号，绝对值不变.

推论　若行列式有两行（列）相同，则此行列式的值为零.

性质3　用一个数 k 乘行列式，等于将行列式的某一行（列）元素都乘以 k，即

$$k \begin{vmatrix} a_{11} & a_{12} & \cdots & a_{1n} \\ \vdots & \vdots & & \vdots \\ a_{i1} & a_{i2} & \cdots & a_{in} \\ \vdots & \vdots & & \vdots \\ a_{n1} & a_{n2} & \cdots & a_{nn} \end{vmatrix} = \begin{vmatrix} a_{11} & a_{12} & \cdots & a_{1n} \\ \vdots & \vdots & & \vdots \\ ka_{i1} & ka_{i2} & \cdots & ka_{in} \\ \vdots & \vdots & & \vdots \\ a_{n1} & a_{n2} & \cdots & a_{nn} \end{vmatrix}$$

推论 若行列式中有两行(列)对应成比例,则行列式的值为零.

性质4 将行列式的任意一行(列)的各个元素乘一个常数,对应的加到另外一行(列)上去,列式的值不变(称为行(列)等值变换).

性质5 行列式有分行(列)可加性(称为行列式的加法原理),即

$$\begin{vmatrix} x_{11}+y_{11} & x_{12}+y_{12} & \cdots & x_{1n}+y_{1n} \\ a_{21} & a_{22} & \cdots & a_{2n} \\ \vdots & \vdots & & \vdots \\ a_{n1} & a_{n2} & \cdots & a_{nn} \end{vmatrix} = \begin{vmatrix} x_{11} & x_{12} & \cdots & x_{1n} \\ a_{21} & a_{22} & \cdots & a_{2n} \\ \vdots & \vdots & & \vdots \\ a_{n1} & a_{n2} & \cdots & a_{nn} \end{vmatrix} + \begin{vmatrix} y_{11} & y_{12} & \cdots & y_{1n} \\ a_{21} & a_{22} & \cdots & a_{2n} \\ \vdots & \vdots & & \vdots \\ a_{n1} & a_{n2} & \cdots & a_{nn} \end{vmatrix}$$

注 上述行列式的性质中,将行换成列依然成立.

例2 计算行列式:

$$D = \begin{vmatrix} 2 & 1 & 3 & 5 \\ 1 & 0 & -1 & 2 \\ -6 & 2 & -2 & 4 \\ 1 & 1 & 3 & 1 \end{vmatrix}$$

解

$$D = \begin{vmatrix} 2 & 1 & 3 & 5 \\ 1 & 0 & -1 & 2 \\ -6 & 2 & -2 & 4 \\ 1 & 1 & 3 & 1 \end{vmatrix} = 2 \begin{vmatrix} 2 & 1 & 3 & 5 \\ 1 & 0 & -1 & 2 \\ -3 & 1 & -1 & 2 \\ 1 & 1 & 3 & 1 \end{vmatrix} = -2 \begin{vmatrix} 1 & 2 & 3 & 5 \\ 0 & 1 & -1 & 2 \\ 1 & -3 & -1 & 2 \\ 1 & 1 & 3 & 1 \end{vmatrix}$$

$$= -2 \begin{vmatrix} 1 & 2 & 3 & 5 \\ 0 & 1 & -1 & 2 \\ 0 & -5 & -4 & -3 \\ 1 & 1 & 3 & 1 \end{vmatrix} = -2 \begin{vmatrix} 1 & 2 & 3 & 5 \\ 0 & 1 & -1 & 2 \\ 0 & -5 & -4 & -3 \\ 0 & -1 & 0 & -4 \end{vmatrix} = -2 \begin{vmatrix} 1 & 2 & 3 & 5 \\ 0 & 1 & -1 & 2 \\ 0 & 0 & -9 & 7 \\ 0 & 0 & -1 & -2 \end{vmatrix}$$

$$= 2 \begin{vmatrix} 1 & 2 & 3 & 5 \\ 0 & 1 & -1 & 2 \\ 0 & 0 & -1 & -2 \\ 0 & 0 & -9 & 7 \end{vmatrix} = 2 \begin{vmatrix} 1 & 2 & 3 & 5 \\ 0 & 1 & -1 & 2 \\ 0 & 0 & -1 & -2 \\ 0 & 0 & 0 & 25 \end{vmatrix} = -50$$

例3 计算:

$$D = \begin{vmatrix} 3 & 1 & 1 \\ 1 & 3 & 1 \\ 1 & 1 & 3 \end{vmatrix}$$

解 $D = \begin{vmatrix} 3 & 1 & 1 \\ 1 & 3 & 1 \\ 1 & 1 & 3 \end{vmatrix} \xrightarrow[\text{第1行上去}]{\text{第2,3行都加到}} \begin{vmatrix} 5 & 5 & 5 \\ 1 & 3 & 1 \\ 1 & 1 & 3 \end{vmatrix} \xrightarrow[\text{公因子5}]{\text{第1行提}} 5 \times \begin{vmatrix} 1 & 1 & 1 \\ 1 & 3 & 1 \\ 1 & 1 & 3 \end{vmatrix}$

$$\xrightarrow[\text{分别加到第 2,3 行}]{\text{第 1 行乘以}(-1)} 5 \times \begin{vmatrix} 1 & 1 & 1 \\ 0 & 2 & 0 \\ 0 & 0 & 2 \end{vmatrix} = 20$$

命题 2 下列等式成立:

$$\begin{vmatrix} a_{11} & \cdots & a_{1k} & c_{11} & \cdots & c_{1l} \\ \vdots & & \vdots & \vdots & & \vdots \\ a_{k1} & \cdots & a_{kk} & c_{k1} & \cdots & c_{kl} \\ 0 & \cdots & 0 & b_{11} & \cdots & b_{1l} \\ \vdots & & \vdots & \vdots & & \vdots \\ 0 & \cdots & 0 & b_{l1} & \cdots & b_{ll} \end{vmatrix} = \begin{vmatrix} a_{11} & \cdots & a_{1k} \\ \vdots & & \vdots \\ a_{k1} & \cdots & a_{kk} \end{vmatrix} \cdot \begin{vmatrix} b_{11} & \cdots & b_{1l} \\ \vdots & & \vdots \\ b_{l1} & \cdots & b_{ll} \end{vmatrix}$$

例 4 计算行列式:

$$D = \begin{vmatrix} 10 & -2 & 1 & 2 & 3 \\ 4 & 25 & 2 & 3 & 1 \\ 7 & 0 & 3 & 1 & 2 \\ 1 & 2 & 0 & 0 & 0 \\ 2 & 1 & 0 & 0 & 0 \end{vmatrix}$$

解 将行列式的第 3 列与第 2 列、第 1 列逐一交换到第 1 列;同样,将第 4 列交换到第 2 列,将第 5 列交换到第 3 列,即

$$D = (-1)^{2 \times 3} \begin{vmatrix} 1 & 2 & 3 & 10 & -2 \\ 2 & 3 & 1 & 4 & 25 \\ 3 & 1 & 2 & 7 & 0 \\ 0 & 0 & 0 & 1 & 2 \\ 0 & 0 & 0 & 2 & 1 \end{vmatrix} = \begin{vmatrix} 1 & 2 & 3 \\ 2 & 3 & 1 \\ 3 & 1 & 2 \end{vmatrix} \cdot \begin{vmatrix} 1 & 2 \\ 2 & 1 \end{vmatrix} = 54$$

5.2 矩阵的概念

5.2.1 矩阵概念的引入

例 1 某公司的四家商店出售三种商品,单位售价(元)见表 5－1.

表 5－1 商品单位价格表

商品 商店	T1	T2	T3
S1	40	72	31
S2	39	67	25
S3	42	69	29
S4	37	72	33

表的第二行表示商店 S1 中,三种商品 T1,T2,T3 单位售价分别为 40,72,31 元,余类

推. 把表中数据取出并且不改变数据的相对位置,得到如下的价格数表:

$$\begin{bmatrix} 40 & 72 & 31 \\ 39 & 67 & 25 \\ 42 & 69 & 29 \\ 37 & 72 & 33 \end{bmatrix}$$

例2 把商品从甲、乙两产地运送到 A,B,C,D,E,F 的运输量见表 5 - 2.

表 5 - 2 运输量表

产地 \ 销地	A	B	C	D	E	F
甲	1	3	0	4	2	2
乙	2	1	5	0	2	1

表的第二行表示从产地乙运送商品到销地 A,B,C,D,E,F 的运输量分别为 2,1,5,0,2,1,余类推. 运输量数表如下:

$$\begin{bmatrix} 1 & 3 & 0 & 4 & 2 & 2 \\ 2 & 1 & 5 & 0 & 2 & 1 \end{bmatrix}$$

5.2.2 矩阵的定义

定义1 由 $m \times n$ 个数 $a_{ij}(i = 1, \cdots, m; j = 1, \cdots, n)$ 排成 m 行 n 列的数表:

$$\begin{bmatrix} a_{11} & a_{12} & \cdots & a_{1n} \\ a_{21} & a_{22} & \cdots & a_{2n} \\ \vdots & \vdots & & \vdots \\ a_{m1} & a_{m2} & \cdots & a_{mn} \end{bmatrix}_{m \times n}$$

称为一个 $m \times n$ 阶矩阵,简记为 $[a_{ij}]_{m \times n}$,称 a_{ij} 为此矩阵的第 i 行第 j 列元素. 一般用大写字母 $\boldsymbol{A}, \boldsymbol{B}, \boldsymbol{C}$ 等表示矩阵. $n \times n$ 矩阵称为 n 阶方阵. 方阵从左上角元素到右下角元素这条对角线称为主对角线,从右上角元素到左下角元素这条对角线称为次对角线. 只有一行的矩阵称为行矩阵,只有一列的矩阵称为列矩阵.

若矩阵 $\boldsymbol{A}, \boldsymbol{B}$ 都是 $m \times n$ 矩阵,则称 $\boldsymbol{A}$ 与 $\boldsymbol{B}$ 为同型矩阵;对于 $\boldsymbol{A} = [a_{ij}]_{m \times n}$ 和 $\boldsymbol{B} = [b_{ij}]_{m \times n}$,若 $a_{ij} = b_{ij}(i = 1, 2, \cdots, m; j = 1, 2, \cdots, n)$,则称 $\boldsymbol{A}$ 与 $\boldsymbol{B}$ 相等,记为 $\boldsymbol{A} = \boldsymbol{B}$.

定义2 矩阵 $\boldsymbol{A} = [a_{ij}]_{m \times n}$ 的所有元素前面都添上负号(即 a_{ij} 的相反数)得到的矩阵,称为 $\boldsymbol{A}$ 的负矩阵,记作 $-\boldsymbol{A} = [-a_{ij}]_{m \times n}$.

例如,$\boldsymbol{A} = \begin{bmatrix} 1 & 2 & 3 \\ 4 & 5 & 6 \end{bmatrix}$,$-\boldsymbol{A} = \begin{bmatrix} -1 & -2 & -3 \\ -4 & -5 & -6 \end{bmatrix}$,那么 $-\boldsymbol{A}$ 是 $\boldsymbol{A}$ 的负矩阵.

定义3 矩阵 $\boldsymbol{A} = [a_{ij}]_{m \times n}$ 的行与列互换,并且不改变原来各元素的顺序得到的矩阵称为矩阵 $\boldsymbol{A}$ 的转置矩阵,记作 $\boldsymbol{A}^{\mathrm{T}}$,即 $\boldsymbol{A}^{\mathrm{T}} = [a_{ji}]_{n \times m}$. $\boldsymbol{A}^{\mathrm{T}}$ 的第 i 行是 $\boldsymbol{A}$ 的第 i 列,$\boldsymbol{A}^{\mathrm{T}}$ 的第 j 列是 $\boldsymbol{A}$ 的第 j 行,$i = 1, \cdots, n; j = 1, \cdots, m$.

例如,$\boldsymbol{A} = \begin{bmatrix} 1 & 2 & 3 \\ 4 & 5 & 6 \end{bmatrix}$,$\boldsymbol{A}^{\mathrm{T}} = \begin{bmatrix} 1 & 4 \\ 2 & 5 \\ 3 & 6 \end{bmatrix}$.

定义 4 一个矩阵的所有元素都为零时,称为零矩阵,记作 $\boldsymbol{O}_{m \times n}$ 或 $\boldsymbol{O}$.

例如,$\boldsymbol{O}_{2 \times 4} = \begin{bmatrix} 0 & 0 & 0 & 0 \\ 0 & 0 & 0 & 0 \end{bmatrix}$.

定义 5 主对角线以下的元素全是零的方阵称为上三角矩阵,主对角线以上的元素全是零的方阵称为下三角矩阵,即

$$\begin{bmatrix} a_{11} & a_{12} & \cdots & a_{1n} \\ 0 & a_{22} & \cdots & a_{2n} \\ \vdots & \vdots & & \vdots \\ 0 & 0 & \cdots & a_{nn} \end{bmatrix}, \begin{bmatrix} b_{11} & 0 & \cdots & 0 \\ b_{21} & b_{22} & \cdots & 0 \\ \vdots & \vdots & & \vdots \\ b_{n1} & b_{n2} & \cdots & b_{nn} \end{bmatrix}$$

分别是上三角矩阵和下三角矩阵.

定义 6 主对角线以外的元素全是零的方阵称为对角矩阵.

定义 7 主对角线上元素全相同的对角矩阵称为数量矩阵.

例如,$\begin{bmatrix} 2 & 0 \\ 0 & 2 \end{bmatrix}, \begin{bmatrix} -4 & 0 & 0 \\ 0 & -4 & 0 \\ 0 & 0 & -4 \end{bmatrix}$

定义 8 主对角线上元素全是 1 的 n 阶对角矩阵称为 n 阶单位矩阵,记作 $\boldsymbol{E}_n$,即

$$\boldsymbol{E}_n = \begin{bmatrix} 1 & & & \\ & 1 & & \\ & & \ddots & \\ & & & 1 \end{bmatrix}$$

定义 9 如果方阵 $\boldsymbol{A}$ 满足 $\boldsymbol{A} = \boldsymbol{A}^{\mathrm{T}}$,则称 $\boldsymbol{A}$ 为对称矩阵.

对称矩阵 $\boldsymbol{A} = [a_{ij}]_{n \times n}$ 的特点是,除了主对角线上的元素外,其余元素满足条件 $a_{ij} = a_{ji} (i \neq j)$.

定义 10 如果方阵 $\boldsymbol{A}$ 满足 $\boldsymbol{A}^{\mathrm{T}} = -\boldsymbol{A}$,则称 $\boldsymbol{A}$ 为反对称矩阵.

反对称矩阵 $\boldsymbol{A} = [a_{ij}]_{n \times n}$ 的特点是:主对角线上的元素全为零,其余元素满足条件 $a_{ij} = -a_{ji} (i \neq j)$.

5.2.3 阶梯型矩阵与行最简型矩阵

定义 11 在矩阵 $\boldsymbol{A} = [a_{ij}]_{m \times n}$ 中,如果它的非零行(元素不全是零的行)的首非零元素(第一个不为零的元素)的列标随行标增加而严格增加,并且零行(元素全是零的行,如果有的话)在最下方,则称 $\boldsymbol{A}$ 为阶梯型矩阵.

例如

$$\boldsymbol{A} = \begin{bmatrix} 1 & 3 & -2 & 0 & 1 \\ 0 & 2 & 1 & 0 & -5 \\ 0 & 0 & 0 & 1 & 7 \\ 0 & 0 & 0 & 0 & 0 \end{bmatrix}, \boldsymbol{B} = \begin{bmatrix} 0 & 1 & 0 & 3 \\ 0 & 0 & 4 & 8 \\ 0 & 0 & 0 & -7 \end{bmatrix}$$

都是阶梯型矩阵. 简言之,阶梯型矩阵就是每行开始的零元素逐行增多的矩阵,且任意两行首非零元不能位于同一列.

定义 12 若阶梯型矩阵 $\boldsymbol{A}$ 的首非零元都是 1,并且首非零元所在列的其余元素都是

零,则称 A 为行最简型矩阵.

例如

$$A = \begin{bmatrix} 1 & 2 & 0 & 0 & 1 \\ 0 & 0 & 1 & 0 & 4 \\ 0 & 0 & 0 & 1 & -1 \end{bmatrix}, B = \begin{bmatrix} 1 & 0 & 2 & 0 & -1 \\ 0 & 1 & 3 & 0 & 4 \\ 0 & 0 & 0 & 1 & 0 \\ 0 & 0 & 0 & 0 & 0 \end{bmatrix}$$

就是行最简型矩阵.

显然,单位矩阵是行最简型矩阵.后面我们将看到阶梯型矩阵和行最简型矩阵有很好的性质.

5.3 矩阵的运算

5.3.1 矩阵的加减法

定义 1 设 $A = [a_{ij}]_{m \times n}, B = [b_{ij}]_{m \times n}$ 是两个 $m \times n$ 矩阵,称 $[a_{ij} + b_{ij}]_{m \times n}$ 为矩阵 A 与 B 的和,记作 $A + B = [a_{ij} + b_{ij}]_{m \times n}$. 由定义,矩阵加法是在同型矩阵中进行的,并且是对应位置上元素相加. 规定矩阵减法如下

$$A - B = A + (-B) = [a_{ij} - b_{ij}]_{m \times n}$$

对于同型矩阵 A, B, C, O,容易验证矩阵加法满足如下运算性质:

(1) $A + B = B + A$

(2) $A + (B + C) = (A + B) + C$

(3) $A + O = O + A = A$

(4) $A + (-A) = A - A = O$

5.3.2 数乘矩阵

定义 2 用数 k 乘矩阵 A 的所有元素得到的矩阵,称为数乘矩阵,记作 kA,即

$$kA = \begin{bmatrix} ka_{11} & ka_{12} & \cdots & ka_{1n} \\ ka_{21} & ka_{22} & \cdots & ka_{2n} \\ \vdots & \vdots & & \vdots \\ ka_{m1} & ka_{m2} & \cdots & ka_{mn} \end{bmatrix}$$

由定义,当矩阵每一个元素都有公因子 k 时,可将公因子 k 提出矩阵外面.

容易验证数乘矩阵有以下运算性质:

(1) $k(A + B) = kA + kB$

(2) $(k_1 + k_2)A = k_1 A + k_2 A$

(3) $(k_1 k_2)A = k_1(k_2 A)$

(4) $1 \cdot A = A, (-1) \cdot A = -A$

5.3.3 矩阵的乘法

定义 3 若 $A = [a_{ij}]_{m \times n}, B = [b_{ij}]_{n \times s}$,那么矩阵

$$C = AB = \begin{bmatrix} c_{ij} \end{bmatrix}_{m \times s}$$

其中, $c_{ij} = a_{i1}b_{1j} + \cdots + a_{in}b_{nj}$, 称矩阵 C 为 A 与 B 的乘积.

例1 设 $A = \begin{bmatrix} 2 & 1 & 0 \end{bmatrix}$, $B = \begin{bmatrix} 1 \\ -2 \\ 3 \end{bmatrix}$, 计算 AB 和 BA.

解 $AB = \begin{bmatrix} 2 & 1 & 0 \end{bmatrix} \begin{bmatrix} 1 \\ -2 \\ 3 \end{bmatrix} = \begin{bmatrix} 2 \times 1 + 1 \times (-2) + 0 \times 3 \end{bmatrix} = 0$

$$BA = \begin{bmatrix} 1 \\ -2 \\ 3 \end{bmatrix} \begin{bmatrix} 2 & 1 & 0 \end{bmatrix} = \begin{bmatrix} 2 & 1 & 0 \\ -4 & -2 & 0 \\ 6 & 3 & 0 \end{bmatrix}$$

注 以后我们不再区分 1×1 矩阵 $\begin{bmatrix} a \end{bmatrix}$ 和数 a.

例2 设

$$A = \begin{bmatrix} 1 & -1 & 2 \\ 3 & 4 & 5 \end{bmatrix}, B = \begin{bmatrix} 2 & -1 \\ 0 & 2 \\ 2 & 4 \end{bmatrix}$$

计算 AB 和 BA.

解 $AB = \begin{bmatrix} 1 & -1 & 2 \\ 3 & 4 & 5 \end{bmatrix} \begin{bmatrix} 2 & -1 \\ 0 & 2 \\ 2 & 4 \end{bmatrix} = \begin{bmatrix} 6 & 5 \\ 16 & 25 \end{bmatrix}$

$$BA = \begin{bmatrix} 2 & -1 \\ 0 & 2 \\ 2 & 4 \end{bmatrix} \begin{bmatrix} 1 & -1 & 2 \\ 3 & 4 & 5 \end{bmatrix} = \begin{bmatrix} -1 & -6 & -1 \\ 6 & 8 & 10 \\ 14 & 14 & 24 \end{bmatrix}$$

例3 设

$$A = \begin{bmatrix} 1 & 2 & 0 & 0 \\ 0 & 1 & 2 & 0 \\ 0 & 0 & 1 & 2 \\ 0 & 0 & 0 & 1 \end{bmatrix}, B = \begin{bmatrix} 1 & -2 & 4 & -8 \\ 0 & 1 & -2 & 4 \\ 0 & 0 & 1 & -2 \\ 0 & 0 & 0 & 1 \end{bmatrix}$$

计算 AB 和 BA.

解 $AB = \begin{bmatrix} 1 & 2 & 0 & 0 \\ 0 & 1 & 2 & 0 \\ 0 & 0 & 1 & 2 \\ 0 & 0 & 0 & 1 \end{bmatrix} \begin{bmatrix} 1 & -2 & 4 & -8 \\ 0 & 1 & -2 & 4 \\ 0 & 0 & 1 & -2 \\ 0 & 0 & 0 & 1 \end{bmatrix} = \begin{bmatrix} 1 & 0 & 0 & 0 \\ 0 & 1 & 0 & 0 \\ 0 & 0 & 1 & 0 \\ 0 & 0 & 0 & 1 \end{bmatrix} = E_4$

$$BA = \begin{bmatrix} 1 & -2 & 4 & -8 \\ 0 & 1 & -2 & 4 \\ 0 & 0 & 1 & -2 \\ 0 & 0 & 0 & 1 \end{bmatrix} \begin{bmatrix} 1 & 2 & 0 & 0 \\ 0 & 1 & 2 & 0 \\ 0 & 0 & 1 & 2 \\ 0 & 0 & 0 & 1 \end{bmatrix} = \begin{bmatrix} 1 & 0 & 0 & 0 \\ 0 & 1 & 0 & 0 \\ 0 & 0 & 1 & 0 \\ 0 & 0 & 0 & 1 \end{bmatrix} = E_4$$

例4 设

$$A = \begin{bmatrix} 0 & 1 \\ 0 & 0 \end{bmatrix}, B = \begin{bmatrix} 1 & 0 \\ 0 & 0 \end{bmatrix}$$

计算 AB, BA, AA 和 BB.

解 $AB = \begin{bmatrix} 0 & 1 \\ 0 & 0 \end{bmatrix} \begin{bmatrix} 1 & 0 \\ 0 & 0 \end{bmatrix} = \begin{bmatrix} 0 & 0 \\ 0 & 0 \end{bmatrix} = O$

$BA = \begin{bmatrix} 1 & 0 \\ 0 & 0 \end{bmatrix} \begin{bmatrix} 0 & 1 \\ 0 & 0 \end{bmatrix} = \begin{bmatrix} 0 & 1 \\ 0 & 0 \end{bmatrix} = A \neq O$

$AA = \begin{bmatrix} 0 & 1 \\ 0 & 0 \end{bmatrix} \begin{bmatrix} 0 & 1 \\ 0 & 0 \end{bmatrix} = \begin{bmatrix} 0 & 0 \\ 0 & 0 \end{bmatrix} = O$

$BB = \begin{bmatrix} 1 & 0 \\ 0 & 0 \end{bmatrix} \begin{bmatrix} 1 & 0 \\ 0 & 0 \end{bmatrix} = \begin{bmatrix} 1 & 0 \\ 0 & 0 \end{bmatrix} = B$

由以上几例,我们注意到以下几点:

(1)矩阵的乘法不满足交换律,即 $AB = BA$ 不总成立,虽然 AB 与 BA 都存在,但不一定是同型的,即使是同阶方阵 AB 与 BA 也不一定相等;

(2)由 $AB = O$ 推不出 $A = O$ 或 $B = O$,即当 $A \neq O, B \neq O$ 时,可能有 $AB = O$;

(3)由 $AB = AC$ 推不出 $B = C$,即使 $A \neq O$.

矩阵乘法运算的基本性质(假设运算可行):

(1) $(AB)C = A(BC)$(结合律);

(2) $A(B + C) = AB + AC, (B + C)A = BA + CA$(分配律);

(3) $(kA)B = A(kB) = k(AB)$(k 为常数);

(4) $EA = AE = A$;

(5) $O_{m \times n} A_{n \times s} = O_{m \times s}, A_{n \times s} O_{s \times m} = O_{n \times m}$;

(6) $AB + kA = A(B + kE), BA + kA = (B + kE)A$($k$ 为常数).

5.3.4 转置矩阵的性质

转置矩阵满足如下性质:

(1) $(A + B)^T = A^T + B^T$;

(2) $(kA)^T = kA^T$(k 为常数);

(3) $(AB)^T = B^T A^T$;

(4) $(A^T)^T = A$.

5.3.5 方阵的行列式

若 $A = [a_{ij}]_{n \times n}$ 为方阵,我们用 $|A|$ 或者 $\det(A)$ 表示其行列式 $|a_{ij}|_n$(即方阵中所有元素保持相对位置不变构成的行列式).

需要注意的是,方阵与行列式是完全不同的两个概念,前者是一个数表,而后者是数表中的数按照一定运算法则所确定的一个数. 另外,当矩阵的行数和列数不相等时,矩阵是没有行列式的.

方阵 $A = [a_{ij}]_{n \times n}$ 的行列式满足如下性质:

(1) $|A^T| = |A|$;

(2) $|\lambda A| = \lambda^n |A|$;

(3) $|AB| = |A||B|$.

证明 这里仅证明性质 3. 我们只给出当 $n = 2$ 时的证明. 设 $A = [a_{ij}]_{2 \times 2}$,

$B = \left[b_{ij} \right]_{2 \times 2}$，则

$$|A| \cdot |B| = \begin{vmatrix} a_{11} & a_{12} \\ a_{21} & a_{22} \end{vmatrix} \cdot \begin{vmatrix} b_{11} & b_{12} \\ b_{21} & b_{22} \end{vmatrix} = \begin{vmatrix} a_{11} & a_{12} & 0 & 0 \\ a_{21} & a_{22} & 0 & 0 \\ -1 & 0 & b_{11} & b_{12} \\ 0 & -1 & b_{21} & b_{22} \end{vmatrix}$$

$$\xrightarrow[\text{第 1 列乘 } b_{12} \text{加到第 4 列}]{\text{第 1 列乘 } b_{11} \text{加到第 3 列}} \begin{vmatrix} a_{11} & a_{12} & a_{11}b_{11} & a_{11}b_{12} \\ a_{21} & a_{22} & a_{21}b_{11} & a_{21}b_{12} \\ -1 & 0 & 0 & 0 \\ 0 & -1 & b_{21} & b_{22} \end{vmatrix}$$

$$\xrightarrow[\text{第 2 列乘 } b_{22} \text{加到第 4 列}]{\text{第 2 列乘 } b_{21} \text{加到第 3 列}} \begin{vmatrix} a_{11} & a_{12} & a_{11}b_{11}+a_{12}b_{21} & a_{11}b_{12}+a_{12}b_{22} \\ a_{21} & a_{22} & a_{21}b_{11}+a_{22}b_{21} & a_{21}b_{12}+a_{22}b_{22} \\ -1 & 0 & 0 & 0 \\ 0 & -1 & 0 & 0 \end{vmatrix}$$

$$\xrightarrow[\text{交换第 2,4 列}]{\text{交换第 1,3 列}} (-1)^2 \cdot \begin{vmatrix} a_{11}b_{11}+a_{12}b_{21} & a_{11}b_{12}+a_{12}b_{22} & a_{11} & a_{12} \\ a_{21}b_{11}+a_{22}b_{21} & a_{21}b_{12}+a_{22}b_{22} & a_{21} & a_{22} \\ 0 & 0 & -1 & 0 \\ 0 & 0 & 0 & -1 \end{vmatrix}$$

$$= (-1)^2 \cdot |AB| \cdot |(-1)E_2| = (-1)^4 \cdot |AB| = |AB|$$

5.4 方阵的逆阵

矩阵运算除了代数运算，还有与矩阵乘法相对应的逆矩阵运算. 在数的运算中，对于数 $a \neq 0$，它的倒数 $\frac{1}{a}$ 存在，并且满足关系：

$$a \cdot \frac{1}{a} = a \cdot a^{-1} = a^{-1} \cdot a = 1$$

类似地，可以定义矩阵的逆矩阵.

5.4.1 逆矩阵的概念

定义 1 设 A 为 n 阶方阵，如果存在一个 n 阶方阵 B，使得

$$AB = BA = E_n$$

则称 A 可逆，方阵 B 为 A 的逆矩阵，记作 $B = A^{-1}$.

注 方阵 A 的逆矩阵是唯一的. 事实上，设方阵 X, Y 都是 A 的逆矩阵，即

$$AX = XA = E, AY = YA = E$$

则

$$X = XE = X(AY) = (XA)Y = EY = Y$$

一个方阵什么时候是可逆矩阵，如何求其逆矩阵？下面来解决这个问题.

5.4.2 逆矩阵的求法

定义 2 设 $A = \left[a_{ij} \right]_{n \times n}$ 为 n 阶方阵，A_{ij} 为行列式 $|A|$ 中 a_{ij} 对应的代数余子式，则方阵

$$A^* = \begin{bmatrix} A_{11} & A_{21} & \cdots & A_{n1} \\ A_{12} & A_{22} & \cdots & A_{n2} \\ \vdots & \vdots & & \vdots \\ A_{1n} & A_{2n} & \cdots & A_{nn} \end{bmatrix}$$

为矩阵 A 的伴随阵.

例1 对矩阵

$$A = \begin{bmatrix} a_{11} & a_{12} \\ a_{21} & a_{22} \end{bmatrix}$$

计算 AA^* 和 A^*A.

解 $AA^* = \begin{bmatrix} a_{11} & a_{12} \\ a_{21} & a_{22} \end{bmatrix} \begin{bmatrix} A_{11} & A_{21} \\ A_{12} & A_{22} \end{bmatrix} = \begin{bmatrix} a_{11}A_{11} + a_{12}A_{12} & a_{11}A_{21} + a_{12}A_{22} \\ a_{21}A_{11} + a_{22}A_{12} & a_{21}A_{21} + a_{22}A_{22} \end{bmatrix}$

$$= \begin{bmatrix} |A| & 0 \\ 0 & |A| \end{bmatrix} = |A|E$$

$A^*A = \begin{bmatrix} A_{11} & A_{21} \\ A_{12} & A_{22} \end{bmatrix} \begin{bmatrix} a_{11} & a_{12} \\ a_{21} & a_{22} \end{bmatrix} = \begin{bmatrix} a_{11}A_{11} + a_{21}A_{21} & a_{12}A_{11} + a_{22}A_{21} \\ a_{11}A_{12} + a_{21}A_{22} & a_{12}A_{12} + a_{22}A_{22} \end{bmatrix}$

$$= \begin{bmatrix} |A| & 0 \\ 0 & |A| \end{bmatrix} = |A|E$$

上例中的结论具有一般性:

命题1 设 A 为 n 阶方阵,A^* 为其伴随阵,则

$$AA^* = A^*A = |A|E$$

推论 若 A 为 n 阶方阵,且 $|A| \neq 0$,则

$$A\left(\frac{1}{|A|}A^*\right) = \left(\frac{1}{|A|}A^*\right)A = E$$

定理2 设 A 为方阵,则

(1) A 可逆 $\Leftrightarrow |A| \neq 0$;

(2) 当 $|A| \neq 0$ 时,$A^{-1} = \frac{1}{|A|}A^*$.

例2 求下列方阵的逆阵:

$$A = \begin{bmatrix} 2 & 0 & 3 \\ 1 & -1 & 1 \\ 0 & 1 & -2 \end{bmatrix}$$

解 由于 $|A| = 5 \neq 0$,故 A 可逆;A 的所有代数余子式为

$$A_{11} = \begin{vmatrix} -1 & 1 \\ 1 & -2 \end{vmatrix} = 1, A_{12} = -\begin{vmatrix} 1 & 1 \\ 0 & -2 \end{vmatrix} = 2, A_{13} = \begin{vmatrix} 1 & -1 \\ 0 & 1 \end{vmatrix} = 1$$

$$A_{21} = -\begin{vmatrix} 0 & 3 \\ 1 & -2 \end{vmatrix} = 3, A_{22} = \begin{vmatrix} 2 & 3 \\ 0 & -2 \end{vmatrix} = -4, A_{23} = -\begin{vmatrix} 2 & 0 \\ 0 & 1 \end{vmatrix} = -2$$

$$A_{31} = \begin{vmatrix} 0 & 3 \\ -1 & 1 \end{vmatrix} = 3, A_{32} = -\begin{vmatrix} 2 & 3 \\ 1 & 1 \end{vmatrix} = 1, A_{33} = \begin{vmatrix} 2 & 0 \\ 1 & -1 \end{vmatrix} = -2$$

于是

$$A^{-1} = \frac{1}{|A|}A^* = \frac{1}{5}\begin{bmatrix} A_{11} & A_{21} & A_{31} \\ A_{12} & A_{22} & A_{32} \\ A_{13} & A_{23} & A_{33} \end{bmatrix} = \begin{bmatrix} \dfrac{1}{5} & \dfrac{3}{5} & \dfrac{3}{5} \\ \dfrac{2}{5} & -\dfrac{4}{5} & \dfrac{1}{5} \\ \dfrac{1}{5} & -\dfrac{2}{5} & -\dfrac{2}{5} \end{bmatrix}$$

5.4.3 逆矩阵的性质

命题3 若方阵 A 可逆,且 $AB = AC$,则 $B = C$.

证明 在 $AB = AC$ 的两端同时左乘 A^{-1} 得到

$$A^{-1}(AB) = A^{-1}(AC) \Rightarrow (A^{-1}A)B = (A^{-1}A)C$$
$$\Rightarrow EB = EC$$
$$\Rightarrow B = C$$

命题4 若 A, B 为同阶方阵,则 $AB = E \Leftrightarrow BA = E$.

证明 只需在 $AB = E$ 时,推出 $BA = E$:

当 $AB = E$ 时,有 $|A| \neq 0$,由定理2知 A 可逆,同时,有

$$A(BA) = (AB)A = EA = AE$$

进而,由上面命题,有

$$BA = E$$

例3 若 $A^2 - A - 2E = O$,求证: A 与 $A + 2E$ 都可逆.

证明 由 $A^2 - A - 2E = O$ 知, $A\left[\dfrac{1}{2}(A-E)\right] = E$,故 A 可逆;

由 $A^2 - A - 2E = O$ 知, $(A+2E)\left[-\dfrac{1}{4}(A-3E)\right] = E$,故 $A + 2E$ 可逆.

可逆阵有如下一些很好的性质:

命题5 若方阵 A 可逆,则:

(1) $(A^{-1})^{-1} = A$;

(2) $|A^{-1}| = |A|^{-1}$;

(3) $(AB)^{-1} = B^{-1}A^{-1}$ (A, B 为同阶可逆方阵);

(4) $(A^{T})^{-1} = (A^{-1})^{T}$;

(5) $(A^*)^{-1} = (A^{-1})^*$.

证明 (3)由于 $(AB)(B^{-1}A^{-1}) = A(BB^{-1})A^{-1} = AEA^{-1} = AA^{-1} = E$,故

$$(AB)^{-1} = B^{-1}A^{-1}$$

其他的证明与(3)类似,留作习题.

5.5 矩阵的初等变换与矩阵的秩

5.5.1 矩阵的初等变换

矩阵的初等变换是矩阵之间的一种非常重要的变换,是从实际问题的解决中抽象得到的.下面观察用消元法解下列方程组的过程.

例1 用消元法解下列方程组：

$$\begin{cases} x + y + z = 3 \\ 2x + y - z = 2 \\ x - 3y + z = -1 \end{cases}$$

注意到,用消元法解方程组实际上是对方程组的未知数的系数和右边的常数进行运算. 如下,我们先将方程组与一个由方程组的未知数的系数和右边的常数组成的一个数表(矩阵)对应起来,方程组的每一个消法运算和倍法运算对应此矩阵的一个行运算(r_i 表示矩阵的第 i 行)：

$$\begin{cases} x + y + z = 3 & ① \\ 2x + y - z = 2 & ② \\ x - 3y + z = -1 & ③ \end{cases} \leftrightarrow \begin{bmatrix} 1 & 1 & 1 & 3 \\ 2 & 1 & -1 & 2 \\ 1 & -3 & 1 & -1 \end{bmatrix}$$

方程的运算 $(-2) \times ① \xrightarrow{+} ②$ 对应矩阵的变换 $(-2) \times r_1 \xrightarrow{+} r_2$,方程的运算 $(-1) \times ① \xrightarrow{+} ③$ 对应矩阵的变换 $(-1) \times r_1 \xrightarrow{+} r_3$,即

$$\begin{cases} x + y + z = 3 & ① \\ -y - 3z = -4 & ② \\ -4y = -4 & ③ \end{cases} \leftrightarrow \begin{bmatrix} 1 & 1 & 1 & 3 \\ 0 & -1 & -3 & -4 \\ 0 & -4 & 0 & -4 \end{bmatrix}$$

方程的运算 $(-1) \times ②$ 对应矩阵的变换 $(-1) \times r_2$,方程的运算 $(-\frac{1}{4}) \times ③$ 对应矩阵的变换 $(-\frac{1}{4}) \times r_3$,即

$$\begin{cases} x + y + z = 3 & ① \\ y + 3z = 4 & ② \\ y = 1 & ③ \end{cases} \leftrightarrow \begin{bmatrix} 1 & 1 & 1 & 3 \\ 0 & 1 & 3 & 4 \\ 0 & 1 & 0 & 1 \end{bmatrix}$$

方程的运算 $② \leftrightarrow ③$ 对应矩阵的变换 $r_2 \leftrightarrow r_3$,即

$$\begin{cases} x + y + z = 3 & ① \\ y = 1 & ② \\ y + 3z = 4 & ③ \end{cases} \leftrightarrow \begin{bmatrix} 1 & 1 & 1 & 3 \\ 0 & 1 & 0 & 1 \\ 0 & 1 & 3 & 4 \end{bmatrix}$$

方程的运算 $(-1) \times ② \xrightarrow{+} ①$ 对应矩阵的变换 $(-1) \times r_2 \xrightarrow{+} r_1$,方程的运算 $(-1) \times ② \xrightarrow{+} ③$ 对应矩阵的变换 $(-1) \times r_2 \xrightarrow{+} r_3$,即

$$\begin{cases} x + z = 2 & ① \\ y = 1 & ② \\ 3z = 3 & ③ \end{cases} \leftrightarrow \begin{bmatrix} 1 & 0 & 1 & 2 \\ 0 & 1 & 0 & 1 \\ 0 & 0 & 3 & 3 \end{bmatrix}$$

方程的运算 $(-\frac{1}{3}) \times ③ \xrightarrow{+} ①$ 对应矩阵的变换 $(-\frac{1}{3}) \times r_3 \xrightarrow{+} r_1$,方程的运算 $\frac{1}{3} \times ③$ 对应矩阵的变换 $\frac{1}{3} \times r_3$,即

$$\begin{cases} x = 1 & ① \\ y = 1 & ② \\ z = 1 & ③ \end{cases} \leftrightarrow \begin{bmatrix} 1 & 0 & 0 & 1 \\ 0 & 1 & 0 & 1 \\ 0 & 0 & 1 & 1 \end{bmatrix}$$

由此我们看到了用消元法解方程组的本质是对一个矩阵进行运算,现在我们将引入矩阵的初等变换.

定义 1 以下 3 种变换称为矩阵的初等行变换:

(1)对调两行(对调 i,j 两行记作 $r_i \leftrightarrow r_j$);

(2)以数 $k \neq 0$ 乘某行中的所有元素(第 i 行乘 k 记作 $r_i \times k$);

(3)将某行所有元素的 k 倍加到另一行对应元素上去(将第 j 行的 k 倍加到第 i 行记作 $k \times r_j \rightarrow r_i$).

显然,矩阵经过初等行变换后,矩阵的元素会发生变化. 因此,每做一次初等行变换,矩阵之间只能用箭头"→"表示.

矩阵的初等行变换,不仅对解线性方程组有直接作用,而且矩阵的许多特性在初等行变换的意义下保持不变.

5.5.2 矩阵的秩

定义 2 在 $m \times n$ 矩阵 A 中,任取 k 行与 k 列,位于这些行列交叉处的 k^2 个元素,按原来位置次序构成的 k 阶行列式,称为矩阵的 k 阶子式.

例如,对于矩阵

$$\begin{bmatrix} 1 & 2 & 4 & 0 & -3 \\ 0 & 1 & 3 & 6 & 2 \\ -2 & 4 & 7 & 8 & 5 \end{bmatrix}$$

取这个矩阵的第 1,3 行,第 2,5 列,得其 2 阶子式 $\begin{vmatrix} 2 & -3 \\ 4 & 5 \end{vmatrix}$.

注 $m \times n$ 矩阵 A 共有 $C_m^k C_n^k$ 个 k 阶子式.

定义 3 设在矩阵 A 中有一个不为 0 的 r 阶子式 D,且所有的 $r+1$ 阶子式(若存在的话)均为 0,则称 D 为矩阵 A 的最高阶非零子式,数 r 称为矩阵 A 的秩,记作 $r(A)$. 规定,$r(O_{m \times n}) = 0$.

注 矩阵 A 的秩就是 A 中最高阶非零子式的阶数. 只要 A 不是零矩阵,就有 $r(A) > 0$. 并且矩阵的秩有以下基本性质:

(1)$r(A) \leqslant \min\{m, n\}$;

(2)若有一个 r 阶子式不为 0,则 $r(A) \geqslant r$;若所有的 $r+1$ 阶子式都等于 0,则 $r(A) \leqslant r$;

(3)$r(A^T) = r(A)$.

例 2 求下列矩阵的秩:

$$A = \begin{bmatrix} 1 & 2 & 2 \\ 2 & 3 & -5 \\ 3 & 5 & -3 \end{bmatrix}, B = \begin{bmatrix} 4 & -5 & 0 & -3 & -2 \\ 0 & 6 & 1 & 0 & 5 \\ 0 & 0 & 0 & 1 & -3 \\ 0 & 0 & 0 & 0 & 0 \end{bmatrix}$$

解 因为 A 的行列式 $|A| = 0$,而 A 有 2 阶子式 $\begin{vmatrix} 1 & 2 \\ 2 & 3 \end{vmatrix} = -1 \neq 0$,所以 $r(A) = 2$;

因为 B 有 3 阶子式 $\begin{vmatrix} 4 & -5 & -3 \\ 0 & 6 & 0 \\ 0 & 0 & 1 \end{vmatrix} = 24 \neq 0$,由于 B 的第 4 行元素均为 0,故 B 的 4 阶子

式均为 0,所以 $r(\boldsymbol{B})=3$.

由上述例题可知,阶梯型矩阵的秩很容易求得,即阶梯型矩阵的秩等于其中非零行(元素不全为 0 的行)的个数.

5.5.3 初等行变换的应用

矩阵初等行变换有着广泛的应用,这里介绍它的三个应用.

1. 可化矩阵为阶梯型矩阵和行最简型矩阵

定理 1 任一矩阵 $\boldsymbol{A}=\left[a_{ij}\right]_{m\times n}$ 可以经过一系列初等行变换化为阶梯型矩阵,并且还可以进一步化为行最简型矩阵.

例 3 把 $\boldsymbol{A}$ 化为阶梯型和行最简型矩阵,其中

$$\boldsymbol{A}=\begin{bmatrix} 0 & 1 & 2 & 3 \\ 1 & -1 & 0 & 1 \\ 2 & 1 & 6 & 11 \end{bmatrix}$$

解

$$\boldsymbol{A}=\begin{bmatrix} 0 & 1 & 2 & 3 \\ 1 & -1 & 0 & 1 \\ 2 & 1 & 6 & 11 \end{bmatrix} \xrightarrow{r_1\leftrightarrow r_2} \begin{bmatrix} 1 & -1 & 0 & 1 \\ 0 & 1 & 2 & 3 \\ 2 & 1 & 6 & 11 \end{bmatrix}$$

$$\xrightarrow{r_1\times(-2)\to r_3} \begin{bmatrix} 1 & -1 & 0 & 1 \\ 0 & 1 & 2 & 3 \\ 0 & 3 & 6 & 9 \end{bmatrix} \xrightarrow{r_2\times(-3)\to r_3} \begin{bmatrix} 1 & -1 & 0 & 1 \\ 0 & 1 & 2 & 3 \\ 0 & 0 & 0 & 0 \end{bmatrix}$$

进一步,还可以继续化为行最简型矩阵:

$$\begin{bmatrix} 1 & -1 & 0 & 1 \\ 0 & 1 & 2 & 3 \\ 0 & 0 & 0 & 0 \end{bmatrix} \xrightarrow{r_2\to r_1} \begin{bmatrix} 1 & 0 & 2 & 4 \\ 0 & 1 & 2 & 3 \\ 0 & 0 & 0 & 0 \end{bmatrix}$$

一般来说,把矩阵化为阶梯型或者行最简型矩阵的过程可以不唯一,这与使用哪一种初等行变换的先后顺序是有关的. 但是,无论使用哪一种初等行变换所得到的阶梯型矩阵,阶梯型矩阵非零行的行数相同. 而阶梯型矩阵中非零行的行数又等于矩阵的秩.

2. 求矩阵的秩

一般情况下,求矩阵的秩是很复杂的,特别是当矩阵的行数、列数都很大的时候. 因此,寻求一种更加简便的求矩阵的秩的方法是很有必要的. 下面的定理为我们提供了求矩阵的秩的另外一种办法.

定理 2 初等行变换不改变矩阵的秩.

例 4 求下列矩阵的秩:

$$\boldsymbol{A}=\begin{bmatrix} 2 & 1 & 8 & 3 & 7 \\ 2 & -3 & 0 & 7 & -5 \\ 3 & -2 & 5 & 8 & 0 \\ 1 & 0 & 3 & 2 & 0 \end{bmatrix}$$

解

$$A \xrightarrow{r_1 \leftrightarrow r_4} \begin{bmatrix} 1 & 0 & 3 & 2 & 0 \\ 2 & -3 & 0 & 7 & -5 \\ 3 & -2 & 5 & 8 & 0 \\ 2 & 1 & 8 & 3 & 7 \end{bmatrix} \xrightarrow[\substack{(-3) \times r_1 \rightarrow r_3 \\ (-2) \times r_1 \rightarrow r_4}]{(-2) \times r_1 \rightarrow r_2} \begin{bmatrix} 1 & 0 & 3 & 2 & 0 \\ 0 & -3 & -6 & 3 & -5 \\ 0 & -2 & -4 & 2 & 0 \\ 0 & 1 & 2 & -1 & 7 \end{bmatrix}$$

$$\xrightarrow{r_2 \leftrightarrow r_4} \begin{bmatrix} 1 & 0 & 3 & 2 & 0 \\ 0 & 1 & 2 & -1 & 7 \\ 0 & -2 & -4 & 2 & 0 \\ 0 & -3 & -6 & 3 & -5 \end{bmatrix} \xrightarrow[3 \times r_2 \rightarrow r_4]{2 \times r_2 \rightarrow r_3} \begin{bmatrix} 1 & 0 & 3 & 2 & 0 \\ 0 & 1 & 2 & -1 & 7 \\ 0 & 0 & 0 & 0 & 14 \\ 0 & 0 & 0 & 0 & 16 \end{bmatrix}$$

$$\xrightarrow{(-\frac{8}{7}) \times r_3 \rightarrow r_4} \begin{bmatrix} 1 & 0 & 3 & 2 & 0 \\ 0 & 1 & 2 & -1 & 7 \\ 0 & 0 & 0 & 0 & 14 \\ 0 & 0 & 0 & 0 & 0 \end{bmatrix} = B$$

故 $r(A) = r(B) = 3$.

3. 求逆矩阵的方法之二——初等行变换法

前面我们已经介绍过利用伴随矩阵求可逆方阵的逆阵的办法,这里,我们再介绍利用初等行变换法求可逆方阵的逆阵的办法.

定理3 设 A 为 n 阶方阵,若

$$[A \mid E]_{n \times 2n} \xrightarrow{\text{行初等变换}} [E \mid B]_{n \times 2n}$$

则 A 可逆,并且 $B = A^{-1}$.

例5 求下列方阵的逆阵:

$$A = \begin{bmatrix} 0 & 1 & 2 \\ 1 & 1 & 4 \\ 2 & -1 & 0 \end{bmatrix}$$

解 由于

$$[A \mid E] = \begin{bmatrix} 0 & 1 & 2 & | & 1 & 0 & 0 \\ 1 & 1 & 4 & | & 0 & 1 & 0 \\ 2 & -1 & 0 & | & 0 & 0 & 1 \end{bmatrix} \xrightarrow{\text{初等行变换}} \begin{bmatrix} 1 & 1 & 4 & | & 0 & 1 & 0 \\ 0 & 1 & 2 & | & 1 & 0 & 0 \\ 2 & -1 & 0 & | & 0 & 0 & 1 \end{bmatrix}$$

$$\xrightarrow{\text{初等行变换}} \begin{bmatrix} 1 & 1 & 4 & | & 0 & 1 & 0 \\ 0 & 1 & 2 & | & 1 & 0 & 0 \\ 0 & 0 & -2 & | & 3 & -2 & 1 \end{bmatrix} \xrightarrow{\text{初等行变换}} \begin{bmatrix} 1 & 1 & 4 & | & 0 & 1 & 0 \\ 0 & 1 & 0 & | & 4 & -2 & 1 \\ 0 & 0 & -2 & | & 3 & -2 & 1 \end{bmatrix}$$

$$\xrightarrow{\text{初等行变换}} \begin{bmatrix} 1 & 1 & 0 & | & 6 & -3 & 2 \\ 0 & 1 & 0 & | & 4 & -2 & 1 \\ 0 & 0 & -2 & | & 3 & -2 & 1 \end{bmatrix} \xrightarrow{\text{初等行变换}} \begin{bmatrix} 1 & 0 & 0 & | & 2 & -1 & 1 \\ 0 & 1 & 0 & | & 4 & -2 & 1 \\ 0 & 0 & -2 & | & 3 & -2 & 1 \end{bmatrix}$$

$$\xrightarrow{\text{初等行变换}} \begin{bmatrix} 1 & 0 & 0 & | & 2 & -1 & 1 \\ 0 & 1 & 0 & | & 4 & -2 & 1 \\ 0 & 0 & 1 & | & -\frac{3}{2} & 1 & -\frac{1}{2} \end{bmatrix}$$

故

$$A^{-1} = \begin{bmatrix} 2 & -1 & 1 \\ 4 & -2 & 1 \\ -\dfrac{3}{2} & 1 & -\dfrac{1}{2} \end{bmatrix}$$

5.6 线性方程组

5.6.1 未知数个数等于方程个数的线性方程组

1. 克莱姆法则

对于二元线性方程组

$$\begin{cases} a_{11}x_1 + a_{12}x_2 = b_1 \\ a_{21}x_1 + a_{22}x_2 = b_2 \end{cases}$$

未知量系数构成的二阶行列式 $\begin{vmatrix} a_{11} & a_{12} \\ a_{21} & a_{22} \end{vmatrix} \neq 0$ 时,方程组有唯一解

$$x_1 = \dfrac{\begin{vmatrix} b_1 & a_{12} \\ b_2 & a_{22} \end{vmatrix}}{\begin{vmatrix} a_{11} & a_{12} \\ a_{21} & a_{22} \end{vmatrix}}, x_2 = \dfrac{\begin{vmatrix} a_{11} & b_1 \\ a_{21} & b_2 \end{vmatrix}}{\begin{vmatrix} a_{11} & a_{12} \\ a_{21} & a_{22} \end{vmatrix}}$$

这种利用行列式的解法,对于解 n 元线性方程组具有一般性.

设 n 元线性方程组(n 个未知数,n 个一次方程)

$$\begin{cases} a_{11}x_1 + a_{12}x_2 + \cdots + a_{1n}x_n = b_1 \\ a_{21}x_1 + a_{22}x_2 + \cdots + a_{2n}x_n = b_2 \\ \vdots \qquad\qquad\qquad\qquad \vdots \\ a_{n1}x_1 + a_{n2}x_2 + \cdots + a_{nn}x_n = b_n \end{cases} \qquad (5-1)$$

当系数构成的行列式(简称系数行列式)$D \neq 0$,则有如下克莱姆法则.

定理1 n 元线性方程组的系数行列式 $D \neq 0$,则方程组有唯一解:

$$x_1 = \dfrac{D_1}{D}, x_2 = \dfrac{D_2}{D}, \cdots, x_n = \dfrac{D_n}{D}$$

其中,$D_j(j = 1,2,\cdots,n)$ 是将 D 中第 j 列元素对应地换成常数项 $b_1,b_2,\cdots,b_n$ 后所得的行列式.

例1 求解三元线性方程组

$$\begin{cases} x_1 + 2x_2 - x_3 = -5 \\ 2x_1 - x_2 + x_3 = 6 \\ x_1 - x_2 - 3x_3 = -3 \end{cases}$$

解 系数行列式

$$D = \begin{vmatrix} 1 & 2 & -1 \\ 2 & -1 & 1 \\ 1 & -1 & -3 \end{vmatrix} = 19 \neq 0, D_1 = \begin{vmatrix} -5 & 2 & -1 \\ 6 & -1 & 1 \\ -3 & -1 & -3 \end{vmatrix} = 19$$

$$D_2 = \begin{vmatrix} 1 & -5 & -1 \\ 2 & 6 & 1 \\ 1 & -3 & -3 \end{vmatrix} = -38, D_3 = \begin{vmatrix} 1 & 2 & -5 \\ 2 & -1 & 6 \\ 1 & -1 & -3 \end{vmatrix} = 38$$

故 $\qquad x_1 = \dfrac{D_1}{D} = 1, x_2 = \dfrac{D_2}{D} = -2, x_3 = \dfrac{D_3}{D} = 2$

当 n 元线性方程组(5-1)中常数项全为零时,称

$$\begin{cases} a_{11}x_1 + a_{12}x_2 + \cdots + a_{1n}x_n = 0 \\ a_{21}x_1 + a_{22}x_2 + \cdots + a_{2n}x_n = 0 \\ \vdots \qquad\qquad\qquad \vdots \\ a_{n1}x_1 + a_{n2}x_2 + \cdots + a_{nn}x_n = 0 \end{cases} \qquad (5-2)$$

为 n 元齐次线性方程组,而(5-1)又称为 n 元非齐次线性方程组.

任何一个齐次线性方程组总是有解的,因为它至少有零解(未知数全部为零的解). 那么,在什么条件下齐次线性方程组有非零解呢?

定理 2 齐次线性方程组(5-2)有非零解的充分必要条件是系数行列式 $D = 0$.

例 2 当 λ 取何值时,齐次线性方程组

$$\begin{cases} (\lambda + 3)x_1 + x_2 + 2x_3 = 0 \\ \lambda x_1 + (\lambda - 1)x_2 + x_3 = 0 \\ 3(\lambda + 1)x_1 + \lambda x_2 + (\lambda + 3)x_3 = 0 \end{cases}$$

有非零解?

解 因为系数行列式

$$D = \begin{vmatrix} \lambda + 3 & 1 & 2 \\ \lambda & \lambda - 1 & 1 \\ 3(\lambda + 1) & \lambda & \lambda + 3 \end{vmatrix} = \lambda^2(\lambda - 1)$$

所以当 $\lambda = 0$ 或者 $\lambda = 1$ 时,$D = 0$,原齐次方程组有非零解.

用克莱姆法则求解系数行列式 $D \neq 0$ 的 n 元非齐次线性方程组,需要计算 $n+1$ 个 n 阶行列式,计算量很大. 下面,介绍另外一种方法.

2. 逆矩阵解法

对于 n 元非齐次线性方程组(5-1),结合矩阵运算,可以写成如下矩阵方程:

$$\boldsymbol{AX} = \boldsymbol{B} \qquad\qquad (5-3)$$

其中

$$\boldsymbol{A} = \begin{bmatrix} a_{11} & a_{12} & \cdots & a_{1n} \\ a_{21} & a_{22} & \cdots & a_{2n} \\ \vdots & \vdots & & \vdots \\ a_{n1} & a_{n2} & \cdots & a_{nn} \end{bmatrix}, \boldsymbol{X} = \begin{bmatrix} x_1 \\ x_2 \\ \vdots \\ x_n \end{bmatrix}, \boldsymbol{B} = \begin{bmatrix} b_1 \\ b_2 \\ \vdots \\ b_n \end{bmatrix}$$

同克莱姆法则一样,当系数矩阵 $\boldsymbol{A}$ 的行列式 $|\boldsymbol{A}| \neq 0$ 时,$\boldsymbol{A}$ 可逆,则用 $\boldsymbol{A}$ 的逆阵 $\boldsymbol{A}^{-1}$ 左乘方程(5-3)两边,可得到方程组的解为

$$X = A^{-1}B$$

例 3 用逆矩阵法解例 1.

解 设矩阵

$$A = \begin{bmatrix} 1 & 2 & -1 \\ 2 & -1 & 1 \\ 1 & -1 & -3 \end{bmatrix}, X = \begin{bmatrix} x_1 \\ x_2 \\ x_3 \end{bmatrix}, B = \begin{bmatrix} -5 \\ 6 \\ -3 \end{bmatrix}$$

求出逆矩阵 A^{-1} 为

$$A^{-1} = \frac{1}{19} \begin{bmatrix} 4 & 7 & 1 \\ 7 & -2 & -3 \\ -1 & 3 & -5 \end{bmatrix}$$

$$X = A^{-1}B = \frac{1}{19} \begin{bmatrix} 4 & 7 & 1 \\ 7 & -2 & -3 \\ -1 & 3 & -5 \end{bmatrix} \begin{bmatrix} -5 \\ 6 \\ -3 \end{bmatrix} = \frac{1}{19} \begin{bmatrix} 19 \\ -38 \\ 38 \end{bmatrix} = \begin{bmatrix} 1 \\ -2 \\ 2 \end{bmatrix}$$

即

$$x_1 = 1, x_2 = -2, x_3 = 2$$

5.6.2 一般线性方程组

设如下形式的线性方程组

$$\begin{cases} a_{11}x_1 + a_{12}x_2 + \cdots + a_{1n}x_n = b_1 \\ a_{21}x_1 + a_{22}x_2 + \cdots + a_{2n}x_n = b_2 \\ \vdots \qquad\qquad\qquad\qquad \vdots \\ a_{m1}x_1 + a_{m2}x_2 + \cdots + a_{mn}x_n = b_m \end{cases} \qquad (5-4)$$

其中 m 与 n 大小关系不确定,称为一般线性方程组. 它的矩阵形式为

$$AX = B \qquad (5-5)$$

其中

$$A = \begin{bmatrix} a_{11} & a_{12} & \cdots & a_{1n} \\ a_{21} & a_{22} & \cdots & a_{2n} \\ \vdots & \vdots & & \vdots \\ a_{m1} & a_{m2} & \cdots & a_{mn} \end{bmatrix}, X = \begin{bmatrix} x_1 \\ x_2 \\ \vdots \\ x_n \end{bmatrix}, B = \begin{bmatrix} b_1 \\ b_2 \\ \vdots \\ b_m \end{bmatrix}$$

这里,$A = [a_{ij}]_{m \times n}$ 称为系数矩阵;$X = [x_1 \quad x_2 \quad \cdots \quad x_n]^T$ 称为未知量列矩阵,$B = [b_1 \quad b_2 \quad \cdots \quad b_m]^T$ 称为常数项列矩阵.

常数项全为零的方程组称为齐次线性方程组,矩阵形式为

$$AX = O \qquad (5-6)$$

而(5-5)又称为非齐次线性方程组.

方程组(5-4)除了用矩阵方程表示外,还可用增广矩阵表示,即在系数矩阵 A 的右侧加上常数项列矩阵 B,构成如下矩阵

$$[A \quad B] = \begin{bmatrix} a_{11} & a_{12} & \cdots & a_{1n} & b_1 \\ a_{21} & a_{22} & \cdots & a_{2n} & b_2 \\ \vdots & \vdots & & \vdots & \vdots \\ a_{m1} & a_{m2} & \cdots & a_{mn} & b_m \end{bmatrix} \qquad (5-7)$$

称为方程组的增广矩阵,记作 $\tilde{A}$.

对于 n 个未知数 n 个方程的线性方程组,可用克莱姆法则或者逆矩阵法求解,但要满足两个基本条件:一是方程的个数要与未知量个数相同;二是系数行列式不能为零. 这在实际问题中并不都能满足,即使能满足,计算量也较大. 因此,寻求一般解法是必要的,而且对一般线性方程组都要适用.

为了解决这个问题,我们先来看看如下几个解线性方程组的例子. 在第 5.5 节中我们已经看到,利用消元法解线性方程组的过程可以同由未知数的系数和常数项构成的矩阵的行变换对应起来,因此,下面几个引例中也采用同样的办法.

引例 1 方程组 $\begin{cases} x+y+z=1 & ① \\ x+y+z=2 & ② \end{cases}$ 无解,因为方程的运算 $(-1)\times① \xrightarrow{+} ②$ 对应矩阵的变换 $(-1)\times r_1 \to r_2$,即

$$\begin{cases} x+y+z=1 & ① \\ \quad\quad 0=1 & ② \end{cases} \leftrightarrow \begin{bmatrix} 1 & 1 & 1 & \bigm| & 1 \\ 0 & 0 & 0 & \bigm| & 1 \end{bmatrix}$$

引例 2 方程组 $\begin{cases} x+y+z=1 & ① \\ x+2y+3z=1 & ② \end{cases}$ 有无穷多组解,因为方程的运算 $(-1)\times① \xrightarrow{+} ②$ 对应矩阵的变换 $(-1)\times r_1 \to r_2$,即

$$\begin{cases} x+y+z=1 & ① \\ \quad\quad y+2z=0 & ② \end{cases} \leftrightarrow \begin{bmatrix} 1 & 1 & 1 & \bigm| & 1 \\ 0 & 1 & 2 & \bigm| & 0 \end{bmatrix}$$

解得 $\begin{cases} x=1+z \\ y=-2z \end{cases}$

引例 3 方程组 $\begin{cases} x \quad\quad\quad =1 & ① \\ \quad y \quad\quad =1 & ② \\ \quad\quad z=1 & ③ \\ x+y+z=3 & ④ \end{cases}$ 有唯一解,因为方程的运算 $(-1)\times① \xrightarrow{+} ②$、$(-1)\times① \xrightarrow{+} ③$ 和 $(-1)\times① \xrightarrow{+} ④$ 对应矩阵的变换 $(-1)\times r_1 \to r_2$、$(-1)\times r_1 \to r_3$ 和 $(-1)\times r_1 \to r_4$,即

$$\begin{cases} x \quad\quad\quad =1 & ① \\ \quad y \quad\quad =1 & ② \\ \quad\quad z=1 & ③ \\ \quad\quad 0=0 & ④ \end{cases} \leftrightarrow \begin{bmatrix} 1 & 0 & 0 & \bigm| & 1 \\ 0 & 1 & 0 & \bigm| & 1 \\ 0 & 0 & 1 & \bigm| & 1 \\ 0 & 0 & 0 & \bigm| & 0 \end{bmatrix}$$

解得 $x=1,y=1,z=1$

从上述三个引例可以看出,方程组的增广矩阵经过初等行变换变为了阶梯型矩阵,同时,系数矩阵也做了相应的初等行变换,而系数矩阵的变化已经体现在了增广矩阵的变化过程中. 通过上述三个引例,我们还看到,线性方程组有无解同系数矩阵的秩与增广矩阵的秩的关系有直接的关系. 下面我们以矩阵的秩为工具给出解的判定定理.

定理 3 设线性方程组的系数矩阵为 $A=[a_{ij}]_{m\times n}$,增广矩阵为 $\tilde{A}$,则

(1) $\tilde{A}$ 对应的方程组有解 $\Leftrightarrow r(A)=r(\tilde{A})$;

(2) 当 $r(A)=r(\tilde{A})=n$ 时(n 为未知数的个数),$\tilde{A}$ 对应的方程组有唯一一组解;

(3) 当 $r(A)=r(\tilde{A})<n$ 时,$\tilde{A}$ 对应的方程组有无穷多组解.

定理 4 齐次线性方程组 $(5-3)$ 有非零解的充分必要条件是 $r(A) < n$（其中 n 为未知数的个数）.

实际上，上述定理 4 与定理 2 是一致的. 同时，对于齐次线性方程组，由于其常数项全部为 0，故求解时只需对其系数矩阵做相应的初等行变换即可.

例 4 求解齐次线性方程组 $\begin{cases} x_1 + 2x_2 + 2x_3 + x_4 = 0 \\ 2x_1 + x_2 - 2x_3 - 2x_4 = 0. \\ x_1 - x_2 - 4x_3 - 3x_4 = 0 \end{cases}$

解 $A = \begin{bmatrix} 1 & 2 & 2 & 1 \\ 2 & 1 & -2 & -2 \\ 1 & -1 & -4 & -3 \end{bmatrix} \rightarrow \begin{bmatrix} 1 & 2 & 2 & 1 \\ 0 & -3 & -6 & -4 \\ 0 & -3 & -6 & -4 \end{bmatrix} \rightarrow \begin{bmatrix} 1 & 2 & 2 & 1 \\ 0 & 1 & 2 & \dfrac{4}{3} \\ 0 & 0 & 0 & 0 \end{bmatrix}$

$\rightarrow \begin{bmatrix} 1 & 0 & -2 & -\dfrac{5}{3} \\ 0 & 1 & 2 & \dfrac{4}{3} \\ 0 & 0 & 0 & 0 \end{bmatrix} = B$

因为 $r(A) = r(B) = 2 < 4$，所以方程组有无穷多解，解得

$$\begin{cases} x_1 = 2x_3 + \dfrac{5}{3}x_4 \\ x_2 = -2x_3 - \dfrac{4}{3}x_4 \end{cases}$$

故原方程组的解为

$$\begin{cases} x_1 = 2c_1 + \dfrac{5}{3}c_2 \\ x_2 = -2c_1 - \dfrac{4}{3}c_2 \\ x_3 = c_1 \\ x_4 = c_2 \end{cases}$$

其中，c_1, c_2 为任意常数.

例 5 求解非齐次线性方程组 $\begin{cases} x_1 - 2x_2 + 3x_3 - x_4 = 1 \\ 3x_1 - x_2 + 5x_3 - 3x_4 = 2. \\ 2x_1 + x_2 + 2x_3 - 2x_4 = 3 \end{cases}$

解 $\tilde{A} = \begin{bmatrix} 1 & -2 & 3 & -1 & 1 \\ 3 & -1 & 5 & -3 & 2 \\ 2 & 1 & 2 & -2 & 3 \end{bmatrix} \rightarrow \begin{bmatrix} 1 & -2 & 3 & -1 & 1 \\ 0 & 5 & -4 & 0 & -1 \\ 0 & 5 & -4 & 0 & 1 \end{bmatrix}$

$\rightarrow \begin{bmatrix} 1 & -2 & 3 & -1 & 1 \\ 0 & 5 & -4 & 0 & -1 \\ 0 & 0 & 0 & 0 & 2 \end{bmatrix}$

因为 $r(A) = 2, r(\tilde{A}) = 3$ 不相等，所以方程组无解.

例 6 求解非齐次线性方程组 $\begin{cases} x_1 + x_2 - 3x_3 - x_4 = 1 \\ 3x_1 - x_2 - 3x_3 + 4x_4 = 4. \\ x_1 + 5x_2 - 9x_3 - 8x_4 = 0 \end{cases}$

解 $\widetilde{A} = \begin{bmatrix} 1 & 1 & -3 & -1 & 1 \\ 3 & -1 & -3 & 4 & 4 \\ 1 & 5 & -9 & -8 & 0 \end{bmatrix} \rightarrow \begin{bmatrix} 1 & 1 & -3 & -1 & 1 \\ 0 & 1 & -\dfrac{3}{2} & -\dfrac{7}{4} & -\dfrac{1}{4} \\ 0 & 0 & 0 & 0 & 0 \end{bmatrix}$

$$\rightarrow \begin{bmatrix} 1 & 0 & -\dfrac{3}{2} & \dfrac{3}{4} & \dfrac{5}{4} \\ 0 & 1 & -\dfrac{3}{2} & -\dfrac{7}{4} & -\dfrac{1}{4} \\ 0 & 0 & 0 & 0 & 0 \end{bmatrix}$$

因为 $r(A) = r(\widetilde{A}) = 2 < 4$,所以方程组有无穷多解

$$\begin{cases} x_1 = \dfrac{3}{2}c_1 - \dfrac{3}{4}c_2 + \dfrac{5}{4} \\ x_2 = \dfrac{3}{2}c_1 + \dfrac{7}{4}c_2 - \dfrac{1}{4} \\ x_3 = c_1 \\ x_4 = c_2 \end{cases}$$

其中, c_1, c_2 为任意常数.

例 7 讨论方程组

$$\begin{cases} x_1 + x_2 + \lambda x_3 = 1 \\ x_1 + \lambda x_2 + x_3 = 1 \\ \lambda x_1 + x_2 + x_3 = 1 \end{cases}$$

何时无解,何时有唯一一组解,何时有无穷多组解.

解 此方程组的增广矩阵

$$\widetilde{A} = \begin{bmatrix} 1 & 1 & \lambda & 1 \\ 1 & \lambda & 1 & 1 \\ \lambda & 1 & 1 & 1 \end{bmatrix} \rightarrow \begin{bmatrix} 1 & 1 & \lambda & 1 \\ 0 & \lambda-1 & 1-\lambda & 0 \\ 0 & 1-\lambda & 1-\lambda^2 & 1-\lambda \end{bmatrix} \rightarrow \begin{bmatrix} 1 & 1 & \lambda & 1 \\ 0 & \lambda-1 & 1-\lambda & 0 \\ 0 & 0 & (1-\lambda)(2+\lambda) & 1-\lambda \end{bmatrix}$$

由此可得出:

(1)当 $\lambda = -2$ 时, $r(A) = 2, r(\widetilde{A}) = 3$,方程组无解;

(2)当 $\lambda \neq 1$ 且 $\lambda \neq -2$ 时, $r(A) = r(\widetilde{A}) = 3$,方程组有唯一一组解;

(3)当 $\lambda = 1$ 时, $r(A) = r(\widetilde{A}) = 1 < 3$,方程组有无穷多组解.

5.7 经 济 应 用

线性代数在经济学中有极其广泛的应用.本章作为矩阵与线性方程组的一个直接应用,仅对投入产出这个线性经济模型及其解法作一初步介绍.

投入产出数学模型,是美国经济学家里昂节夫于20世纪30年代首先提出的一种经济均衡模型,是通过编制投入产出表和建立相应的线性方程组,对各部门间投入与产出相互依存关系进行综合分析的一种数量方法.

5.7.1 投入产出平衡表

在经济系统中,任何从事经济活动的产业部门都要从其他产业部门购进原材料、半成品和资本设备,同时还要购买劳动力,而这个部门生产出来的产品除供本部门使用外,还要分配给别的产业部门用于生产消耗以及提供最终产品供社会使用.因此,每个产业部门既是生产产品(产出)的部门,又是消耗产品(投入)的部门.

把每一个产业部门各项投入的来源和各项产出的去向,纵横交错地反映于一张棋盘式的表上,这张表称为投入产出平衡表.

为了具体和直观地说明投入产出平衡表,以价值型投入产出为例,假设一经济系统有甲、乙两个部门,投入与产出数量关系见表5-3

表5-3 投入产出平衡表　　　　　　　　　单位:亿元

投入＼产出		中间产品		最终产品	总产出
		部门甲	部门乙		
中间投入	部门甲	20	40	140	200
	部门乙	60	20	20	100
原始投入	折旧	10	10		
	劳动	80	20		
	纯收入	30	10		
总投入		200	100		

从横行看:表示产出,反应各部门总产品分配使用方向和数量.如部门甲总产出200亿元分配给本部门产品20亿元,部门乙40亿元,并提供最终产品140亿元.同样,部门乙总产出100亿元,分配给本部门20亿元,甲部门60亿元,提供最终产品20亿元.

从纵列看:表示投入,反映各部门消耗(投入)劳动对象、劳动资料、活劳动的数量.如部门甲消耗本部门产品20亿元,消耗部门乙60亿元,折旧10亿元,支付劳动80亿元,纯收入30亿元,共消耗200亿元.同样,部门乙除消耗本部门20亿元外,还消耗甲部门40亿元,折旧10亿元,支付劳动20亿元,纯收入10亿元,共消耗100亿元产品.

如果用数学符号表示表5-3的具体数字,可得表5-4.

表 5-4 用符号表示的投入产出平衡表

投入 \ 产出		中间产品				最终产品 Y	总产品 X
		1	2	…	n		
中间投入	部门 1	x_{11}	x_{12}	…	x_{1n}	Y_1	X_1
	部门 2	x_{21}	x_{22}	…	x_{2n}	Y_2	X_2
	…	…	…	…	…	…	…
	部门 n	x_{n1}	x_{n2}	…	x_{nn}	Y_n	X_n
原始投入	D	D_1	D_2	…	D_n		
	V	V_1	V_2	…	V_n		
	W	W_1	W_2	…	W_n		
总投入 X		X_1	X_2	…	X_n		

5.7.2 平衡方程组

表 5-4 代表 n 个部门,其中 $x_{ij}(i,j=1,2,\cdots,n)$ 称为部门间产品流量. 从横行看可得产品分配平衡方程组

$$\begin{cases} x_{11} + x_{12} + \cdots + x_{1n} + Y_1 = X_1 \\ x_{21} + x_{22} + \cdots + x_{2n} + Y_2 = X_2 \\ \cdots \\ x_{n1} + x_{n2} + \cdots + x_{nn} + Y_n = X_n \end{cases}$$

由此,横行的和等于纵列的和.

以下,不妨就 $n=2$ 情形来具体看投入与产出的关系,并求平衡方程组的解.

表 5.4 中,横行看,产品分配平衡方程组为

$$\begin{cases} x_{11} + x_{12} + Y_1 = X_1 \\ x_{21} + x_{22} + Y_2 = X_2 \end{cases}$$

其经济意义是:中间产品 + 最终产品 = 总产品.

纵列看,消耗平衡方程组为

$$\begin{cases} x_{11} + x_{21} + D_1 + V_1 + M_1 = X_1 \\ x_{12} + x_{22} + D_2 + V_2 + M_2 = X_2 \end{cases}$$

其经济意义是:中间投入 + 原始投入 = 总投入.

5.7.3 分配平衡方程组的解

见表 5.3,为生产总产品 X_1 亿元,要消耗(投入)x_{11} 与 x_{21} 亿元产品量. 生产一个单位总产品 X_1,需要消耗部门 1 与 2 的产品量分别为

$$a_{11} = \frac{x_{11}}{X_1} = \frac{20}{200} = 0.1$$

$$a_{21} = \frac{x_{21}}{X_1} = \frac{60}{200} = 0.3$$

同理,生产一个单位总产品 X_2,需直接消耗部门 1 与 2 的产品量分别为

$$a_{12} = \frac{x_{12}}{X_2} = \frac{40}{100} = 0.4$$

$$a_{22} = \frac{x_{22}}{X_2} = \frac{20}{100} = 0.2$$

这里,$a_{11}, a_{12}, a_{21}, a_{22}$ 称为直接消耗系数或技术系数.

把 $a_{ij}(i,j=1,2)$ 代入分配平衡方程组,得

$$\begin{cases} a_{11}X_1 + a_{12}X_2 + Y_1 = X_1 \\ a_{21}X_1 + a_{22}X_2 + Y_2 = X_2 \end{cases}$$

若引入矩阵,令

$$A = \begin{bmatrix} a_{11} & a_{12} \\ a_{21} & a_{22} \end{bmatrix}, X = \begin{bmatrix} X_1 \\ X_2 \end{bmatrix}, Y = \begin{bmatrix} Y_1 \\ Y_2 \end{bmatrix}$$

则方程组的矩阵形式为 $$AX + Y = X$$
或

$$Y = X - AX = (E - A)X \tag{5-8}$$

其中,E 为单位矩阵;A 为投入产出矩阵或直接消耗系数矩阵;Y 为最终产品列矩阵;X 为总产品列矩阵或流量矩阵;$(E-A)$ 为里昂节夫矩阵.

其实,当一个经济系统有 n 个产业部门构成,公式(5-8)仍成立. 这时 A 为 n 阶矩阵,Y 为列矩阵,X 为列矩阵,E 为单位矩阵,其中直接消耗系数为

$$a_{ij} = \frac{x_{ij}}{X_j}(i,j=1,2,\cdots,n) \tag{5-9}$$

它表示第 j 个部门生产一个单位的总产品直接消耗第 i 个部门产品量的直接消耗系数或技术系数.

对于消耗系数 a_{ij},有如下性质:

性质 1 $0 \leqslant a_{ij} < 1 (i,j=1,2,\cdots,n)$.

证明 因为 $$x_{ij} \geqslant 0, X_j > 0$$
且 $$X_j = x_{1j} + x_{2j} + \cdots + x_{ij} + \cdots + x_{nj} + D_j + V_j + W_j > x_{ij}(i,j=1,2,\cdots,n)$$
所以 $$0 \leqslant a_{ij} < 1(i,j=1,2,\cdots,n)$$

性质 2 $\sum_{i=1}^{n} |a_{ij}| < 1(j=1,2,\cdots,n)$.

证明 因为 $X_j = \sum_{i=1}^{n} a_{ij}X_j + D_j + V_j + W_j(j=1,2,\cdots,n)$,整理得

$$(1 - \sum_{i=1}^{n} a_{ij})X_j = D_j + V_j + W_j(j=1,2,\cdots,n)$$

$$X_j > 0, D_j > 0, V_j > 0, W_j > 0(j=1,2,\cdots,n)$$

那么 $$1 - \sum_{i=1}^{n} a_{ij} > 0(j=1,2,\cdots,n)$$

即 $$\sum_{i=1}^{n} a_{ij} < 1(j=1,2,\cdots,n)$$

由性质 1 得 $$\sum_{i=1}^{n} |a_{ij}| < 1(j=1,2,\cdots,n)$$

一般来说，a_{ij}可从计划期或报告期资料计算得到,在投入产出分析中当作已知的系数.公式$(5-8)$的意义在于已知总产品量X,可求出最终产品量Y.

例1 设某企业有两个生产部门,其投入与产出见表$5-5$.

表5-5 投入与产出平衡表 单位:亿元

投入 \ 产出		中间产品		最终产品 Y	总产品 X
		1	2		
中间投入	1	40	80	Y_1	X_1
	2	20	50	Y_2	X_2
原始投入	D	60	20		
	V	10	60		
	W	70	90		
总投入 X		X_1	X_2		

求:

(1)各部门总产品 X_1,X_2;

(2)各部门最终产品 Y_1,Y_2;

(3)直接消耗系数矩阵 A.

解 (1)由消耗平衡方程组得

$$X_1 = 40 + 20 + 60 + 10 + 70 = 200$$
$$X_2 = 80 + 50 + 20 + 60 + 90 = 300$$

(2)由分配平衡方程组得

$$Y_1 = 200 - 40 - 80 = 80$$
$$Y_2 = 300 - 20 - 50 = 230$$

(3)根据直接消耗系数计算公式有

$$a_{11} = \frac{40}{200} = \frac{1}{5}, a_{12} = \frac{80}{300} = \frac{4}{15}, a_{21} = \frac{20}{200} = \frac{1}{10}, a_{22} = \frac{50}{300} = \frac{1}{6}$$

$$A = \begin{bmatrix} \dfrac{1}{5} & \dfrac{4}{15} \\ \dfrac{1}{10} & \dfrac{1}{6} \end{bmatrix}$$

由本例,如果已知 A 与 X,那么可求出 Y,由$(5-8)$知

$$Y = (E-A)X = \left(\begin{bmatrix} 1 & 0 \\ 0 & 1 \end{bmatrix} - \begin{bmatrix} \dfrac{1}{5} & \dfrac{4}{15} \\ \dfrac{1}{10} & \dfrac{1}{6} \end{bmatrix} \right) \begin{bmatrix} 200 \\ 300 \end{bmatrix} = \begin{bmatrix} 80 \\ 230 \end{bmatrix}$$

这与计算 Y_1,Y_2 的结果一致.

如果已知 A 与 Y,那么可求出 X:

$$X = (E - A)^{-1}Y = \frac{25}{16} \begin{bmatrix} \frac{5}{6} & \frac{4}{15} \\ \frac{1}{10} & \frac{4}{5} \end{bmatrix} \begin{bmatrix} 80 \\ 230 \end{bmatrix} = \begin{bmatrix} 200 \\ 300 \end{bmatrix}$$

这与计算 X 的结果一致.

注 可以证明 $E - A$ 是可逆阵,因此从最终产品 Y 求出总产品 X 的公式为

$$X = (E - A)^{-1}Y \tag{5-10}$$

5.7.4 消耗平衡方程组的解

将 $x_{ij} = a_{ij} \cdot X_j$ 代入消耗平衡方程组

$$\begin{cases} a_{11}X_1 + a_{21}X_1 + (D_1 + V_1 + M_1) = X_1 \\ a_{12}X_2 + a_{22}X_2 + (D_2 + V_2 + M_2) = X_2 \end{cases}$$

或

$$\begin{cases} (a_{11} + a_{21})X_1 + (D_1 + V_1 + M_1) = X_1 \\ (a_{12} + a_{22})X_2 + (D_2 + V_2 + M_2) = X_2 \end{cases}$$

若引入矩阵,令

$$C = \begin{bmatrix} a_{11} + a_{21} & 0 \\ 0 & a_{12} + a_{22} \end{bmatrix}, Z = \begin{bmatrix} Z_1 \\ Z_2 \end{bmatrix} = \begin{bmatrix} D_1 + V_1 + M_1 \\ D_2 + V_2 + M_2 \end{bmatrix}$$

则消耗平衡方程组的矩阵形式为

$$X = CX + Z$$

或

$$X = (E - C)^{-1}Z \tag{5-11}$$

$$Z = (E - C)X \tag{5-12}$$

注 可以证明 $E - C$ 是可逆阵. C 称为中间投入系数矩阵,Z 称为原始投入矩阵.

例2 已知某企业在一个周期内直接消耗系数矩阵为 A,总产品为 X,求原始投入矩阵 Z,其中

$$A = \begin{bmatrix} 0.1 & 0.2 \\ 0.3 & 0.4 \end{bmatrix}, X = \begin{bmatrix} 100 \\ 200 \end{bmatrix}$$

解

$$C = \begin{bmatrix} 0.1 + 0.3 & 0 \\ 0 & 0.2 + 0.4 \end{bmatrix} = \begin{bmatrix} 0.4 & 0 \\ 0 & 0.6 \end{bmatrix}$$

$$E - C = \begin{bmatrix} 0.6 & 0 \\ 0 & 0.4 \end{bmatrix}$$

$$Z = (E - C)X = \begin{bmatrix} 0.6 & 0 \\ 0 & 0.4 \end{bmatrix} \begin{bmatrix} 100 \\ 200 \end{bmatrix} = \begin{bmatrix} 60 \\ 80 \end{bmatrix}$$

即 $Z_1 = 60, Z_2 = 80.$

反之,若已知 A 与 Z,则可求出 X:

$$X = (E - C)^{-1}Z = \frac{5}{3} \begin{bmatrix} 1 & 0 \\ 0 & \frac{3}{2} \end{bmatrix} \begin{bmatrix} 60 \\ 80 \end{bmatrix} = \begin{bmatrix} 100 \\ 200 \end{bmatrix}$$

即 $X_1 = 100, X_2 = 200$

注 对 n 个部门情形,中间投入系数矩阵 C 为

$$C = \begin{bmatrix} \sum\limits_{i=1}^{n} a_{i1} & & & \\ & \sum\limits_{i=1}^{n} a_{i2} & & \\ & & \cdots & \\ & & & \sum\limits_{i=1}^{n} a_{in} \end{bmatrix}$$

实际上,比如第 j 个部门,它不仅直接消耗第 i 个部门产品量,还要通过其他部门间接消耗第 i 个部门产品量,直接与间接消耗的和就称为第 j 个部门完全消耗第 i 个部门的产品量. 有关完全消耗问题可参看其他相关书籍.

习　题　5

(A)

(一)填空题

1. 行列式 $\begin{vmatrix} a+b & a-b \\ a-b & a+b \end{vmatrix} = ($　　$)$.

2. 行列式 $\begin{vmatrix} x-1 & 1 \\ x^3 & x^2+x+1 \end{vmatrix} = ($　　$)$.

3. 行列式 $\begin{vmatrix} 2 & 0 & 0 \\ 3 & 1 & 0 \\ 3 & 4 & -5 \end{vmatrix} = ($　　$)$.

4. 主对角线以外的元素(　　)的方阵是对角矩阵;主对角线上元素全相同的对角矩阵称为(　　).

5. 方阵 A 满足条件(　　),则 A 是对称矩阵;满足条件(　　),则 A 是反对称矩阵.

6. 同阶对角矩阵的乘积是(　　),同阶下三角矩阵的乘积是(　　).

7. 若 A, B 为 n 阶对称矩阵,且 $AB = BA$,则 $(AB)^T = ($　　$)$.

8. $[2\ \ 1\ \ 0][1\ \ -1\ \ 3]^T = ($　　$)$.

9. $[1\ \ -1\ \ 3]^T[2\ \ 1\ \ 0] = ($　　$)$.

10. 若 $AB = BA$,则 $(A+B)(A-B) = ($　　$)$.

11. 若 $AB = BA$,则 $(A+B)^2 = ($　　$)$.

12. 设 A 为 n 阶方阵,k 为非零常数,则 $|kA| = ($　　$)$.

13. 设矩阵 A 满足 $A^2 + A - 4E = 0$,则 $(A-E)^{-1} = ($　　$)$.

14. 若 $A = \begin{bmatrix} a & b \\ c & d \end{bmatrix}$,则 $A^* = ($　　$)$.

15. 若 $A = \begin{bmatrix} 2 & 1 \\ 5 & 2 \end{bmatrix}$,则 $A^{-1} = ($　　$)$.

16. 设三阶方阵 A 的行列式等于 2,则 $|3A| = ($ $)$.

17. 设 $A = (1,2,3)$,$B = \left(1, \dfrac{1}{2}, \dfrac{1}{3}\right)^{\mathrm{T}}$,则 $(BA)^n = ($ $)$.

18. 设三阶方阵 A, B 满足 $A^{-1}BA = 6A + BA$,且 $A = \begin{bmatrix} \dfrac{1}{3} & 0 & 0 \\ 0 & \dfrac{1}{4} & 0 \\ 0 & 0 & \dfrac{1}{7} \end{bmatrix}$,则 $B = ($ $)$.

19. 若 $A = \begin{bmatrix} x & 1 & 1 \\ 1 & x & 1 \\ 1 & 1 & x \end{bmatrix}$,且秩$(A) = 2$,则 $x = ($ $)$.

20. 设 $A = \begin{bmatrix} 1 & 0 & 1 \\ 1 & -1 & 0 \\ 0 & 1 & 2 \end{bmatrix}$,则 $A^* = ($ $)$.

21. 设非齐次线性方程组 $A_{(n+1) \times n}X = b$ 有解,则其增广阵行列式的值 $|\overline{A}| = ($ $)$.

22. 设 n 元非齐次线性方程组 $A_{(n+1) \times n}X = b$ 的增广阵行列式的值不为零,则此方程组解的情形是$($ $)$.

23. 设齐次线性方程组 $\begin{cases} x_1 + x_2 + tx_3 = 0 \\ x_1 + x_2 + x_3 = 0 \\ x_1 + tx_2 + x_3 = 0 \end{cases}$ 只有零解,则 t 的取值范围是$($ $)$.

24. 若线性方程组 $\begin{cases} x_1 + x_2 = -a_1 \\ x_2 + x_3 = a_2 \\ x_3 + x_4 = -a_3 \\ x_4 + x_1 = a_4 \end{cases}$ 有解,则参数 a_1, a_2, a_3, a_4 应满足的条件是$($ $)$.

25. 若线性方程组 $\begin{cases} x_1 + x_2 = a_1 \\ x_2 + x_3 = -a_2 \\ x_3 + x_4 = a_3 \\ x_4 + x_5 = -a_4 \\ x_1 - x_5 = a_5 \end{cases}$ 有解,则参数 a_1, a_2, a_3, a_4, a_5 应满足的条件是$($ $)$.

(二)选择题

1. 设 $A = [a_{ij}]_{m \times n}$,$E$ 为 n 阶单位矩阵,则以下运算成立的是$($ $)$.

A. $E_n + A$ B. $E_n A$

C. AE_n D. $A - E_n$

2. 设 A 为 n 阶矩阵,则$($ $)$是对称矩阵.

A. A^{T} B. $A^{\mathrm{T}} - A$

C. $A - A^{\mathrm{T}}$ D. AA^{T}

3. 设 C 是对角矩阵,K 是上三角矩阵,则以下结果成立的是$($ $)$.

A. CK 是上三角矩阵　　　　　　　　B. $C-K$ 是对角矩阵

C. CK 是对称矩阵　　　　　　　　　D. $C-K$ 是下三角矩阵

4. 若 $AB=O$,则(　　).

A. $A=O$

B. $B=O$

C. $A=O$ 且 $B=O$

D. A 与 B 不一定为零矩阵

5. 对于矩阵 $A_{m\times n}$,$B_{m\times n}$,$C_{n\times n}$,下列运算成立的是(　　).

A. $C^{\mathrm{T}}(A+B)=C^{\mathrm{T}}A+C^{\mathrm{T}}B$

B. $C(A+B)=CA+CB$

C. $(A+B)C=AC+BC$

D. $(A^{\mathrm{T}}+B^{\mathrm{T}})C=A^{\mathrm{T}}C+B^{\mathrm{T}}C$

6. 以下结论正确的是(　　).

A. 若 $AC=AB$,则 $C=B$

B. $A(3B-4C)=3AB-4AC$

C. $(A+B)(A+B)=(A+B)^2$

D. $(A+B)(A-B)=A^2-B^2$

7. 以下结论错误的是(　　).

A. 若矩阵 A 有一个元素不是 0,则 $r(A)>0$

B. 若矩阵 A 是 $m\times n$ 矩阵,则 $r(A)\leqslant\min\{m,n\}$

C. 若 $r(A)=r$,则 A 中仅有一个 r 阶子式不等于 0

D. 若 $r(A)<r$,则 A 中所有 r 阶子式都等于 0

8. 设 A,B 为 n 阶方阵,则以下结论中不一定正确的是(　　).

A. $A+B=B+A$

B. $(A+B)+C=A+(B+C)$

C. $AB=BA$

D. $(AB)C=A(BC)$

9. 设 A,B,C 为 n 阶方阵,则以下结论中,正确的是(　　).

A. $AB=BA$

B. $A(B+C)=AB+AC$

C. 若 $AB=0$ 则 $A=0$ 或 $B=0$

D. $(AB)^k=A^kB^k$

10. 设 A,B,C 为 n 阶方阵,则以下正确的是(　　).

A. $A(B+C)=BA+CA$

B. $|AB|=|BA|$

C. $AB+BC=B(A+C)$

D. $AB+B=(A+1)B$

11. 设 A,B 为 n 阶方阵,k 为实数,则以下选项不一定正确的是(　　).

A. $(A^{\mathrm{T}})^{\mathrm{T}}=A$

B. $(A+B)^{\mathrm{T}}=A^{\mathrm{T}}+B^{\mathrm{T}}$

C. $(kA)^{\mathrm{T}}=kA^{\mathrm{T}}$

D. $(AB)^{\mathrm{T}}=A^{\mathrm{T}}B^{\mathrm{T}}$

12. 以下说法不正确的是(　　).

A. 若 A 为 n 阶对称阵,则 A^k 仍为对称阵

B. 若 A,B 为 n 阶对称阵,则 AB 仍为对称阵

C. 若 A,B 为 n 阶对称阵,则 A^k+B^k 仍为对称阵

D. 若 A,B 为 n 阶对称阵,则 $A+B$ 仍为对称阵

13. 以下结论正确的是(　　).

A. 若方阵 A 的行列式 $|A|=0$,则 $A=0$

B. 若 $A^2=0$,则 $A=0$

C. 若 A 为 n 阶对称阵,则 A^2 仍为对称阵

D. 若 A 为 n 阶反对称阵,则 A^2 仍为反对称阵

14. 设 A,B,C 为 n 阶可逆阵,则必有(　　).

A. $|A+B|=|A|+|B|$　　　　　　　　B. $AB=BA$

C. $(A - B)^{\mathrm{T}} = A^{\mathrm{T}} - B^{\mathrm{T}}$ 　　　　　　　　　D. $(A + B)^{-1} = A^{-1} + B^{-1}$

15. 设 A 为 n 阶方阵, A^* 为 A 的伴随阵, 则必有(　　　).

A. $|A^*| = |A|$ 　　　　　　　　　B. $|A^*| = |A|^2$

C. $|A^*| = |A|^n$ 　　　　　　　　　D. $|A^*| = |A|^{n-1}$

16. 设 A, B 为 n 阶方阵, 则以下结论中错误的是(　　　).

A. 若 $A^2 = O$, 则 $A = O$

B. 若 $A = O$, 则 $A^2 = O$

C. 若 $AB = BA$, 则 $A^2 - B^2 = (A + B)(A - B)$

D. 若 $A^2 - B^2 = (A + B)(A - B)$, 则 $AB = BA$

17. 设 A, B 为 n 阶对称阵, 则以下结论中不一定是对称阵的是(　　　).

A. $A + B$ 　　　　　　　　　B. $A - B$

C. AB 　　　　　　　　　D. $A^2 - B^2$

18. 设 A, B 为 n 阶方阵, 则以下结论中正确的是(　　　).

A. $(A + B)^3 = (A + B)(A^2 - AB + B^2)$

B. $(A - B)^3 = (A - B)(A^2 + AB + B^2)$

C. $(A - B)^2 = A^2 - 2AB + B^2$

D. $A^2 - E = (A + E)(A - E) = (A - E)(A + E)$

19. 设 A 为三阶方阵, 则(　　　)不一定正确.

A. $A + A^{\mathrm{T}}$ 必为对称阵 　　　　　　　　　B. AA^{T} 必为对称阵

C. $A - A^{\mathrm{T}}$ 必为反对称阵 　　　　　　　　　D. $|A^{\mathrm{T}} - A| = 0$

20. 设四阶方阵 A 的秩为 2, 则其伴随阵 A^* 的秩为(　　　).

A. 0 　　　　　　　　　B. 1

C. 2 　　　　　　　　　D. 3

21. 设 k 为正整数, A, B 为 n 阶方阵, 则以下结论不一定正确的是(　　　).

A. $kAB = (kA)B = A(kB)$ 　　　　　　　　　B. $k(A + B) = kA + kB$

C. $(AB)^k = A^k B^k$ 　　　　　　　　　D. 若 $kA = 0$, 则 $k = 0$ 或 $A = 0$

22. 设 A 为 $m \times n$ 阵, 其秩为 r, 则当 $r = m$ 时, 下列结论错误的是(　　　).

A. 线性方程组 $AX = b$ 必有解 　　　　　　　　　B. 线性方程组 $AX = b$ 必无解

C. 线性方程组 $AX = 0$ 必有解 　　　　　　　　　D. 线性方程组 $AX = 0$ 可能有非零解

23. 设 A 为 5×4 矩阵, 且 $r(A) = 4$, 则方程组 $AX = b$(　　　).

A. 必有唯一一组解 　　　　　　　　　B. 必无解

C. 有无穷多组解 　　　　　　　　　D. 是否有解无法判断

24. 设 A 为 4×5 矩阵, 且 $r(A) = 4$, 则方程组 $AX = b$(　　　).

A. 有唯一一组解 　　　　　　　　　B. 无解

C. 有无穷多组解 　　　　　　　　　D. 是否有解无法判断

25. 设 A 为 4×6 矩阵, 且 $r(A) = 3$, 则方程组 $AX = b$(　　　).

A. 有唯一一组解 　　　　　　　　　B. 无解

C. 有无穷多组解 　　　　　　　　　D. 是否有解无法判断

(B)

1. 计算下列行列式:

(1) $\begin{vmatrix} \sin\theta & -\cos\theta \\ \cos\theta & \sin\theta \end{vmatrix}$

(2) $\begin{vmatrix} 6 & 5 & 2 \\ 0 & 1 & -1 \\ 1 & 2 & 4 \end{vmatrix}$

(3) $\begin{vmatrix} a & 0 & 0 & b \\ 0 & 0 & c & 0 \\ 0 & d & 0 & 0 \\ e & 0 & 0 & f \end{vmatrix}$

(4) $\begin{vmatrix} 3 & 5 & 8 & 6 \\ 2 & 1 & 4 & 2 \\ 1 & -1 & 0 & 1 \\ 5 & 4 & 2 & 1 \end{vmatrix}$

(5) $\begin{vmatrix} 0 & 1 & 1 & 1 \\ 1 & 0 & 1 & 1 \\ 1 & 1 & 0 & 1 \\ 1 & 1 & 1 & 0 \end{vmatrix}$

(6) $\begin{vmatrix} 1 & 2 & -1 & 2 \\ 3 & 0 & 1 & 5 \\ 1 & -2 & 0 & 3 \\ -2 & -4 & 1 & 6 \end{vmatrix}$

2. 已知行列式 $D_4 = \begin{vmatrix} 5 & 1 & -1 & -9 \\ 23 & 1 & 12 & 4 \\ -4 & 1 & 3 & 45 \\ 4 & 1 & 7 & 2 \end{vmatrix}$, 求 $A_{14} + A_{24} + A_{34} + A_{44}$ 的值, 其中 A_{ij} 为行列式 D_4 中元素 a_{ij} 的代数余子式.

3. 对于两个行列式, 分别求出第一行元素对应的代数余子式 A_{11}, A_{12}, A_{13}, 并观察所求代数余子式之间的联系:

$$D_1 = \begin{vmatrix} 10 & 22 & -9 \\ 1 & 3 & 0 \\ 2 & 5 & -1 \end{vmatrix}, D_2 = \begin{vmatrix} -3 & 7 & 15 \\ 1 & 3 & 0 \\ 2 & 5 & -1 \end{vmatrix}$$

4. 设矩阵 $A = \begin{bmatrix} 1 & 3 & 4 \\ 0 & 2 & 3 \\ 5 & 2 & -4 \end{bmatrix}, B = \begin{bmatrix} 1 & 0 & -1 \\ 1 & 2 & 6 \\ 2 & 0 & 4 \end{bmatrix}$, 验证 $(AB)^{\mathrm{T}} = A^{\mathrm{T}} B^{\mathrm{T}}$.

5. 验证:四阶对角矩阵的和、差、乘积矩阵及数乘矩阵仍为三阶对角矩阵.

6. 验证:三阶对称矩阵的和、差、数乘矩阵仍为三阶对称矩阵;三阶反对称矩阵的和、差、数乘矩阵仍为三阶反对称矩阵.

7. 设 $A = \begin{bmatrix} 1 & 2 & 1 & 2 \\ 2 & 1 & 2 & 1 \\ 1 & 2 & 3 & 4 \end{bmatrix}, B = \begin{bmatrix} 4 & 3 & 2 & 1 \\ -2 & 1 & -2 & 1 \\ 0 & -1 & 0 & -1 \end{bmatrix}$, 求:

(1) $3A - B, 2A + 3B$;

(2) 若 X 满足 $A + X = B$, 求 X;

(3) 若 $(2A - Y) + 2(B - Y) = O$, 求 Y.

8. 已知 $A = \begin{bmatrix} 0 & 1 \\ 1 & 1 \end{bmatrix}, B = \begin{bmatrix} 1 & 2 \\ 1 & 0 \end{bmatrix}, C = \begin{bmatrix} 1 & 2 \\ 2 & 1 \end{bmatrix}$, 验证:

(1) $(AB)C = A(BC)$

(2) $(A+B)C = AC + BC$

(3) $(A+B)^{\mathrm{T}} = A^{\mathrm{T}} + B^{\mathrm{T}}$ (4) $(AB)^{\mathrm{T}} = B^{\mathrm{T}} A^{\mathrm{T}}$.

9. 设 $A = \begin{bmatrix} 1 & 2 \\ 1 & 3 \end{bmatrix}, B = \begin{bmatrix} 1 & 0 \\ 1 & 2 \end{bmatrix}$, 验证:

$(1)(A+B)^2 \neq A^2 + 2AB + B^2$;

$(2)(A+B)(A-B) \neq A^2 - B^2$.

10. 设有矩阵方程 $AX = B$, 且 A 可逆, 求解 X.

11. 设有矩阵等式 $AB = CB$, 且 B 可逆, 求证 $A = C$.

12. 设 $A = \begin{bmatrix} 4 & 2 & 3 \\ 1 & 1 & 0 \\ -1 & 2 & 3 \end{bmatrix}$, $AB = A + 2B$, 求 B.

13. 设 A, B 为 n 阶方阵, $AB = A + B$. 求证:

$(1) A - E$ 和 $B - E$ 都可逆;

$(2) AB = BA$.

14. 设 $A^2 + A + 4E = 0$, 求证: $A - 2E$ 可逆.

15. 求下列方阵的逆阵:

$(1) A = \begin{bmatrix} 1 & 2 & 3 \\ 2 & 2 & 1 \\ 3 & 4 & 3 \end{bmatrix}$
$(2) B = \begin{bmatrix} 2 & 1 \\ 5 & 3 \end{bmatrix}$

16. 将下列矩阵化为行最简型矩阵:

$(1) \begin{bmatrix} 1 & 0 & 2 & -1 \\ 2 & 0 & 3 & 1 \\ 3 & 0 & 4 & -3 \end{bmatrix}$
$(2) \begin{bmatrix} 2 & 3 & 1 & -3 & -7 \\ 1 & 2 & 0 & -2 & -4 \\ 3 & -2 & 8 & 3 & 0 \\ 2 & -3 & 7 & 4 & 3 \end{bmatrix}$

17. 求下列各矩阵的秩:

$(1) A = \begin{bmatrix} 1 & -2 & 2 & -1 \\ 2 & -4 & 8 & 0 \\ -2 & 4 & -2 & 3 \\ 3 & -6 & 0 & -6 \end{bmatrix}$
$(2) B = \begin{bmatrix} 3 & 1 & 0 & 2 \\ 1 & -1 & 2 & -1 \\ 1 & 3 & -4 & 4 \end{bmatrix}$

18. 设 $A = \begin{bmatrix} 1 & -2 & 3k \\ -1 & 2k & -3 \\ k & -2 & 3 \end{bmatrix}$, 问 k 为何值时, 可使

$(1) r(A) = 1$;

$(2) r(A) = 2$;

$(3) r(A) = 3$.

19. 用初等变换法求下列方阵的逆阵:

$$A = \begin{bmatrix} 1 & 2 & 3 \\ 2 & 2 & 1 \\ 3 & 4 & 3 \end{bmatrix}$$

20. 求解下列齐次线性方程组:

$(1) \begin{cases} x_1 + x_2 + 2x_3 - x_4 = 0 \\ 2x_1 + x_2 + x_3 - x_4 = 0 \\ 2x_1 + 2x_2 + x_3 + 2x_4 = 0 \end{cases}$
$(2) \begin{cases} x_1 + 2x_2 + x_3 - x_4 = 0 \\ 3x_1 + 6x_2 - x_3 - 3x_4 = 0 \\ 5x_1 + 10x_2 + x_3 - 5x_4 = 0 \end{cases}$

21. 求解下列非齐次线性方程组：

(1) $\begin{cases} 2x + 3y + z = 4 \\ x - 2y + 4z = -5 \\ 3x + 8y - 2z = 13 \\ 4x - y + 9z = -6 \end{cases}$ (2) $\begin{cases} 2x + y - z + w = 1 \\ 4x + 2y - 2z + w = 2 \\ 2x + y - z - w = 1 \end{cases}$

22. 当 k 为何值时，齐次线性方程组

$$\begin{cases} 4x_1 + 7x_2 - 3x_3 = 0 \\ 3x_1 + 5x_2 - 2x_3 = 0 \\ 2x_1 + x_2 + kx_3 = 0 \end{cases}$$

有非零解，并求出非零解.

23. 当 k 为何值时，非齐次线性方程组

$$\begin{cases} (k+3)x_1 + x_2 + 2x_3 = k \\ kx_1 + (k-1)x_2 + x_3 = k \\ 3(k+1)x_1 + kx_2 + (k+3)x_3 = 3 \end{cases}$$

有唯一解，无解，无穷多解？并在有无穷多解的情况下，求出它的解.

24. 一个经济系统在一个生产周期内，产品的投入与分配见表 5 - 6.

表 5 - 6　投入与分配平衡表

投入	产出	中间产品			最终产品 Y	总产出 X
		1	2	3		
中间投入	1	100	25	30	Y_1	400
	2	80	50	30	Y_2	250
	3	40	25	60	Y_3	300

求：

(1) 最终产品 Y_1, Y_2, Y_3；

(2) 直接消耗系数矩阵 A.

习 题 解 答

习题 1 解答

（A）

（一）填空题

1. $\dfrac{3}{2}\sin 1$； 2. $\sqrt{2},2,1+\sqrt{2}$； 3. $\left[-\dfrac{2}{3},+\infty\right)$； 4. 单调递增； 5. $\dfrac{2\pi}{3}$； 6. $y=x^3-1$；

7. $\sin^2 x$； 8. $P=40-\dfrac{1}{5}Q$； 9. 0； 10. e^2； 11. 充分； 12. $A=B$； 13. $1,1$；

14. e^{-2}； 15. 0 16. 3； 17. $1,\infty$； 18. -9； 19. $\dfrac{1}{2}$； 20. 0； 21. $\dfrac{1}{5}$； 22. -1；

23. $\dfrac{3}{2}$； 24. $\dfrac{\sqrt{6}}{6}$； 25. -1； 26. e.

（二）选择题

1. C； 2. B； 3. B； 4. B； 5. D； 6. A； 7. D； 8. D； 9. D； 10. C； 11. C；

12. C； 13. D； 14. D； 15. A； 16. B； 17. A； 18. A； 19. A； 20. B.

（B）

1.（1）$x\geqslant 0$ 即 $[0,+\infty)$；

（2）$x\neq k\pi+\dfrac{\pi}{2}-1(k=0,\pm 1,\pm 2,\cdots)$；

（3）$2\leqslant x\leqslant 4$，即 $[2,4]$；

（4）$x\neq 0$ 且 $x\geqslant 3$，即 $(-\infty,0)\cup(0,3]$；

（5）$x>-1$，即 $(-1,+\infty)$；

（6）$x\neq 0$，即 $(-\infty,0)\cup(0,+\infty)$.

2. **解** $\varphi\left(\dfrac{\pi}{6}\right)=\left|\sin\dfrac{\pi}{6}\right|=\dfrac{1}{2}$，$\varphi\left(\dfrac{\pi}{4}\right)=\left|\sin\dfrac{\pi}{4}\right|=\dfrac{\sqrt{2}}{2}$，$\varphi\left(-\dfrac{\pi}{4}\right)=\left|\sin\left(-\dfrac{\pi}{4}\right)\right|=\dfrac{\sqrt{2}}{2}$，

$\varphi(-2)=0$.

3. **解**（1）因为 $f(-x)=(-x)^2[1-(-x)^2]=x^2(1-x^2)=f(x)$，所以 $f(x)$ 是偶函数.

（2）由 $f(-x)=3(-x)^2-(-x)^3=3x^2+x^3$ 可见，$f(x)$ 既非奇函数又非偶函数.

（3）因为 $f(-x)=\dfrac{1-(-x)^2}{1+(-x)^2}=\dfrac{1-x^2}{1+x^2}=f(x)$，所以 $f(x)$ 是偶函数.

（4）因为 $f(-x)=(-x)(-x-1)(-x+1)=-x(x+1)(x-1)=-f(x)$，所以 $f(x)$ 是奇函数.

（5）由 $f(-x)=\sin(-x)-\cos(-x)+1=-\sin x-\cos x+1$，可见 $f(x)$ 既非奇函数又非偶函数.

（6）因为 $f(-x)=\dfrac{a^{(-x)}+a^{-(-x)}}{2}=\dfrac{a^{-x}+a^{x}}{2}=f(x)$，所以 $f(x)$ 是偶函数.

4. 解 （1）是周期函数，周期为 $l=2\pi$.

（2）是周期函数，周期为 $l=2$.

（3）不是周期函数.

（4）周期函数，周期为 $l=\pi$.

5. 证明 （1）对于任意的 $x_1,x_2\in(-\infty,1)$，有 $1-x_1>0,1-x_2>0$. 因为当 $x_1<x_2$ 时,有

$$y_1-y_2=\frac{x_1-x_2}{(1-x_1)(1-x_2)}<0$$

所以函数 $y=\dfrac{x}{1-x}$ 在区间 $(-\infty,1)$ 内是单调增加的.

（2）对于任意的 $x_1,x_2\in(0,+\infty)$，当 $x_1<x_2$ 时，有

$$y_1-y_2=(x_1+\ln x_1)-(x_2+\ln x_2)=(x_1-x_2)+\ln\frac{x_1}{x_2}<0$$

所以函数 $y=x+\ln x$ 在区间 $(0,+\infty)$ 内是单调增加的.

6. 解 （1）由 $y=\dfrac{1-x}{1+x}$ 得 $x=\dfrac{1-y}{1+y}$，所以 $y=\dfrac{1-x}{1+x}$ 的反函数为 $y=\dfrac{1-x}{1+x}$.

（2）由 $y=2\sin 3x$ 得 $x=\dfrac{1}{3}\arcsin\dfrac{y}{2}$，所以 $y=2\sin 3x$ 的反函数为 $y=\dfrac{1}{3}\arcsin\dfrac{x}{2}$.

（3）由 $y=1+\ln(x+2)$ 得 $x=e^{y-1}-2$，所以 $y=1+\ln(x+2)$ 的反函数为 $y=e^{x-1}-2$.

（4）由 $y=\dfrac{2^x}{2^x+1}$ 得 $x=\log_2\dfrac{y}{1-y}$，所以 $y=\dfrac{2^x}{2^x+1}$ 的反函数为 $y=\log_2\dfrac{x}{1-x}$.

7. 解 （1）$y=\sin 2x$，$y_1=\sin\left(2\cdot\dfrac{\pi}{8}\right)=\sin\dfrac{\pi}{4}=\dfrac{\sqrt{2}}{2}$，$y_2=\sin\left(2\cdot\dfrac{\pi}{4}\right)=\sin\dfrac{\pi}{2}=1$.

（2）$y=\sqrt{1+x^2}$，$y_1=\sqrt{1+1^2}=\sqrt{2}$，$y_2=\sqrt{1+2^2}=\sqrt{5}$.

（3）$y=e^{x^2}$，$y_1=e^{0^2}=1$，$y_2=e^{1^2}=e$.

（4）$y=e^{2x}$，$y_1=e^{2\cdot 1}=e^2$，$y_2=e^{2\cdot(-1)}=e^{-2}$.

8. （1）每日至少要生产 35 件，才能有盈余；每日生产 35 件，刚好保本；每日生产小于 35 件，则亏损.

（2）价格至少要高于 16.25 元.

9. （1）$\dfrac{3}{2}$；（2）$\dfrac{1}{2}$；（3）e^{-6}；（4）$\dfrac{1}{3}$；（5）1；（6）2.

10. （1）2；（2）1；（3）0；（4）$2x$；（5）$\dfrac{1}{2}$；（6）$\dfrac{2}{3}$；（7）0；（8）0；（9）3；（10）2；

（11）e^{-1}；（12）e^2；（13）$\dfrac{1}{2}$；（14）-3；（15）$\sqrt{5}$；（16）$\dfrac{1}{2}$；（17）0；（18）e^3.

11. 解 （1）$y=\dfrac{x^2-1}{x^2-3x+2}=\dfrac{(x+1)(x-1)}{(x-2)(x-1)}$. 因为函数在 $x=2$ 和 $x=1$ 处无定义，所以

$x = 2$ 和 $x = 1$ 是函数的间断点.

因为 $\lim\limits_{x \to 2} y = \lim\limits_{x \to 2} \dfrac{x^2 - 1}{x^2 - 3x + 2} = \infty$，所以 $x = 2$ 是函数的第二类间断点；

因为 $\lim\limits_{x \to 1} y = \lim\limits_{x \to 1} \dfrac{x + 1}{x - 2} = -2$，所以 $x = 1$ 是函数的第一类间断点，并且是可去间断点. 在 $x = 1$ 处，令 $y = -2$，则函数在 $x = 1$ 处成为连续的.

(2) 函数在点 $x = k\pi (k \in Z)$ 和 $x = k\pi + \dfrac{\pi}{2} (k \in Z)$ 处无定义，因而这些点都是函数的间断点.

因 $\lim\limits_{x \to k\pi} \dfrac{x}{\tan x} = \infty (k \neq 0)$，故 $x = k\pi (k \neq 0)$ 是第二类间断点；

因为 $\lim\limits_{x \to 0} \dfrac{x}{\tan x} = 1$，$\lim\limits_{x \to k\pi + \frac{\pi}{2}} \dfrac{x}{\tan x} = 0 (k \in Z)$，所以 $x = 0$ 和 $x = k\pi + \dfrac{\pi}{2} (k \in Z)$ 是第一类间断点且是可去间断点.

令 $y\big|_{x=0} = 1$，则函数在 $x = 0$ 处成为连续的；

令 $x = k\pi + \dfrac{\pi}{2}$ 时，$y = 0$，则函数在 $x = k\pi + \dfrac{\pi}{2}$ 处成为连续的.

(3) 因为函数 $y = \cos^2 \dfrac{1}{x}$ 在 $x = 0$ 处无定义，所以 $x = 0$ 是函数 $y = \cos^2 \dfrac{1}{x}$ 的间断点. 又因为 $\lim\limits_{x \to 0} \cos^2 \dfrac{1}{x}$ 不存在，所以 $x = 0$ 是函数的第二类间断点.

(4) 因为 $\lim\limits_{x \to 1^-} f(x) = \lim\limits_{x \to 1^-} (x - 1) = 0$，$\lim\limits_{x \to 1^+} f(x) = \lim\limits_{x \to 1^+} (3 - x) = 2$，所以 $x = 1$ 是函数的第一类跳跃间断点.

12. 略.

13. 略.

习题 2 解答

（A）

（一）填空题

1. -1； 2. $2b$； 3. $\dfrac{3}{4} \dfrac{1}{\sqrt[4]{x}}$； 4. 1； 5. 0,不存在； 6. 3；

7. $4x + y - 4 = 0, 2x - 8y + 15 = 0$； 8. 是，否； 9. $5x^4 - 12x^2 - 2\sin x - \dfrac{1}{x}$； 10. 24；

11. $\dfrac{1}{e}$； 12. $-2xf'(-x^2)$； 13. $-3x^2 e^{-x^3} + 2$； 14. $\dfrac{e^{x+y} - y}{x - e^{x+y}}$； 15. $x^x(\ln x + 1)$；

16. $4 - \dfrac{1}{x^2}$； 17. $18, 11$； 18. $\dfrac{\pi}{2}$； 19. $\dfrac{a+b}{2}$； 20. 3； 21. 2； 22. $[2, +\infty)$；

23. $[-1, 1)$； 24. $\left(2, \dfrac{2}{e^2}\right)$； 25. $\dfrac{5}{4}$； 26. $\dfrac{1}{2}$； 27. 2； 28. $4, 4$.

（二）选择题

1. D； 2. D； 3. B； 4. B； 5. B； 6. C； 7. C； 8. C； 9. A； 10. C； 11. A；

12. B； 13. A； 14. D； 15. C； 16. C； 17. B； 18. B； 19. C； 20. D； 21. C；

22. B； 23. D； 24. D； 25. C； 26. C； 27. C； 28. C.

$$（B）$$

1. **解** $y' = \lim\limits_{\Delta x \to 0} \dfrac{\dfrac{1}{x+\Delta x} - \dfrac{1}{x}}{\Delta x} = \lim\limits_{\Delta x \to 0} \dfrac{-\Delta x}{\Delta x(x+\Delta x)x} = \lim\limits_{\Delta x \to 0} \dfrac{-1}{(x+\Delta x)x} = -\dfrac{1}{x^2}.$

2. **解** （1）因为 $f'_{-} = \lim\limits_{x \to 0} \dfrac{f(x) - f(0)}{x - 0} = \lim\limits_{x \to 0^-} \dfrac{\sin x - 0}{x} = 1,$

$f'_{+}(0) = \lim\limits_{x \to 0^+} \dfrac{f(x) - f(0)}{x - 0} = \lim\limits_{x \to 0^+} \dfrac{\ln(1+x) - 0}{x} = \lim\limits_{x \to 0^+} \ln(1+x)^{\frac{1}{x}} = \ln e = 1,$

而且 $f'_{-}(0) = f'_{+}(0)$，所以 $f'(0)$ 存在，且 $f'(0) = 1.$

（2）因为 $f'_{-}(0) = \lim\limits_{x \to 0^-} \dfrac{f(x) - f(0)}{x - 0} = \lim\limits_{x \to 0^-} \dfrac{\dfrac{x}{1+e^{\frac{1}{x}}} - 0}{x - 0} = \lim\limits_{x \to 0^-} \dfrac{1}{1+e^{\frac{1}{x}}} = 1,$

$f'_{+}(0) = \lim\limits_{x \to 0^+} \dfrac{f(x) - f(0)}{x - 0} = \lim\limits_{x \to 0^+} \dfrac{\dfrac{x}{1+e^{\frac{1}{x}}} - 0}{x - 0} = \lim\limits_{x \to 0^+} \dfrac{1}{1+e^{\frac{1}{x}}} = 0,$

而 $f'_{-}(0) \neq f'_{+}(0)$，所以 $f'(0)$ 不存在.

3. **解** 因为 $f(0) = 0, \lim\limits_{x \to 0} f(x) = \lim\limits_{x \to 0} x\sin\dfrac{1}{x} = 0 = f(0)$，所以 $f(x)$ 在 $x = 0$ 处连续；

因为极限 $\lim\limits_{x \to 0} \dfrac{f(x) - f(0)}{x} = \lim\limits_{x \to 0} \dfrac{x\sin\dfrac{1}{x} - 0}{x} = \lim\limits_{x \to 0} \sin\dfrac{1}{x}$ 不存在，所以 $f(x)$ 在 $x = 0$ 处不可导.

4. **解** （1）$y' = \left(\dfrac{4}{x^5} + \dfrac{7}{x^4} - \dfrac{2}{x} + 12\right)' = 4(4x^{-5} + 7x^{-4} - 2x^{-1} + 12)'$

$= -20x^{-6} - 28x^{-5} + 2x^{-2} = -\dfrac{20}{x^6} - \dfrac{28}{x^5} + \dfrac{2}{x^2};$

（2）$y' = (2\tan x + \sec x - 1)' = 2\sec^2 x + \sec x \cdot \tan x = \sec x(2\sec x + \tan x);$

（3）$y' = (x^2 \ln x)' = 2x \cdot \ln x + x^2 \cdot \dfrac{1}{x} = x(2\ln x + 1);$

（4）$y' = \left(\dfrac{\ln x}{x}\right)' = \dfrac{\dfrac{1}{x} \cdot x - \ln x}{x^2} = \dfrac{1 - \ln x}{x^2};$

（5）$y' = 4(2x+5)^{4-1} \cdot (2x+5)' = 4(2x+5)^3 \cdot 2 = 8(2x+5)^3;$

（6）$y' = e^{-3x^2} \cdot (-3x^2)' = e^{-3x^2} \cdot (-6x) = -6xe^{-3x^2};$

（7）$y' = 2\sin x \cdot (\sin x)' = 2\sin x \cdot \cos x = \sin 2x;$

（8）$y' = \sec^2(x^2) \cdot (x^2)' = 2x\sec^2(x^2);$

(9) $y' = 2\arcsin x \cdot (\arcsin x)' = \dfrac{2\arcsin x}{\sqrt{1-x^2}}$;

(10) $y' = \dfrac{1}{e^x + \sqrt{1+e^{2x}}} \cdot (e^x + \sqrt{1+e^{2x}})'$

$\qquad = \dfrac{1}{e^x + \sqrt{1+e^{2x}}} \cdot \left(e^x + \dfrac{2e^{2x}}{2\sqrt{1+e^{2x}}}\right) = \dfrac{e^x}{\sqrt{1+e^{2x}}}$;

(11) $y' = \dfrac{1}{\sqrt{1-\sin^2 x}} \cdot (\sin x)' = \dfrac{1}{\sqrt{1-\sin^2 x}} \cdot \cos x = \dfrac{\cos x}{|\cos x|}$;

(12) $y' = \dfrac{1}{1+\left(\dfrac{1+x}{1-x}\right)^2} \cdot \left(\dfrac{1+x}{1-x}\right)' = \dfrac{1}{1+\left(\dfrac{1+x}{1-x}\right)^2} \cdot \dfrac{(1-x)+(1+x)}{(1-x)^2} = \dfrac{1}{1+x^2}$;

(13) $y' = \dfrac{1}{\tan\dfrac{x}{2}} \cdot \left(\tan\dfrac{x}{2}\right)' + \sin x \cdot \ln\tan x - \cos x \cdot \dfrac{1}{\tan x} \cdot (\tan x)'$

$\qquad = \dfrac{1}{\tan\dfrac{x}{2}} \cdot \sec^2\dfrac{x}{2} \cdot \dfrac{1}{2} + \sin x \cdot \ln\tan x - \cos x \cdot \dfrac{1}{\tan x} \cdot \sec^2 x = \sin x \cdot \ln\tan x$;

(14) $\ln y = \dfrac{1}{x}\ln x,\ \dfrac{1}{y}y' = -\dfrac{1}{x^2}\ln x + \dfrac{1}{x}\cdot\dfrac{1}{x},\ y' = \sqrt[x]{x}\left(-\dfrac{1}{x^2}\ln x + \dfrac{1}{x^2}\right) = \dfrac{\sqrt[x]{x}}{x^2}(1-\ln x)$;

(15) 两边取对数得

$$\ln y = x\ln x - x\ln(1+x)$$

两边求导得

$$\dfrac{1}{y}y' = \ln x + x\cdot\dfrac{1}{x} - \ln(1+x) - x\cdot\dfrac{1}{1+x}$$

于是
$$y' = \left(\dfrac{x}{1+x}\right)^x\left[\ln\dfrac{x}{1+x} + \dfrac{1}{1+x}\right]$$

(16) 两边取对数得

$$\ln y = \dfrac{1}{5}\ln|x-5| - \dfrac{1}{25}\ln(x^2+2)$$

两边求导得

$$\dfrac{1}{y}y' = \dfrac{1}{5}\cdot\dfrac{1}{x-5} - \dfrac{1}{25}\cdot\dfrac{2x}{x^2+2}$$

于是
$$y' = \dfrac{1}{5}\sqrt[5]{\dfrac{x-5}{\sqrt[5]{x^2+2}}} = \left[\dfrac{1}{x-5} - \dfrac{1}{5}\cdot\dfrac{2x}{x^2+2}\right]$$

5. 解 (1) $y' = f'(x^2)\cdot(x^2)' = f'(x^2)\cdot 2x = 2x\cdot f'(x^2)$.

(2) $y' = f'(\sin^2 x)\cdot(\sin^2 x)' + f'(\cos^2 x)\cdot(\cos^2 x)'$

$\qquad = f'(\sin^2 x)\cdot 2\sin x\cdot\cos x + f'(\cos^2 x)\cdot 2\cos x\cdot(-\sin x)$

$\qquad = \sin 2x[f'(\sin^2 x) - f'(\cos^2 x)]$.

6. 解 (1) $y' = -2\cos x\sin x\cdot\ln x + \cos^2 x\cdot\dfrac{1}{x} = -\sin 2x\cdot\ln x + \cos^2 x\cdot\dfrac{1}{x}$,

$y'' = -2\cos 2x\cdot\ln x - \sin 2x\cdot\dfrac{1}{x} - 2\cos x\sin x\cdot\dfrac{1}{x} - \cos^2 x\cdot\dfrac{1}{x^2}$

$$= -2\cos 2x \cdot \ln x - \frac{2\sin 2x}{x} - \frac{\cos^2 x}{x^2};$$

$$(2)\, y' = \frac{\sqrt{1-x^2} - x \cdot \dfrac{-x}{\sqrt{1-x^2}}}{1-x^2} = (1-x^2)^{-\frac{3}{2}}$$

$$y'' = -\frac{3}{2}(1-x^2)^{-\frac{5}{2}} \cdot (-2x) = \frac{3x}{\sqrt{(1-x^2)^5}}.$$

7. 解 $(1)\, y' = \ln x + 1,$

$$y'' = \frac{1}{x} = x^{-1},$$

$$y''' = (-1)x^{-2},$$

$$y^{(4)} = (-1)(-2)x^{-3},$$

$$\cdots$$

$$y^{(n)} = (-1)(-2)(-3)\cdots(-n+2)x^{-n+1} = (-1)^{n-2}\frac{(n-2)!}{x^{n-1}} = (-1)^n\frac{(n-2)!}{x^{n-1}};$$

$$(2)\, y' = e^x + xe^x = e^x(x+1),$$

$$y'' = e^x + e^x + xe^x = 2e^x + xe^x = e^x(x+2),$$

$$y''' = 2e^x + e^x + xe^x = 3e^x + xe^x = e^x(x+3),$$

$$\cdots$$

$$y^{(n)} = e^x(x+n);$$

(3) 令 $u = e^x, v = \cos x,$ 有

$$u' = u'' = u''' = u^{(4)} = e^x,$$

$$v' = -\sin x, v'' = -\cos x, v''' = \sin x, v^{(4)} = \cos x,$$

所以 $y^{(4)} = u^{(4)} \cdot v + 4u''' \cdot v' + 6u'' \cdot v'' + 4u' \cdot v''' + u \cdot v^{(4)}$

$$= e^x[\cos x + 4(-\sin x) + 6(-\cos x) + 4\sin x + \cos x] = -4e^x\cos x;$$

(4) 令 $u = x^2, v = \sin 2x,$ 则有

$$u' = 2x, u'' = 2, u''' = 0,$$

$$v^{(48)} = 2^{(48)}\sin\left(2x + 48 \cdot \frac{\pi}{2}\right) = 2^{48}\sin 2x,$$

$$v^{(49)} = 2^{49}\cos 2x, v^{(50)} = -2^{50}\sin 2x,$$

所以 $y^{(50)} = u^{(50)} \cdot v + C_{150}^1 u^{(49)} \cdot v' + C_{50}^2 u^{(48)} \cdot v'' + \cdots + C_{50}^{48} u'' \cdot v^{(48)} + C_{50}^{49} u' \cdot v^{(49)} +$

$$u \cdot v^{(50)}$$

$$= C_{50}^{48} u'' \cdot v^{(48)} + C_{50}^{49} u' \cdot v^{(49)} + u \cdot v^{(50)}$$

$$= \frac{50 \cdot 49}{2} \cdot 2 \cdot 2^{28}\sin 2x + 50 \cdot 2x \cdot 2^{49}\cos 2x + x^2 \cdot (-2^{50}\sin 2x)$$

$$= 2^{50}\left(-x^2\sin 2x + 50x\cos 2x + \frac{1\,225}{2}\sin 2x\right).$$

8. 解 (1) 方程两边求导数, 得

$$2x - 2yy' = 0,$$

$$y' = \frac{x}{y},$$

$$y'' = \left(\frac{x}{y} \right)' = \frac{y - xy'}{y^2} = \frac{y - x\frac{x}{y}}{y^2} = \frac{y^2 - x^2}{y^3} = -\frac{1}{y^3};$$

（2）方程两边求导数，得

$$2b^2 x + 2a^2 yy' = 0,$$

$$y' = -\frac{b^2}{a^2} \cdot \frac{x}{y},$$

$$y'' = -\frac{b^2}{a^2} \cdot \frac{y - xy'}{y^2} = -\frac{b^2}{a^2} \cdot \frac{y - x\left(-\frac{b^2}{a^2} \cdot \frac{x}{y} \right)}{y^2}$$

$$= -\frac{b^2}{a^2} \cdot \frac{a^2 y^2 + b^2 x^2}{a^2 y^3} = -\frac{b^4}{a^2 y^3};$$

（3）方程两边求导数，得

$$y' = \sec^2(x+y) \cdot (1 + y'),$$

$$y' = \frac{\sec^2(x+y)}{1 - \sec^2(x+y)} = \frac{1}{\cos^2(x+y) - 1}$$

$$= \frac{\sin^2(x+y) + \cos^2(x+y)}{-\sin^2(x+y)} = -1 - \frac{1}{y^2},$$

$$y'' = \frac{2}{3} y' = \frac{2}{y^3} \left(-1 - \frac{1}{y^2} \right) = -\frac{2(1 + y^2)}{y^5};$$

（4）方程两边求导数，得

$$y' = e^y + xe^y y',$$

$$y' = \frac{e^y}{1 - xe^y} = \frac{e^y}{1 - (y - 1)} = \frac{e^y}{2 - y},$$

$$y'' = \frac{e^y y'(2 - y) - e^y(-y')}{(2 - y)^2} = \frac{e^y(3 - y)y'}{(2 - y)^2} = \frac{e^{2y}(3 - y)}{(2 - y)^3}.$$

9. 解 （1）因为 $y' = -\frac{1}{x^2} + \frac{1}{\sqrt{x}}$，所以 $\mathrm{d}y = \left(-\frac{1}{x^2} + \frac{1}{\sqrt{x}} \right)\mathrm{d}x$；

（2）因为 $y' = \sin 2x + 2x\cos 2x$，所以 $\mathrm{d}y = (\sin 2x + 2x\cos 2x)\mathrm{d}x$；

（3）因为 $y' = \dfrac{\sqrt{x^2 + 1} - \dfrac{x^2}{\sqrt{x^2 + 1}}}{x^2 + 1} = \dfrac{1}{(x^2 + 1)\sqrt{x^2 + 1}}$，所以 $\mathrm{d}y = \dfrac{1}{(x^2 + 1)\sqrt{x^2 + 1}}\mathrm{d}x$；

（4）$\mathrm{d}y = y'\mathrm{d}x = \left[\ln^2(1 - x) \right]'\mathrm{d}x = \left[2\ln(1 - x) \cdot \frac{-1}{(1 - x)} \right]\mathrm{d}x = \frac{2}{x - 1}\ln(1 - x)\mathrm{d}x.$

10. 解 因为 $y = 4x^3 - 5x^2 + x - 2$ 在区间 $[0, 1]$ 上连续，在 $(0, 1)$ 内可导，由拉格朗日中值定理知，至少存在一点 $\xi \in (0, 1)$，使 $y'(\xi) = \frac{y(1) - y(0)}{1 - 0} = 0.$

由 $y'(x) = 12x^2 - 10x + 1 = 0$ 得 $x = \frac{5 \pm \sqrt{13}}{12} \in (0, 1).$

因此确有 $\xi = \frac{5 \pm \sqrt{13}}{12} \in (0, 1)$，使 $y'(\xi) = \frac{y(1) - y(0)}{1 - 0}.$

11. 证明 设 $F(x) = xf(x)$，则 $F(x)$ 在 $[0, a]$ 上连续，在 $(0, a)$ 内可导，且

$F(0) = F(a) = 0.$ 由罗尔定理,在 $(0,a)$ 内至少有一个点 ξ,使 $F'(\xi) = 0.$ 而 $F(x) = f(x) + xf'(x)$,所以 $f(\xi) + \xi f'(\xi) = 0.$

12. 解 (1) $\displaystyle\lim_{x \to 0} \frac{e^x - e^{-x}}{\sin x} = \lim_{x \to 0} \frac{e^x + e^{-x}}{\cos x} = 2;$

(2) $\displaystyle\lim_{x \to \pi} \frac{\sin 3x}{\tan 5x} = \lim_{x \to \pi} \frac{3\cos 3x}{5\sec^2 5x} = -\frac{3}{5};$

(3) $\displaystyle\lim_{x \to a} \frac{x^m - a^m}{x^n - a^n} = \lim_{x \to a} \frac{mx^{m-1}}{nx^{n-1}} = \frac{ma^{m-1}}{na^{n-1}} = \frac{m}{n}a^{m-n};$

(4) $\displaystyle\lim_{x \to \frac{\pi}{2}} \frac{\tan x}{\tan 3x} = \lim_{x \to \frac{\pi}{2}} \frac{\sec^2 x}{\sec^2 3x \cdot 3} = \frac{1}{3}\lim_{x \to \frac{\pi}{2}} \frac{\cos^2 3x}{\cos^2 x}$

$\qquad = \frac{1}{3}\lim_{x \to \frac{\pi}{2}} \frac{2\cos 3x(-\sin 3x) \cdot 3}{2\cos x(-\sin x)} = -\lim_{x \to \frac{\pi}{2}} \frac{\cos 3x}{\cos x}$

$\qquad = -\lim_{x \to \frac{\pi}{2}} \frac{-3\sin 3x}{-\sin x} = 3;$

(5) $\displaystyle\lim_{x \to 0} \frac{\ln(1 + x^2)}{\sec x - \cos x} = \lim_{x \to 0} \frac{\cos x \ln(1 + x^2)}{1 - \cos^2 x} = \lim_{x \to 0} \frac{x^2}{1 - \cos^2 x}$

$\qquad = \lim_{x \to 0} \frac{2x}{-2\cos x(-\sin x)} = \lim_{x \to 0} \frac{x}{\sin x} = 1;$

(6) $\displaystyle\lim_{x \to 0} x^2 e^{\frac{1}{x^2}} = \lim_{x \to 0} \frac{e^{\frac{1}{x^2}}}{\frac{1}{x^2}} = \lim_{t \to +\infty} \frac{e^t}{t} = \lim_{t \to +\infty} \frac{e^t}{1} = +\infty;$

(7) 因为 $\displaystyle\lim_{x \to \infty} \left(1 + \frac{a}{x}\right)^x = \lim_{x \to \infty} e^{x \ln\left(1 + \frac{a}{x}\right)},$

而 $\displaystyle\lim_{x \to \infty} x \ln\left(1 + \frac{a}{x}\right) = \lim_{x \to \infty} \frac{\ln\left(1 + \frac{a}{x}\right)}{\frac{1}{x}} = \lim_{x \to \infty} \frac{\frac{1}{1 + \frac{a}{x}} \cdot \left(-\frac{a}{x^2}\right)}{-\frac{1}{x^2}}$

$\qquad = \lim_{x \to \infty} \frac{ax}{x + a} = \lim_{x \to \infty} \frac{a}{1} = a,$

所以 $\displaystyle\lim_{x \to \infty} \left(1 + \frac{a}{x}\right)^x = \lim_{x \to \infty} e^{x \ln\left(1 + \frac{a}{x}\right)} = e^a;$

(8) 因为 $\displaystyle\lim_{x \to 0} \left(\frac{1}{x}\right)^{\tan x} = e^{-\tan x \ln x},$

而 $\displaystyle\lim_{x \to 0^+} \tan x \ln x = \lim_{x \to 0^+} \frac{\ln x}{\cot x} = \lim_{x \to 0^+} \frac{\frac{1}{x}}{-\csc^2 x} = -\lim_{x \to 0^+} \frac{\sin^2 x}{x} = 0,$

所以 $\displaystyle\lim_{x \to 0^+} \left(\frac{1}{x}\right)^{\tan x} = \lim_{x \to 0^+} e^{-\tan x \ln x} = e^{-\tan x \ln x} = e^0 = 1.$

13. 解 (1) $y' = 6x^2 - 12x - 18 = 6(x - 3)(x + 1) = 0$,令 $y' = 0$ 得驻点 $x_1 = -1, x_2 = 3.$
列表得

x	$(-\infty,-1)$	-1	$(-1,3)$	3	$(3,+\infty)$
y'	$+$	0	$-$	0	$+$
y	↗	↗		↘	

可见函数在$(-\infty,-1]$和$[3,+\infty)$内单调增加, 在$[-1,3]$内单调减少;

(2)$y'=2-\dfrac{8}{x^2}=\dfrac{2(x-2)(x+2)}{x^2}=0$, 令$y'=0$得驻点$x_1=2,x_2=-2$(舍去).

因为当$x>2$时,$y>0$; 当$0<x<2$时,$y'<0$, 所以函数在$(0,2]$内单调减少, 在$[2,+\infty)$内单调增加;

(3)$y'=\dfrac{-60(2x-1)(x-1)}{(4x^3-9x^2+6x)^2}$, 令$y'=0$得驻点$x_1=\dfrac{1}{2},x_2=1$, 不可导点为$x=0$.

列表得

x	$(-\infty,0)$	0	$(0,\frac{1}{2})$	$\frac{1}{2}$	$(\frac{1}{2},1)$	1	$(1,+\infty)$
y'	$-$	不存在	$-$	0	$+$	0	$-$
y	↘		↘		↗		↘

可见函数在$(-\infty,0)$, $(0,\frac{1}{2}]$, $[1,+\infty)$内单调减少, 在$[\frac{1}{2},1]$上单调增加;

(4)因为$y'=\dfrac{1}{x+\sqrt{1+x^2}}(1+\dfrac{2x}{2\sqrt{1+x^2}})=\dfrac{1}{\sqrt{1+x^2}}>0$, 所以函数在$(-\infty,+\infty)$内单调增加.

14. **解** (1)$y'=3x^2-10x+3,y''=6x-10.$ 令$y''=0$, 得$x=\dfrac{5}{3}$.

因为当$x<\dfrac{5}{3}$时,$y''<0$; 当$x>\dfrac{5}{3}$时,$y''>0$, 所以曲线在$\left(-\infty,\dfrac{5}{3}\right]$内是凸的, 在$\left[\dfrac{5}{3},+\infty\right)$内是凹的, 拐点为$\left(\dfrac{5}{3},\dfrac{20}{27}\right)$;

(2)$y'=e^{-x}-xe^{-x},y''=-e^{-x}-e^{-x}+xe^{-x}=e^{-x}(x-2).$ 令$y''=0$, 得$x=2$;

因为当$x<2$时,$y''<0$; 当$x>2$时,$y''>0$, 所以曲线在$(-\infty,2]$内是凸的, 在$[2,+\infty)$内是凹的, 拐点为$(2,2e^{-2})$;

(3)$y'=4(x+1)^3+e^x,y''=12(x+1)^2+e^x.$

因为在$(-\infty,+\infty)$内, $y''>0$, 所以曲线$y=(x+1)^4+e^x$在$(-\infty,+\infty)$内是凹的, 无拐点;

(4)$y'=\dfrac{2x}{x^2+1}$, $y''=\dfrac{2(x^2+1)-2x\cdot2x}{(x^2+1)^2}=\dfrac{-2(x-1)(x+1)}{(x^2+1)^2}.$ 令$y''=0$, 得$x_1=-1$, $x_2=1$.

列表得

x	$(-\infty,-1)$	-1	$(-1,1)$	1	$(1,+\infty)$
y''	$-$	0	$+$	0	$-$
y	$\cap$	$(-1,\ln2)$拐点	$\cup$	$(1,\ln2$ 拐点$)$	$\cap$

可见曲线在$(-\infty,-1]$和$[1,+\infty)$内是凸的,在$[-1,1]$内是凹的,拐点为$(-1,\ln2)$和$(1,\ln2)$;

$(5)\ y'=\mathrm{e}^{\arctan x}\cdot\dfrac{1}{1+x^2},y''=\dfrac{\mathrm{e}^{\arctan x}}{(1+x^2)^2}(1-2x).$ 令$y''=0$得,$x=\dfrac{1}{2}.$

因为当$x<\dfrac{1}{2}$时,$y''>0$;当$x>\dfrac{1}{2}$时,$y''<0$,所以曲线$y=\mathrm{e}^{\arctan x}$在$\left(-\infty,\dfrac{1}{2}\right]$内是凹的,在$\left[\dfrac{1}{2},+\infty\right)$内是凸的,拐点是$\left(\dfrac{1}{2},\mathrm{e}^{\arctan\frac{1}{2}}\right)$;

$(6)\ y'=4x^3(12\ln x-7)+12x^3,y''=144x^2\ln x.$ 令$y''=0$,得$x=1.$

因为当$0<x<1$时,$y''<0$;当$x>1$时,$y''>0$,所以曲线在$(0,1]$内是凸的,在$[1,+\infty)$内是凹的,拐点为$(1,-7).$

15. **解** （1）函数的定义为$(-\infty,+\infty),y'=6x^2-12x-18=6(x^2-2x-3)=6(x-3)(x+1)$,驻点为$x_1=-1,x_2=3.$

列表得

x	$(-\infty,-1)$	-1	$(-1,3)$	3	$(3,+\infty)$
y'	$+$	0	$-$	0	$+$
y	$\nearrow$	17 极大值	$\searrow$	-47 极小值	$\nearrow$

可见函数在$x=-1$处取得极大值17,在$x=3$处取得极小值-47;

（2）函数的定义为$(-1,+\infty),y'=1-\dfrac{1}{1+x}=\dfrac{x}{1+x}$,驻点为$x=0.$ 因为当$-1<x<0$时,$y'<0$;当$x>0$时,$y'>0$,所以函数在$x=0$处取得极小值,极小值为$y(0)=0$;

（3）函数的定义域为$(-\infty,+\infty),y'=-4x^3+4x=-4x(x^2-1),y''=-12x^2+4$,令$y'=0$,得$x_1=0,x_2=-1,x_3=1.$

因为$y''(0)=4>0,y''(-1)=-8<0,y''(1)=-8<0$,所以$y(0)=0$是函数的极小值,$y(-1)=1$和$y(1)=1$是函数的极大值;

（4）函数的定义域为$(-\infty,1]$,

$$y'=1-\dfrac{1}{2\sqrt{1-x}}=\dfrac{2\sqrt{1-x}-1}{2\sqrt{1-x}}=\dfrac{3-4x}{2\sqrt{1-x}(2\sqrt{1-x}+1)},$$

令$y'=0$,得驻点$x=\dfrac{3}{4}.$

因为当$x<\dfrac{3}{4}$时,$y'>0$;当$\dfrac{3}{4}<x<1$时,$y'<0$,所以$y(1)=\dfrac{5}{4}$为函数的极大值.

16. **解** （1）$y'=6x^2-6x=6x(x-1)$,令$y'=0$,得$x_1=0,x_2=1.$ 计算函数值得
$$y(-1)=-5,y(0)=0,y(1)=-1,y(4)=80,$$

经比较得出函数的最小值为 $y(-1)=-5$，最大值为 $y(4)=80$；

（2）$y'=4x^3-16x=4x(x^2-4)$，令 $y'=0$，得 $x_1=0,x_2=-2$（舍去），$x_3=2$. 计算函数值得

$$y(-1)=-5,y(0)=2,y(2)=-14,y(3)=11,$$

经比较得出函数的最小值为 $y(2)=-14$，最大值为 $y(3)=11$；

（3）$y'=1-\dfrac{1}{2\sqrt{1-x}}$，令 $y'=0$，得 $x=\dfrac{3}{4}$. 计算函数值得

$$y(-5)=-5+\sqrt{6},\quad y\left(\dfrac{3}{4}\right)=\dfrac{5}{4},\quad y(1)=1$$

经比较得出函数的最小值为 $y(-5)=-5+\sqrt{6}$，最大值为 $y\left(\dfrac{3}{4}\right)=\dfrac{5}{4}$.

17. **解**　$y'=1+\dfrac{2\sqrt{5}x}{1+x^2}=\dfrac{(x+\sqrt{5})^2-4}{1+x^2}$，$y''=2\sqrt{5}\dfrac{1-x^2}{(1+x^2)^2}$

得驻点 $x_1=-2-\sqrt{5}$，$x_2=2-\sqrt{5}$，又 $y''=0$，得 $x=\pm 1$.

单调增加区间 $(-\infty,-2-\sqrt{5}]$，$[2-\sqrt{5},+\infty)$，单调减少区间 $[-2-\sqrt{5},2-\sqrt{5}]$.

极大值 $f(x_1)=\sqrt{5}\ln(10+4\sqrt{5})-2-\sqrt{5}$，极小值 $f(x_2)=\sqrt{5}\ln(10-4\sqrt{5})+2-\sqrt{5}$.

图形的凸区间 $(-\infty,-1]$，$[1,+\infty)$，凹区间 $[-1,1]$，拐点为 $(-1,\sqrt{5}\ln2-1)$，$(1,\sqrt{5}\ln2+1)$.

18. **解**　设在一个月生产 x 个产品时，每个产品成本为 y 元，则

$$y=\dfrac{25\,000}{x}+\dfrac{x}{40}+200,\quad y'=-\dfrac{25\,000}{x^2}+\dfrac{1}{40},\quad 令\ y'=0,\ x=1\,000,$$

又 $y''(1\,000)>0$，当 $x=1\,000$ 时，y 取极小值，也是最小值.
又设每月生产 x 个产品时，利润为 L 元，则

$$L=500x-\left(25\,000+200x+\dfrac{x_2}{40}\right),\quad L'=0,\quad x=6\,000,\quad L''=-\dfrac{1}{20}<0$$

当 $x=6\,000$ 时，利润最大.

19. **解**　设单位造价为 a，总造价 $y=2\pi rha+\pi r^2 2a$，$V=\pi r^2 h$.

$$y=2a\left(\dfrac{V}{r}+\pi r^2\right)(r>0);\quad y'=2a\dfrac{2\pi r^3-V}{r^2},\quad y'=0,\ 得\ r_0=\sqrt[3]{\dfrac{V}{2\pi}},$$

$$y''(r_0)=12a\pi>0.\ 所以当\ r=\sqrt[3]{\dfrac{V}{2\pi}},h=2r\ 时，造价最低.$$

20. **解**　设房租为每月 x 元，租出去的房子有 $50-\left(\dfrac{x-1\,000}{100}\right)$ 套，

每月总收入为 $R(x)=(x-200)\left(50-\dfrac{x-1\,000}{100}\right)$，

$$R(x)=(x-200)\left(60-\dfrac{x}{100}\right),$$

$$R'(x)=\left(60-\dfrac{x}{100}\right)+(x-200)\left(-\dfrac{1}{100}\right)=62-\dfrac{x}{50},$$

$$R'(x)=0\Rightarrow x=3\,100（唯一驻点）.$$

故每月每套租金为 3 100 元时收入最高.

最大收入为 $R(x) = (3\ 100 - 200)\left(60 - \dfrac{1\ 200}{100}\right) = 139\ 200$ 元.

21. 解 (1) 当 $x = 40$ 时, 汽车从甲地到乙地行驶了 $\dfrac{100}{40} = 2.5$ h,

要耗油 $\left(\dfrac{1}{128\ 000} \times 40^3 - \dfrac{3}{80} \times 40 + 8\right) \times 2.5 = 17.5$ L.

因此当汽车以 40 km/h 的速度匀速行驶时, 从甲地到乙地耗油 17.5 L.

(2) 当速度为 x km/h 时, 汽车从甲地到乙地行驶了 $\dfrac{100}{x}$ h, 设耗油量为 $h(x)$ L,

依题意得 $h(x) = \left(\dfrac{1}{128\ 000}x^3 - \dfrac{3}{80}x + 8\right) \cdot \dfrac{100}{x} = \dfrac{1}{1\ 280}x^2 + \dfrac{800}{x} - \dfrac{15}{4}\ (0 < x \leqslant 120)$,

$h'(x) = \dfrac{x}{640} - \dfrac{800}{x^2} = \dfrac{x^3 - 80^3}{640x^2}\ (0 < x \leqslant 120)$.

令 $h'(x) = 0$, 得 $x = 80$. 当 $x \in (0, 80)$ 时, $h'(x) < 0$, $h(x)$ 是减函数;

当 $x \in (80, 120)$ 时, $h'(x) > 0$, $h(x)$ 是增函数, 所以当 $x = 80$ 时, $h(x)$ 取到极小值 $h(80) = 11.25$. 因为 $h(x)$ 在 $(0, 120]$ 上只有一个极值, 所以它是最小值.

则当汽车以 80 km/h 的速度匀速行驶时, 从甲地到乙地耗油最少, 最少为 11.25 L.

习题 3 解答

(A)

(一) 填空题

1. $y = x^2 + 1$; 2. $\dfrac{2 - 6x^4}{(1 + x^4)^2}$; 3. $\dfrac{1}{a}F(ax + b) + C$; 4. $2\ln|e^x + 1| - x + C$;

5. $1 + \sin x + (x\cos x - \sin x - 1)\ln x + C$; 6. $\arcsin\sqrt{x} + C$; 7. $\arctan x$;

8. $\ln|1 + x| + 2x^2 - 4x + C$; 9. $\dfrac{1}{4}e^{-2x} + \dfrac{x^2}{2} + x$; 10. $2\arctan x + 1 - \dfrac{\pi}{4}$; 11. $\dfrac{\pi}{4}$;

12. $\dfrac{1}{p + 1}$; 13. $\cot t$; 14. $\dfrac{4[f'(t^2) + 2t^2 f''(t^2)]}{f(t^2)}$; 15. $af(a)$; 16. $\dfrac{3x^2}{\sqrt{1 + x^{12}}} - \dfrac{2x}{\sqrt{1 + x^8}}$;

17. $\sin x^2$; 18. $\dfrac{3}{4}\pi$; 19. $\dfrac{a^{1-p}}{p - 1}$; 20. $\dfrac{(b - a)^{1-q}}{1 - q}$; 21. a^2; 22. $\dfrac{8}{3}\pi\sqrt{2}$; 23. 56π;

24. $50\ 000, 100 - 0.05 \times x$; 25. 81.

(二) 选择题

1. A; 2. A; 3. B; 4. C; 5. B; 6. D; 7. D; 8. D; 9. B; 10. A; 11. A;
12. A; 13. C; 14. A; 15. B; 16. A; 17. C; 18. B; 19. D; 20. B; 21. C;
22. D; 23. A; 24. D; 25. D.

(B)

1. 解 (1) $\displaystyle\int \dfrac{2^{x+1} - 5^{x-1}}{10^x}dx = 2\int\left(\dfrac{1}{5}\right)^x dx - \dfrac{1}{5}\int\left(\dfrac{1}{2}\right)^x dx = \dfrac{1}{5\ln 2}\left(\dfrac{1}{2}\right)^x - \dfrac{2}{\ln 5}\left(\dfrac{1}{5}\right)^x + C$;

(2) $\int \dfrac{x\cos x - \sin x}{x^2}\mathrm{d}x = \int \left(\dfrac{\sin x}{x}\right)'\mathrm{d}x = \dfrac{\sin x}{x} + C;$

(3) $\int x\,(1-x)^{10}\mathrm{d}x = \int [1-(1-x)]\,(1-x)^{10}\mathrm{d}x = \int (1-x)^{10}\mathrm{d}x - \int (1-x)^{11}\mathrm{d}x$

$$= -\dfrac{1}{11}(1-x)^{11} + \dfrac{1}{12}(1-x)^{12} + C;$$

(4) $\int \dfrac{\sqrt{x} - 2\sqrt[3]{x^2} + 1}{\sqrt[4]{x}}\mathrm{d}x = \int (x^{\frac{1}{4}} - 2x^{\frac{5}{12}} + x^{-\frac{1}{4}})\,\mathrm{d}x = \dfrac{4}{5}x^{\frac{5}{4}} - \dfrac{24}{17}x^{\frac{17}{12}} + \dfrac{4}{3}x^{\frac{3}{4}} + C;$

(5) $\int \dfrac{x^4 + 1}{x^6 + 1}\mathrm{d}x = \int \dfrac{x^4 - x^2 + 1}{x^6 + 1}\mathrm{d}x + \int \dfrac{x^2}{x^6 + 1}\mathrm{d}x = \int \dfrac{\mathrm{d}x}{x^2 + 1} + \dfrac{1}{3}\int \dfrac{\mathrm{d}x^3}{(x^3)^2 + 1}$

$$= \arctan x + \dfrac{1}{3}\arctan x^3 + C;$$

(6) $\int \dfrac{2x + 5}{x^2 + 2x - 3}\mathrm{d}x = \int \dfrac{\mathrm{d}(x^2 + 2x - 3)}{x^2 + 2x - 3} + \int \dfrac{\mathrm{d}x}{(x+1)^2 - 4}$

$$= \ln|x^2 + 2x - 3| + \dfrac{3}{4}\ln\left|\dfrac{x-1}{x+3}\right| + C;$$

(7) $\int \dfrac{\mathrm{d}x}{\mathrm{e}^x + \mathrm{e}^{2x}} = \int \left(\mathrm{e}^{-x} - \dfrac{\mathrm{e}^{-x}}{1 + \mathrm{e}^{-x}}\right)\mathrm{d}x = -\mathrm{e}^{-x} + \ln(1 + \mathrm{e}^{-x}) + C;$

(8) $\int \sin x\sin\dfrac{x}{2}\sin\dfrac{x}{3}\mathrm{d}x = \dfrac{1}{2}\int \left(\cos\dfrac{2}{3}x - \cos\dfrac{4}{3}x\right)\sin\dfrac{x}{2}\mathrm{d}x$

$$= \dfrac{3}{2}\cos\dfrac{x}{6} - \dfrac{3}{10}\cos\dfrac{6}{5}x - \dfrac{3}{14}\cos\dfrac{7}{6}x + \dfrac{3}{22}\cos\dfrac{11}{6}x + C;$$

(9) $\int \dfrac{\arcsin\sqrt{x}}{\sqrt{x(1-x)}}\mathrm{d}x = \int \dfrac{2\arcsin\sqrt{x}}{\sqrt{1-x}}\mathrm{d}(\sqrt{x}) = \int 2\arcsin\sqrt{x}\,\mathrm{d}\arcsin\sqrt{x} = (\arcsin\sqrt{x})^2 + C;$

(10) 令 $x = \ln\sin t,$ 则 $\int 2\mathrm{e}^x\sqrt{1 - \mathrm{e}^{2x}}\,\mathrm{d}x = 2\int \sin t\cos t\,\dfrac{\cos t}{\sin t}\mathrm{d}t = \int (1 + \cos 2t)\,\mathrm{d}t$

$$= \arcsin\mathrm{e}^x + \mathrm{e}^x\sqrt{1 - \mathrm{e}^{2x}} + C;$$

(11) 令 $x = \dfrac{1}{t},$ 则 $\int \dfrac{\mathrm{d}x}{x\sqrt{2x^8 - 2x^4 + 1}} = -\int \dfrac{t^3}{\sqrt{2 - 2t^4 + t^8}}\mathrm{d}t = \dfrac{1}{4}\int \dfrac{\mathrm{d}(1 - t^4)}{\sqrt{1 + (1 - t^4)^2}}$

$$= \dfrac{1}{4}\ln\dfrac{x^4 - 1 + \sqrt{2x^8 - 2x^4 + 1}}{x^4} + C;$$

(12) 令 $t = \mathrm{e}^{\frac{x}{2}},$ 则

$$\int \dfrac{\mathrm{d}x}{\mathrm{e}^{\frac{x}{2}} + \mathrm{e}^x} = \int \dfrac{2\mathrm{d}t}{(t + t^2)t} = 2\int \left[\dfrac{1}{t^2} - \dfrac{1}{t} + \dfrac{1}{1 + t}\right]\mathrm{d}t = -2\mathrm{e}^{-\frac{x}{2}} - x + 2\ln(1 + \mathrm{e}^{\frac{x}{2}}) + C;$$

(13) $\int \ln(\sqrt{1+x} + \sqrt{1-x})\mathrm{d}x = x\ln(\sqrt{1+x} + \sqrt{1-x}) + \dfrac{1}{2}\int \left(\dfrac{1}{\sqrt{1-x^2}} - 1\right)\mathrm{d}x$

$$= x\ln(\sqrt{1+x} + \sqrt{1-x}) + \dfrac{1}{2}\arcsin x - \dfrac{x}{2} + C;$$

(14) 令 $\int \dfrac{\mathrm{e}^{\arctan x}}{(1 + x^2)^{\frac{3}{2}}}\mathrm{d}x = I,$

则 $I = \int \dfrac{\mathrm{d}\mathrm{e}^{\arctan x}}{(1 + x^2)^{\frac{1}{2}}} = \dfrac{\mathrm{e}^{\arctan x}}{(1 + x^2)^{\frac{1}{2}}} + \int \dfrac{x\mathrm{e}^{\arctan x}}{(1 + x^2)^{\frac{3}{2}}} = \dfrac{(1 + x)\mathrm{e}^{\arctan x}}{(1 + x^2)^{\frac{1}{2}}} - I,$

所以 $I = \dfrac{(1+x)\,\mathrm{e}^{\arctan x}}{2\,(1+x)^{\frac{3}{2}}} + C;$

(15) $\displaystyle\int\left(\dfrac{\ln x}{x}\right)^2\mathrm{d}x = -\dfrac{\ln^2 x}{x} + \int\dfrac{1}{x}2\ln x\cdot\dfrac{1}{x}\mathrm{d}x = -\dfrac{2\ln x}{x} - \dfrac{2\ln x}{x} - \dfrac{2}{x} + c;$

(16) $\displaystyle\int x\,(\arctan x)^2\mathrm{d}x = \dfrac{1}{2}\int(\arctan x)^2\mathrm{d}(x^2+1) = \dfrac{1}{2}(1+x^2)(\arctan x)^2 - \int\arctan x\,\mathrm{d}x$

$\qquad\qquad = \dfrac{1}{2}(1+x^2)(\arctan x)^2 - x\arctan x + \dfrac{1}{2}\ln(1+x^2) + C;$

(17) $\displaystyle\int x\mathrm{e}^x\sin x\,\mathrm{d}x = -x\mathrm{e}^x\cos x + \int\cos x(\mathrm{e}^x + x\mathrm{e}^x)\mathrm{d}x$

$\qquad\qquad = x\mathrm{e}^x(\sin x - \cos x) + \mathrm{e}^x\cos x - \int x\mathrm{e}^x\sin x\,\mathrm{d}x$

所以 $\displaystyle\int x\mathrm{e}^x\sin x\,\mathrm{d}x = \dfrac{1}{2}x\mathrm{e}^x(\sin x - \cos x) + \dfrac{1}{2}\mathrm{e}^x\cos x + C;$

(18) 令 $t = \sqrt{x+1}$，则 $\displaystyle\int\dfrac{\sqrt{x+1}}{(\sqrt{x+1}-1)^2}\mathrm{d}x = \int\dfrac{2t^2}{(t^2-1)^2}\mathrm{d}t$

$= 2\ln\left|\sqrt{x+1}-1\right| - \dfrac{x+1}{(\sqrt{x+1}-1)^2} - \dfrac{2\sqrt{x+1}}{\sqrt{x+1}-1} + C;$

(19) 令 $t = x^7$，$\displaystyle\int\dfrac{1-x^7}{x(1+x^7)}\mathrm{d}x = \dfrac{1}{7}\int\dfrac{1-t}{t(1-t)}\mathrm{d}t = \dfrac{1}{7}\ln\dfrac{|x^7|}{(1+x^7)^2} + C;$

(20) $\displaystyle\int\arcsin x\,\mathrm{d}x = x\cdot\arcsin x - \int\dfrac{x}{\sqrt{1-x^2}}\mathrm{d}x$

$\qquad\qquad = x\arcsin x + \dfrac{1}{2}\int\dfrac{\mathrm{d}(1-x^2)}{\sqrt{1-x^2}} = x\arcsin x + \sqrt{1-x^2} + C.$

2. 解 由题设知：$F_1{}'(x) = \dfrac{1}{x}$，$F_2{}'(x) = \dfrac{1}{x}$，所以，二者都是 $f(x) = \dfrac{1}{x}$ 的原函数.

3. 解 （1）原式 $= \displaystyle\lim_{n\to\infty}\sum_{i=1}^{n}\sin\dfrac{i}{n}\pi\cdot\dfrac{\pi}{n}\cdot\dfrac{1}{\pi} = \dfrac{1}{\pi}\int_0^1\sin x\,\mathrm{d}x = \dfrac{2}{\pi};$

（2）原式 $= \displaystyle\lim_{n\to\infty}\sqrt[n]{\dfrac{n(n+1)\cdots[n+(n-1)]}{n^n}} = \lim_{n\to\infty}\mathrm{e}^{\sum\limits_{i=0}^{n-1}\ln(1+\frac{i}{n})\cdot\frac{1}{n}} = \mathrm{e}^{\int_0^1\ln(1+x)\mathrm{d}x} = \dfrac{4}{\mathrm{e}}.$

4. 解 （1）原式 $= \displaystyle\int_{-1}^{1}(x^2 + 2x\sqrt{1-x^2} + 1 - x^2)\mathrm{d}x = \int_{-1}^{1}(1 + 2x\sqrt{1-x^2})\mathrm{d}x$

$\qquad\qquad = 2 + \displaystyle\int_{-1}^{1}2x\sqrt{1-x^2}\mathrm{d}x = 2;$

（2）原式 $= \dfrac{1}{2}\displaystyle\int_0^{\frac{\pi}{4}}x\sec^2 x\,\mathrm{d}x = \dfrac{1}{2}\left[x\tan x\Big|_0^{\frac{\pi}{4}} - \int_0^{\frac{\pi}{4}}\dfrac{\sin x}{\cos x}\mathrm{d}x\right] = \dfrac{\pi}{8} - \dfrac{1}{4}\ln 2;$

（3）原式 $= \displaystyle\int_{-\frac{\pi}{2}}^{\frac{\pi}{2}}\sqrt{\cos x}\cdot|\sin x|\mathrm{d}x = \int_{-\frac{\pi}{2}}^{0}(-\sin x)\cdot\sqrt{\cos x}\mathrm{d}x + \int_0^{\frac{\pi}{2}}\sqrt{\cos x}\cdot\sin x\,\mathrm{d}x$

$\qquad\qquad = \dfrac{2}{3}(\cos x)^{\frac{3}{2}}\Big|_{-\frac{\pi}{2}}^{0} - \dfrac{2}{3}(\cos x)^{\frac{3}{2}}\Big|_0^{\frac{\pi}{2}} = \dfrac{4}{3};$

（4）原式 $\xlongequal{x=a\sin t} \displaystyle\int_0^{\frac{\pi}{2}}a^4\sin^2 t\cos^2 t\,\mathrm{d}t = \dfrac{1}{4}a^4\int_0^{\frac{\pi}{2}}\sin^2 2t\,\mathrm{d}t = \dfrac{1}{4}a^4\cdot\dfrac{\pi}{4} = \dfrac{\pi}{16}a^4;$

（5）原式 $= \int_0^1 \arctan x \, \mathrm{d} \dfrac{x^2+1}{2} = \dfrac{x^2+1}{2} \arctan x \Big|_0^1 - \int_0^1 \dfrac{1}{2} \mathrm{d}x = \dfrac{\pi}{4} - \dfrac{1}{2}$；

（6）原式 $= \dfrac{1}{2} \int_0^1 (1-x^4)^{\frac{3}{2}} \mathrm{d}x^2 \xlongequal{x^2 = \sin t} \dfrac{1}{2} \int_0^{\frac{\pi}{2}} \cos^4 t \, \mathrm{d}t = \dfrac{3}{32}\pi$；

（7）原式 $= \int_0^1 \dfrac{\mathrm{d}x}{1+(x+2)^2} = \arctan(x+2) \Big|_0^1 = \arctan 3 - \arctan 2$；

（8）原式 $= \int_{-1}^0 \Big[\dfrac{3x^2(x^2+1)}{x^2+1} + \dfrac{1}{x^2+1} \Big] \mathrm{d}x = x^3 \Big|_{-1}^0 + \arctan x \Big|_{-1}^0 = \dfrac{\pi}{4} + 1$.

5. 解　由题设 $f(x)$ 在 $[a,b]$ 上存在最大值 M 和最小值 $m(m>0)$，既有 $\sqrt[n]{m} \leqslant \sqrt[n]{f(x)} \leqslant \sqrt[n]{M}$，且 $\lim\limits_{n\to\infty} \sqrt[n]{m} = \lim\limits_{n\to\infty} \sqrt[n]{M} = 1$ 所以

$$\sqrt[n]{m} \int_a^b x^2 \mathrm{d}x \leqslant \int_a^b x^2 \sqrt[n]{f(x)} \, \mathrm{d}x \leqslant \sqrt[n]{M} \int_a^b x^2 \mathrm{d}x,$$

因此　　　　　　　　$\lim\limits_{n\to\infty} \int_a^b x^2 \sqrt[n]{f(x)} \, \mathrm{d}x = \int_a^b x^2 \mathrm{d}x = \dfrac{b^3-a^3}{3}$.

6. 解　作变量代换 $t = x-2$，则

$$\int_1^3 f(x-2)\mathrm{d}x = \int_{-1}^1 f(t)\mathrm{d}t = \int_{-1}^0 f(t)\mathrm{d}t + \int_0^1 f(t)\mathrm{d}t = \int_{-1}^0 [1+t^2]\mathrm{d}t + \int_0^1 e^{-t} \mathrm{d}t$$

$$= \dfrac{7}{3} - \dfrac{1}{e}.$$

7. 解　原式 $\overset{\frac{0}{0}}{=} \lim\limits_{x\to 0} \dfrac{\dfrac{x^2}{\sqrt{a+x}}}{b-\sin x} = \lim\limits_{x\to 0} \dfrac{x^2}{\sqrt{a+x}(b-\sin x)} = 1$.

得 $b=1$，则 $\lim\limits_{x\to 0} \dfrac{x^2}{\sqrt{a+x}(b-\sin x)} = \dfrac{1}{\sqrt{a}} \lim\limits_{x\to 0} \dfrac{2x}{\sin x} = \dfrac{2}{\sqrt{a}} = 1$.

所以 $a=4, b=1$.

8. 解　当 $x\to 0$ 时，分子 $ax-\sin x \to 0$，由 $c\neq 0$，应有 $\lim\limits_{x\to 0} \int_b^x \dfrac{\ln(1+t^2)}{t} \mathrm{d}t = 0$，从而 $b=0$，对原式，由洛必达法则有：$\lim\limits_{x\to 0} \dfrac{a-\cos x}{\dfrac{\ln(1+x^3)}{x}} = \lim\limits_{x\to 0} \dfrac{a-\cos x}{x^2}$，所以 $a=1$，所以 $c=\dfrac{1}{2}$，

即 $a=1, b=0, c=\dfrac{1}{2}$.

9. 解　（1）$F'(x) = 2xe^{-x^4}$，令 $F'(x)=0$，得驻点 $x=0$，

$F''(x) = 2(1-4x^4)e^{-x^4}$，又 $F''(x) = 2 > 0$，故 $F(0)=0$ 为极小值；

（2）令 $F''(x)=0$，得 $x_1 = -\dfrac{1}{\sqrt{2}}, x_2 = \dfrac{1}{\sqrt{2}}$，且 $F''(x)$ 分别在 x_1, x_2 两点的左侧与右侧不

同号，故 $x_1 = -\dfrac{1}{\sqrt{2}}, x_2 = \dfrac{1}{\sqrt{2}}$ 均为拐点的横坐标；

（3）$\int_{-2}^3 x^2 F'(x) \mathrm{d}x = \int_{-2}^3 x^2 \cdot 2xe^{-x^4} \mathrm{d}x = -\dfrac{1}{2} e^{-x^4} \Big|_{-2}^3 = \dfrac{1}{2}(e^{-16} - e^{-81})$.

10. 解　（1）$\lim\limits_{x\to 0} F(x) = \lim\limits_{x\to 0} \dfrac{\int_0^x tf(t)\mathrm{d}t}{x^2} = \lim\limits_{x\to 0} \dfrac{xf(x)}{2x} = \dfrac{1}{2}f(0) = 0$，又 $F(0)=A$，所以

$A = 0$ 时使 $F(x)$ 在 $x = 0$ 连续;

(2) $F'(x) = \begin{cases} \dfrac{f(x)}{x} - \dfrac{2}{x^3}\displaystyle\int_0^x tf(t)\,\mathrm{d}t, & x \neq 0 \\ F'(0), & x = 0 \end{cases}$

$$F'(0) = \lim_{x\to 0}\frac{F(x) - F(0)}{x - 0} = \lim_{x\to 0}\frac{\displaystyle\int_0^x tf(t)\,\mathrm{d}t}{x^3} \overset{\frac{0}{0}}{=\!=} \lim_{x\to 0}\frac{xf(x)}{2x^2} = \frac{1}{3}\lim_{x\to 0}\frac{f(x) - f(0)}{x - 0} =$$

$\dfrac{1}{3}f'(0)$, 又 $\displaystyle\lim_{x\to 0}F'(x) = \lim_{x\to 0}\left[\frac{f(x)}{x} - \frac{2}{x^3}\int_0^x tf(t)\,\mathrm{d}t\right] = \lim_{x\to 0}\frac{f(x) - f(0)}{x - 0} - \lim_{x\to 0}\frac{2xf(x)}{3x^2} =$

$f'(0) - \dfrac{2}{3}f'(0) = \dfrac{1}{3}f'(0) = F'(0)$. 所以 $F'(x)$ 在 $x = 0$ 的连续.

11. **解** 原式 $= \displaystyle\int_0^1 (x + 1)\,\mathrm{d}x + \int_1^2 \frac{1}{2}x^2\,\mathrm{d}x = \frac{8}{3}$.

12. **解** 原式 $= \displaystyle\int_{-1}^0 \frac{1}{1 + \mathrm{e}^x}\,\mathrm{d}x + \int_0^1 \frac{1}{1 + x}\,\mathrm{d}x = \ln(1 + \mathrm{e})$.

13. **解** 不妨设 $\displaystyle\int_0^1 f(x)\,\mathrm{d}x = A, \int_0^2 f(x)\,\mathrm{d}x = B$, 则有 $f(x) = x^2 - Bx + 2A$, 故

$$A = \int_0^1 f(x)\,\mathrm{d}x = \int_0^1 (x^2 - Bx + 2A)\,\mathrm{d}x = \frac{1}{3} - \frac{B}{2} + 2A.$$

$$B = \int_0^2 f(x)\,\mathrm{d}x = \int_0^2 (x^2 - Bx + 2A)\,\mathrm{d}x = \frac{8}{3} - 2B + 4A.$$

于是有 $\begin{cases} A = \dfrac{1}{3} \\ B = \dfrac{4}{3} \end{cases}$, 所有 $f(x) = x^2 - \dfrac{4}{3}x + \dfrac{2}{3}$.

14. **解** $f\left(\dfrac{1}{x}\right) = \displaystyle\int_1^{\frac{1}{x}} \frac{\ln t}{1 + t}\,\mathrm{d}t \overset{t = \frac{1}{u}}{=\!=\!=} \int_1^x \frac{-\ln u}{1 + \frac{1}{u}}\left(-\frac{\mathrm{d}u}{u^2}\right) = \int_1^x \frac{\ln u}{u(u + 1)}\,\mathrm{d}u$, 所以

$$f(x) + f\left(\frac{1}{x}\right) = \int_1^x \frac{\ln t}{1 + t}\,\mathrm{d}t + \int_1^x \left(\frac{1}{u} - \frac{1}{u + 1}\right)\ln u\,\mathrm{d}u = \int_1^x \frac{\ln u}{u}\,\mathrm{d}u = \frac{1}{2}\ln^2 u.$$

15. **解** 原式 $= \displaystyle\int_\pi^{3\pi} \left[f(x - \pi) + \sin x\right]\mathrm{d}x = \int_\pi^{3\pi} f(x - \pi)\,\mathrm{d}x \overset{x - \pi = u}{=\!=\!=} \int_0^{2\pi} f(u)\,\mathrm{d}u$

$$= \int_0^\pi f(x)\,\mathrm{d}x + \int_\pi^{2\pi} f(x)\,\mathrm{d}x = \int_0^\pi x\,\mathrm{d}x + \int_\pi^{2\pi} \left[f(x - \pi) + \sin x\right]\mathrm{d}x$$

$$= \frac{\pi^2}{2} - 2 + \int_\pi^{2\pi} f(x - \pi)\,\mathrm{d}x \overset{x - \pi = u}{=\!=\!=} \frac{\pi^2}{2} - 2 + \int_0^\pi f(u)\,\mathrm{d}u = \pi^2 - 2.$$

16. **解** 原式 $\overset{u = \frac{1}{x}}{=\!=\!=} \displaystyle\int_0^{+\infty} \frac{u^n + 1 - 1}{(1 + u^2)(1 + u^n)}\,\mathrm{d}u = \frac{1}{2}\int_0^{+\infty} \frac{\mathrm{d}u}{1 + u^2} = \frac{\pi}{4}$.

17. **证明** (1) 令 $t = -u$, 则 $F(-x) = \displaystyle\int_0^{-x} (-x - 2t)f(t)\,\mathrm{d}t = \int_0^x (x - 2u)f(-u)\,\mathrm{d}u$

$$= \int_0^x (x - 2u)f(u)\,\mathrm{d}u = F(x).$$

故 $F(x)$ 是偶函数.

（2）显然 $F(x)$ 可导，且 $F'(x) = \int_0^x f(t)\mathrm{d}t + (x - 2x)f(x) = \int_0^x f(t)\mathrm{d}t - xf(x)$

$$= \int_0^x [f(t) - f(x)]\mathrm{d}t \geqslant 0.$$

即 $F'(x) \geqslant 0$，因此 $F(x)$ 单调不减．

18. **解** 所围成图形的面积为

$$A = \frac{1}{2}\int_0^{\pi/6} r^2\mathrm{d}\theta = \frac{1}{2}\int_0^{\pi/6}\frac{1}{\cos 2\theta}\mathrm{d}\theta = \frac{1}{4}\int_0^{\pi/6}\sec 2\theta\mathrm{d}2\theta = \frac{1}{4}\ln(2 + \sqrt{3}).$$

19. **解** 绕 x 轴的旋转立体的体积 $V_1 = \pi\int_1^2 \mathrm{e}^x\mathrm{d}x = \pi(\mathrm{e}^2 - \mathrm{e})$.

绕 y 轴的旋转立体的体积 $V_2 = 2\pi\int_1^2 x\mathrm{e}^x\mathrm{d}x = 2\pi\mathrm{e}^2$.

20. **解** $\begin{cases} y^2 = x \\ y = x - 6 \end{cases} \Rightarrow (4, -2), (9, 3), A = \int_{-2}^3 (y + 6 - y^2)\mathrm{d}y = \frac{125}{6}$.

21. **解** 切点记作 (x_0, y_0)，切线方程 $y - y_0 = 2x_0(x - x_0)$，$(x, y) = (0, 0)$ 得到 $(x_0, y_0) = (1, 2)$，所求切线 $y = 2x$，面积 $A = \int_0^1 (x^2 + 1 - 2x)\mathrm{d}x = \frac{1}{3}$.

22. **解** （1）$R(x) = \int_0^x R'(t)\mathrm{d}t + R(0) = \int_0^x (200 - 2t)\mathrm{d}t = (200 - 2x)x$.

（2）$\Delta R = \int_{50}^{60} (200 - 2x)\mathrm{d}x + R(0) = 900$.

23. **解** （1）t 时的剩余量为 $y(t) = A - x(t) = A - kt, t \in (0, T)$
在 T 时刻将数量为 A 的该商品销售完，所以 $A - kt = 0$，即 $k = A/T$，因此有
$$y(t) = A - At/T, t \in (0, T)$$

（2）在 $[0, T]$ 上的平均剩余量 $\overline{y(t)} = \int_0^T (A - At/T)\mathrm{d}t = A/2$.

24. **解** 总产量为 $\int_2^4 f(t)\mathrm{d}t = \int_2^4 (100 + 12t - 0.6t^2)\mathrm{d}t = 260.8$ 单位.

习题 4 解答

（A）

（一）填空题

1. 0；　2. 0；　3. 0；　4. 0.5；　5. $2x\mathrm{e}^{2z}\sin y$；　6. $4x^3 - 8xy^2$；　7. 0；　8. $\pi\mathrm{e}^{-2}$；

9. $-\mathrm{e}^{-x} + \mathrm{e}^{2y-x} + 2(x - 2y)$；　10. $x^{yz}z\ln x$；　11. -2；　12. $\mathrm{d}x - \mathrm{d}y$；　13. $\dfrac{y\mathrm{d}x + x\mathrm{d}y}{1 + (xy)^2}$；

14. $-\mathrm{d}x + \dfrac{\sqrt{2}}{2}\mathrm{d}y$；　15. $2\mathrm{d}x$；　16. $\dfrac{1}{2}\mathrm{d}x + \mathrm{d}y$；　17. $\mathrm{d}u = f'\dfrac{z}{y}\mathrm{d}x + f'\left(-\dfrac{xz}{y^2}\right)\mathrm{d}y + f'\dfrac{x}{y}\mathrm{d}z$；

18. $\dfrac{yz}{\mathrm{e}^z - xy}$；　19. $\dfrac{3yz}{3z^2 - 3xy}$；　20. 1；　21. $\dfrac{\mathrm{e}^x + x\mathrm{e}^x}{1 + x^2\mathrm{e}^{2x}}$；　22. $y + F\left(\dfrac{y}{x}\right) - \dfrac{y}{x}F'\left(\dfrac{y}{x}\right)$；　23. 8；

24. 4；　25. $\dfrac{\sqrt{2}}{2}$.

（二）选择题

1. C；　2. A；　3. C；　4. D；　5. B；　6. B；　7. D；　8. A；　9. B；　10. A；　11. C；

12. C；　13. B；　14. D；　15. D；　16. C；　17. B；　18. D；　19. B；　20. C；　21. C；

22. C；　23. C；　24. A；　25. D.

（B）

1. 解　$\dfrac{\partial z}{\partial x} = \dfrac{\partial z}{\partial u}\dfrac{\partial u}{\partial x} + \dfrac{\partial z}{\partial v}\dfrac{\partial v}{\partial x}$

$$= e^{u+v}\sin v \cdot y + e^{u+v}(\sin v + \cos v)$$

$$= e^{xy+x+y}[y\sin(x+y) + \sin(x+y) + \cos(x+y)]$$

同理$\dfrac{\partial z}{\partial y} = \dfrac{\partial z}{\partial u}\dfrac{\partial u}{\partial y} + \dfrac{\partial z}{\partial v}\dfrac{\partial v}{\partial y} = e^{xy+x+y}[x\sin(x+y) + \sin(x+y) + \cos(x+y)]$，

所以 $\mathrm{d}z = \dfrac{\partial z}{\partial x}\mathrm{d}_x + \dfrac{\partial z}{\partial y}\mathrm{d}_y$.

2. 解　$\dfrac{\partial z}{\partial x} = \dfrac{\partial z}{\partial u}\dfrac{\partial u}{\partial x} + \dfrac{\partial z}{\partial v}\dfrac{\partial v}{\partial x} = \dfrac{2u}{u^2+v}2xe^{x^2+y} + \dfrac{1}{u^2+v} = \dfrac{4xe^{2(x^2+y)}+1}{e^{2(x^2+y)}+x+y^2}$

$\dfrac{\partial z}{\partial y} = \dfrac{\partial z}{\partial u}\dfrac{\partial u}{\partial y} + \dfrac{\partial z}{\partial v}\dfrac{\partial v}{\partial y} = \dfrac{2u}{u^2+v}e^{x^2+y} + \dfrac{2y}{u^2+v} = \dfrac{2[e^{2(x^2+y)}+y]}{e^{2(x^2+y)}+x+y^2}$.

3. 解　$\dfrac{\partial z}{\partial r} = \dfrac{\partial z}{\partial x}\dfrac{\partial x}{\partial r} + \dfrac{\partial z}{\partial y}\dfrac{\partial y}{\partial r} = \dfrac{1}{x}e^s + \dfrac{1}{y}e^{-s} = \dfrac{2}{r}$，

$\dfrac{\partial z}{\partial s} = \dfrac{\partial z}{\partial x}\dfrac{\partial x}{\partial s} + \dfrac{\partial z}{\partial y}\dfrac{\partial y}{\partial s} = \dfrac{1}{x}re^s - \dfrac{1}{y}re^{-s} = 0$.

4. 解　$\dfrac{\partial z}{\partial x} = \dfrac{\partial z}{\partial u}\dfrac{\partial u}{\partial x} + \dfrac{\partial z}{\partial v}\dfrac{\partial v}{\partial x} = \dfrac{-\dfrac{v}{u^2}}{1+\left(\dfrac{v}{u}\right)^2} + \dfrac{\dfrac{1}{u}}{1+\left(\dfrac{v}{u}\right)^2} = \dfrac{y}{x^2+y^2}$，

$\dfrac{\partial z}{\partial xy} = \dfrac{\partial z}{\partial u}\dfrac{\partial u}{\partial y} + \dfrac{\partial z}{\partial v}\dfrac{\partial v}{\partial y} = \dfrac{-\dfrac{v}{u^2}}{1+\left(\dfrac{v}{u}\right)^2} - \dfrac{\dfrac{1}{u}}{1+\left(\dfrac{v}{u}\right)^2} = -\dfrac{x}{x^2+y^2}$.

5. 解　$\dfrac{\partial u}{\partial x} = f_x' + f_z'g_x'$，$\dfrac{\partial^2 u}{\partial x^2} = f_{xx}'' + f_{xz}''g_x' + (f_{zx}'' + f_{zz}''g_x')g_x' + f_z'g_{xx}''$，

$\dfrac{\partial^2 u}{\partial x\partial y} = f_{xy}'' + f_{xz}''g_y' + (f_{zy}'' + f_{zz}''g_y')g_x' + f_z'g_{xy}''$.

6. 解　$\dfrac{\partial u}{\partial y} = -\dfrac{1}{xy^2}f_2'$，

$\dfrac{\partial^2 u}{\partial x\partial y} = \dfrac{\partial^2 u}{\partial y\partial x} = -\dfrac{1}{y^2}\left[-\dfrac{1}{x^2}f_2' + \dfrac{1}{x}\left(-f_{21}''\dfrac{1}{x^2} - f_{22}''\dfrac{1}{x^2 y}\right)\right]$

$$= \dfrac{1}{x^3 y^2}f_{12}'' + \dfrac{1}{x^3 y^3}f_{22}'' + \dfrac{1}{x^2 y^2}f_2'.$$

7. 解　$\dfrac{\partial u}{\partial x} = f' \cdot \dfrac{x}{\sqrt{x^2+y^2}}$，$\dfrac{\partial u}{\partial y} = f' \cdot \dfrac{y}{\sqrt{x^2+y^2}}$，

$$\frac{\partial^2 u}{\partial x \partial y} = f'' \frac{y}{\sqrt{x^2+y^2}} \frac{x}{\sqrt{x^2+y^2}} - f' \frac{x \dfrac{y}{\sqrt{x^2+y^2}}}{x^2+y^2} = f'' \frac{xy}{x^2+y^2} - f' \frac{xy}{(x^2+y^2)^{\frac{3}{2}}}.$$

8. 解 $\dfrac{\partial u}{\partial x} = 2xf_1' + ye^{xy}f_2', \dfrac{\partial u}{\partial y} = -2yf_1' + xe^{xy}f_2'.$

$$\frac{\partial^2 u}{\partial x \partial y} = 2x(-f_{11}''2y + f_{12}''xe^{xy}) + (e^{xy} + xye^{xy})f_2' + ye^{xy}(-f_{21}''2y + f_{22}''xe^{xy})$$

$$= -4xyf_{11}'' + 2(x^2-y^2)f_{12}''e^{xy} + xye^{2xy}f_{22}'' + (e^{xy} + xye^{xy})f_2'.$$

9. 解 $\dfrac{\partial z}{\partial x} = 2xf_1' - y\sin(xy)f_2', \dfrac{\partial z}{\partial y} = -2yf_1' - x\sin(xy)f_2',$

$$\frac{\partial z}{\partial r} = \frac{\partial z}{\partial x}\cos\theta + \frac{\partial z}{\partial y}\sin\theta = [2xf_1' - y\sin(xy)f_2']\cos\theta + [-2yf_1' - x\sin(xy)f_2']\sin\theta$$

$$= 2rf_1'\cos 2\theta - rf_2'\sin 2\theta\sin(\frac{1}{2}r^2\sin 2\theta),$$

同理 $\dfrac{\partial z}{\partial \theta} = -2r^2f_1'\sin 2\theta - r^2f_2'\sin 2\theta\sin(\dfrac{1}{2}r^2\sin 2\theta).$

10. 解 $u_x = F_1f' \cdot 2x, u_y = -2yF_1f' + F_2,$

$u_{xy} = 2x[-2y(f')^2F_{11} + f'F_{12} - 2yf''F_1],$

$u_{yy} = -2f'F_1 + 4y^2(f')^2F_{11} + 4y^2f''F_1 + F_{22} - 4yf'F_{12}.$

11. 解 $\varphi^3(x) = f^3(x, f(x,x)),$

$\dfrac{\mathrm{d}}{\mathrm{d}x}\varphi^3(x) = 3f^2(x, f(x,x)) \cdot [f_1'(x, f(x,x)) + f_2'(x, f(x,x))(f_1'(x,x) + f_2'(x,x))]$

当 $x=1$ 时, $f'(1,1)=1$, 因此 $f_1'(x, f(x,x))|_{x=1} = f_1'(1,1) = 1,$

$f_2'(x, f(x,x))|_{x=1} = f_2'(1,1) = 3, f_1'(x,x)|_{x=1} = f_1'(1,1) = 1, f_2'(x,x)|_{x=1} = f_2'(1,1) = 3$

所以 $\dfrac{\mathrm{d}}{\mathrm{d}x}\varphi^3(x)\Big|_{x=1} = 51.$

12. 解 令 $F(x,y,z) = e^z - xyz,$

则 $\dfrac{\partial z}{\partial x} = -\dfrac{F_x}{F_z} = \dfrac{yz}{e^z - xy}, \dfrac{\partial z}{\partial y} = -\dfrac{F_y}{F_z} = \dfrac{xz}{e^z - xy},$

$\mathrm{d}z = \dfrac{z}{e^z - xy}(y\mathrm{d}x + x\mathrm{d}y);$

$$\frac{\partial^2 z}{\partial x^2} = y\frac{\dfrac{\partial z}{\partial x}(e^z - xy) + z(e^z\dfrac{\partial z}{\partial x} - y)}{(e^z - xy)^2} = \frac{2y^2ze^z - 2xy^3z - y^2z^2e^z}{(e^z - xy)^3}.$$

13. 解 令 $F(x,y,z) = z^3 - 3xyz - a^3,$

则 $\dfrac{\partial z}{\partial x} = -\dfrac{F_x}{F_z} = \dfrac{yz}{z^2 - xy}, \dfrac{\partial z}{\partial y} = -\dfrac{F_y}{F_z} = \dfrac{xz}{z^2 - xy},$

$\mathrm{d}z = \dfrac{z}{z^2 - xy}(y\mathrm{d}x + x\mathrm{d}y);$

$$\frac{\partial^2 z}{\partial x \partial y} = \frac{\left(z + y\dfrac{\partial z}{\partial x}\right)(z^2 - xy) - yz(2z\dfrac{\partial z}{\partial x} - x)}{(z^2 - xy)^2} = \frac{z(z^4 - 2xyz^2 - x^2y^2)}{(z^2 - xy)^3}.$$

14. 解 方程 $x + 2y + 3z = e^z$ 两端同时对 x 求偏导,

得 $1 + 3\dfrac{\partial z}{\partial x} = e^z \dfrac{\partial z}{\partial x}$,则 $\dfrac{\partial z}{\partial x} = \dfrac{1}{e^z - 3}$,同理 $\dfrac{\partial z}{\partial y} = \dfrac{2}{e^z - 3}$,

则 $\dfrac{\partial^2 z}{\partial x^2} = -\dfrac{e^z}{(e^z - 3)^2} \cdot \dfrac{\partial z}{\partial x} = \dfrac{-e^z}{(1 - e^z)^3}$,

$\dfrac{\partial^2 z}{\partial x \partial y} = -\dfrac{e^z}{(e^z - 3)^2} \cdot \dfrac{\partial z}{\partial y} = \dfrac{-2e^z}{(1 - e^z)^3}$.

15. 解 令 $F(x, y, z) = e^z - x - y - z$,

则 $\dfrac{\partial z}{\partial x} = -\dfrac{F_x}{F_z} = \dfrac{e^z}{e^z - 1}$,$\dfrac{\partial z}{\partial y} = -\dfrac{F_y}{F_z} = \dfrac{1}{e^z - 1}$,

$dz = \dfrac{1}{e^z - 1}(dx + dy)$;

$\dfrac{\partial^2 z}{\partial x \partial y} = \dfrac{-e^z}{(e^z - 1)^2} \cdot \dfrac{\partial z}{\partial y} = \dfrac{-e^z}{(e^z - 1)^3}$.

16. 解 令 $F(x, y, z) = xyz + \sqrt{x^2 + y^2 + z^2} - \sqrt{2}$,

则 $F_x = yz + \dfrac{x}{\sqrt{x^2 + y^2 + z^2}}$,$F_y = xz + \dfrac{y}{\sqrt{x^2 + y^2 + z^2}}$,$F_z = yx + z\dfrac{x}{\sqrt{x^2 + y^2 + z^2}}$,

所以 $F_x |_{(1,0,-1)} = \dfrac{1}{\sqrt{2}}$,$F_y |_{(1,0,-1)} = -1$,$F_z |_{(1,0,-1)} = -\dfrac{1}{\sqrt{2}}$,

因此 $\dfrac{\partial z}{\partial x} \Big|_{(1,0,-1)} = -\dfrac{F_x}{F_z} = 1$,$\dfrac{\partial z}{\partial y} \Big|_{(1,0,-1)} = -\dfrac{F_y}{F_z} = \sqrt{2}$,

从而 $dz = dx - \sqrt{2}\, dy$.

17. 解 方程 $F\left(x + \dfrac{z}{y}, y + \dfrac{z}{x}\right) = 0$ 两端同时分别对 x, y 求偏导,得

$F_1'\left(1 + \dfrac{1}{y}\dfrac{\partial z}{\partial x}\right) + F_2'\left(\dfrac{\dfrac{\partial z}{\partial x}x - z}{x^2}\right) = 0$,$F_1'\left(\dfrac{\dfrac{\partial z}{\partial x}y - z}{y^2}\right) + F_2'\left(1 + \dfrac{\partial z}{\partial y}\right) = 0$,

整理得 $\dfrac{\partial z}{\partial x} = \dfrac{y(zF_2' - x^2 F_1')}{x(xF_1' + yF_2')}$,$\dfrac{\partial z}{\partial y} = \dfrac{x(zF_1' - y^2 F_2')}{y(xF_1' + yF_2')}$,

故 $x\dfrac{\partial z}{\partial x} + y\dfrac{\partial z}{\partial y} = \dfrac{z(xF_1' + yF_2') - xy(xF_1' + yF_2')}{xF_1' + yF_2'} = z - xy$.

18. 解 方程 $x^2 + y^2 + z^2 - 3xyz = 0$ 两端同时对 x 求偏导,

$2x + 2z\dfrac{\partial z}{\partial x} - 3y\left(z + x\dfrac{\partial z}{\partial x}\right) = 0$,得 $\dfrac{\partial z}{\partial x} = \dfrac{3yz - 2x}{2z - 3xy}$,$\dfrac{\partial z}{\partial x}\Big|_{(1,1,1)} = -1$;

所以 $f_x(1,1,1) = y(2xz^3 + 3x^2 z^2 \dfrac{\partial z}{\partial x})\Big|_{(1,1,1)} = -1$.

19. 解 $\begin{cases} f_x(x, y) = 3x^2 + 3y^2 - 15 = 0 \\ f_y(x, y) = 6xy - 12 = 0 \end{cases}$

求得稳定点 $(1,2)(2,1)(-1,-2)(-2,-1)$.

又 $A = f_{xx} = 6x$,$B = f_{xy} = 6y$,$C = f_{yy} = 6x$,

在点$(1,2)$处$AC-B^2=6\times6-12^2=-108<0,A=6>0$,$(1,2)$不是极值点;

在点$(2,1)$处$AC-B^2=12\times12-6^2=108>0,A=12>0$,$(2,1)$是极小值点;

在点$(-1,-2)$处$AC-B^2=-108<0$,$(-1,-2)$不是极值点;

在点$(-2,-1)$处$AC-B^2=(-12)(-12)-(-6)^2=108>0,A=-12<0$,$(-2,-1)$是极大值点.

综上函数极小值为$f(2,1)=-28$,函数极大值为$f(-2,-1)=28$.

20. **解** $\begin{cases} z'_x=3ay-3x^2=0 \\ z'_y=3ax-3y^2=0 \end{cases}$,驻点为$(0,0)$,$(a,a)$.

$A=f''_{xx}=-6x,B=f''_{xy}=3a,C=f''_{yy}=-6y$.

对驻点$(0,0)$,$A=0,B=3a,C=0$,$AC-B^2<0$,所以$f(0,0)$不是极大值.

对驻点(a,a),$A=-6a,B=3a,C=-6a$,$AC-B^2<0$,所以$f(a,a)=a^3$是极大值.

21. **解** 首先考虑函数在区域D内的情况.

由$\begin{cases} f_x(x,y)=2xy(4-x-y)-x^2y=0 \\ f_y(x,y)=x^2(4-x-y)-x^2y=0 \end{cases}$得唯一驻点$(2,1)$,且$f(2,1)=4$

再考虑函数在边界上的情况.

在边界$x=0(0\leq y\leq6)$和$y=0(0\leq x\leq6)$上$f(x,y)=0$.

在边界$x+y=6$上,$f(x,y)=x^2y(4-x-y)=2x^3-12x^2$,$x\in[0,6]$,由$\dfrac{df}{dx}=6x^2-24x=0$得$x=0,x=4$,而$f(0,6)=0$,$f(4,2)=-64$,$f(6,0)=0$.

经比较函数在闭区域D上的最大值$f(2,1)=4$,最小值$f(4,2)=-64$.

22. **解** 设长方体的长、宽、高为x,y,z,则$x+y+z=a$,于是长方体体积为$V=xyz=xy(a-x-y)$.

问题化为:在闭区域$D:x\geq0,y\geq0,x+y\leq a$上求连续可微函数$V$的最大值.

为此解$\begin{cases} \dfrac{\partial v}{\partial x}=ay-2xy-y^2=0 \\ \dfrac{\partial v}{\partial y}=ax-x^2-2xy=0 \end{cases}$得一个稳定是$\left(\dfrac{a}{3},\dfrac{a}{3}\right)$,

从而当各边长都是$\dfrac{a}{3}$时,长方体体积最大,其最大值$\dfrac{a^3}{27}$.

23. **解** 设长方体在第一卦限中的顶点坐标为(x,y,z),则$\dfrac{x^2}{a^2}+\dfrac{y^2}{b^2}+\dfrac{z^2}{c^2}=1$成立,且长方体的体积为$V=8xyz$. 于是问题可归结为求目标函数$V=8xyz$在约束条件$\dfrac{x^2}{a^2}+\dfrac{y^2}{b^2}+\dfrac{z^2}{c^2}=1$,$(x>0,y>0,z>0)$下的最大值.

构造拉格朗日函数$F(x,y,z,\lambda)=8xyz+\lambda\left(\dfrac{x^2}{a^2}+\dfrac{y^2}{b^2}+\dfrac{z^2}{c^2}-1\right)$,

则 $\begin{cases} F_x = 8yz + \dfrac{2x}{a^2}\lambda = 0 \\[2mm] F_y = 8xz + \dfrac{2y}{b^2}\lambda = 0 \\[2mm] F_z = 8xy + \dfrac{2z}{c^2}\lambda = 0 \\[2mm] \dfrac{x^2}{a^2} + \dfrac{y^2}{b^2} + \dfrac{z^2}{c^2} = 1 \end{cases}$ 在第一卦限只有一组解: $\begin{cases} x = \dfrac{a}{\sqrt{3}} \\[2mm] y = \dfrac{b}{\sqrt{3}}, \\[2mm] z = \dfrac{c}{\sqrt{3}} \end{cases}$

根据题意,最大值一定存在,而可能的点只有一个 $\left(\dfrac{a}{\sqrt{3}}, \dfrac{b}{\sqrt{3}}, \dfrac{c}{\sqrt{3}}\right)$,故此点为最大值点.

长方体的最大体积为 $\dfrac{8abc}{3\sqrt{3}}$.

24. 解 问题可化为求 $d^2 = x^2 + y^2 + z^2$ 在条件 $(x-y)^2 - z^2 = 1$ 下的最小值.

$F(x,y,z,\lambda) = x^2 + y^2 + z^2 + \lambda[(x-y)^2 - z^2 - 1]$,求得稳定点 $\left(\pm\dfrac{1}{2} \mp\dfrac{1}{2}, 0\right)$,

此时 $d = \dfrac{\sqrt{2}}{2}$.

25. 证明 $z_x(0,0) = \lim\limits_{x\to 0}\dfrac{z(x,0) - z(0,0)}{x} = 0$,同理 $z_y(0,0) = 0$.

则 $\lim\limits_{\substack{\Delta x\to 0 \\ \Delta y\to 0}}\dfrac{\Delta z - z_x\Delta x - z_y\Delta y}{\rho} = \lim\limits_{\substack{\Delta x\to 0 \\ \Delta y\to 0}}\dfrac{1}{\sqrt{\Delta x^2 + \Delta y^2}} = \infty$,故此函数不可微.

习题 5 解答

(A)

(一) 填空题

1. $4ab$; 2. -1; 3. -10; 4. 全是 0;数量矩阵; 5. $A = A^T, A = -A^T$;

6. 对角矩阵;下三角矩阵; 7. AB; 8. 1; 9. $\begin{bmatrix} 2 & 1 & 0 \\ -2 & -1 & 0 \\ 6 & 3 & 0 \end{bmatrix}$; 10. $A^2 - B^2$;

11. $A^2 + 2AB + B^2$; 12. $k^n|A|$; 13. $\dfrac{1}{2}(A + 2E)$; 14. $\begin{bmatrix} d & -b \\ -c & a \end{bmatrix}$;

15. $\begin{bmatrix} -2 & 1 \\ 5 & -2 \end{bmatrix}$; 16. 54; 17. $3^n\begin{bmatrix} 1 & 2 & 3 \\ \dfrac{1}{2} & 1 & \dfrac{3}{2} \\ \dfrac{1}{3} & \dfrac{2}{3} & 1 \end{bmatrix}$; 18. $\begin{bmatrix} 3 & 0 & 0 \\ 0 & 2 & 0 \\ 0 & 0 & 1 \end{bmatrix}$; 19. -2;

20. $\begin{bmatrix} -2 & 2 & 1 \\ -2 & 2 & 1 \\ 1 & -1 & -1 \end{bmatrix}$; 21. 0; 22. 无解; 23. $t \neq 1$; 24. $\sum\limits_{i=1}^{4} a_i = 0$;

25. $-a_1 - a_2 - a_3 - a_4 + a_5 = 0.$

（二）选择题

1. C； 2. D； 3. A； 4. D； 5. C； 6. B； 7. C； 8. C； 9. B； 10. B； 11. D；

12. B； 13. C； 14. C； 15. D； 16. A； 17. C； 18. D； 19. D； 20. A； 21. C；

22. B； 23. D； 24. C； 25. D；

（B）

1. (1)1；(2)29；(3) $-acdf + bcde$；(4) -122；(5) -3；(6)90.

2. 解 $A_{14} + A_{24} + A_{34} + A_{44} = \begin{vmatrix} 5 & 1 & -1 & 1 \\ 23 & 1 & 12 & 1 \\ -4 & 1 & 3 & 1 \\ 4 & 1 & 7 & 1 \end{vmatrix} = 0.$

3. 解 对于 $D_1, A_{11} = -3, A_{12} = 1, A_{13} = -1$

对于 $D_2, A_{11} = -3, A_{12} = 1, A_{13} = -1$

这两个行列式第一行元素对应的代数余子式分别相等.

4. 略. 5. 略. 6. 略.

7. 解 (1) $\begin{bmatrix} -1 & 3 & 1 & 5 \\ 8 & 2 & 8 & 2 \\ 3 & 7 & 9 & 13 \end{bmatrix}, \begin{bmatrix} 14 & 13 & 8 & 7 \\ -2 & 5 & -2 & 5 \\ 2 & 1 & 6 & 5 \end{bmatrix};$

(2) $\begin{bmatrix} 3 & 1 & 1 & -1 \\ -4 & 0 & -4 & 0 \\ -1 & -3 & -3 & -5 \end{bmatrix};$ (3) $\begin{bmatrix} \frac{10}{3} & \frac{10}{3} & 2 & 2 \\ 0 & \frac{4}{3} & 0 & \frac{4}{3} \\ \frac{2}{3} & \frac{2}{3} & 2 & 2 \end{bmatrix}.$

8. 略. 9. 略. 10. 解 $X = A^{-1}B.$

11. 证明 由 $AB = CB$，等式两端同时右乘 B^{-1} 得 ABB^{-1}，即 $A = C.$

12. $\begin{bmatrix} 3 & -8 & -6 \\ 2 & -9 & -6 \\ -2 & 12 & 9 \end{bmatrix}.$

13. (1) 证明 由 $(A - E)(B - E) = AB - A - B + E = E$，知 $A - E$ 和 $B - E$ 都可逆.

(2) 证明 $(B - E)(A - E) = BA - A - B + E = E$，故 $BA = A + B$，所以 $AB = BA.$

14. 证明 由 $A^2 + A + 4E = 0$，知 $(A - 2E)(A + 3E) + 10E = 0$，故

$(A - 2E)\left[-\frac{1}{10}(A + 3E) \right] = E.$ 所以 $A - 2E$ 可逆.

15. 解 (1) $A^{-1} = \begin{bmatrix} 1 & 3 & -2 \\ -\frac{3}{2} & -3 & \frac{5}{2} \\ 1 & 1 & -1 \end{bmatrix}.$ (2) $B^{-1} = \begin{bmatrix} 3 & -1 \\ -5 & 2 \end{bmatrix}.$

16. **解** (1) $\begin{bmatrix} 1 & 0 & 0 & 0 \\ 0 & 0 & 1 & 0 \\ 0 & 0 & 0 & 1 \end{bmatrix}$; (2) $\begin{bmatrix} 1 & 0 & 2 & 0 & -2 \\ 0 & 1 & -1 & 0 & 3 \\ 0 & 0 & 0 & 1 & 4 \\ 0 & 0 & 0 & 0 & 0 \end{bmatrix}$.

17. **解** (1) $r(\boldsymbol{A}) = 2$;

(2) $r(\boldsymbol{B}) = 2$.

18. **解** (1) $k = 1$;

(2) $k = -2$;

(3) $k \neq 1$ 且 $k \neq -2$.

19. **解** $A^{-1} = \begin{bmatrix} 1 & 3 & -2 \\ -\dfrac{3}{2} & -3 & \dfrac{5}{2} \\ 1 & 1 & -1 \end{bmatrix}$.

20. **解** (1) $\begin{cases} x_1 = \dfrac{4c}{3} \\ x_2 = -3c \\ x_3 = \dfrac{4c}{3} \\ x_4 = c \end{cases}$,其中 c 为任意常数.

(2) $\begin{cases} x = \dfrac{1}{2}(1 - c_1 + c_2) \\ y = c_1 \\ z = c_2 \\ w = 0 \end{cases}$,其中 c_1, c_2 为任意常数.

21. **解** (1) $\begin{cases} x = -1 - 2c \\ y = 2 + c \\ z = c \end{cases}$,其中 c 为任意常数.

(2) $\begin{cases} x = \dfrac{1}{2}(1 - c_1 + c_2) \\ y = c_1 \\ z = c_2 \\ w = 0 \end{cases}$,其中 c_1, c_2 为任意常数.

22. **解** 当 $k = 1$ 时,方程组有非零解为 $\begin{cases} x_1 = -c \\ x_2 = c \\ x_3 = c \end{cases}$,其中 c 为任意常数.

23. **解** $k \neq 0$ 且 $k \neq 1$ 时,方程组有唯一解;当 $k = 0$ 时,方程组无解;当 $k = 1$ 时,方程组有无穷多解,其全部解为 $\begin{cases} x_1 = 1 - c \\ x_2 = -3 + 2c \\ x_3 = c \end{cases}$,其中 c 为任意常数.

24. **解** (1) $Y_1 = 245, U_2 = 90, Y_3 = 175$;

（2）$a_{11}=\dfrac{x_{11}}{X_1}=\dfrac{1}{4}$，$a_{21}=\dfrac{x_{21}}{X_1}=\dfrac{1}{5}$，$a_{31}=\dfrac{x_{31}}{X_1}=\dfrac{1}{10}$，$a_{12}=\dfrac{x_{12}}{X_2}=\dfrac{1}{16}$，$a_{22}=\dfrac{x_{22}}{X_2}=\dfrac{1}{5}$，

$a_{32}=\dfrac{x_{32}}{X_2}=\dfrac{1}{10}$，$a_{13}=\dfrac{x_{13}}{X_3}=\dfrac{1}{10}$，$a_{23}=\dfrac{x_{23}}{X_3}=\dfrac{1}{10}$，$a_{33}=\dfrac{x_{33}}{X_3}=\dfrac{1}{5}$.

所以 $\boldsymbol{A}=\begin{bmatrix}\dfrac{1}{4}&\dfrac{1}{16}&\dfrac{1}{10}\\[2mm]\dfrac{1}{5}&\dfrac{1}{5}&\dfrac{1}{10}\\[2mm]\dfrac{1}{10}&\dfrac{1}{10}&\dfrac{1}{5}\end{bmatrix}$.

附　　录

考 试 大 纲

第一部分　课程性质与目标

一、课程性质与特点

经济应用数学是财经类、管理类专业学生的一门必修的重要基础课,是经济与数学相互交叉的学科领域.经济应用数学在经济中有着广泛的应用,它是为培养我国社会主义经济建设所需要的应用型人才服务的.通过本课程的学习,要使学生获得一元函数微积分学、多元函数微分学以及线性代数的基本概念、基本理论和基本运算技能,使学生受到基本数学方法的训练和运用变量数学方法解决简单的实际问题的初步训练,为后续课程的学习奠定必要的数学基础.

二、课程目标与基本要求

在课程的教学过程中,要通过各个教学环节逐步培养学生的抽象思维能力、逻辑推理能力、空间想象能力、数学运算能力、综合解题能力、数学建模与实践能力以及自学能力,增强学生运用所学知识去分析、解决经济问题的初步能力.

第二部分　考核内容与考核目标

第1章　函数与极限

考核知识点

函数的概念;建立函数关系;函数的有界性、单调性、周期性和奇偶性的概念及判别;了解经济学中常用的函数;极限的四则运算法则,利用两个重要极限求极限的方法及等价无穷小量替换;了解闭区间上连续函数的性质(有界性、最大值和最小值定理、介值定理);会判别函数间断点的类型(可去间断点、跳跃间断点).

第2章　一元函数微分学

考核知识点

导数的概念及可导性与连续性之间的关系;基本初等函数的导数公式,导数的四则运算法则及复合函数的求导法则,会求分段函数的导数,会求反函数与隐函数的导数,会求曲线的切线方程;可微与可导的关系;会求函数的微分,用微分作简单的近似计算;理解罗尔定理、拉格朗日定理,了解柯西定理;掌握洛必达法则;理解函数极值的概念,掌握求函数的极值,判断函数的增减性与函数图形的凹凸性,求函数图形的拐点等方法,能描绘函数的图形;了解边际和弹性的概念及其在经济学中的应用;会求简单的经济学中的最优值问题.

第3章 一元函数积分学

考核知识点

不定积分的基本性质、基本积分公式;会用不定积分换元积分法与分部积分法求不定积分;定积分中值定理;无穷积分的三种情形;牛顿－莱布尼茨公式;会用定积分的换元积分法和分部积分法求定积分,会用定积分计算简单平面图形的面积.

第4章 多元函数微分学

考核知识点

二元函数的几何表示方式和极限与连续;会用偏导数和全微分处理问题;了解偏导数在经济学中的应用;求复合函数偏导数的链式法则、隐函数求偏导法;极值存在的条件、求极值的一般方法.

第5章 线性代数

考核知识点

了解行列式的性质,掌握行列式的计算;矩阵的逆矩阵与矩阵的初等行变换、线性方程组;逆矩阵的概念及其存在的必要条件,掌握矩阵的求逆方法,矩阵秩的概念并会求矩阵的秩;掌握矩阵的线性运算,乘法运算,转置及其运算规律,矩阵的初等变换;能利用线性代数方法求解简单的经济应用问题.

第三部分 有关说明与实施要求

指定教材

《经济应用数学》主编 柴艳有,副主编 杨旭光,孙冬琦,哈尔滨工程大学出版社,2015 年版.

自学方法指导

1. 在开始阅读指定教材某一章之前,先翻阅大纲中有关这一章的考核知识点及对知识点的能力层次要求和考核目标,以便在阅读教材时做到心中有数,有的放矢.

2. 阅读教材时,要逐段细读,逐句推敲,集中精力,吃透每一个知识点,对基本概念必须深刻理解,对基本理论必须彻底弄清,对基本方法必须牢固掌握.

3. 在自学过程中,既要思考问题,也要做好阅读笔记,把教材中的基本概念、原理、方法等加以整理,这可从中加深对问题的认知、理解和记忆,以利于突出重点,并涵盖整个内容,可以不断提高自学能力.

4. 完成书后作业和适当的辅导练习是理解、消化和巩固所学知识,培养分析问题、解决问题及提高能力的重要环节,在做练习之前,应认真阅读教材,按考核目标所要求的不同层次,掌握教材内容,在练习过程中要多体会,熟悉概念,记住题型,会选择合适的解题方法,能独立解题,逐步建立起合理的思维程序,才能达到真正掌握的目的,并能起到事半功倍的效果.

参 考 文 献

[1] 同济大学应用数学系.高等数学[M].6 版.北京:高等教育出版社,2007.

[2] 彭文学,李少斌.经济数学基础[M].2 版.武汉:武汉大学出版社,2007.

[3] 林锰,于涛.微积分教程(上册)[M].哈尔滨:哈尔滨工程大学出版社,2011.

[4] 范崇金,董衍习.微积分教程(下册)[M].哈尔滨:哈尔滨工程大学出版社,2012.

[5] 赵树嫄.经济应用数学基础(一):微积分[M].3 版.北京:中国人民大学出版社,2007.

[6] 蒋兴国,吴延东.高等数学(经济类)[M].北京:机械工业出版社,2007.

[7] 吴赣昌.微积分(经管类)[M].3 版.北京:中国人民大学出版社,2009.

[8] 严守权,姚孟臣.大学文科数学[M].北京:中国人民大学出版社,2008.

[9] 范崇金,王锋.线性代数与空间解析几何[M].哈尔滨:哈尔滨工程大学出版社,2011.

[10] 陈建华.经济应用数学:线性代数[M].北京:高等教育出版社,2004.

[11] 张国楚,徐本顺,李祎.大学文科数学[M].北京:高等教育出版社,2002.

[12] 吴艳玲.经济数学[M].北京:清华大学出版社,2010.